THORIE LITERAIRE
Problèmes et perspectives
©Presses Universitaires de France, 1989

Ouvrage publié avec le concours du Ministère français des Affaires Etrangères et celui de l'Ambassade française en Chine, lesquels méritent d'être vivement remerciés par l'éditeur et les traducteurs du présent ouvrage.
本书出版承蒙法国外交部和法国驻华使馆赞助，特此致谢！

本书中文版由法国大学出版社授予河南大学出版社独家出版发行。版权所有，不得复制。

新世纪经典译丛

问题与观点
——20世纪文学理论综论
（修订版）

主　　编

[加拿大]　马克·昂热诺　　[法国]　　让·贝西埃
[荷兰]　　杜沃·佛克马　　[加拿大]　伊娃·库什纳

史忠义　田庆生　译

河南大学出版社
中国·开封

著作权合同登记号：图字 16—2009—114 号
图书在版编目(CIP)数据

问题与观点：20 世纪文学理论综论/[加]马克·昂热诺，[法]让·贝西埃，[荷]杜沃·佛克马，[加]伊娃·库什纳主编；史忠义，田庆生译.—开封：河南大学出版社，2010.4
(新世纪经典译丛)
ISBN 978-7-5649-0160-8

Ⅰ.①问… Ⅱ.①昂…②史…③田… Ⅲ.①文学理论—文集 Ⅳ.①I0—53

中国版本图书馆 CIP 数据核字(2010)第 057704 号

ⓒ Presses Universitaires de France，1997

书　　　名	问题与观点——20 世纪文学理论综论
著作责任者	[加]马克·昂热诺等　主编　史忠义、田庆生　译
责任编辑	李　云
责任校对	何　新
封面设计	马　龙
出　　　版	河南大学出版社
	地址：河南省开封市明伦街 85 号　　邮编：475001
	电话：0378-2825001(营销部)　　网址：www.hupress.com
排　　　版	郑州市今日文教印制有限公司
印　　　刷	河南郑印印务有限公司
版　　　次	2010 年 4 月第 1 版　　印　次　2010 年 4 月第 1 次印刷
开　　　本	787mm×1092mm　1/16　　印　张　27.75
字　　　数	466 千字　　定　价　56.00 元

未经许可，不得以任何方式复制或抄袭本书之部分或全部内容。
版权所有，侵权必究
(本书如有印装质量问题，请与河南大学出版社营销部联系调换)

内 容 提 要

　　这是一部关于20世纪文学理论发展和现状的权威性著作。

　　本书是由国际比较文学学会理论委员会酝酿讨论、多国专家学者集体撰写的一部总结性文学理论专著,旨在展示国际范围内文学理论领域争论和研究的现状,介绍各种不同的观点,阐明多元化的方法和理论,指出它们的认识论前提,在关注各种理论建议之现状的同时展望它们的前景,从总体和多重角度考察文学场以及文学客体。全书分为四个部分:一、文学史实的形态与鉴定;二、文学体系;三、文本与文学交际;四、批评的途径与方法。每个部分又都采用了综论的方式。第一部分回顾了若干大的文学形态及其鉴定过程,展示了从渊源方面或者从整体方面考察文学客体的努力。第二部分从文类、史学与文学、社会与文学、跨语言整体、跨文化研究与文学等跨学科的多重视角、多重关系中,从文学客体和文学场的内部及外部考察和界定文学。第三部分关注文本以及文学交际的理论化方式,如修辞学、语用学、言语分析、叙述学、主体理论和接受理论等。第四部分从"如何阐释文学"和"文学客体有哪些部分需要阐释"两个方面挖掘"阐释"概念,考察阐释的可能性、可靠性或特性,并从社会科学和人文科学的当代背景角度,从文学理论和方法论的有效性前景方面,探讨了各种认识论问题。

　　本书适应研究界和高等学校现当代文论教学研究的需要,也适应作家和读者中关心文学研究和文学作品者的实际需要。

作者名单

马克·昂热诺	麦吉尔大学教授（蒙特利尔）
让·贝西埃	皮卡尔迪大学副校长（亚眠）
埃德蒙·克罗	保尔-瓦莱里大学教授（蒙彼利埃）
乔纳森·卡勒	科内尔大学教授（伊萨卡,纽约）
杜沃·佛克马	乌得勒支大学教授（荷兰）
米·格洛文斯基	科学院教授（华沙）
埃尔吕德·伊布希	自由大学教授（阿姆斯特丹）
阿·基比迪-瓦尔加	自由大学教授（阿姆斯特丹）
乌·克利辛斯基	蒙特利尔大学教授
伊娃·库什纳	维多利亚大学校长（多伦多）
约瑟·朗贝尔	天主教大学教授（卢汶,比利时）
皮埃尔·洛雷特	卡尔顿大学教授（渥太华）
埃·梅勒坦斯基	科学院高尔基研究院教授（莫斯科）
厄尔·迈因纳	普林斯顿大学教授
帕特里斯·帕维斯	巴黎第八大学教授
雷吉纳·罗班	蒙特利尔魁北克大学教授
汉-乔·鲁普雷希特	卡尔顿大学教授（渥太华）
约·舒尔特-萨斯	明尼苏达大学教授
米·森格利-马斯扎克	埃奥特沃斯-洛伦特大学教授（布达佩斯）
马里奥·瓦尔代斯	多伦多大学教授
让·韦斯格尔伯	布鲁塞尔自由大学教授

目 录

关于"文学性"的定义的思考（译者序）…………… 史忠义（1）

前言 ………………………… 马克·昂热诺　让·贝西埃
　　　　　　　　　　　　　杜沃·佛克马　伊娃·库什纳 （1）

第一部分　文学史实的形态与鉴定

1. 社会、文化与文学史实 ……… 埃利埃泽·梅勒坦斯基　原作
　　　　　　　　　　　　　　　让·贝西埃　审定 （3）
2. 文学性 ………………………………………… 乔纳森·卡勒（21）
3. 文学概念的外延和动摇 ………………… 雷吉纳·罗班（35）
4. 普遍性与可比性 ………………………… 皮埃尔·洛雷特（40）
5. 文学共性的臆测与推论 …… 汉斯-乔治·鲁普雷希特（51）

第二部分　文学体系

6. 文学体裁 ………………………… 米哈伊尔·格洛文斯基（73）
7. 戏剧研究 ………………………………… 帕特里斯·帕维斯（87）
8. 文学的历史结构 ………………………… 伊娃·库什纳（100）
9. 文学社会学 ……………………………… 埃德蒙·克罗（117）
10. 翻译 ……………………………………… 约瑟·朗贝尔（141）
11. 跨文化比较研究 ………………… 厄尔·迈因纳　原作
　　　　　　　　　　　　　　让-克洛德·舒尔　译 （150）

第三部分　文本与文学交际

12. 作为结构和建构的文本 …………… 米·森格利-马斯扎克(173)
13. 修辞学与文本的生产 ……………… 阿·基比迪-瓦尔加(210)
14. "主体的比较"：主体在话语中的影响 …… 乌·克利辛斯基(229)
15. 文学的接受 ……………………… 埃尔吕德·伊布希(245)

第四部分　批评的途径与方法

16. 阐释论 ……………………………… 马里奥·瓦尔代斯(271)
17. 文学评价 …………………………… 约·舒尔特-萨斯(282)
18. 文学与表现 ……………………………… 让·贝西埃(303)
19. 认识论问题 ………………………… 杜沃·佛克马(320)

附录：文学史的撰写

《欧洲语言文学比较史》之介绍：原则与组织工作
　　　　　　　　　　　　　　　　…… 让·韦斯格尔伯(349)
参考书目 ……………………………………………… (355)
外国人名译名对照表 ………………………………… (413)
跋 ……………………………………………… 史忠义(423)

关于"文学性"的定义的思考

(译者序)

19世纪末以前,文学研究还不曾成为独立的社会活动。直到文学批评和专业文学研究兴起以后,人们才真正提出了文学特殊性和文学性的问题。于是,关于文学性的定义,成了20世纪文学批评界和理论界的世纪课题,也成为世纪难题之一。西方学者们对此进行了长期的、孜孜不倦的探索,然而至今尚未找到一种令人满意的定义。乔纳森·卡勒在本书第2章介绍了这些探索情况。

西方学者们针对"文学性"而提出的种种定义,概括起来,可以分为五大类。我把第一种定义称为形式主义的定义。罗曼·雅各布森于1921年提出了这样的问题:"文学科学的对象并非文学,而是'文学性',即使一部既定作品成为文学作品的特性。"(雅各布森,*Noveishaia russkaia poeziia. Nabrosok pervyi*, Praha, Tip. Politica. 法文译文见雅各布森:《诗学问题》,巴黎:瑟伊出版社,1973)形式主义者肯定的基本准则是:"文学科学的宗旨,应当是研究文学作品特有的、区别于其他任何作品的特征。"(埃亨鲍姆:《关于形式主义的方法理论》,1927;见托多罗夫的《文学理论:俄罗斯形式主义者论文选》,巴黎:瑟伊出版社,1965)那么找出文学作品足以在散文和诗歌方面同时具有普遍意义的特征,就成为确定文学性的关键。形式主义者认为文学性主要体现在三个方面。什克洛夫斯基强调"诗的语言以其结构的可感知性而区别于(日常的)散文体语言"(出处同上),布拉格学派的创始人穆卡罗夫斯基则以"突现性"来界定诗的语言(穆卡罗夫斯基,*The Word and Verbal Art: Selected Essays*,纽黑文:耶鲁大学出版社,1977;见《文学理论》,法国大学出版社,1989)。这就是说,鲜明生动、感人心魄即文学性,平淡不是文学性。通过突现性,使语言具有强烈感知性的方法很多。文学性的第二点,表现在对传统符号范式、传统小说模式、传统人物模式和因果原则的批判。第三点则体现在文本所用材料在完整结构中的地位和前景。后两点的基本精神可以概括为:创新即文学性;文学性与墨守成规是水火不相容的。

学者们对形式主义者的定义并不满意,对"文学即新颖化"的观念持保留态度,因为许多高雅的文学语言和文学形象来自传统。每种语言都有一些既古老而又高雅的词汇和结构,属于文学语言。另外,把文学性局限在语言手段的表现范畴之内,也会碰到许多障碍,因为所有这些语言的表现手段都可能出现在非文学文本之中。雅各布森本人亦承认:"常用的口语也使用头韵和其他谐音手法。在有轨电车上,您可以听到许多玩笑话,它们与最微妙的抒情诗有着相同的形象结构;而闲暇时神侃的结构规律竟然与短篇小说的规律相同……"(雅各布森:《诗学问题》)广告语言、文字游戏以及表达错误,也可能造成强烈的感知效果。但是,我们不能说广告语言、文字游戏以及表达错误体现了文学性。笔者以为,俄罗斯形式主义者试图并捕捉到了文学性的若干特点。但是,以点带面以及绝对化的思路,使他们无法找到关于文学性的具有普遍意义的定义。

第二种定义可以叫做功用主义的定义,即文学文本通过语言的突现方式,把自己从陈述文生产的时间及现实环境中分离出来,把文本语言试图完成的实际行为变成一种文学手法,并把它置于一系列文本与文学手法的背景之中。这就是说,文学手法并不是表达信息的手段,而是文学言语的主人公和主题。文学文本中的遣词造句和谋篇,可算是为文学而语言,为语言而语言。

这种定义也不严谨。因为文学文本也具有某种传递信息的功能,只不过由实时实地针对具体对象的传递形式变成了异地超验的抽象形式,由传递具体信息变成了传递作者的意愿。《人间喜剧》、《战争与和平》、《红楼梦》、《青春之歌》等,莫不传递着复杂而又深刻的信息。即使是唯美主义作家的作品,如王尔德、戈蒂耶的作品,也传递着种种信息。相反,单纯的文字游戏则很可能失去了文学性。另外,功能变化的两个方面也发生在人文社会科学其他学科的文本之中,如哲学文本、史学文本、社会学文本、心理学文本等。

我把第三种定义叫做结构主义的定义。这就是说,语言的突现不能成为文学性的足够的标准;语言结构与修辞结构的融合,即按传统和文学背景的规范,建立起统一的、功能性的相互依存关系,似乎更应该成为文学特征的标志。这里包括三个层次或三个类型的融合。第一层次是把其他言语中没有功能作用的结构或关系融合在一起，调动语言产生思想的功能，通过形式结构产生语义和题材方面的效果。第二层次的融合是指整部艺术作品的融合，统一性是文学性的基本概念之一。俄罗斯形式主义者谈论以一种成分、一种结构形式或一种修辞形式来统一整个文本。这一定义过于理想化，首先很难找到以上述方式统一作品的单一材料；另外，统一性的假设常常显示出不同成分不同层次不同结构之间的磨擦和矛盾。实际上，任何试图把文学作品限制为某种单一品位或单一视野的做法，都建立在一再简化文本的基础上。同样，人文社会科学的其他学科，也都把结构统一作为追求的目标。在第三层次的融合上，作品针对文学背景及其与文学手法、习惯、体裁，与读者通过文学赖以阐释世界的规则和范式的关系等，强烈地表现出自己的意义。换言之，文学是对文学本身的批评，是对它所继承的文学概念的批评，文学性是一种自反性。西方学者的研究表明，总有一些文本运作方面的现象，躲过了元语言的思考或定义。从这种意义上说，文学的不可知性是文学深层的永恒主题；对于绝对的文学追求而言，作品标志着某种程度的失败。（布朗绍：《文学空间》，巴黎：伽利玛出版社，1955）

关于"文学性"的第四种定义是关于文学本体论的定义，认为文学语言的参照物不是历史的真实，而是幻想中的人和事。这种定义也是很不严谨的，日常言语、语言学和哲学文本、说教性寓言和戏剧里也有虚构成分；而文学作品确实经常把历史真实和心理真实推上舞台。于是某些西方理论家断言参照行为本身是虚构的，文学的模仿并非人物和事件的模仿，而是对"自然"言语或"严肃"的语言行为的模仿。西班牙的理论家马丁内斯-博纳梯更断言文学作品的语言符号并非真正意义上的语言符号，而是对真正的语言符号的模仿（马丁内斯-博纳梯，*Fictive Discourse and the Structures of Literature*: *A Phenomenological Approach*，伊萨卡：科内尔大学出版社，1981；见《文学理论》，法国大学出版社，1989）。马丁内斯-博纳梯的定义离奇而又荒诞。应该说，文学不是对非虚构性"严肃"语言行为的虚构性模仿，而是一种特殊的语言行为，例如叙事性的语言行为、描述性的语言行为或抒情性的语言行为等。

关于"文学性"的第五种定义涉及文学叙述的文化环境，即文学语言的陈述条件与某些特殊的条件相关。文学故事的"可叙述性"取代了信息的地位。文学文本受到以出版、文学批评和教育为代表的选择机制的"超级保护",确认文学作品的合作意图,即预先肯定艰涩段落、谬误之处和离题章节的中肯性和价值,并极力培育读者的合作态度。然而这种中肯性和合作原则也存在于大部分日常的交际行为和交际言语之中。

为了打破关于"文学性"的循环性思维僵局,西方学者们后来似乎倾向于接受保尔·里科尔的"文本定义",即"把文字固定下来的任何言语形式都叫做文本"的定义。这种态度等于退而求其次,放弃了对文学性的定义的追求,接受了最简单的、相对稳定的文字形式。

笔者以为,关于"文学性"定义的长期的苦苦求索,反映了西方学者们追求科学准则的良好愿望和严谨的科学态度,这是西方自工业革命以来人文社会科学领域的一个优良传统。然而,令人遗憾的是,从认识论的角度看问题,上述追求中包含着明显的形而上学和教条主义的成分。笔者百思不得其解,既然西方学者们承认语言与话语的联系,为什么又要把两者对立起来,把文学语言孤立起来,把文学语言与人文社会科学各种学科的语言彻底对立起来呢?为什么要挖空心思地搜索关于"文学性"的绝对意义,区分文学语言与话语以及其他人文社会学科语言的绝对标准呢?须知,这种绝对定义和绝对标准是不存在的。反之,用"文本"定义代替"文学性"的定义的做法也是不可取的,这样做等于从根本上回避了"文学性"这一重要问题。

笔者以为,"文学性"是人类在长期认识过程中逐渐形成的一个比较笼统、广泛、似可体会而又难以言传的概念。既然这一概念存在于我们的心中,那么还是应该尽可能地予以界定,只不过这种定义应该是宏观的、开放性的定义,而非微观意义上的死标准。

笔者以为,文学性存在于话语从表达、叙述、描写、意象、象征、结构、功能以及审美处理等方面的普遍升华之中,存在于形象思维之中。形象思维、文学幻想、多义性和暧昧性是文学性最基本的特征。文学性的定义与语言环境以及文化背景有着密切的联系。在"文学性"的定义中,接受者的角色是主动的,而非被动的。

(La littérarité existe dans la sublimation générale de la parole ou du discours quotidien à ses niveaux expressif, descriptif, narratif, symbolique, imaginaire, structural, fonctionnel et esthétique. Imaginaire et rêverie, polysémie et ambiguïté sont les principales caractéristiques de la littérarité. La notion de la littérarité a des liens étroits avec le contexte langagier et culturel. Dans cette notion, le rôle du destinataire (lecteur, allocutaire, narrataire) est actif, non passif.)

在这个宏观的、开放性的、活的定义中,"普遍升华"相对于一般话语而言;"形象思维"、"文学幻想"、"多义性和暧昧性"则相对于其他人文社会学科而言,与哲理性的"逻辑思维和推论严谨"、史学性的"真实性"等特征相对立。从话语到体现"文学性"的普遍升华,为艺术家们的形象思维和创作开辟了无限广阔的空间,也充分考虑到各种读者或接受者色彩斑斓、千差万别的审美情趣。升华程度的强弱则分别体现为高雅文学、一般文学、大众文学和俗文学等不同的文学层次。而"文学性"与语境以及文化背景的联系,可以反映"文学性"的过去、现在和未来,反映"文学性"在共时和贯时两个方向的形态及发展情况。关于接受者作用的说明,吸取了巴赫金的对话原则以及理论界对该原则的众多呼应和发展。接受或阅读行为是文学性得以实现的必要步骤。至于微观方面的具体界定,笔者以为是不必要的,也是难以做到的:面对接受者无限广袤的审美世界,任何以偏概全的做法、任何僵化的标准,都将使我们重蹈雅各布森的覆辙而陷入僵局。

(Dans cette définition macrostructurale, ouverte et vivante, la sublimation générale se réalise par rapport à la parole; imaginaire, rêverie, polysémie et ambiguïté, se justifiant par rapport à d'autres disciplines des sciences humaines et sociales, s'opposent par exemple à la rigueur de la logique et de la déduction recherchée par le philosophique et à l'authenticité exigée de l'historicité. De la parole à sa sublimation où se révèle la littérarité se crée un immense espace pour l'imagination et la création des articles ; l'idée de la sublimation générale tient aussi compte de la multiplicité et de la diversité des plaisirs esthétiques de tous les niveaux de lecteurs (allocutaires, narrataires, destinataires). Les degrés de la sublimation correspondent à l'hiérarchie des littératures: belles-lettres, littérature moyenne, littérature populaire, littérature vulgaire, etc.. Les liens étroits de la littérarité avec le contexte langagier et culturel peuvent démontrer le passé, le présent et la perspective de cette notion, ses identités et ses développements dans les deux axes, synchronique et diachronique. La précision du rôle du lecteur y est fondée sur le principe dialogique de Bakhtine et de nombreux échos et développements de ce principe. L'acte de la réception ou de la lecture représente les processus nécessaires à la réalisation de la littérarité. Quant aux délimitations microscopiques de différents aspects précis de la sublimation, je ne le pense pas nécessaire ni possible: face au monde immense des goûts esthétiques, toute conclusion fondée sur la partie, tout critère dogmatique, nous amènerait à la voie de Jakobson et à l'impasse.)

"普遍升华说"承认文学语言与话语之间存在着千丝万缕的联系,承认话语是文学语言的源泉。尤·洛特曼就曾说过,自然语言是文学作品的意义支柱和交际支柱;它们以符号的形式构成"第一塑造系统";文学文本构成"第二塑造系统"。(尤·洛特曼:《艺术文本的结构》,巴黎:伽利玛出版社,1973)从文化人类学的角度看问题,文学首先是一种口头艺术。即使文字发明和真正的书面文学出现以后,口语性依然继续产生影响,并且依然是民间创作的主要特征之一。书面文学的源头是民间的口头文学。"普遍升华说"承认文学性也存在于话语之中,并进而承认文学文本与生活的深厚渊源。

人类在掌握发音清晰的语言之前,曾经存在过一个集多种艺术胚胎于一体的漫长的艺术混沌时期。原始祭祀礼仪活动则包含着说、唱、戏剧行为与舞蹈、念咒、抒情、祈祷、幻想、逻辑思维等多种艺术活动的成分。加上人类在人文社会科学领域的思维共性,使得人文社会科学其他学科语言中也可能出现文学性,则是很自然的事。正如文学文本中有可能出现哲学文本性、史学文本性、社会学文本性、心理学文本性等一样正常。"普遍升华说"承认人类发展史上艺术混沌时期的存在,认为跨文本性、文学语言与人文社会科学其他学科语言的联系,是先天性的。跨文本性与文本间性的概念是不同的。多重意义、多功能是层层叠叠网络繁复的文学语言的鲜明形象。

本书第三部分和第四部分第16、17、19章为田庆生博士所译,在此谨向田庆生先生表示谢意。

史忠义
1998年4月 于北京

前　言

马克·昂热诺　让·贝西埃
杜沃·佛克马　伊娃·库什纳

一

　　本书旨在展示国际范围内文学理论领域争论和研究的现状,介绍各种不同的观点,阐明多元化的方法和理论,指出认识论方面的前提,参照社会文化和地理文化资料,在关注各种理论建议的现状的同时展望它们的前景,从整体和多重角度考察文学场以及文学客体。全书分为四个部分:一、文学史实的形态与鉴定;二、文学体系;三、文本与文学交际;四、批评的途径与方法。每个部分的结构和进展都遵循一种独特的论证方法。第一部分回顾了若干大的文学形态及其鉴定过程,展示了或者从渊源方面或者从统一体方面考察文学客体的努力以及从整体和多元两个角度运用这一方法时可能产生的歧义。对如今谓之曰文学的理论化的方式的分析,说明文学鉴别以及建立有关文学的系统观念的困难性。第二部分从文学所构成的各种体系,从涉及文学的现有理论体系以及特别建构的理论体系来考察文学,即从文类、史学与社会、社会与文学、跨语言整体、跨文化研究与文学等角度考察文学。文学客体及其成果从面对"其他"领域以及与"其他"领域的关系中得到考察,对于后者则从文学客体和文学场的内部及外部去界定。第三部分关注文学成果即文本的理论化方式,要求我们认真地考察文本,关注文学成果置身其中或产生的交际游戏的理论化方式。如果说文学必然表现为文本形式,因为这是文学客体这一假设的结果和见证,那么各种类型的方法论,如修辞学、语用分析、言语分析、叙述学、主体问题、接受问题等,喻示着文本以及文学交际的分析有时具备文学形态,有时则不具备文学形态。第四部分从两个角度把玩"阐释"概念：如何阐释文学？文学客体有哪些部分需要阐释？阐释构成一个独立的问题，要求考察阐释的可能性以及阐释的可靠性或者特性。这一部分结尾时考察了任何文学分析提出的认识论问题，特别是从社会科学以及人文科学的当代背景角度，从文学理论以及文学研究方法论的有效性前景方面，探讨了各种认识论问题。

这是一次论证过程。这次论证过程回顾了与上述主题和问题相关的种种方法、理论和论点。我们无意孤立地考察上述方法、理论和论点，而是重点考察它们之间的相互关系，从它们保持和要求的明显的或者潜在的对话方式进行考察。

二

发起编撰本书的研究人员、大学教授、编辑和作者们，坚信本书的编撰不仅适应了高等学校教学研究的实际需要，同时也适应了读者中关心文学研究和文学作品者的实际需要。

任何认识领域、任何学科，都需要一定的反思阶段。而文学的认识领域的反思阶段则始终伴随着文学的发展历程，却并不要求真正的理论地位，特别是关于言语科学的理论地位。这种反思经常以批评的形式出现，分析、描述或者评判一部文本或者一套具体的文本汇编；或以文学史的形式出现，通过建立文学现象之间的共时和贯时联系而把它们重新组织在一起；或以文学理论的形式、规范性诗学或描述性诗学的形式出现。不管是过去还是现在，为什么这一切的一切中间要建立理论体系呢？理论又如何相对于自己的对象文学而保持其特殊的存在形式呢？文学研究迟迟没有提出这样的问题并试图回答它们。直到20世纪五六十年代，在人文科学领域，特别是在语言学、精神分析学和文化人类学等学科所发生的革新的推动下，文学研究才逐渐提出了这类问题。正当其时的结构主义是对严谨分析的呼唤，同时也呼唤着调查模式与调查材料的分离。由此产生的理论空间要求认识主体自觉地运用新的方法论，改变学科观念，并为有效化而付出努力。以我们之见，正是这种有效化的努力尤其成为文学科学理论思考新纪元到来的标志。这种思考努力建立文学研究自身固有的元语言和种种纯洁的评判体系。然而，正如精神科学、自然科学和人文科学史上曾经发生的那样，理论思考尤其应该对自身进行反思，反思自己的有效性，自然应该从过去已经获得的成果的有效性开始。

这一阶段使"理论家"与"史学家"对立起来。前者指责后者的考据及成果中不乏实证主义的成分,指责他们的论述中认识论的基础很脆弱;后者则指责前者似乎忘记了文学作品在时间长河中不可能重复出现的唯一性特点。

法国大学及大学之外对于文学的理论思考开始于20世纪50年代初,以罗兰·巴特(Roland Barthes)为代表人物,发展于60年代,通常都反对文学研究的传统观点。1968年(红)五月事件之后的大学课程改革,一般都考虑到了文学理论问题,然而尚未把文论作为文学研究的一个特殊领域。社会科学高等研究院通过聘任罗兰·巴特、A. G. 格雷马斯(A. G. Greimas)、G. 热奈特(G. Genette),法兰西研究院先是通过聘任罗兰·巴特,后又聘任了伊夫·博纳夫瓦(Yves Bonnefoy),对建立文学理论的教学作出了极大的贡献。在其他国家,方法论和理论思考的运动曾经在不同时期冲击并修改了传统的文学史,并有幸迅速地进入大学课堂。(如俄罗斯的形式主义、捷克的结构主义、美国的新批评主义、法兰克福学派和康斯坦茨学派等)然而,韦勒克(Wellek)和沃伦(Warren)的著作《文学理论》(la Théorie de la littérature)曾经长期作为这里或那里唯一的教学源泉;[正如诺思罗普·弗莱(Northrop Frye)的《批评解剖学》(l'Anatomie de la critique)一样]它建立了文学研究相对于其他学科的独特性以及与其他学科的关系,并提出了描述文学作品以及文学体系层次的方法。

过去的20年,我们还看到了其他文学理论著作的面世[如特里·伊格尔顿(T. Eagleton)和A. 基比迪·瓦尔加(A. Kibédi Varga)的著作①]。这一时期还以思想理论学派的多元和分立为特征。斯塔罗宾斯基(Starobinski)曾经描述说,"批评旅程"的每一阶段,都首先对自身进行理论思考,思考对阶段提出质询甚至改变了这一阶段的性质。我们进入了理论的纪元,理论相对于实践而诞生,有时亦演变为实践,最后僵化为一种定义。而理论要成为活的理论,恰恰不能等于一种理论,而应该持续不断地开创空间和革新空间,使理论思考与其对象保持一定的距离,客观地上升为普遍真理。

按照这种理论活动的概念,最好的著述莫过于能够引导学生为了

---

① 见参考书目中伊格尔顿1983、基比迪·瓦尔加1981两部著作的出处。——原注

自己而亲自从事理论总结工作:这正是本书作者们的理想。这并不意味着对于现有理论成果不论述,不分类,不进行系统化的尝试,而是把这一过程作为人们谓之曰"理论教育"的手段,而非目的。

理论教育首先要求有力地挖掘全部领土;随着相容性和不相容性的暴露,读者侧重并深化研究旅程的某一阶段。我们并不想机械地确定这一旅程——那与理论探索的精神是背道而驰的——而是从任何理论深层的切合点和一致点出发勾画了这一旅程:我们试图观察其中若干组主导因素。

人们还会发现本书赋予比较文学的重要地位,使比较文学因此而成为所有文学研究的共同外延。这样做有两个深层的原因。其一属于背景原因:在北美和欧洲,大学的辩论会一般都在比较文学的范围内组织(与民族文学的系、专业和教研单位的情况相反),而且理论探索的分量愈来愈重。其二属于更内在的理由:作为跨语言、跨民族和跨文化的研究,比较文学研究总体上似乎比民族文学研究更易于滋养普遍概括性的理论思考。也许普遍概括性的理论只是一种幻想或者乌托邦,然而正是在勾画真正的理论化程序的性质时,我们才发现了上述幻想或乌托邦;真正的理论化程序应该从认识论方面不断地提出问题并作出有效回答。普遍概括性的理论思考过去是,现在依然是一种颇为有用的,甚至孕育着种种创见的幻想或乌托邦,因为这种理论思维方式应用于国际,可以赢得丰富多彩的收获。

三

由多国的专家学者执笔、集体编写一部总结性的反映国际现状的理论著作的思想,产生于国际比较文学学会的背景之中。提纲的第一稿由匈牙利科学院的贝拉·科裴兹(Béla Köpeczi)撰写,他首先征求了伊娃·库什纳(Eva Kushner)和罗兰·莫蒂埃(Roland Mortier)的意见,后来又征求过拉尔夫·海恩戴尔斯(Ralph Heyndels)的意见①。提纲初稿标志着推动文学理论问题研究的良好愿望,既从文学本身,也从交际的各个方面考察文论问题。伊娃·库什纳倡导组织了两次学术讨论会,一次先于1984年的国际比较文学学会纽约代表大会于1982

---

① 这份提纲起初是作为规模庞大的诗学史的一大部分。诗学史大概可以作为本书的一个补充。

年举行,另一次则在 FILLM 组织布达佩斯年会期间举行。两次学术会议期间,与会学者就文学理论问题展开了广泛的讨论①。本书的许多合作者都参加了这两次学术会议。国际比较文学学会执委会及其文论委员会(伊娃·库什纳曾于1983~1985年期间担任该委员会的首任主席)都没有介入本书的编写工作。文论委员会的数名成员曾受到参与编写本书的邀请,其中两人接受了邀请。对于本书的现状及其发表,四位主编独自承担全部责任。

---

① 两次学术会议的主题分别为:"文学史学理论的更新"(见参考书目 E.库什纳,1984)和"文学理论在比较文学研究中的作用"(发表于布达佩斯 *Neohelicon* 杂志 XIII/2 期)。

第一部分

文学史实的形态与鉴定

1. 社会、文化与文学史实

埃利埃泽·梅勒坦斯基　原作
让·贝西埃　审定

在文学理论范围内，提出文学史实实现的方式问题是很重要的。这里，文学史实的概念很广，既包括我们通常所说的作品，还包括与作品相关的环境、读者等作品完成前与之有联系的因素，作者以及作品完成后的接受和影响情况。在谈论作品前因素以及文学史实的过程中，我们还会涉及这一史实发端的鉴定及其在历史长河中逐渐出现的异化问题。在文学史实的历史系列以及地理文化系列中，文学史实实现的方式存在差异，然而在涉及形式、陈述方式、作者地位、作品地位、题材及象征的组织方面也存在着相同点和相似性。所有这些问题皆属于历史调查的内容，而且必不可少地要求进行相关的理论探讨。作者地位的变化导致对作者定义的考察。书面语与口语的联姻、近似和分离要求对两者进行对比分析和比较研究。与其他象征性表达的方式和方法相比，与语言的非诗学功能及其应用相比，即使文学史实的异化史，也直接与关于文学史实的性质的讨论密切相关。文学史实实现过程的历史背景、地理环境和文化氛围的差异，以及实现过程中表现出的种种相同和相似点，勾画了该史实的和谐性。而文学史实的和谐性，对综合文学史的系统化前景，对相似文学现象的鉴别和比较过程中具体发挥作用的文学标志的确定，都是非常重要的。从人类学、人种学和文化方面重新阐明文学史实的渊源，对于上述确定和鉴别工作是必不可少的，同时也是后者的难点所在。只要回顾一下下述事实，就足以理解这一点：文学毫无疑问地与书面文字连在一起，然而"口头文学"的提法也不无道理；舞文弄墨一向是知识分子的标志，然而大家又一边谈论"高雅文学"，一边谈论"大众文学"。记录口语与书面语的关系，确定文学史实的若干大的历史文化形态，并进而描画出文学的起源、它的主要的实现方式、作者概念的演变、形式意识的逐渐深化、西方和东方文学中某些明显的对应现象和相似性,这些将构成本章论述的主要内容。

艺术混沌说与口头艺术

人类掌握发音清晰的语言之前,任何艺术似乎都未真正进入存在阶段。然而口头语言艺术的出现比音乐和造型艺术晚,因为话语是口头语言艺术的基本材料,而语言艺术还要求语言的表达功能和交际功能、语法形式和句法形式的较大发展。起初,在原始礼仪这种类似戏剧行为的范围内,口头语言艺术是与舞蹈和音乐密切相关的。原始艺术混沌论的奠基者 A. N. 韦斯罗夫斯基(A. N. Vesselovsky)院士曾经指出,"歌曲——说——戏剧行为"与"舞蹈——念咒——占卜——礼仪行为"等两组概念的词源是很接近的。K. 布赫(K. Bücher)以为口头语言艺术直接来源于劳工号子,而诗的格律来源于劳动中的自然节奏,他的猜想今天看来显然很幼稚。

A. N. 韦斯罗夫斯基的《历史诗学》(*Poétique historique*)写于19世纪末,他的分析似乎更准确、更细腻。韦斯罗夫斯基强调舞蹈和旋律的特殊地位,认为是它们产生了节奏的意图。节奏哑剧即伴随着一种旋律,其中包括预先确定的若干尚无意义的象声词。这种礼仪活动增加了唱词之日,便是诗的诞生之时。动作、嗓音、乐器声先于话语而产生,然后才伴随话语。尤其嗓音,它是话语的生理基础。在其最后几部著作中,保尔·朱姆托尔(Paul Zumthor)视嗓音为人类学与文化的中介、口头诗的主要施动力量,只要书面文学接受口头文学的影响并且由行吟诗人来朗诵,那么嗓音甚至可以成为书面文学的组成因素之一。在保尔·朱姆托尔看来,话语产生前,嗓音的象征功能和社会功能非常重要,话语产生后亦如此,它与话语相互关联,并行不悖。

在各种艺术的原始混沌状态中,功能迥异的不同成分自然、和谐地交织在一起。例如,澳大利亚土著居民的礼仪活动中,舞蹈表示日常的动物图腾,歌唱是祖宗图腾的一种赞美形式。休息时,神巫人员的口头评论则复原了祖宗穿越邻近部落领土的艰难而神圣的历程。由原始乐器所演奏的音乐、舞蹈、诗歌话语和散文话语就这样融于一炉。形体动作和话语游戏的混合,不同艺术层次的重叠,必然导致话语文本的割裂。原始形态中的歌曲有时仅包括一两个词。(如图腾对象或神灵的大名)土著居民们通过添加一些夸张性的虚词、拖长音节、改变音调等来保持礼仪活动的节奏。原始诗歌中的节奏接近于格律的作用,经常采用头韵重叠、叠韵等手法,但是脚韵尚未出现。至于哪种重叠形式用得更多一些,与每种语言的特点有关。例如,远东民族的诗歌中重视音节的具体数目;奥卜—乌戈尔语族的格律很严格①;日耳曼语诗和索马里诗歌中头韵法比较普遍;罗马诗、玻利维亚人或印第安人的一些部落则更喜欢叠韵法;斐济人通过重复,缅甸人和约鲁巴人则通过重音增加节奏感②。歌曲的和谐性全部体现在诗句中,而诗句的长短则由旋律和嗓音可延长的程度来决定。每句诗又是前句诗的重复和变形,M. C. 鲍勒(M. C. Bowra)在他的《原始民歌》(*Primitive Song*,1962)一书中谓之曰"追切法"。但是,切忌夸大并过高评价音乐和舞蹈先于原始诗而存在这一事实以及它们对后者的支配权(A. N. 韦斯罗夫斯基即是这样,相比之下,M. C. 鲍勒的阐释更准确一些)。原始礼仪诗的歌词具有神奇的力量和象征功能,它与神话内容紧密地联系在一起,表示集体的激情,绝不是任意印象的产物。对神灵的祈祷以及对魔力的诅咒是诗句的首要来源。全部礼仪活动,尤其是其中的话语内容,皆源自祈祷者试图产生某种魔力的动机。歌词的魔力导致重复形式的产生,而格律则要求使用同义词和隐喻形式(如澳大利亚和非洲一些土著民族的礼仪活动以及古埃及金字塔上的雕刻文字)。有些民族,尤其是萨摩亚人,他们的歌词和隐喻形式即相当于一种礼仪活动。萨满人礼仪活动中的歌词表示神灵和守护神显灵或恶魔作祟。话语是它们乔装打扮的一种形式。萨满人的隐喻语言不仅有利于隐喻法和其他诗词修辞形式的发展,而且本身即是一种诗词语言的典范,与日常用语有很大的不同。

礼仪、神话与文学

由于话语的神奇力量,语义方面的重复和变化步声音重复的后尘。祈神歌和咒恶歌同时具有浓郁的神话色彩,因为它们与先祖的形象,与神灵的形象密不可分。因此,原始诅咒歌中经常包括大段大段的神话内容、战争歌(战神的故事)和节令礼仪方面的故事(关于"创造"的神话)等。

---

① 如匈牙利语等。——译注
② 约鲁巴人居住在西非尼日尔河下游。——译注

原始礼仪与神话不可分割,代表同一系统的两个方面;据历史考察,它们互为产生的媒介。应该指出,A. N. 韦斯罗夫斯基低估了神话的作用,他所在的剑桥学派[J. G. 弗雷泽(J. G. Frazer)的弟子们]过分夸大了礼仪的优先作用。其实,大部分礼仪活动包含着颇为接近的神话内容,反之亦然。关于澳大利亚民歌传统中的这一现象,W. E. 斯坦纳(W. E. Stanner)在《土著宗教》(*On Aboriginal Religion*, 1966)一书里曾作过精辟的分析:英蒂契乌玛(intichiuma)人的生殖图腾与图腾神话很类似;接纳教徒的秘密祭礼与传播文明的英雄神话,与部落英雄神话,与以彩虹蛇和吞食儿童的女巫为题材的神话都很相像;我们还可以把祈求风调雨顺的祭礼看做漫游天下驱逐图腾的姐妹神话的变形。

若干神话可能与一种礼仪相关,然而与神话内容毫无关系的礼仪活动极少。通常,神话与礼仪活动具有共同而完整的语义内容——尽管礼仪活动的某些人物分析与神话的人物分析并不完全吻合——它们呈现出明显的同构形式。这些形式都具有神秘色彩:被流放的英雄人物,经过难以想象的艰难困苦的考验,精神得到升华,以新的姿态回到自己的部落(这里,还可以把神话—祭祀活动与传说和童话相比较)。祭祀礼仪中,语义的完整性先于多种艺术混杂一起的现象而存在,并且是后者的先决条件。不可否认,多种艺术的混杂现象不仅表现在形式方面(祭祀礼仪把多种艺术的原始形式融为一体),而且体现在意识方面(神话把刚刚诞生的口头语言艺术与宗教因素及哲学因素联结在一起)。

原始口头语言艺术的风格水平与具有魔幻力量的礼仪有关,而诗则取决于神话知识的多少。因此,礼仪诗采用了歌唱的形式,并逐渐格律化,具有抒情和英雄史诗的特点,可谓一种独特的风格,而礼仪范围内或范围外,采用散文形式叙述神话故事时,其风格特点总是中性的。不仅各种艺术源自礼仪—神话情结,诗的三大类型(抒情诗、英雄史诗和悲剧诗)亦如此。悲剧和戏剧成分支配着礼仪活动,与初期抒情诗密切相关;中世纪各国的诗中,由季节性和临时性祭祀活动激发的抒情诗更是比比皆是。我们在泰米尔语言中看到的诗不仅属于抒情诗,而且还是与法国南部的行吟诗、北部的行吟诗以及中世纪德国的爱情诗颇为相似的抒情诗。

至于英雄史诗的起源,礼仪活动之外的散文神话故事发挥了主要作用。以祖宗为对象的颂扬诗与此无关。混合形式是英雄史诗的早期形式,只有会话和描写采用了吟唱的律诗形式。

最古老最原始的英雄史诗也曾颂扬过祖先,他们是传播文明的英雄;后来,随着国家概念的强化,英雄史诗则转而以当地的历史传奇为题材,此前,这些历史传奇曾经构成独立的文学体裁。不管是在颂扬英雄的诗歌中,还是在传奇故事中,英雄史诗的风格逐渐升华,超越了纯粹礼仪诗的风格。应当说明的是,英雄史诗早期的,特别是最终形成的故事形式,突出了这一体裁里内容的不真实性,同时也标志着创作权的地位。在中世纪文学中,我们还可以看到古老的艺术混杂现象:M. I. 斯特布兰-卡门斯基(M. I. Steblin-Kamensky)即指出了冰岛萨加人的"艺术混杂现象"(1979)。

把神话与原始口头语言艺术的内容联系起来,容易把文学以及诗歌语言本身的隐喻特征局限为神话思维。20世纪初叶,德国浪漫主义者发现了文学与神话的关系。原始人与周围的大自然浑然一体。神话诗与情感范畴和激发范畴,与原始人的上述地位不可分割。这一点导致了普遍的拟人化现象。神话思维的传播与影响还表现为对具体欲望与抽象欲望、主体与客体、物质与符号、创造物与其名称、物质与属性、时间与空间、因果关系与毗邻关系、本质与起源等关系区分不清的模糊态度。于是,初期的时间观念成为以后所有时间观念的根源。这种思维方式导致了利维-布鲁勒(Lévi-Bruhl)所描述的参与现象、象征领域里通过修改规约而持续不断的创新现象[如列维-斯特劳斯(Lévi-Strauss)所说]以及用因果关系代替重复关系的现象。艺术形式本身既是对多种艺术混杂现象的继承,也是对求知欲望的具体方式的继承。上述概念与形态的鉴别是进行比较并确定历史长河中各种对应现象、隐喻和近似现象的基础。

19世纪末与20世纪二三十年代的俄罗斯,波特博尼亚(Potebnja)和弗罗伊登贝尔(Freudenberg)曾先后准确地理解了神话与话语外形或内形的密切关系。弗罗伊登贝尔认为隐喻是神话语义与其形态差异的结果。列维-斯特劳斯在《神话学》(*Mythologiques*)一书中对神话意义转移的论述更清晰。原始时代,神话作为语言艺术的起源而发挥了巨大的作用。整个文学史说明,文学亦继续使用神话素材并借用《圣经》、《古兰经》以及印度教、佛教和道教的神话故事。这些大教的神话故事保留了许多原型并逐渐把大量的素材和模式传达给文学。

经过启蒙时代和19世纪现实主义有意识地破除神话迷信之后,20世纪的现代派重新回归到神话。现代派不仅把神话作为点缀素材,还把神话当做编织作品结构、阐释意象的手段。[托马斯·曼(T.

Mann)、乔伊斯(Joyce)、卡夫卡(Kafka)、福克纳(Faulkner)、科克托(Cocteau)、加西亚·马克斯(Garcia Marquez)以及拉美和非洲的许多作家]即使现实主义或自然主义也不可能完全避免神话的潜在内容;甚至苏联文学家,如作家布尔加科夫(Boulgakov)、拉斯普金(Raspoutine)、艾特玛托夫(Aïtmatov)和某些格鲁吉亚作家也使用神话。

文学的起源

谈到文学的起源问题,应该申明,文学首先是一种口头艺术,即使文字发明和真正的书面文学出现以后,口语性依然继续产生影响,并且依然是民间创作的主要特征之一。口语性在很大程度上与戏剧性保持着联系。词语和"程式"的重复,词汇的变化(近义词)和诗句的变化(声音及句法方面的对应)等是原始诗歌、民间创作以及源于民间创作的文学体裁的最基本的特征。这些首先表现为口语性的特征与即席创作的形式和旨在表演的目的有密切的关系。口语性运用我们上文里已经提到过的"追切法"[参阅鲍勒(Bowra)、芬尼根(Finnegan,1977)、舍什托夫(Tchistov)等人的论著]。主题的发展,诗句之间通过跨行互相连接,犹如一条循序渐进的主题链条,后一诗句是前一诗句的套子,环环紧扣。我们可以把整首诗看做若干宾项的层层递进。这一结构似乎要与双句工整对仗的诗体结构竞争一样。K. V. 舍什托夫在《民间传统与创作》(*Les Traditions populaires et le folklore*, 1985)一书中评价说:稳定性与可塑性的结合构成民间创作的典型特征。这种结合及诗体构成的稳定因素(如格式、典型情景、标记、人物)决定了变化的范围。

口语诗与日常语言有许多共同之处,例如,全诗分为一些小结构,连接这些小结构的句法规则灵活性很大。但是,口语诗毕竟比日常语言更规范一些。民间创作通过演出形式代代相传,形成传统。这种带有一定礼仪性质的创作活动,要求歌唱者熟悉民间传统和礼仪活动的规定,与听众保持密切的联系。表演不等于背诵,而是体裁模式、风格模式和主题模式的再创作。各种形式的重复和格式使歌唱者能够在演出期间熟记诗句。同一歌唱者在一系列表演活动中有可能略微修改自己的"唱本"。随着唱本宗教色彩的减弱和世俗体裁角色的上升,改变唱本的自由度相应扩大。总之,变化是民间作品的基本特征;因之,寻求单一艺术原型的企图只能是科学研究领域的一种乌托邦。一部口头作品的界限是非常模糊的,这是口头作品研究的难点之一。口头文学的基本原则起支配作用。对应现象和近义现象有助于从各个角度考察主题;通常,这种性质的考察对确定某一具体词汇的意义没有什么帮助,却能开阔视野,使研究者抓住近义词之间的共同部分,抓住一个更广泛的概念(即它们的"交叉点")。重复一向是口头文学中最重要的结构手段和点缀手法。

从原则上说,书面文学的源头是民间的口头文学。浪漫主义者,G. 帕里斯(G. Paris)和 A. N. 韦斯罗夫斯基都深刻地理解了这一点。尽管 M. 帕里(M. Parry, 1928)和 A. 洛德(A. Lord, 1960)并不以为民间创作是文学的唯一渊源,他们仍然设想书面的英雄史诗(首先是《荷马史诗》)继承了民间表演活动的口头技巧。其实,几乎所有以英雄人物为主题的文学形式的源头都可以追溯到口头的民歌和传说,即使英雄史诗的种种格式不可能全部与口头艺术的手法相关。

当代的保尔·朱姆托尔有点从"人类学"的角度强调了声音的重要作用,令人信服地揭示了整个中世纪口语性的重要地位,包括书面文学中的口语性。他以为欧洲所保存的 12 世纪以前的非常珍贵的手稿中,口语传统占有至高无上的地位。他使用"口语性"这一笼统的术语,特别概括形体诗歌、抒情诗歌和民歌等创作形式,然后又把一部分艳情文学包括在内;艳情文学的源头可以部分地追溯到民间艺术,其创作活动属于个人的书面行为,然而它的具体表演却采用了口头的形式(虽然法国的行吟诗人有时对古代的江湖歌手颇有些不屑一顾)。形体歌冠之以"歌",从而把"唱"或"说"与"听见"或"听"相对立,故事的讲述者有时也出现在作品中,面对观众,且作品被分割成若干相当于口头会话的场面,这些都是很有意义的标志。中世纪的英雄史诗和抒情文学中,经常出现歌唱者的面孔,如《贝奥武甫》(*Le Beowulf*)和盎格鲁—撒克逊文学,或者俄罗斯文学中一部颇有代表意义、完全用书面语写成的英雄史诗《伊格尔王子远征记》(*Le Dit d'Igor*),绝非偶然。同时使用"听"或"听见"与"看见",说明了艳情文学的双重性。当时,"口语/书面"这一组概念相当于"俗/雅"的同义语。后来,书面语几乎取得了全面胜利,从而使艳情小说"散文化",使抒情诗修辞化。真正的市民文学体裁,如韵文故事、笑话、《列那狐的故事》(*Le Roman de Renard*)等,在一定时期内,都保持了口语特征。最后,还应该提及"传教"以及阐释这些"宗教讲义"的范文的口语性。口语传统的主导地位促使了文字版本的某些变化和多版本现象,同时也导致了中世纪手稿分类方面的偶然性和混乱性。

在东方,口头文学与书面文学两大文学潮流的相互影响从未间断过。从起源、接受情况和听众对象看,阿拉伯人的 sira(传记)或波斯人的 dastan(短篇传奇小说)叙述文体属于半民间性质的创作活动。戈尔卡尼、涅扎米、鲁斯塔维里①等人的著名诗作,相当于诗体的艳情小说,以及远东的英雄说唱,都使用了民间素材,反过来又对口头叙事产生了影响(同样,欧洲的艳情小说也丰富了口头的传奇故事)。东方存在着一种根深蒂固的职业传统,即说唱人员对中世纪的书面故事进行口头的艺术整理。别忘记,民间创作的强劲潮流始终与书面文学共存,并承受着后者的压力,就像它承受主要宗教的压力一样。

铭文之类可谓最古老的书面文学,口语已经不能完全满足它们的功能要求。于是关于显要人物的传记文字、古埃及死亡登记部门的文字材料、苏美尔的王室文字、中国的甲骨卜文、斯堪的纳维亚的字母记载文字等等应运而生。文字本身也罩上了神奇的光环。最古老的经书和宗教典籍(如《圣经》、《古兰经》、《梨俱吠陀》、儒家经典等)离开这些经书或典籍的内容的起源而成为圣书。文字有利于防止内容的随意变动,而圣书是不容人们随意修改的。

继祭祀、礼仪诗、神话和历史传奇等民间创作的传统之后,古代文学的若干体裁同时诞生。民间创作的财富首先变成训导文学。纯文学则出现得更晚一些。自从伊斯兰教和《古兰经》进入阿拉伯国家之后,人们在听诗(经常由诗人的弟子背诵老师的作品)的同时,还开始抄诗

---

① 戈尔卡尼(Gorgani),11世纪的波斯作家,艳情小说《韦斯与拉敏》(*Wis et Ramin*)的作者。

涅扎米·甘加维(Nezami Ganjavi,1136~1217),波斯杰出的叙事诗人,出生在阿塞拜疆的甘芝城。精通阿拉伯文,掌握了文学、历史、天文、地理、神学、哲学等各方面的知识。主要著作《五卷诗》包括《秘密宝库》(1173~1180,4800行)、《霍斯鲁和希琳》(1181,15400行)、《蕾莉和玛哲农》(1188,10200行)、《七个美女》(11200行)、《亚历山大书》(上篇14200行,下篇7400行),被誉为阿塞拜疆的百科全书。此外,还写了大量颂赞诗、抒情诗、杂感诗和四行诗,是阿塞拜疆诗歌风格的代表诗人之一。他的诗歌不仅对伊朗,而且对印度、土耳其、塔吉克、乌兹别克、土库曼等地都有较大影响。

鲁斯塔维里(Roustaveli),格鲁吉亚诗人,格鲁吉亚古典名诗《虎皮武士》的作者。据推断,鲁斯塔维里的文学活动约进行于12世纪末和13世纪初,生年大约在12世纪六七十年代。——译注

和读诗,于是出现了经过精心挑选认真编辑的诗选,包括个人的诗选(谓之"诗集")。

诗人、作者、作家

毫无疑问,一段漫长的历史把伴随着礼仪舞蹈、带有某种魔力的原始说唱与文学作品分开(甚至与当代由综合型演员表演的歌舞分开)。这一段漫长的贯时距离则是从说唱者到诗人的演变过程。人类的祖宗曾经用各种各样的名称来称呼说唱者和诗人:从 aède 到 rapsode(古希腊人),从 filid 到 barde(古代克尔特人),从 thulr 到 skald 或 scôp(斯拉夫人),从 troubadour 或 trouvers 到 jongleur(法兰西人)等等。事实上,这些称谓标志着逐渐背离神秘知识的诗语的解放程度、诗人专业的独立性及其社会地位。在传统范围内,赋诗行为的目的在于把由神灵传授、应该继续存在下去的某一理想文章再创作出来。歌与神话最初属于一定的团体、人群、萨满朝廷、教士等等。个人说唱在相对较晚的时期出现在美洲的印第安人和古西伯利亚人之间,并没有发生明显的变化,因为它们也是由神灵或保护神启示的。这些神灵不仅可以选择并启发萨满教士或者预言家,也可以选择杰出的说唱者或者叙述者并向他们传授灵感。萨哈林岛的基里亚克人的一个分支相信,在 *nastund*(一种颂扬英雄的故事形式)的表演过程中,一种叫做 *mifkehn* 的精灵便附在说唱者的舌头上,向他传授歌词。

在吉尔吉斯人的传统中,英雄人物托梦命令说唱者歌颂他的功劳。盎格鲁—撒克逊说唱家卡德蒙(Caedmon)也是在梦中被选上并接受灵感的。① 原始诗歌中的"歌"或"唱词"经常被视为独立于说唱者而具有生命和灵气。萨摩亚人的说唱者需要改变情节结构时,通常求助于"歌"。在发达的民间创作和中世纪文学中,诗人有时便从"话"或"歌"中获得灵感。歌词的形象先于诗人的形象。诗人常常苦心孤诣地搜寻

---

① 卡德蒙(?~670),英国诗人,生平不详。据比德的《英国基督教史》记载,他原是约克夏郡某寺院的牧羊人,目不识丁。一天晚上,他在睡梦中受神灵启示,突然能吟诗赞颂上帝造物。此后,他即把圣经故事改编成诗歌诵唱。他的诗文都已佚失,亦无从考证,只有他在梦中奇迹般学会的九行诗句出现在 8 世纪初至 15 世纪末的 17 种手稿中。这几行诗是在英国本土用英语(当时为盎格鲁—撒克逊语)写成的最早的诗歌,也是以日耳曼语口头诗歌形式来表达基督教主题和思想的首次尝试。——译注

这种"歌词"。芬兰的萨满教说唱者 Väinämôinen① 是到逝者的王国里去寻找富有魔力的言辞的，这与中美洲印第安人的神话传说中歌与地狱之蛇的关系似有相通之处。斯堪的纳维亚的最高神奥丁在萨满教的仪式之后，接受神秘的字母，然后再把诗兴传授给伟人。

根据伊斯兰人的解释，诗人是造物主的工具，凭借造物主的创造能量而行动。同时，人们还评判说唱者的技巧，通过评判使说唱者和叙述者产生竞争。阿拉伯的中世纪文献学家们认为由此最终确立了诗人的评判方式。

在中文里，"作者"一词与"做"同根同源。《梨俱吠陀》（*Rigveda*）的一首颂诗把诗律的探讨比作木匠的劳动。阿拉伯诗人和普罗旺斯的行吟诗人们则把作诗与打铁、镀金和染色等行业的技术秘密相比。尽管故事的灵感来自神灵，诗中的各种比喻属于传统，人们还是以诗人的表达水平来评判他。中世纪阿拉伯人已经有"抄袭"一词，但是当时它的内涵不包括任何贬义。

很长时间内，"创作者"与"表演者"、"作者"与"演员"、"作家"与"抄写者"之间的界限是相当模糊的。最早的文学杰作也有署名，然而这种署名与作者无关，而是指担保作品真实性的文化机构，因此出现了类似《伊姆霍泰普格言》、《萨洛蒙寓言》、《达维德诗篇》、《伊索寓言》、《荷马史诗》等作品的书名。在中国文学里，老子、孟子代表最古老的经典作品的编者、传说中的人物以及这些经典的书名。人们还以同样的方式推定《伊利亚特》（l'*Iliade*）和《奥德赛》（l'*Odyssée*）为荷马所作，《摩诃婆罗多》（le *Mahābhārata*）为毗耶婆所作……另外两个例子也为人们所熟知：设想 Sin-lege-unnini② 是《吉加美士史诗》（le *Gilgamesh*）的作者，他可能整理过这部作品并在它的传播中发挥过重要作用；另一个例子是《罗兰之歌》（la *Chanson de Roland*），曾经有版本把蒂罗尔德的名字印在封面，其实，他与这部英雄史诗是无关的。

在古希腊、古罗马，作者的姓名经常象征着某种风格或体裁，并不表示具体的作品。中世纪也有这种情况。同时，在古代和中世纪的传统里，诗人的个人意识和自信心也达到了相当高的程度。由于个人主义的形成，这种意识和自信心在文艺复兴时期则继续增长。作者的大名在浪漫主义时期获得了举足轻重的地位，于是，有关"天才"的理论应

---

① 不详。——译注
② 不详。——译注

运而生,而且个人的风格开始以强劲的势头战胜了传统风格。现实主义没有改变作者的社会地位,而是对作者的作用有了新的见解:作家既可以成为时代的客观见证,又可以进行各种社会调查。

诗学与艺术动机

作者概念的演变与艺术价值概念的出现及演变有关。神话奇特的幻想、清新的不可超越的意象以及独特的教育功能被领悟为脱离神话内容本身、既带有神授性质又非常真切的客观材料。历史传说逐渐取代神话的地位时,也同时吸收了神话的残余(如希腊或印度的英雄史诗),它们的内容出自古代,被视为过去的神圣遗产。这种观点滋生了一种完全忽视内容、只看形式和表达质量的关于艺术价值的理论。对于过去的读者而言,艺术因素是一种特定的社会交际能力的标志,是适合这一交际活动的文化形式和产生美感的手段……美感的接受与某种特殊形式的承认和肯定相关。艺术形式首先包括节奏、格律、各种重复、结构、格式和修辞内容。

早期艺术混杂现象的残余影响了理论思考的诞生,因此,人类的先祖没有用美学方面富有意义的术语来命名艺术交际活动(风格、原始体裁),而选用了表示某种礼仪功能或社会功能的术语。例如,神秘色彩的多少或真实性的大小等,掩盖了神话与古代童话的美学区分。

中世纪时,人们通过对历史的追忆来阐释传统,从诗歌类型中寻找到传统的表达方式,期望诗能够提供精湛的技艺。关于风格的思考便在这种氛围中酝酿。后来,关于风格的理论思考以修辞诗学的形式出现。应当注意到诗学理论与实践的某些差距。我们知道,在民间创作的发展过程中,距离礼仪愈远的体裁(童话、英雄史诗),其美学氛围便愈浓;然而修辞诗学却无视童话和英雄史诗的存在,而青睐口头散文甚至史书。古希腊从七八世纪起,东方则更早一些,文学设想美学质量与形式存在着密切的联系,而内容已经预先确定。通常,诗的地位高于散文。各种美学概念相继诞生,中国有"文"的概念,印度有"诗",古代欧洲也创造了诗的概念。"文"表示文章、文学;纯文学,也包括"绚丽"之作。孔子那些颇具学者之风的弟子们,把"文"与"道"这一基本准则联系起来,文以载道。(从某种意义上说,"文"与《圣经》上的话语或逻各斯很接近)然而6世纪时,当昭明太子萧统编撰《文选》时,他竟然把孔子及其弟子们排除在外,因为他们的目的不在于美学,而在于哲学。在萧统看来,文学的特征存在于它的形式以及修饰语言之中(装点溢美之词),中国人谓之"文采"。但是,9 至 10 世纪时,司空图在其著名诗篇《诗品》中,还是把"诗道"与诗人的特殊使命联系了起来。

　　梵文诗——*kavya*——表现了明显的形式主义。7 至 10 世纪的诗论(檀丁)阐明了诗的修辞手段,谓之"庄严",把它们视为一种不同寻常的语言("曲语",*vakrokti*)。8 世纪的婆摩纳更多地把诗与诗德联系起来,即追求清晰效果,而非同韵。自 9 世纪起(欢增和其他诗人),诗人更强调"韵"的概念(*dvhani*,即诗的暗示义)和"味"的概念(*rasa*,即情味与情感的接受)。8 至 9 世纪的阿拉伯诗学(贾希兹、伊本·库泰伊巴、伊本·穆尔塔兹、古达马·伊本·贾发尔)把"内容"(*ma'ani*,素材、草稿)与"语言"(*lafz*,语言外壳)对立起来。既然主题来源于伊斯兰教诞生之前的诗歌传统,而这一传统又被视为理想的规范,那么诗人便潜心于语言的表达,以表现自己的语言技巧和艺术。从某种意义上说,意义是潜在的,语言艺术使它得以实现。阿拉伯诗学渐渐进入多素材的修辞探讨,促进了传统题材的再创作,涌现出一批风格独特的诗人,其实,他们的作品还是比较规范的。

　　在古希腊,诗学相当于模仿艺术的理论(包括格律方面的模仿),而言语、选词、比喻以及风格的雅俗之分,部分是在修辞学的范围内,部分是在语法范围内进行研究的。中世纪直到 19 世纪末,修辞学最终演变为诗学,而诗学纯粹变为规范,贺拉斯(Horace)传统的影响是这种变迁的部分原因[参阅马蒂厄·德·旺多姆(Mathieu de Vendôme)、若弗鲁瓦·德·万索福(Geoffroy de Vinsauf)等人的论文]。于是,古代修辞学的影响明显体现在那些放弃口语传统的诗歌创作实践中。还应当指出的是,这种实践又以某种方式影响了理论:理论界把夸张看做一种发挥,而没有看做高雅风格的标志之一;建议使用比喻时持慎重态度,在描写和风格定位时,重视封建社会的各种成分等等。

　　不必像库尔蒂斯(Curtius)及其学派那样夸大 13 世纪末以前的修辞模式和古老传统的作用。独立于修辞学之外,中世纪的诗学意识同样突出过形式意图。冰岛为我们提供了一个很好的例证:凡是希腊、罗马遗产最少的地方,作品独特的美学特征都与形式有关。行吟诗的形式部分即由隐喻(*Kenningar*)和近义现象(*heiti*)膨胀起来,而内容部分则是由真实的史实构成的,受公众舆论的监督。斯诺里·斯图尔吕松(Snorri Sturluson)的散文作品《埃达》(*l'Edda*)一书中,神话的展示更经常受制于由隐喻、近义现象和格律组成的形式描写。

到文艺复兴时期、巴洛克时期和古典主义时期,规范性修辞诗学、文学的传统主题的模式及修辞地位继续共存,不管这些风格之间的差异有多大。布瓦洛的《诗艺》(*L'art poétique*)标志着修辞诗学的胜利。

中世纪时修辞系统根本没有谈到的某些体裁,如英雄诗、短篇小说和若干戏剧形式,到文艺复兴时期都获得了某种承认。作品内容部分地失去了昔日的神圣特征,逐渐程式化,尤其是在启蒙时代。18世纪后半期出现了明显的非修辞化现象,而浪漫主义则以哲学美学代替了规范性质的诗歌创作。浪漫主义的文论家们关注的对象是虚构和意象结构。现实主义者对社会存在的真实事物感兴趣。文学或者表现诗人的内心世界,或者反映社会的、历史的和民族的客观现实。在东方,这一进程持续到19世纪末。

进入20世纪以来,对于话语诗学的兴趣再次抬头,然而这次是在研究个性化的风格范围内。有必要再次重申,在整个文学史的长河中,理论与实践之间始终存在着某种差距,某些叙述体裁或民间体裁完全值得推崇。20世纪,人们对诗话、虚构和历史真实的兴趣已经融为一体。

体裁

应当把文学地位的变迁与文学体裁的地位比较一番,体裁是由主题、风格及诗句的复杂群体确定的。最初,不管什么体裁,如咒语、狩猎歌和战争歌、哀歌、檄文或诅咒歌等,或属于纯粹的礼仪之歌,或与季节性及临时性礼仪相关的歌体,它们都出于某种实用的和呼唤神灵的目的。它们都属于功能性体裁,并以具体的地点、时间、环境、形势和某种礼仪为参照系。我们可以把它们看做言语的一些固定的并且礼仪化的形式。同样,东方先哲的格言类作品也与一种礼仪形势密切相关。随着非礼仪化和非神化的演进,情歌、童话、英雄诗等体裁逐渐发展起来,形式也逐渐完美,并成为其他世俗体裁的参照点。童话的雏形,特别是终极形式,通常都突出叙述过程的想象特征。英雄史诗则逐渐由诗体代替了散文形式或混杂形式。历史传说以及表达人类与神灵(不管是善良仁慈之神还是凶神恶鬼)关系的故事体裁,最初都与美学方面的关注无缘,渐渐地,史诗的脉络里也加进了英雄传说,而人类与神灵关系的故事则成为传奇故事的源头。表示体裁特征的术语相当混乱,既可以表示某种礼仪功能,或者文体的特点(童话/歌),也可以表示故事发生的时间（俄罗斯的壮士诗叫做 starina，即古风）、舞蹈或音乐表演的节奏（快/慢）。被选用的术语通常只表示体裁的一个特征，该体裁的其他特征尽在不言之中。

中世纪文学体裁的区分标准也极不统一。有无歌曲，有无个人特点、舞蹈或音乐的风格，运用了哪些诗学的修辞手段和题材等，都是用以确定体裁的不同特征。通常，术语的意义似乎也含糊不清。例如，在法国文学里，人们就很难把童话、说唱、故事和寓言或者故事与小说区分清楚。古代和中世纪，许多微型体裁占有举足轻重的地位，这些言语形式分别分布在不同的语言范围内。中世纪的手稿经常把截然不同的体裁汇集在一起。体裁划分的形式原则在印度占主导地位，而阿拉伯国家则信奉功能原则；中国文学和希腊、罗马文学则兼顾形式和功能两种原则。在众多体裁的殿堂里，叙事体裁的地位低于诗歌体裁。从历史的角度看，体裁朝着承认、统一和扩大（由微型体裁过渡到结构更大更重要的大体裁）的趋势发展。

文艺复兴是体裁领域的一个实验阶段。跨入古典主义的门槛，一种僵硬的等级观念即已确立，体裁概念获得了比风格更重要的地位；诗的意识绝对等同于体裁意识。到了浪漫主义时期，体裁的特征变化与非礼仪化运动同步前进。不同体裁之间的界限缩小了，个人的作品比体裁显得更重要。浪漫主义文学和现实主义文学把小说体裁推上第一把交椅，而过去小说的地位是无足轻重的。20世纪的现代派削弱并扭曲了传统的小说结构，而且完成了抒情体裁的个性化、扩张、混合、解构与整合的进程。

截至现在，我们相继考察了诗歌、诗话、作者、体裁等问题的起源及演变。它们的起源还可以从另一角度，即文学阶段的继承或交替来考察。

文学史上直至浪漫主义之前的很长一段时期，传统和规范起支配作用。那时候人们视艺术作品为神话原型或历史原型、范式、主题和体裁以及风格格式的翻版，在作品的实现过程中，给作者以一定的选择形式的自由。在最古老的远古时期，这些与神话诗歌的思维方式相适应的美学原则，尚未成为理论思考的目标；而从古典时代直至18世纪（东方至19世纪末），诗之意识从修辞性规范性诗体中找到了自我表现的契机，这种表现的方式因时代的差异而不同（古代、中世纪、文艺复兴、巴罗克和古典主义）。另外，文艺复兴以前，风格占主导地位；16至18世纪，体裁支配一切；而浪漫主义以来，作者的地位空前加强。在西方，进入19世纪以后,东方则自20世纪初叶起,个人的创作意识战胜了传统和修辞学。作者以其独特的个人形象出现于文坛,这并不妨碍文学流派(如浪漫主义、现实主义、自然主义、印象主义、象征主义、表现主义、超现实主义和其他现代流派的分支)的形成。

比较文类学

文学史实的差异性和复杂性不仅可以从贯时方向进行研究(几乎呈进化论式的研究),而且还可以从共时方向进行研究(比较文类学)。

某种文化的特征当然是在历史进程中表现出来的。然而,进入现代社会以来,各种文学之间的相互影响以及西方文学的中心地位,使形势变得格外复杂。因此,从文类学的角度出发,中世纪的口头艺术与书面艺术当是比较文学的优先对象。当时,东西方的相互影响很小,各种文学独立地平行发展,它们之间的相似性应该属于文类范畴的相似。仅仅是在相对确定的地理范围内,一种文学才能支配和影响其他文学,如欧洲范围内的法国文学,东方不同区域的阿拉伯文学、梵文文学、波斯文学或中国文学等。

文艺复兴时期,平行现象丧失了它的力量(所谓东方也有文艺复兴运动的理论是谬误的),然而17与18世纪,西欧与远东又明显地出现了某些相似之处。20世纪以来,西方开始影响东方,几乎统一的世界文学的前景似乎出现了。

在文类学相似性的背景下,区域性差异就显得格外清晰。宏观体裁的比较,例如把抒情诗、英雄史诗、英雄故事、小说、短篇小说等分别作为一个整体来考察,最富有成果。

小说是其中最好的例子,因为小说属于多源头且源头差异较大的文学体裁。它的根源分别为:欧洲的克尔特英雄童话,波斯文学中伊斯兰教之前的英雄传统以及有关诗人恋情的传说,格鲁吉亚的地方英雄童话和英雄传说、神奇故事和童话,日本以散文为框架的抒情组诗和抒情日记。在这些源头里,小说体裁先于英雄文学而存在。尽管源头异彩纷呈,小说体裁的性质本身还是比较单纯和稳定的。中世纪时,全世界的小说都描写主人公的"内心世界",而西方的主人公是以骑士,东方则以公子的社会身份出现。"个人"对恋人坚贞不渝的爱情,导致了社会方面的混乱,违背了英雄史诗的理想原则。假如爱情激发了某种英气或诗情,则可以获得大团圆的喜剧结局,艳情文学或苏非派①文学即提供了这样的小说脉络。

　　中世纪的小说框架已经预先存在。第一部分属于童话内容:主人公完成若干壮举,赢得了一位漂亮公主的欢心。到了第二部分,纯属杜撰的个人爱情与社会责任之间的冲突倏忽而至。早期的小说作品[如戈尔卡尼的《韦斯与拉敏》、托马(Thomas)或贝鲁尔(Beroul)的《特里斯当与伊瑟》(Tristan et Iseult)],摧毁了男女主角之间的和睦关系;后来到古典主义时期,由于发现了影响骑士、君主或诗人心灵的崇高爱情的社会价值和美学价值,男女主人公的喜剧结局得以恢复[克雷蒂安·德·特鲁瓦(Chrétien de Troyes)、涅扎米(Nizāmi)、鲁斯塔维里、紫式部(Murasaki Shikibu)]。

　　法国小说和波斯小说的结构和演变情况十分相似。格鲁吉亚的鲁斯塔维里稍微偏离到英雄史诗的道路;日本的紫式部则走上了拉·法耶特夫人(Mme de La Fayette)式的心理小说之路。从这些共同特征出发,我们可以清楚地看到他们之间的差异,而这些差异一定程度源自基督教、伊斯兰教、佛教等宗教信仰的不同。例如,基督教的目的论把主人公引向一条通过建立自己的社会人格而掌握自己命运的平坦大道;佛家哲学在日本小说里则引入并加强了人物命运周而复始、世代交替循环往复的观念,其间善与恶互相交织,青年时犯下的每一错误必然导致日后甚至下一代生活中的惩罚。小说充满了忧郁的宽容气氛和强烈的冥想倾向,作者以四季交替的模式来象征这一宿命论思想。波斯的诗体小说与西方小说更接近,然而它的主人公经常是一位王子或者君主。我们从艳情思想和苏非思想与日本的红颜薄命观念中可以发现明显的差异。在现代小说的诞生过程中,我们同样可以发现西欧与远东之间的对应现象。中国的匿名小说《金瓶梅》(16世纪末)与日本井原西鹤(Saikaku)的小说(17世纪)使人联想到17世纪若干骗子无赖小说或"闹剧"小说。然而在欧洲小说里,骗子无赖居主导地位(索雷尔例外),而亚洲的色情味更浓。骗子无赖小说中,主人公的行为更多地由社会环境所决定,并非天生如此。东西方的这两类小说里都包含了讥讽和滑稽可笑的内容。

　　我们还可以把英国小说与法国小说以及东方小说进行比较。[伏尔泰(Voltaire)、斯威夫特(Swift)、吴敬梓、李汝珍]小说的感情色彩更

---

　　① 苏非派教义是伊斯兰教的一种流派的教义。——译注

浓，但是并未放弃社会批评的功能。［试比较英国女小说家理查森（Richardson）与《红楼梦》的作者曹雪芹］在上文提到的共同特点之外，差异也是很明显的。例如，与欧洲小说不同，中国小说把私生活的特定主题扩大到一个大家庭，主人公的个人意识以这个大家庭为背景反映出来。

我们已经谈过日本的中世纪小说，它是后来心理小说的雏形。但是在中世纪的中国（直至 16 世纪），小说体裁并不存在；其功能一方面由重大的英雄故事或历史故事承担，一方面由唐代传奇式的短篇小说承担。这种形式的短篇小说与玛丽·德·法朗士（Marie de France）的《冲积地》(les *Lais*)相似。东西方的短篇小说存在着许多共同之处，同时，也有很大的差异。在西方，奇妙的童话与动物故事（寓言）、生活轶事、短篇小说以及榜样故事是有区别的，而东方或由于教育动机的影响，或因为相信人的灵魂可以托生为各种动物，所有这些文学形式全都混为一体。

东西方短篇小说方面的差异尤为明显，因为西方的短篇小说取材于生活轶事，印度取材于寓言，而中国则取材于有关精灵、活尸的传说，特别是鬼狐神话。因此，东方短篇小说中的神怪材料比比皆是，而在浪漫主义之前的欧洲作品中则十分罕见。我们仅在 E. T. A. 霍夫曼（E. T. A. Hoffmann）或 T. 戈蒂耶（T. Gautier）的作品中可以闻到这种怪异的香火，它使我们联想到一般的中国短篇小说，特别是蒲松龄的《聊斋志异》。在中国，传奇恰恰是短篇小说的特征（令人惊奇的事件与观点）。反映市民社会生活的短篇小说集"话本"，与中世纪具有崇高情调的传奇不同，有点像法国的韵文故事或德国的杂剧（*Schwank*），但是，我们从话本中可以发现许多侦破故事，这在当时西方是不存在的（16、17 世纪）。阿拉伯的"故事"体裁，或者谓之阿拉伯的短篇小说体裁，介于欧洲短篇小说与远东的短篇小说之间。薄伽丘（Boccace）的《十日谈》(le *Decamerone*)以来的文艺复兴时期的短篇小说，代表着西方经典的短篇小说体裁。东西方短篇小说体裁的比较非常有益。文艺复兴时期的短篇小说的情节是由主人公个人发起的，他渴望实现某一具体的目标。而东方短篇小说的主人公经常很被动，经常以时运不佳的失意者的面目出现，毫无适应时局的能力；他完全被情节牵着鼻子走，得到一些奇异之士、巫师或忠实的朋友的帮助。因而，东方短篇小说不乏悲惨的结局。

由于语言方面的原因，抒情诗之间的比较就相对困难一些。在崇高的爱情诗方面,不仅普罗旺斯、西班牙和阿拉伯国家之间,而且中世纪的波斯、印度、中国和日本的诗之间,都存在着许多共同点。某些素材几乎在全球重复;日本与阿拉伯的诗人传记非常接近;普罗旺斯行吟诗人的某些讽喻诗或道德诗使人想起唐代中国的抒情诗。当然,差异也是惊人的。例如,阿拉伯崇高的爱情诗里没有骑士;中国的抒情诗极少赞美对女人的爱情,而讴歌男人之间的友情。友谊与酒,完全是中国诗、波斯诗和欧洲漫游僧的新拉丁诗所特有的题材。与普罗旺斯的讽喻诗不同,中国诗更多地吟唱离别、伤逝以及人民的痛苦。各国人民的抒情诗,都出色地运用了以景物衬托心理活动的对应手法,远东文学则尤为杰出,那些写景短诗,完全浸透着佛教的忧郁气息。

2. 文 学 性

乔纳森·卡勒

什么是文学？这一文学研究的基础问题和文学理论应当解决的首要问题可以有不同的理解。首先可以理解为关于文学的一般性质的问题：文学是什么性质的物质或活动？它有什么作用？为什么要研究文学？文学在人类众多活动中的地位如何？按照这一思路，问题的目的不是要寻找文学的定义，而是要描绘文学的特征。所有从事文学活动的人都对这一问题感兴趣，他们希望明白为什么投入了文学活动而没有投入其他活动。

然而"什么是文学"还可以理解为文学与其他活动的区别：文学区别于其他言语或其他文本、其他表现方式的特点是什么？文学区别于人类其他精神产品或其他实践的特征是什么？提出文学区别于其他活动的特质，即提出了文学性的问题：成为文学作品的标准有哪些？

尽管这一问题似乎是文学研究的核心问题，但应当承认，关于文学性，我们尚未得到令人满意的定义。

诺思罗普·弗莱（Northrop Frye）在他的系统性论著《批评解剖学》（*Anatomy of Criticism*）一书中申明："我们尚无真正的标准，把文学语言结构与非文学语言结构区分开来。"（1966，13）他的话不无道理。

这么说有很多理由。略微思考一下，我们就会明白，困难不仅来自原则方面，而且也有实践方面的因素。文学作品有如沧海桑田，种类繁复，一部具体的小说，例如《追忆逝水年华》（*A la recherche du temps perdu*）或者《简·爱》（*Jane Eyre*），可以像一首律诗，或者更像一部自传，而彭斯（Burns）、海涅（Heine）或魏尔仑（Verlaine）的一首抒情诗，可以像索福克勒斯（Sophocle）的戏剧，或者更像一首歌。那么首要的问题即我们所谓的全部文学作品是否具有很有意义的属性，是否能够将它们区别于与它们十分相似的非文学作品。如果稍微从历史角度考察一下,这个问题甚至变得更为棘手。一位著名的诗学家曾说:"诗与非诗的界限比中国行政区划的界限还不稳定。"[雅各布森(Jakobson),1973,114]只要想想某些现代诗就理解了,其他时代大概不会把它们视为文学作品的。例如美国诗人戴维·安提(David Antin)的《口语诗》(Les talk poems)属于最平常不过的日常会话,无韵,无节奏,没有特别的形象,完全像日常谈话时那样犹豫不决和啰嗦。当年法国新小说派兴起时,许多批评家和读者宣称,这些没有人物、没有传统情节的结构不能算作文学。它们在19世纪肯定不可能获得"小说"的称号。

人们由此可以得出下述结论:既定社会的首肯即文学,该社会的教授、作家、批评家、院士等文化界的裁判官们认可的一系列作品即文学。这一结论当然不能令人满意。于是,我们还可以引用与此颇为相似的其他类型的标准,文化界定方面的批评家们经常介绍这些标准,它们往往代表着一个或大或小的团体的变化不定的意见。例如,认为文学是一种像杂草一样的类型[埃利斯(Ellis),1974]。简而言之,杂草乃社会不愿培育且试图铲除的生物。杂草不具备形式方面或实质方面的任何优点,无任何"精华"可言,亦无任何中肯的区划标准。对这一类型感兴趣的人士,不必探讨杂草的生物"属性",只需对不同群体或社会肯定为杂草的各种生物进行历史的、社会学的,也许还包括心理学方面的调查就行了,但是,恐怕永远不会找到一条普遍适用的标准,即使是针对某一特定时期的"杂草"。

如果文学属于这种类型,那么就不必对文学性进行理论分析了,而应把它降为历史性调查的对象,历史调查的目的也不过是阐述不同群体鉴别文学时所使用的标准。然而,一般来说,关于文学性的答案不应该以这种方式获得。界定的难度反而激发人们去思考文学的性质,并使这类思考趣味盎然。理论家们持续不断地思考这一问题,并非试图知道哪些言语类型包括在文学之内,哪些被排除在外,并非试图获悉其他文化或其他时代的鉴别标准,而在于探讨文学最重要的特征,规范文学研究活动。文学性的定义之所以重要,不在于作为鉴定是否属于文学的标准,而是作为理论导向和方法论导向的工具,利用这些工具,阐明文学最基本的风貌,并最终指导文学研究。最富成果的讨论围绕着两个标准进行:其一通过与某一设定现实的关系来界定文学性,视文学为虚构的言语或日常语言行为的模仿;其二瞄准语言的某些特性,甚至语言的某种结构。尽管两种答案在某些方面可谓殊途同归,但还是应

2. 文 学 性

该分别地予以详细考察。既然两种答案都不属于历史调查一类,考察之前,从历史角度作若干说明,还是必要的。

要解释文学性,解释这一能够界定是否属于文学的品质,应该了解关于文学本质这一问题提出的历史背景。我们谓之曰文学作品的创作已经有两千五百年历史了,然而,关于文学的现代思想,仅仅可以上溯两个世纪。直到19世纪,"文学"以及欧洲其他语言的类似说法,总体上仅仅意味着"文章",甚至"书本知识"。在莱辛(Lessing)自1759年起发表的《关于当代文学的通讯》(les *Briefe die neueste Literatur betreffend*)一书中,"文学"一词才包含了现代意义的萌芽,指现代的文学生产。斯达尔夫人(Mme de Staël)的《从文学与社会制度的关系论文学》(*De la littérature considérée dans ses rapports avec les institutions sociales*,简称《论文学》)则真正标志着文学的现代意义的确立。

然而,直到文学批评和专业文学研究的兴起,文学特殊性和文学性的问题才真正被提出来了。19世纪末以前,文学研究还不是一项独立的社会活动:人们同时研究古代的诗人和哲学家、演说家,即各类作家,文学作品作为更广阔意义上的文化整体的不可分割的组成部分而成为研究对象。因此,直到专门的文学研究建立后,文学区别于其他文字的特征问题才提出来了。提出问题的目的,并非一味追求"区分"本身,而是通过分离出文学的"特质",推广有效的研究方法,加深对文学本体的理解,从而摒弃不利于理解文学本质的方法。

于是,20世纪初叶活动在莫斯科和列宁格勒的俄罗斯形式主义者,当时由青年语言学家和"诗学家"组成的文学团体,首先关注起文学性的问题,并且为问题的谈论拟定了若干粗线条。罗曼·雅各布森这样提出问题:"文学科学的对象并非文学,而是'文学性',即使一部既定作品成为文学作品的特性。"(1921,11)他认为文学批评家和文学史家用作家的个人生平、心理学以及哲学研究代替了文学科学的建构。雅各布森声称:"文学研究要想成为一门科学,必须把方法作为它们唯一的'人物'。然后,关键的问题在于运用和论证这一方法。"

文学性的问题有助于把注意力集中在文学作品的基本结构方面,恰恰相反,这些结构不会成为其他作品的基本因素。研究一部文学文本,要求分析家把注意力集中在某些语言战略的运用方面,而不是把它作为传记资料或史料,或哲学宣言。形式主义者肯定的基本准则是:"文学科学的宗旨,应当是研究文学作品特有的、区别于其他任何作品的特征。"[埃亨鲍姆(Eïkhenbaum),1927,37]找出文学作品足以在散文和诗歌方面同时具有普遍意义的特征,则成为问题的关键。① 文学性主要反映在下述三个方面:1.语言本身的突现方法;2.文本对习俗的依赖以及与文学传统的其他文本的联系;3.文本所用材料在完整结构中的前景。

关于第一点,俄罗斯形式主义者什克洛夫斯基(Chklovski)认为:"诗的语言以其结构的可感知性而区别于(日常的)散文体语言。"(埃亨鲍姆,1927,45)捷克人穆卡罗夫斯基(Mukařovský)是布拉格学派的创始人之一,布拉格学派继承了俄罗斯形式主义的学术思想。穆卡罗夫斯基没有以美丽、装点、情感性、形象性、独特性等特点而以突现性来界定诗的语言。(1977,3~4)使语言易于感知的方法很多,均可以使读者在接受文本时,不把文本当做传递信息的简单而明了的工具,而深深地介入语音和其他语言结构形态的物质性之中。语言的偏离或反常现象,如创造新词新意、奇特的词语组合、选择异常的语法结构或语义结构等等,是诗歌语言中常用的突现形式,然而散文语言中也有使用,如《芬尼根守灵》(*Finnegans Wake*)的开头:"Eins within a space and a wearywide space it was er wohned a Mookse. The onesomeness wast alltolonely, archunsitslike, broady oval, and a Mookse he would a walking go."②这种突现方式的目的和结果,构成俄罗斯形式主义者所谓的陌生效应或异乎寻常的效应,从而产生语言符号的强烈的感知性。采用各种对应手法和重复手法,皆可获得具有感知性的效果。在语音方面,叠韵和头韵可以产生结构紧凑的效果,如瓦莱里(Valéry)的诗句:

> Dormeuse, amas doré d'ombres et d'abandons,
> Ton repos redoutable est chargé de tels dons...

---

① 在回答"什么是文学"的问题时,让-保尔·萨特(Jean-Paul Sartre)把散文与诗相区别:散文意在叙事,而诗则刻意于语言本身。(1948)然而萨特本人最好的一些小说分析以及大部分批评文章表明,小说家亦工于语言,因此,不应该把小说排斥在根据诗体界定的文学性之外。——原注

② 原文有意作了许多创造,意在给人以深刻的印象。试译如下:"同样在一个空间之中,在一个沉闷宽阔的空间之中,居住着一个郁郁寡欢的生人。孤独,就是孑孓而立,形影相吊,宛如在宏大的苍穹之下,一个郁郁寡欢的人往返游荡。"——译注

[《睡妇》(《La Dormeuse》)]①

可以产生对应效果的正常节奏和异常节奏、诗句类型的重复、各类"副歌"和诗尾结构等,都可以产生文学语言的感知性。散文通常采用其他的突现方法。各类故事性结构(分述、重点突出和细节描写、层层深入等)可以产生结构完整的效果,给人以精心布局、每个细节都不容忽视的感觉。另外,要求读者付出一定努力才能读懂的形象语言,也表达着文学性。事实上,人们通常把努力从奇特角度创造新感觉的文学形象,视为文学性最常见、最广泛的因素。即使现实主义作家,也试图给人以新的形象:"茅屋的屋顶,犹如遮住眼睑的皮软帽一样……"[福楼拜(Flaubert):《包法利夫人》(*Madame Bovary*)]作家选择的叙述角度,亦可以从另一角度产生新奇的效应。托尔斯泰(Tolstoï)在《霍尔斯托米尔》(*Kholstomer*)一书中,让马充当了故事的叙述者,这一罕见的叙述角度以及语言表现过程中对主题的层层挖掘,使叙述对象的形象焕然一新。例如,叙述者发现"我的马"原来与自己有关,就像"我的土地"、"我的空气"和"我的水"一样陌生,使他困惑不解。

语言符号以及表达手段的突现可以使文学成为对我们习惯用以表现社会的符号范式的批评。同样,人们赞扬新小说对传统小说模式的批判,对人物模式或者对我们不知不觉中赖以阐释世界的因果原则的批判;同样,诗经常尝试着冲破所谓的"正常"组合的藩篱。

然而,关于文学即新颖化的观念,有一点保留需要说明。在语言领域,文学的效应不仅表现在奇特的形象和组合方面,还表现在高雅的语言方面,而高雅语言部分地表现为使用已经失去任何革新力量的形式,如"天空中的蔚蓝色穹隆"立即给人以文学语言的印象,因为形容词在读者大脑里产生了迂回高雅地表述崇高感情的文学意象。用"四十张船帆"表示"四十艘帆船"是最常见的文学形象之一。每种语言都有一些既古老又高雅的词汇和结构,属于文学语言,尽管同一语言的滑稽模仿或摧毁亦属于文学语言。

不管怎样,如果我们把某文本的文学性效应局限在语言手段的表现范畴之内,仍然会碰到巨大的障碍,因为所有这些因素或手段都可能出现在其他地方,出现在非文学文本之中。雅各布森本人亦承认"常用

---

① 试译如下:"徜徉在阴影和安详之中,啊睡妇,
你那令人生畏的休憩充溢着无限的天赋……"——译注

的口语也使用头韵和其他谐音手法。在有轨电车上,您可以听到许多玩笑话,它们与最微妙的抒情诗有着相同的形象结构;而闲暇时神侃的结构规律竟然与短篇小说的规律相同……"(1973,114)。某段言语能够使其语言具有感知性这一事实,不足以说明它即属于文学语言。广告语言、文字游戏以及表达错误,都可能引起我们的注意,却并未创造出文学作品。雅各布森在关于语言六种功能异化的著名论断中,曾经把语言的诗学功能界定为"信息本身的聚焦"(1960,353),指出了一条思考的途径。

什么意思呢?雅氏的定义部分继承了一种传统概念,即审美对象自身具有一定的价值,不为任何功利目的所奴役,具有康德(Kant)在《判断力批判》(*Critique de la faculte de juger*)一书中所说的"无具体目的的合目的性"(*Zweckmässigkeit ohne Zweck*)。文学作品不受日常语言、历史语言、实用语言的限制,处于特殊的地位(我们在下文中将会看到),能够产生朦胧性,成为与作者和读者的形象思维相关联的独立结构。正是这种自由性使文学性的某些主导思想得以付诸实践,例如复调言语的思想,一个词的所有意义(尤其它的内涵)都可以进入情境之中;又如言语可以包含隐义、间接意义或补偿意义,这一意义可能是言语最重要的意义等思想。

让我们进一步看看语言的诗学功能这个概念吧。为语言而语言,并不意味着自成体系,而应该理解为与语言环境中其他构成因素的特殊关系。假如我和一位朋友约定明天晚上六点在某咖啡馆喝咖啡,这句话里的基本因素包括:我严肃地发出了上述信息,信息是针对那位朋友的,那就是说,这不是戏言,也并非语法例句,信息不是针对其他人的,以我们所处的地理和时间背景为参照系而确定了约会的时间和地点。句子的形式以及我所使用的特殊词汇是次要的,正如它们与我或者其他人以前发出的其他邀请信息的关系一样无关紧要。相反,在一首诗里,例如英国诗人本·琼森(Ben Jonson)的诗《邀友人晚餐》,情况则完全相反。这里最重要的,是诗的意象结构和节奏结构;所发信息的背景是一种文学体裁,是对日常琐事的某种抒情氛围,在诗的基调和运动中,支持所叙生活方式的一种价值观从这种背景和氛围中脱颖而出。什克洛夫斯基以为文学犹如一条路,"在这条路上,脚步可以感知石块,道路本身能够回首自顾地检视自己"(1919,115)。作品不是朝着一个具体的目标迈进的,这并非说明它没有方圆和经纬限定;其实,作品以自己的手段为参照。这即是说,一部文学文本中,语言的突现方式等于

2. 文 学 性

把它从其他背景(陈述文生产的时间及现实环境)中分离出来,把文本语言试图完成的行为(如邀请友人)变成一种文学手法,并把它置于一系列文本与文学手法的背景之中。

这里,我们又回到了雅各布森的那句话,即文学研究应该把手法作为它的唯一的人物:任何关于文学性的讨论,都不会把文学手法视为表达信息的手段,而看做文学言语的主人公和主题。

文本在某种程度上向我们叙述了一项纯粹的文学探险活动(形式方面)。我们应当提出这类问题:跨行现象在这里起什么作用?十四行诗发生了什么变化?意象的组合表现在哪些地方,它们有什么作用?不是把某一形式因素(例如十四行诗的形式)当做表达情人观点的工具,恰恰相反,人们可以把这一具体内容作为开发、推动十四行诗或使其偏离方向的手段。文学性趋向于把文本与其生产的具体背景和历史背景相分离,而从文学角度重新确定它的独特背景。在这一背景中,写作犹如走进了文学传统的行列,只能从这个角度阐释文学作品。

任何文学作品的创作,都以文学传统的其他作品所提供的某一特点范式为参照系,并与之相对立。人们以传统性结构来认定作品,例如故事情节的布局手段等。什克洛夫斯基证实"传统性存在于任何文学作品的核心,存在于把各种环境从日常关系中解脱出来并按一定的艺术脉络的规律重新界定的过程之中"(1919,118)。我们已经强调过,作品的形式由先前已经存在的文学形式来决定。

如果与其他文学言语关系密切的某文学作品是一部评论或关于文学的思考,在我们关于文学性即语言的突出表现的讨论中,有助于我们考察以前曾经十分重视的语言结构和修辞结构的作用。我们发现,语言的突现不能成为文学性的足够的标准,因为其他文本中也可以出现重复和谬误的现象。这些结构的融合——即按照传统和文学背景的规范建立起统一的功能性相互依存关系——似乎更应该成为文学特征的标志。有三个层次或三种类型的融合需要考察。

第一层次把在其他言语中没有功能作用的结构或关系融合在一起。在我与人约会的信息形式中,可以没有叠韵、头韵或对应现象。正因为文学文本不是传递具体信息的语言形式,而与异化的交际环境相联系,在这种异化形式里,语言的细节和结构的重要性居于传统的支配地位,文学语言从多种渠道表达它的意义。在一首诗里,任何对应现象都涉及该诗各种成分之间的语义关系。凡是语言的诗学功能占主导地位的地方,"相似性则成为序列的结构手段"(雅各布森,1960,358),作者使用这一结构手段,选择和集合语言材料,以达到某种形式的相似性(语音方面、形态方面、语句方面或语义方面),读者则应考察某种相似现象是怎样从一种状态转化或迁移到另一状态的。在魏尔仑的《秋之歌》一诗里,语音以及节奏结构的重复产生了语义和题材方面的近似效果:

> *Les sanglots longs*
> *Des violons*
> *De l'automne*
> *Blessent mon coeur*
> *D'une langueur*
> *Monotone*①

这种结构的结果,即真正的文学效果,就在于调动了语言产生思想的功能。语音方面的相似产生了下述思想:秋季与小提琴的形象连接在一起,漫长的秋季与如泣如诉的乐声,也许还与像提琴一样呜咽的秋风连在一起。总之,第一种融合,就是通过形式结构产生语义和题材方面的效果。

第二层次的融合是指整部艺术作品的融合。文学作品应该是一个有机的整体[英加顿(Ingarden),1931],因此,阐释的任务就在于探索并揭示作品的统一性,这一传统思想是文学性的基本概念之一。俄罗斯形式主义者谈论以一种成分或一种统合结构形式出现的"主导成分"(有时也以一种修辞形式出现,如交错配列法),从作品各个层次都可以看到该成分或该结构形式的作用(雅各布森,1973,145)。然而,很难找到能够以这种方式体现整个作品统一性的单一素材。假设统一性的存在,并努力探索作品的某一时段或某一成分与其他成分的联系以及该时段或该成分对其他成分的改变甚至对立,通过统一性产生作品的整

---

① 中文似可译为:

    秋季
    小提琴
    如泣如诉的呜咽
    抽击
    我的心
    单调而又颓唐的心　　　　——译注

2. 文 学 性

体结构,这是我们的基本要求。文学的这种完整性在一些貌似支离破碎的文本里竟然表现得非常明显,要求读者付出特殊的努力。埃兹拉·庞德(Ezra Pound)的《诗章》一诗由三句断断续续的诗句构成:

> 春天……
> 太长……
> 贡戈拉……

文学性的传统要求读者给予这首诗以完整的形式结构,并赋予诗中的的省略部分以意义。如果我们把"贡戈拉"看做一个专有名词,并假设贡戈拉与叙述者之间存在着某种联系,诗中的省略部分便作为"缺席"、"久违"的符号而发挥它们的作用,尤其是在春季。

批评家并非任何时候都能找到作品的统一性;统一性的假设常常显示出不同成分、不同层次、不同结构之间的磨擦甚至矛盾。新批评派的一位著名代表说,"诗的语言是反常的"[布鲁克斯(Brooks),1947,3]:文学语言的内涵的极其丰富的游戏以及颇具讽刺意味的言语的表现形式(日常语言和以前的文学语言),使人们深深感到,任何把文学作品限制为某种单一品位或单一视野的做法,都建立在一再简化的基础上。诗的语言提供了对简单化语句质疑的种种手段。例如,当我们试图确定文本的视觉方面与效应方面的关系时,常常会碰到复杂的情况。下面是一个著名的例子:新批评派经常引用美国诗人阿奇博尔德·麦克·利什(Archibald Mac Leish)的一句诗"诗不应该意味,而应是",这句诗把"是"与"意味"对立起来,并由此说明,"是"与"意味"的对立比人们起初的想象要复杂得多。然而,正是第二类融合方式——统一性的设定,使种种不和谐现象全都显露出来,并产生很多和这一类型相同的文学效果。

在第三层次的融合上,作品针对文学背景以及它与文学手法、习惯、体裁、读者通过文学赖以阐释世界的规则和范式的关系等,强烈地表现出自己的意义。在这个层面,文学文本总是对某种隐性解读给予评论[伊泽尔(Iser),1972],人们不妨把文学文本视为阅读的寓意画或者关于阐释中可能碰到的种种困难的思考[德·曼(De Man),1979]。能够把一部文学文本当做关于自身性质以及关于文学性质的思考来解读的这种可能性,使文学成为一种自省语言,一种不知不觉中(因其异化交际的形态)就自己的意义行为发表出某种高见的语言。这并非意味着文本已经道尽天机或者自我控制得十分完美,恰恰相反,最近的研究喻示,总有一些文本运行方面的现象躲过了思考或定义。从这种意义上说,文学深层的永恒主题即文学的不可知性;对于绝对的文学追求而言,作品标志着某种程度的失败[布朗绍(Blanchot),1955]。但是,如果我们回到能够反映作家们孜孜以求竭力创新推动文学事业前进的更熟悉一些的说法,那么文学是对文学本身的批评,是对它所继承的文学概念的批评,从这个意义上说,文学性是一种自反性。

本章节关于文学性的讨论,介于文本特性的确定(文本结构的确定)与通常解读文学文本的习惯和条件的界定之间。两种角度几乎没有共同之处,很难说它们不是互相矛盾的两个角度。其实,语言和文化现象的性质似乎要求两种角度交替使用:只有相对于一套约定俗成的惯例,相对于此层次或彼层次,一个符号系列或声段才具有自己的特性。然而,角度的交替可能产生文学界定方面的困难。一方面,显然,与其说文学性是一种内在的品质,毋宁说它是文学语言与其他语言之间的差别关系的一种功能。假如我们把一段报纸上的新闻按诗体的形式排列在一张纸上,文本中属于新的约定形式的某些功能品质就会显示出来:

> 昨天,在七号国道上
> 一辆轿车
> 以每小时一百公里的速度冲向
> 一棵梧桐树
> 车上的四位乘客
> 全部丧生。

(热奈特,1969,150)

这段社会新闻的特点发生了变化。"昨天"不再指某一确定的日期,而指所有的"昨天",因而其内涵也相应变化,由偶然的单一事件变成了经常发生的事件。"冲向"一词也增添了新的活力,似乎轿车具有某种愿望。另外,"梧桐树"一词的"plat"音节也比较响亮。① 报道性风格和细节描写的缺乏甚至可以表示一种屈服性的态度。从另一角度来看,主题的选择似乎包含着对当今感慨的评论:如今,车祸已是司空见

---

① "plat"在法文中是"餐盘"的意思。——译注

惯的悲剧形式。上述阐释的基础,是把这段文字看做文学语言,并对它予以评说。正因为这种可能性是存在的,因此,我们需要思考文学性的本质。

但是,另一方面,每当我们鉴别出某种文学性形式时,都发现这类结构在其他语言形式里亦存在,即使我们不把这些言语形式当做文学语言来看待。雅各布森本人举1954年艾森豪威尔竞选美国总统时的一句口号"*I like Ike*"(我爱艾克)作为语言诗学功能的范例。这句口号有一处意义强烈的同音重复,把爱的主体与爱的对象同时囊括在爱的行为之中(Like 一词包括 I 和 Ike),似乎一张口,就必然发出"我爱艾克"的声音。(1960,357)应当指出,如今理论研究的一系列不同门类,如人类学、精神分析、哲学和历史等,皆可以在非文学现象中发现某种文学性。西格蒙德·弗洛伊德(Sigmund Freud)和雅克·拉康(Jacques Lacan)的研究显示了诸如在精神活动中意义逻辑的结构作用,而意义逻辑通常最直接地表现在诗的领域。雅克·德里达(Jacques Derrida)展示了隐喻在哲学语言中不可动摇的中心地位。克罗德·列维-斯特劳斯描述了古代神话和图腾活动中从具体到整体的思维逻辑,这种逻辑类似文学题材中的对立游戏(雄与雌,地与天,栗色与金色,太阳与月亮等)。似乎任何文学手段、任何文学结构,都可以出现在其他语言之中。假如关于文学性质研究的目的就是区分文学与非文学,上述发现将令人沮丧;如果研究的目的在于鉴别什么是文学最重要的成分,关于文学性的研究则展示出文学对于澄清其他文化现象并揭示基本的符号机制的极端重要性。

还有一些古老的口号表现了文学性的另一种观念,例如菲力普·西德尼(Philippe Sydney)先生的名言"诗人既不肯定任何观念,亦不扯谎",这种观念主要关注文学语言与现实的特殊关系,认为文学语言的参照物不是历史的真实,而是幻想中的人和事。这一思路没能抓住文学的区分标准,因为言语中还存在着其他虚构要求。其他属于语言学和哲学方面的记叙文无疑也推出了一些虚构人物(如"法国在位国王是秃子"、"约翰急于受邀"等),任何说教性寓言和虚构性剧本也常常这样做。然而,这些观点丝毫没有削弱试图确定文学与现实关系的种种努力。虚构性并不限于人物、情景和事件。不仅现实生活中不存在安娜·卡列尼娜、堂吉诃德和汉斯·卡斯托尔普等小说人物,某诗篇中的"我"也不表示特定时期的真实人物,而是诗中的人物,由诗创造的人物。波德莱尔(Baudelaire)《忧郁》一诗的第一句"倘若我已千岁,便有更多的回忆",不是对《恶之花》的作者夏尔·波德莱尔的真实记述。从这个意义上说,文学作品是一件语义事件,投放出包括叙述者以及潜在的读者群在内的幻想世界。然而,文学即虚构的观念并不准确,因为文学作品亦把历史真实和心理真实推上舞台,拿破仑、滑铁卢之役、工人们在井下的劳动条件、宠儿的妒忌情感等等,都属于这类真实。那么,与其说作品涉及的世界是一个幻想出来的世界,毋宁说它是若干可供引用的世界之一种。为了进一步阐明虚构性所涉及的诸多问题,某些理论家并不轻言作品的世界是一个虚构的世界,反而断言参照行为本身是虚构的。文学作品作为语言行为,是对"严肃"的语言行为的模仿,在"严肃"的语言行为里,说话者对自己的言语和许诺负责,等等。这种思路把虚构放在与"自然言语"或虚构所模仿的非虚构性言语相对立的地位进行理解。[1] "不必从作品不真实的人物、物质和事件里去发现文学艺术作品最基本的虚构性,这一虚构性存在于不真实的参照行为本身。"[史密斯(Smith),1978,11]这样,在一部小说里,叙述事件、描写人物、参照地点的行为是虚构的。小说再现了某位描写风景、叙述事件等的作者的行为。文学的模仿并非人物和事件的模仿,而是"自然"言语或"严肃"语言行为的模仿。小说也就成了各种书籍,如编年史、报纸、回忆录、传记、史记甚或书信集的虚构物。小说家"假装写传记,最终炮制了一部传记"(史密斯,1978,30)。西班牙理论家马丁内斯-博纳梯(Martinez-Bonati)则走得更远,断言作品的所谓语言符号其实是对真正的语言符号的模仿,并非真正意义上的语言符号(1981,81)。

确有一些小说"冒充"传记或书信集,或者推出一位人物,该人物装模作样地叙述自己的生活经历,然而对大部分文学作品而言,虚构性不能作为区分小说与传记的基本品质。史密斯断言托尔斯泰写作《伊凡·伊里奇之死》(*La mort d'Ivan Ilitch*),"装作写传的样子,实则炮制了一份传记",其实,恰恰相反,托尔斯泰丝毫没有做作的样子。他远没有炮制一份貌似传记的文稿,而是运用了传记所不能允许的、属于小

---

[1] 我们发现一种奇特的现象:主张文学或文学性即虚构的理论家们认为文学是对非虚构性言语的模仿;而非虚构性言语(如历史的记述)的分析家们却认为应当通过文学语言去理解非虚构性言语。历史的清晰易懂并非依赖科学的因果关系,而依赖于按照文学体裁范式安排组合事件从而构成一个整体的方式。这也是非文学语言按照最明显的文学语言的结构和手法运作的典型领域之一。
——原注

说的创作手法。伊里奇以第三人称的面目出现,然而,我们还是通过他的视角看到了世界,主人公的内心生活,在他去世时得到了细腻的描写。卡特·汉伯格(Käte Hamburger)认为文学区别于其他言语的标志之一,在于它能够以一个以第三人称面目出现的人物来展示一个世界,包括内心经历。(1968)这种文学性的标志是一句典型的文学语言"明天是圣诞节",这类句子里的指示性成分(如明天、昨天、这里、那里、您)并非按照陈述时,而是按照陈述行为的过去时的人物的主观性来确定的。马丁内斯-博纳梯也抛开对日常的所谓"真实"行为的模仿一点,介绍了虚构语言的若干模式。(1981,104)因此,我们有足够的理由总结说,文学不是对非虚构性"严肃"语言行为的虚构性模仿,而是一种特殊的语言行为,比方说,叙述故事的语言行为。

我们通过这一思路得出的结论,已经以另一种思路在本章开始时论述过了:文学语言所具有的不同于其他语言行为的陈述条件,与某些特殊条件相关。那么,这些特殊条件是什么?更为重要的是,文学叙事的语言行为与非文学叙事的语言行为是什么关系呢?这是与虚构相关的文学性的基本问题。玛丽·路易丝·普拉特(Mary Louise Pratt)反对把文学语言孤立起来,反复强调把文学叙述视为夸张性叙述文本家族成员的重要性,任何把事件介绍得奇特、有趣、值得玩味的叙述方式都属于这一家族,叙述的接受对象又似乎承认故事的魅力不在于它所提供的信息,而在于故事本身的"可叙述性"。(1977,148)在叙述文本这个家族里,文学叙述受到了以出版、文学批评、教育等为代表的选择机制的特别青睐,面对文学叙述文本,它们确立了"超级保护的合作原则",使读者能够想象到由此产生的沟通将是何等的美妙无穷。为了理解合作性原则,须知合作前提支持着我们的日常交际并使这一交际成为可能,通常假设我们的对象持合作的态度,他对问题的回答是中肯的(假如有人请我一起去看电影,而我却回答说"天气很好",合作性原则要求我们试图从我的回答中找到"中肯性")。在日常交往中,对某人的陈述,我们有时很快就做出决断,断定叙述离题,或细节不真实,或对象违背了合作性原则等。然而在文学作品里,合作性原则受到"超级保护",意思是说,我们预先就要肯定艰涩段落,或谬误之处,或离题的章节的中肯性和价值;如果文学叙述没有遵循有效交际的规则,那是为了采取一种不同的间接的交际方式;若无大量的困惑和失望,不能轻言文学无合作性交际意图,因为在文学作品里,甚至细节的出入也可能成为极有意义的艺术构成。总而言之,如果《威尼斯之死》(*Mort à Venise*)

与朋友叙述的他叔叔的死亡故事有什么区别,这一区别尤其在于,我们有充分的理由断定前者更丰富、更复杂、更值得聆听或阅读,它的结构完整,并具有上面讨论过的文学性的其他特点。

于是,关于虚构性和文学语言行为的讨论使我们首先断定文学性的存在,然后再到作品中寻求并发现复杂紧凑的语言结构。这样,我们并没有解决关于文学性的问题,并没有找到能够确定文学性的鉴定标准;这种状况仅仅意味着试图分离出文学生产的决定因素和习惯的各路研究大军殊途同归,共同为文学研究提出一些重要的途径。

3. 文学概念的外延和动摇

雷吉纳·罗班

回顾过去,当卢卡契(Lukács)在文学思考领域具有不可争议的权威时代,或者当现代派提出各种形式结构、语言结构或强化表现手段以动摇卢卡契的地位时,我们可以想象,那时候,大家都多少知道"文学"意味着什么。如果不能肯定文学已经有准确的定义,但至少有目标,尽管这一目标还有争议,有自己的操作方法,在文化形态、集体记忆和社会思维形态中占有一席之地并发挥着自己的功能。

文学首先是指"经典作品",那些经过历史考验、经得起时尚变迁和不同批评流派评说、进入先贤祠的圣贤之作。文学还包括当代所有的"雅文学"(美文学)作品。按照皮埃尔·布尔迪厄(Pierre Bourdieu)的说法,能够写出雅文学作品的作者为数不多,他们的象征库、作品在语言和形式方面的行文方式都符合正统,另外,始终比较含蓄的作品信息具有普遍的意义,与那些"广告言语"不可混为一谈(这里,我特别强调文学语言与广告言语的区别)。所有这些作品都属于文学作品,因为它们体现了"文学性";"文学性"是俄罗斯形式主义者引入文学研究的一个术语,以期从语言手段和形式手法方面更准确地捕捉文学的特殊性,甚至捕捉文学的本质。

人们对上述语言是否清晰产生了巨大的怀疑,对所有的基本概念提出了质疑。"大众文化"的压路机大大动摇了此前对文学本体的界限的信念。我们对瓦尔特·本雅明(W. Benjamin)的预言依然记忆犹新(本雅明,1955;法译本,1983),他宣称艺术作品的可加工性将使它们失去昔日的"光环"。如今,新技术催生了许多新的文化形式、新的意象、新的个人或团体的参与形式,如各种形式的摇滚乐、视频技术,司空见惯的广告,频繁地转换频道,角色游戏(仅举传播最广的《战舰与龙》为例)以及异地对话的网络技术,法国电讯的信息网络(le minitel)的惊人成就堪为一例。这种文化可谓转瞬即逝,令人目不暇接,以同步技术、无终点、照相、光点、集成电路、流动、直接或准直接为特点,把人禁锢在变幻莫测的形式和程序之中,G.利波韦茨基(Lipovetsky)谓之曰"空洞的时代"(利波韦茨基,1983),构成后现代时期的大众文化。

这些现代技术和文化形式产生了一套新的意象体系——具有讽刺意味的、属于游戏性质的、拙劣的数控意象[《社会学国际手册》(*Cahiers internationaux de Sociologie*),1987]。

早在新兴电子媒体的大肆侵略之前,"大众"文学或"寻常"文学就已经对经典文学提出非议并威胁它的领地。在对经典文学的质疑中,米·巴赫金(M. Bakhtine)一马当先,发挥了不可估量的作用。一反形式主义的论调,巴赫金坚持认为日常话语与诗话使用同样的手法、同样的隐喻游戏、同样的规则,它们的区别存在于实用功能和社会功能以及对它们的接受方面。[参阅托多罗夫(Todorov)关于巴赫金的论著,1981,181~215]他指出,如果不着意渲染当时的民众文化、民众文化的口语传统以及固有的语言风貌和社会风貌,某些文学作品的狂欢和滑稽格调是不可想象的,尤其是在拉伯雷(Rabelais)的作品里。(巴赫金,1970)任何雅文化,任何真正的文学,无不记录着丰富的民间遗产,甚至对此并无意识;自然,这些民间遗产正在消失,或者保留在民间的创作形式里,今后,某些最正统的文学作品将从其中汲取营养。

巴赫金还重点探讨了小说形式的异质混杂现象。众多的社会角色和语调以犬牙交错的对话形式及错综复杂的言语形式呈现在小说形式之中。(巴赫金,1978)

远在文学本体发生这种混乱之前,早期群众文化(电子媒介占统治地位之前)的各种形式,通过争取市民中的女性读者以及工业化和多次农村人口外流而形成的新的读者群体,扩了文学殿堂的范围,为自己争得了一席之地。这些众多的体裁如通俗小说或大众小说、侦破小说和间谍小说,科幻小说和探险小说,还不用提起"哈利克韦"①之类的"工业文学",它们在雅文学的殿堂里没有地位,后来统统被包括在"副文学"的巨大领域里。[《实践》(*Pratiques*),1986]

然而,这些低档次的体裁读者最多,小圈子的正统文学不得不通过

---

① 意大利喜剧中一角色;英国哑剧中一谐角;在此指喜欢开玩笑的人或丑角。——译注

3. 文学概念的外延和动摇

拙劣语言的滑稽模仿,通过转移兴趣、讽刺和各种二类形式,把这些体裁据为己有。此外,A. M. 蒂埃斯(A. M. Thiesse)证实,世纪之交,许多最初在严肃文学的狭小圈子里磨砺武器的平庸作家,转而投身通俗小说的创作生涯。他们把在狭小圈子里学得的诸多行文或叙述习惯带进大圈子。这一点至少说明,不管是正统的文学体裁,还是地位低下的文学体裁,体裁之间没有严密的壁垒,由此产生了对文学的怀疑,文学也以新的目光重新审视自己。

对经典文学的质疑还来自另一渠道:哲学言语[德孔布(Descombes),1987]、杂文[昂热诺(Angenot),1982]、政治和意识形态语言、20世纪二三十年代的无产阶级小说的尝试[莫雷尔(Morel),1935],甚至"社会主义的现实主义"的各种变形[罗班(Robin),1986]以及整个后来被贬称为"命题小说"的创作领域对正统小说的感染[苏莱曼(Suleiman),1983]。

经典文学作品并非缺乏意识形态方面的活动和效果、缺乏作者或次要人物或代表人物的介入,然而大部分情况下,这些效果是含蓄的、虚拟的融会在人物形象之中或心理活动之中,心理活动又常常把远离主题的言语或关于社会问题的论述作为过分膨胀给人某种威胁的负面去处理。上述各种类型的大量涌入,颠倒了比例。从R. 穆齐尔(R. Musil)和H. 布罗克(H. Broch,维也纳小说的重要传统)到如今已经黯然失色的另一传统——苏联小说,整个一代文学创作对某种体裁观念提出了非议,步步紧逼,使小说充斥着东拉西扯的推论,"故事性"没有占据首要地位。

如今,文学本体的分崩离析已经使正统的民族中心主义烟消云散。今后不再存在单一的文学,不管它来自大圈子还是小圈子;从今后,山头林立,每个山头都有自己的文学风貌,都有自己的创作方式,或自己的文学观念。

女性文学将是这些新的文学山头之一,不管是把女性文学理解为大批进入文学领域的女作家们的作品,还是理论色彩更浓一些,理解为语言与作品中的"女性现象",与生物性别完全无关。[迪迪耶(Didier),1981;巴尔(Bal),1985;苏莱曼,1986]如果这样,关于文学的整个看法,形式方面和社会学方面的看法,都将受到争议,在各种观点、读者喜欢的作者次序以及阅读情况的重新排列中,很可能堂堂正正地把让丽斯(Genlis)夫人排在巴尔扎克(Balzac)之前。

同样,美国黑人和第三世界国家也对文学现象进行了反思,反思的重点是口语传统、神话及其变迁,民间的社会阶层或语言中多重因素以及主导因素的不同形式,语言在上述因素和形式中的作用等等;这种反思将把其他叙述形式和其他解读规则置于显要地位。[阿希里迦(Achiriga),1973;艾尔勒(Irele),1981;穆拉利斯(Mouralis),1984]

最后,文学现象分析中所引入的读者、解读和接受等概念也促使了文学本体的解体。从汉·罗·尧斯(H. R. Jauss,1978)到沃·伊泽尔(W. Iser,1974),中经乌·艾柯(U. Eco,1979)和苏·苏莱曼[苏莱曼和格罗斯曼(Grossman),1980],新兴的研究领域不再从创作或传记学的角度,不再从陈述者与接受对象的关系角度考察文学,不再从文本到文本,而从真实的读者、真实的解读行为的社会学角度考察文学,可能因此而完全改变文本的地位和作者的意图:误读、反读,或对文本间性及所设置的距离感一无所知;或者首先理解反意和讽喻,然后才理解最严肃的信息;或者把集体智慧中的全部内涵理解为外延;或者相反,专门于无意义之处搜索潜在意义;这些解读现象都是完全有可能存在的。按照这种观点,几乎各地以教授阅读和解析方法为主的学校都该关门了。这里,群众文化,不管他们是什么观点,均模糊了对文学作品单义性的理解渠道。

不仅本体分离,传统方法也受到了挑战!

诚然,历史上每个时期,除了时尚的方法之外,文学作品的分析方法始终呈多元状态。然而,还需看到,大部分流行方法,适用于任何推论文体,丝毫没有触及文学文本的独特性。

当弗·普洛普(W. Propp)分析大众文化和民间创作的规则形式,如俄罗斯的民间故事时(普洛普,1970),远没有料到他的方法后来催生了格雷玛斯(Greimas)的符号学,格氏的符号学在文学研究领域具有极其深远的意义(格雷玛斯,1970,1976,1979)。细致入微的效应范式适用于任何文体,不仅适用于小说的分析,同样适用于食谱(格雷玛斯,1979,第157～169页)和报刊语言或司法语言[科凯(Coquet),1982]的分析。至于以热拉尔·热奈特(G. Genette,1972)或罗·巴特(R. Barthes,1970)的论著为集大成之作的叙述学范式,则既可以用来分析普鲁斯特(Proust)的巨著,也可以用以分析报章的社论或新闻通讯[马尔迪迪埃(Maldidier),罗班,1976]或社会新闻[珀蒂让(Petijean),1986]。哲学领域广为应用的现象学或阐释学方法论也没有什么独特的针对性。

文学概念如何竭力保护自己的藩篱?文学理论家们怎能不提出界限、范围的扩充或各种体裁或小说体裁的死亡等问题?

3. 文学概念的外延和动摇

长久以来，一些文本不得不比其他叙述体裁更注意弄清文学性和虚构的实质。这些文本体裁包括自传、日记、回忆录、一般意义上的传记、某些史记文字等，还包括新近时兴的生活琐记［见尚福罗(Chanfrault)、杜歇(Duchet)即将出版的著作］。

如果说这些文字没有以自己为参照系，而是像现实主义作品一样，似乎以真实、自我、真人真事为参照物，它们至少应用了语言——而语言并不等同于现实——并通过语言接受了行文、话语组织、情节和故事结构等方面的规范，保尔·里科尔(Paul Ricoeur)详细分析了这方面的情况(1983～1985)。它们不得不追求严谨。

而谁又能分得清卡夫卡《日记》(*Le Journal*)中的虚构性文章与通信呢？还有怎么理解《给父亲的信》(*La Lettre au père*)呢？从这里，我们可以看到，地面已经下陷，界定文学范畴的新词义十分必要。

如果用相同的语言范例要求文本和话语，那么就必须看到，在文学文本领域里甚为典型的文学性问题和文本间性问题的基础上，今后还得加上或代之以话语间性，话语间性很可能延展到各个社会门类，而且一段横向话语的话语间性很可能旁及左邻右舍，既出现在文学生产之中，也出现在政治话语、新闻话语或哲学话语等话语之中。这正是关于"社会话语"概念的研究试图解决的问题。(罗班，昂热诺，1985)在这方面，"社会批评"大有用武之地，可以充分体现自己的价值，因为社会批评把行文程序独特性的分析纳入社会话语问题的范畴，确定文本编织与简单的话语组织之间的差别。然而，社会批评的上述工作不可能在莫名其妙的思想氛围中去完成，也不可能由天才人物去完成，甚至在文学性无法界定的观念支配下，也是不可想象的。社会批评正是通过拓展思路，把文学重新纳入话语间性的大范畴进行研究。［见杜歇，1979；戈梅斯-莫里亚纳(Gomez-Moriana)，1985；克罗(Cros)，1983；齐马(Zima)，1985］

此外，还应该指出一个奇异的现象：当文学不知从何处开始到何处结束，陷入前所未有的困惑时，失去自信陷入危机的人文学科却对文学生产的潜在前景感兴趣，尤其对小说以及它的复杂性、多调的可能性、多种声音共存于一部小说且不易捕捉的能量、易于接受对话原则并倾听潜意识声音等特征感兴趣。文学思维很狡黠吗？

当文学似乎融化在无穷无尽的话语中时，它周围的其他话语反而求助于文学，试图从文学中汲取"复杂性的范例"和"独特性的范例"；对于文学的独特性，人文学科既感到不可思议又难以明确地规范出来。

4. 普遍性与可比性

皮埃尔·洛雷特

我们远没有看见联结所有科学门类的链条,我们甚至没能看到这条链条上每门科学的所有环节。尽管我们把命题理得十分有条理,尽管我们始终追求演绎的准确性,空白仍然不可避免地存在着;各个命题并非可以一下子构成一个有机的整体,于是形成了不同的互不协调的类别。

——德·阿朗贝尔(《百科全书》,"科学门类的成分"辞条)

本章试图重新审视一下广义上的比较领域的若干关键概念和实践。在这场关于比较文学的性质、地位和研究对象的方兴未艾的辩论中,从更广泛的文化背景上,从人文社会科学这一多环节的整体链条上,重新看待上述问题,也许是合乎时宜的。对象、方法和理论的普遍性和可比性,始终是人文社会科学领域以及这些科学门类的可知性和关联性的辩论的中心。普遍性和独特性是比较行为的两个端极,前者虽然理想却高不可攀,后者则无穷无尽。理论工作者的探索和战略中,总是带有追求一般规律的意图和倾向。在人文社会科学中,对一般性的追求主要反映在下述各方面:

1. 受古雅典宪法和法律修正案例的影响,在理论探索中试图分离出普遍规律,并且承认认识论方面存在着共性(如空间、时间和色彩等方面的认识);

2. 在结构模式方面,借助于不变因素和一般结构,阐明貌似不同和独特的现象;

3. 从贯时、历史性和演变规律的总体角度来解释现象。

4. 普遍性与可比性

　　从理论高度总结一般规律的这些战略，使用了古典的推论方式（演绎原则、假言演绎原则、蕴涵原则）和推测归纳法、扩大归纳法、重组归纳法等，其中直观占有一定的位置。任何一位比较学者的头脑里，似乎依然潜伏着古典理性主义和普遍主义哲学的梦想。诞生于数学、物理和实验主义方法论的理性主义，当时曾经提出了语言大同的理想模式——全球性的数学语言，试图把这种语言卓越的能量作为理想的钥匙，毫无困难地从一类物质过渡到另一类物质，进行普遍的标志、筛选和阐明。于是，指出物质的特性、特征和普遍的性质——共性，是进入普遍科学的必不可少的条件，这样才能通过等价证明或组合逻辑，把表面上属于异质的或散乱的物质或现象，上升为排列有序的整体。我们这里不涉及关于共性思考的哲学的和形而上学的假设。

　　长久以来，认识论各种问题中出现的偏差和曲解，使古典理性主义的原则和共性的观念不再为人们所接受，至少人文社会科学领域的上述原则和观念遭到了厄运。关于人的统一的单一科学从来就没有存在过。康德所谓的人类学，作为关于人的一般科学或者普遍科学的梦想，从来没有确立为一门单一的完整学科。如果仅举人文社会科学的几个重要学科为例，如今历史学及历史文献学、社会学、种族学等学科的研究对象既混乱又表述不清，使人联想到一局没有拼完的拼图游戏。方法论、理论和认识论方面的问题亦呈现同样的多形态和支离破碎的局面，然而却拥有众多的属于多学科的交汇点。由此，不论是在研究对象或者需要界定范畴的研究类别方面，还是在理论和认识论的问题方面，都存在着一种双重的离心张力，把我们与"普遍科学"的设想隔得远远的。人文社会科学中，除过若干理想的表述之外，从来没有到达统一和普遍性的程度，更何况 20 世纪以来，它们在历史科学和理论科学方面的范畴都大幅度地扩大了，近几十年来，后者已经构成对人文社会科学的最大的贡献。这里，说明比较文学位于人文社会科学的总的运动之中，是很重要的。

　　即使关于对象范围的认识的统一性及其确定是人文社会科学各学科都有待解决的问题，却是一个共同的关键问题。从推论、理解或其他推理方式的角度看，这一问题与物质和现象的总体可知性和部分可知性之间的关系，与它们的同一性和非同一性之间的关系相关联。从总体比较的角度看，这一问题即同一性与相异性的问题。一方面，要考虑到任何单一的现象和实践；另一方面，又要创造出一种"具有普遍意义的语言"，使比较成为可能。人文社会科学经常于混乱之中，试图并继续尝试着锤炼一批特殊的感知工具(如元语言、模式、结构、功能、类型学和分期等等),使它们能够实现共性与个性的持续性中介。然而,在这方面,人文社会科学的命运不可能与自然科学的命运同日而语。事实上,人文社会科学不可能在自己固有的推论系统范围内井然有序地自我确定,而必须根据时间和地点的变迁,不断地重新确立自己的地位和修订已有理论。"科学绝不思考"("Die Wissenschaft denkt nicht."),海德格尔(Heidegger)的这句奇谈仅仅适用于自然科学,诚然,自然科学并非必须进行认识论方面的思考。相反,人文社会科学因为基本假设的原因,始终追求理论和方法论方面的澄清。"与生物学家相反,人文科学领域的研究者们对于他们没有真正地理论这一事实是非常清醒的。"[R.汤姆(R. Thom),1943,7]那么比较领域的情况又如何呢?

在定义、理性化批评和统一方向的实践的种种战略中,两种实质性的概念——理论的科学性和历史性——脱颖而出,开辟了两种方向,而两种方向在实践中又很少和谐色彩。仅仅关注两种方向之一种而完全无视另一种的存在,极可能陷入福柯(Foucault)所谓的"遗传推论"(生成推论,*extrapolation génétique*)或"认识论推论"(*extrapolation épistémologique*)的做法。遗传推论"使人相信一门科学的内部组织及其形式规范可以根据它的外部条件来描写",而认识论推论又容易"使人相信结构(形式结构)足以确定一门科学产生及发展的历史规律"。在比较领域内,存在着形式化幻想和史学化幻想两大困难。形式化幻想的后果是对认识论思路的缩小和物化,而史学化幻想的必然后果则是分析和比较对象(物质和现象)的相对主义和无限分歧。人文社会科学的分析和比较方法位于这种超验(逻辑和形式方面)和经验的双重范围之中。福柯写道:"现代化的门槛并非位于我们试图在人的研究中采用客观的方法之时,而是所谓'人'这一集经验和超验于一身的双重物的形成之日。"(福柯,1968,4)其实,在一般理论言语的比例中和实践中,相互交织着属于一般知识的他人之见(根据舆论、外表或实践得出的判断)、认识论方面的思考以及语言加工方面的知识和行为(语言活动以及不了解全部前提的元语言活动)。任何比较学者所面临的这一模态权限为他试图达到概括的意愿带来某些限制和条件。

任何性质、品质或关系,只有以同一形式出现在研究对象的所有领域时,才具有普遍性的意义。例如,当这一属性以同一形式出现于各种文学并可以从一种文学翻译到另一种文学时,它才具有共性。我们还

4. 普遍性与可比性

可以加上下述条件,即表面上的形式也应该同一,因为内容是通过形式来传达的。我们随后将看到,这一过分苛刻的定义必然导致贫乏。需知"共性"观念的本身即属于多参照系的概念。使用"共性"概念时的重大困难在于它可以同时应用于:1.对象(物质属性,可观察对象的性质);2.理论(解说模式的性质,形式系统或元语言系统的性质)。前者的感知渠道属于具体共性的感知渠道,而后者则属于抽象共性的感知渠道。如果我们展开并清理一下各种观念及其应用范畴——我们绝不敢夸口能够做到完全彻底——就会发现"同一性论者"和"普遍主义者"的聪慧。事实上,观念可以有下述参照物:1.级别或级别的成员;2.属性;3.品质;4.关系;5.体裁;6.类别;7.现存物质;8.精神中的观念;9.术语;10.相似性;11.区分原则;等等。

经院式认识论以及很久以后的学界,以整齐有序的分类形式介绍共性,通过系统的陈述技巧,给种种观念以自成体系并且已经"普遍化"的表象。其中的主要分类包括:1.基本共性;2.机动共性;3.经验共性。这种分类方法可以诱发其他分类,例如关于对立性的分类:1.形式共性与经验共性的对立;2.机动共性与事实共性的对立;3.绝对共性与半绝对共性的对立;等等。这些纲目性分类的程序及其合并的可能性使人难免提出共性表现层次的问题:1.位于物质之中——共性自身与共性的物化。2.位于语言之中——凝聚着多重关系系统和界定系统的自然语言的力度和语义能量及多义性。某些学者认为,强大的语义能量使自然语言比形式语言显得更灵活,更能表达复杂现象的辩证关系。3.位于逻辑和形式方面的理论推论的步骤之中——所有的例证似乎都说明,理论推论步骤中的共性比所有物质和现象的共同的物质属性更明确、更典型。还应该看到,"共性"的概念本身又可以发展为意义近似的若干类型,如绝对共性、半绝对共性、不变因素、近似稳定因素、近似、类同、相似等。自然语言的概念并非绝对准确,有利于更好地捕捉具体共性的丰富性。在概括事物的过程中,我们可以把形式语言与自然语言相对立,形式语言试图通过理性化程序和概念性共性捕捉现象的单义性,而自然语言的多义性规律赋予它更大的灵活性。

与"共性"概念相比,概念"不变因素"则向结构模式和宪法法律科学倾斜。"如果物质世界或人文社会某系统的特征不因系统的外部环境和内部结构的变化而保持某种稳定性,这一系统即具有同一性。我们把一系统历经变迁而保持不变的某种性能叫做'不变因素'。"[B.沃利泽(B. Walliser),1977,65]结构事实是第一位的。人类学里亲缘关系的普遍而又不变的结构形式为我们提供了一个非常恰当的例证。列维-斯特劳斯提出的结构模式介绍了"人类社会始终存在的三种家庭亲缘关系,即血缘关系、联姻关系和血统关系;换句话说,即嫡亲兄弟姐妹之间的关系、夫与妻之间的关系和父与子之间的关系"[《结构人类学》(Anthropologie structurale),1964,56]。在这种名分结构的基础上,可以组成上述对象之间的另一种可能性关系的结构。这一模式表现为可能性的组合系统,很遗憾,我们不可能在此阐述得更为详细。这一系统的方阵具有高度的不变性,其概括性反映了足够的普遍性,可以涵盖社会经验中的所有具体情况和逻辑推理中的各种可能性。以这种方式分析现象,以这种模式感知世界,具有许多优点,其中包括避免经验主义而又不依赖主张先天性和超验的先验论。不变因素是瞄准普遍性的各门科学的运作核心。不变因素以多种不同的形式出现,如间断性不变量、关系形式中的不变因素、结构性不变因素、功能性不变因素等等。

让我们再回到比较领域的某些特点吧。由于每部文本的意义和符号的独特性,我们可以在人文社会科学和文学领域排除绝对共性的观念。绝对普遍意义上的同一性只能存在于人造语言和形式逻辑的符号里。其实,在比较领域,可以按下述方式生成一系列同一性的比较:①歌德(Goethe)=歌德;②歌德=葛兹·冯·贝利欣根;③歌德=魏玛公国的枢密顾问;④歌德=浮士德;⑤歌德=莎士比亚(Shakespeare)。其中:①平庸而没有意义;②判断错误;③从含义和近似意义上说是正确的;④和⑤提供的补充信息有待进一步论述;④属于鉴定性同位语;⑤属于既相似又对立的鉴定性同位语。在比较性裁决中,要区分若干层次:1.比较的"可能性";2.比较的"内容";3.参照意义或背景意义;4.比较的意义;5.比较的表现层次,属于个性比较、典型比较或者总体比较;6.概括(和区别)的性质,具体概括还是抽象概括。这些层次犹如赋格曲的密接和应一样,可能互相重叠或交织在一起。

因此,除非把自然语言当做形式语言一样来看待,否则我们不得不转向一种更易到位的更规范的感知方式,即相似性及其表现层次的感知方式。我们可以建立:客体之间的"完全相似"关系,这种关系的假设成分比较多;分析性的、点状的、部分的相似关系;模态相似关系,即"氛围的相似"等。这里,人们通常引述维特根斯坦(Wittgenstein)关于"家庭相似性"(Familiennähnlichkeiten)的思考(1967,32)。如果我们采用这样的方法来分析一系列游戏(如扑克牌、跳棋、象棋等),就会发现这些客体之间存在着共同点,存在着许多相似性,但同时也发现许多特

4. 普遍性与可比性

点消失了,其他特点又产生了。这样,比较行为本身存在着某种传递性游戏,一方面允许做某些预测,另一方面又必然导致"熵"[①]现象或损失一些相似性特征。绳子的隐喻颇能说明这一过程;绳子由许多交织在一起的或隐或现的纤维组成。那么,我们不妨把比较对象的整个领域看做一个由纤维编织的空间,在这个空间里,各种成分处于毗邻和重叠的双重地位。分析的程序可以有多种多样。需要进行解析性比较分析,还是综合性比较分析呢?是一个一个单独地比较对象和现象,还是一双一双、三个三个或一组一组进行比较?等等。许多情况下,研究人员仅仅能够分离出一种简单的相似关系,或"某种相似"关系,其中相似现象的相似程度是上升抑或下降,像游戏一样难以决断。从某种意义上说,这些相似现象是偶然的。在更明显、更强烈的情况下,我们可以找出一个结构网内部的规律性特征(必要的衔接情况或最少是牵连情况)。因此,被分析群体或子群体的紧凑条件是很重要的。对特征同时出现、同时缺失、同时变化情况的分析有助于方法的系统化。音位学模式堪称这方面的典范,因为它具有国际计量标准——音符或比较单位,有助于得出结论,说明某些音符的出现或缺失导致其他音符的出现或缺失等。

系统的比较行为要求两个相互关联的前提,即存在方面和普遍性方面的前提。第一个前提要求肯定比较范围内客体和现象的存在,各自具有时间和空间方面的独特性;如果这些客体或现象从来没有同时存在过,也会带来一些困惑;然而,只要它们曾经在意象中出现过并因此而具有象征功能时,就具备了可比性。第二个前提属于质量方面的要求:只有保证是对整体的分析,才敢奢谈具有普遍意义的概括性。

作为任何门类的系统序列和分类标志,共性有时会成为人文社会科学某些学科的近似先验论的基础。经验主义也可以希冀较高程度的系统性。人类学可以提供这方面的范例。试举例如下:1.威斯莱尔(Wissler)提出的文化共性(语言、物质文化、艺术、神话学与科学,宗教信仰,家庭及社会结构、所有制、政府和战争);2.林德(Lynd)提出的功用主义共性(谋生、盖房子、教育子女、利用空余时间、信仰某种宗教、从事一种社区活动);3.卡尔迪奈(Kardiner)和林顿(Lynton)提出的基本个性理论中的共性;4.人的需求共性;5.人类生存的普遍条件;等等。文化、物质和象征方面的种种独特性能够硬挤在一个排列有序、普遍适

[①] 物理学科和化学学科的概念。——译注

用的整体里而不发生认识方面的矛盾吗？浓郁的地方特色和四海皆宜的共性（例如一种信仰）能够比肩而立吗？

要达到一定程度的概括性，必须超越经验阶段，进行一定的抽象。在这一活动中，研究人员要从对经验的纯事实性陈述经过演绎上升到综合性阐述，归纳也能达到概括的目的。人文社会科学领域，经过多次理论化的尝试，对客体和现象提出多种分类意见。这些旨在概括的总体分析至少从逻辑上与同一性的分析面目相同。抽象和分级活动又可分为若干阶段：1.第一阶段（谓语、表达独立的或联系甚少的客体与事实的直观描述的表语）；2.第二阶段（客体的特征和重新组合后的客体之间的关系）；3.第三阶段（特征的特征、关系的特征、特征之间的关系、关系之间的关系）。第三阶段的操作并非可以借助赝品或图表技术或象征技术的逻辑方法而轻易达到普遍性的概括。只有小心翼翼地与作为参照系的语言的经验、时间和空间、应用环境以及社会性质保持足够的距离，唯恐有失，这些抽象程序才能实现，才敢使用一般化的绝对术语。在荆棘丛生难以名状的人文社会科学领域，相对化的语言比比皆是，理想之极的亮光在遥远的百年乔木林里摇曳。所谓理想之极包括对一般的绝对术语，对具有普遍意义的类型语言、坚实可靠的程序、经得起检验的功能图像、纯粹的图解模式、同一性关系、普遍适用的单义谓语、单一的指导原则等绝对概念的怀念。

关于感知和一般理解的工具，我们亦在此谈及分类的若干特征。术语、观念、意见和符号是这些工具的代表，目的在于从个别客体的经验阶段上升到超验阶段。术语和观念的抽象程度只能抛开任何地方语言，在逻辑语言中得到明确的界定。与一种基本上属于多义的自然语言相比，任何性质的元语言，都是对单义语言的某种回复。关于一般术语和功能性观念的起源和归属，曾经引起过争议。有些学者认为这些术语应该存在于分析对象的范围之外。其他学者则更倾向于让这些功能性术语归属于被分析的客体范围。例如语言学就提出过这样的问题，两种观点针锋相对。前者认为观念机器是超验的，存在于客体之外；后者则认为观念机器是潜在的，由当时当地的具体经验来确定。关于术语和类型的使用的元语言思考可能位于关于感知和概括性的思考的中心。名词术语或谓语术语属于：1.自然语言；2.基于某自然语言而创立的元语言或为了适应特殊范畴（如语言学、符号学）的需要而创立的、拥有自己的技术术语的元语言。但是，在许多情况下，元语言功能或描述功能术语与社会功能、无人称功能，甚至诗学功能术语之间，存

4. 普遍性与可比性

在着内在的联系。"漂亮"、"平庸"、"滑稽"等谓语词汇的内涵是变化的,受语言环境的影响,因而也是辩证的,甚至朦胧的、多义的;它们具有一定程度的抽象性。一个名词、一个动词、一个形容词、一个量词以及其他语言词类,在句子中可以拥有谓语功能或表述某种判断而达到某种概括性,而不必成为逻辑推理中那样的概念化的绝对术语。这里,我们介绍若干经过"一致同意"的一般性绝对术语和观念,某些学者视它们为元功能术语和观念。它们具有一种抽象原则、一种引申性(即适用于若干客体),具有归入功能①并且在若干理论模式中有效,如措辞、关系、连接、分离、连续、间断、谨慎、论点、否定、主语、宾语、同一、不同一、全部等概念。对上述超验性术语和形式观念的进一步分析,将显示比较学者是如何按照真实性、象征性和意象的顺序来分析其概括性的表现形式的。在真实性范围内,比较分析及其论证主要从拓扑学、几何学、表象学、时间与空间、过渡状态、形态起源、地缘学、方位学等方面进行探讨,而结构模式的象征范围,则主要从形式、关系、区别、对立、系列等方面进行探讨。按照列维-斯特劳斯的说法,"任何文化,都可以被看做一系列象征系统的整体,语言、婚姻制度、经济关系、艺术、科学和宗教,位于象征系统的前列"。最后,意象范围的分析可能碰到许多变化因素。意象观念本身就是多义的,有时强调同一关系的显著地位,有时表示几乎普遍的题材结构或模式结构,有时则表示"某种普遍原型分类学"的雄心[G. 杜朗(G. Durand)]。在意象范围内,比较不再局限于单纯的"事实关系"。另外,由于某些理论尚未完成,还处于发展之中,以概括和系统化为目的的分析经常把不同的观念和术语以及不同的分析层次交织在一起(如具体概括与抽象概括)。

在人文社会科学的所有主要学科领域,尤其如语言学、人类学、社会学和史学,存在着两种基本的倾向,一种注重基本共性、相似性、亲缘关系的研究,另一种则主要研究客体与现象的独特内容及形式。于是,所谓"同一论者"、"普遍主义者"、"一般论者"的实践则与"相对论者"、"差异论者"的实践相对立。两种倾向最初的选择可能在很大程度上分别决定着各自的对象范围、方法和理论。按照普遍主义者的思维方式,认识论方面的共性早已存在,色彩、类别、拓扑空间等方面的分类学部分地证明了这一点。这一思维方式喜欢使用超越时空的先验论类型。关于人及文化的某种观念呈现于统一的精神之中。它所论证的中心问

---

① 哲学概念。——译注

题包括结构模式、整体模式、完整的分类学、普遍有效的一般特征等等。而"相对主义者"或"差异论者"则把客体与现象的独特内容以及当时的背景等,放在首要地位。相异性、某些人种学家的"排他性"、"杂念"等,被视为不可避免的现象,由此产生了或多或少的相对主义以及分割式的、经验式的,因而也是无穷无尽的研究倾向,某些专著曾作过介绍。这些经验式的分析大概掩盖了质量方面的一个前提,即必须对所有具体现象进行分析和分类。

上面提到的主要倾向或方向还可以影响跨学科理论联姻时的某些选择。普遍主义者对普通语言学、总体逻辑学、古典人文主义哲学、符号学等学科的态度更开放一些。至于"差异论者",则倾向于历史主义。我们暂且把历史主义这一观念放置一边;历史主义一词具有太多的含义,在历史主义者看来,所有文化现象或其他现象都受制于无穷无尽的历史变迁。最后,还有人把目光盯向个体社会学与区域社会学以及相对主义的文化主义。

从某种程度上说,语言学的理性语言和启发性语言,堪称比较文学的典范。其实,某些性质、特征和问题,与两个学科都有关联。自然语言是文学作品的意义支柱和交际支柱;它们以符号的形式构成第一"塑造系统";文学文本构成第二"塑造系统"。(尤·洛特曼,1973)最后,语言学关于共性的研究,关于根源、类型和氛围相似性的研究,都会给比较文学工作者以启发。无需进行深刻的比较,无需探讨其中的普遍性和概括性,我们就可以粗略地描绘出两门学科之间的共同点:

1. 以一种既定的自然语言形式出现的文本阶段(例如意大利语文本),不管是文学文本,还是其他文本;

2. 特定的自然语言阶段。该自然语言同时充任:a. 交际工具;b. 文本的符号支柱;

3. 超验阶段,各种自然语言以及用某种自然语言写成的文本;a. 瞄准普通语言学;b. 瞄准超越各种自然语言和各种文本的总体文学。

这样看来,从个别到一般、旨在探讨认识的普遍性的方法论中,存在着某种平行现象,然而,文学文本的比较学者面临着一个额外的困难。事实上,从符号学的观点来看,相对于特定的自然语言,艺术作品(文学文本)是第二模型化作品(体裁规律、布局、文字方面的限制与自

4. 普遍性与可比性

由等)。每部文本都具有自己独有的、特殊的符号。这样看来,比较学者便处于两难之地:调和文本符号的独特性与其共性。意义通过形式的中介才被读者所理解。这样两种循环性的中和工作是一个大问题,因为每部艺术作品都拥有符号学方面、历史和社会方面的独特性。跟原艺术作品相比,上升到某种程度的抽象和概括,不啻于某种压缩行为:

  a. 缩小意象系统里文本间性和跨文本性的贯时特征、历史感及演变过程;
  b. 缩小区域特色、拓扑学和文化方面的特色;
  c. 缩小实用关系中的对话性和阶段性,缩小城市、心理和社会政治方面的特点。

任何概括化、模型化和抽象活动,都必然伴随着信息的损失。比较分析时,必须超越这种令人困惑的局面及其引发的认识上的种种矛盾;困局的两极似乎不可调和,它们是普遍性和绝对的相对主义。然而,对于任何猜测或发现比较行为中理性主义、理智主义、象征主义和相对主义的种种观念的局限性的人,这里要求的"超越"也可能仅仅成为某种预期理由①。

从困惑局面走向超验,首先意味着:

  a. 超越个别与一般的对立,或者超越任何二元论观点。二元论与形式主义倾向之间,似乎存在着一种连带关系;
  b. 在引申阶段,超越纯粹属于分析、逻辑、形式等方面的东西,而让悟性(这里指连接直观感觉的能力)、甚至想象力发挥作用;
  c. 引入能够通过中介辩证解释矛盾现象的术语和概念。"典型"和"类型"可以发挥作为第三者的比较的作用;
  d. 承认观察角度的不同,上述问题或困惑可以有多种解决办法。扫描技术很能昭示这一方法:
  1. 瞄准概括性相当于把镜头调高,同时对准若干客体;

---

① 预期理由,又称"窃取论点"或"丐词",是证明中以本身尚待证明的判断作为论据的一种逻辑错误。——译注

2. 瞄准个性相当于把镜头调低，对准独特的符号标志；

3. 瞄准典型等于选取一个相对的中间位置。

概念"典型"处于"个体"与"一般"之间。其他相关联的术语还有"个性"、"经常性"和"普遍性"等。按照哲学家和美学家的意见，"特殊性"概念与"典型"概念一样，表示普遍性与个性、必然性与偶然性、理想与现实之间的一种中间状态。我们扼要回顾一下"典型性"的特点。这一概念：1. 试图通过纲要性的表现抓住本质；2. 位于客观世界与意识之间；3. 在比较对象之间发挥中介作用；4. 是抽象活动的对象；5. 是理顺关系的对象；6. 是鉴别的对象；7. 是高度概括的对象，从单纯叙事的经验主义的陈述文字上升到经演绎后的综合性总结。很难确定"典型性"的具体位置，因为各种文化客体在不断地发展变化，总的文化表达的形式和内容也在变化，然而，像方阵游戏一样，它们的发展变化也遵循着从个性、典型到普遍性这一规律。人们经常把典型（事物或观念）作为进而了解一般性的结构模式。迈向普遍性的路途必然包括多种调和，而语言符号的调和则是最基本的调和。

在比较文学这门蕴涵丰厚的开放性学科里，个性、典型与普遍性之间的关系和渠道的类型也是多种多样的，我们不妨提一下也名为雅努斯①的比较学者特里弗伦斯（Janus Trifrons）的危险命运：他堕入战略斜视的困境，自知其理论的纽带并不稳固。

---

① 雅努斯，一译为坚纽斯，古罗马神话中的两面神，掌管门户出入与水陆交通，因之又被视为司年岁之神。古罗马人每年元旦向雅努斯献礼，欧洲语言中元月之命名亦源于雅努斯。西方文艺理论界曾用雅努斯诗学表示文艺复兴诗学的二重性或多重性。这里的雅努斯·特里弗伦斯当是一位现代比较学者或者一种借喻，表示视野不宽阔的学者。——译注

5. 文学共性的臆测与推论

汉斯-乔治·鲁普雷希特

倘若"一"就是"诸神的一颗火花",那么我的"整体"当唤作"流星"。①

一、共性问题

毋庸置疑,人文学科的许多有识之士不断表达他们对于考察共性这一问题是否合适的疑虑。为什么会有这样的保留呢?例如对"人"的共性的保留——正是在进行了理论指导成立、思路新颖丰富的大规模的调查研究之后,人们开始对这一方法的结果表示担忧;该方法在整理调查结果时,诸如根据某一类个性的情况,提炼出一般人的本质,目的在于塑造一个"普遍的人"的轮廓。这一方法之所以令人恐惧,是因为它的僵化在最后关头很可能是致命的,正如米歇尔·塞尔(Michel Serres)指出的那样(1968,196~198),他想到了那些宣称顺应天下大同的天意而集体自杀的种族灭绝者。毋庸赘言,他写道,因为"在普遍人安静的屋子里,骨骼就藏在壁橱里"。

从人们稍能控制的一个认识领域上升到真理和一般思想的形而上学王国,是一项危险的事业。米歇尔·塞尔说,其实,在人文学科里,也不建议这么做。[见《世界报》(Le Monde)1981年5月10日文]因为"我们知道的科学知识显示,真理仅仅存在于区域性和独特性之中"。因此,真正具有科学意义的,并非"普遍同一的空间",而是"一个复杂的空间","这个空间的全部工作,就是从一种特色过渡到另一种特色"。

---

① 原文中"流星"一词为希伯来语。——译注

(同上)应当说明,这种态度与这位文学理论家对共性问题的困惑态度有关。

那么能够因此而蛰居于某一专门领域以"耕耘自己的园地"吗?恰恰相反,我们必须突出这一问题,把它置于更广泛的跨文化背景的显要部分。最好是进行跨结构研究[据《小罗贝尔》(*Le Petit Robert*)辞典的解释,希腊语前缀"*dia*"有两个意思:"分别"和"跨越"。此处包括两层意思在内]!既然人文科学的研究领域如此复杂,而投向这些领域的科学目光又那么异彩纷呈,挑战无疑是全方位的。只有把个别现象放在一般结构中才能理解它。就认识程序而言,挑战主要表现在归纳和演绎两个方面。如果要建构一般结构,只能从类别的考察开始,或者在类别考察的基础上进行。

其实,要想更好地理解在行为、感情、言语和事物影响下的他人——这是自亚里士多德直到福柯一直困扰西方哲学界的关键问题,这个问题大概可以上溯到远古的起源时期——很有必要结合《范畴概论》(*Les Prédicaments catégoriques*)扪心自问,哪怕是假设也好,《范畴概论》一书可以使人"超越自己"[胡塞尔(Husserl)、萨特],以有意识的主体"置身"于书中指示的各种关系。最终在思想类型层次上,偶然现象形成规模,尽管这一规模还与绝对概念无缘,但已经具有认识论方面的意义。根据亚里士多德学派和中世纪的传统,"概论"主要包括关系类型、行为类型、感情类型和方式类型,针对地点和时间而言。[谢尼克(Chenique),1975,78~91]共性问题就是在这一观点的基础上提出来的;至少在西方是这样,尤其自叙利亚裔新柏拉图派哲学家波菲利(Porphyre,231~约310年)以来更是这样,他曾为理解亚里士多德的《范畴篇》(*Catégories*)而写下一篇导论,名曰《*Isagogé*》①,引发了一场争论,这场争论一直持续到中世纪末,甚至更晚一些。[最著名的论争者中,包括11、12世纪孔皮埃涅省的洛色林(Roscelin)和皮埃尔·阿尔贝(Pierre Albert)、12世纪的托马·德·阿坎(Thomas d'Aquin)和让·邓斯·斯科特(Jean Duns Scot)以及16世纪的纪尧姆·奥克罕(Guillaume d'Ockham)]正如保尔·里克尔指出的那样,这场争论的中心"恰恰是共性的本体论地位:我们心目中的体裁,如果我们真正承认它们的存在,难道不应该以这种或那种方式(从唯名到现实)跻身于物质世界吗"?(1968,95)这无非是说明人文科学领域的共性问题,间接

---

① 中文译名不详。——译注

5. 文学共性的臆测与推论

地也包括文学研究领域的共性问题,可以跻身基本问题的行列,这自然是就广义而言。从亚里士多德那里脱胎而来,又经弗朗索瓦·谢尼克以新的形式提出的这些问题包括:"他在做什么?他承受着什么?在什么地方?什么时候?以什么方式?在什么环境下?与什么有关?这是什么?有多大?有什么优点?"(1975,98)人们立即反驳说,弗朗索瓦·谢尼克一马当先,这里适应我们的论证需求而提出的这些问题的顺序偏离了亚里士多德的思路。以至于,一方面,作为人与物的本质而回答"这是什么"这一问题的物质属性,有可能淹没在外部的合目的性之中(取康德意,即"手段"),而亚里士多德的本意却与此相反,主张物质属性同时体现为"个性"与"共性"(谢尼克,1975,102)。无需进入细节,按照保尔·里科尔的说法,这种物质属性"即指本质、实质、共性、体裁和主体"。另一方面,范畴问题的排列又是一口陷阱,因为一旦进入运作,它等于规定了施动者主体的优越地位。似乎全部文学都可以根据某种思辨语法而浓缩为一部元故事形式。反复思考之后,读过两部诺贝尔获奖作品之后,例如加缪(Camus)的《局外人》(*L'Etranger*)与海明威(Hemingway)的《老人与海》(*The Old Man and The Sea*),似乎提出下列问题是合适的:"他在做什么?他承受着什么?在什么地方?什么时候?以什么方式?在什么环境下?与什么相关?"然而一旦开读玛雅基切人的《玛雅圣经》(le *Popol-Vu*)、婆罗门教的《吠陀》或卢巴人的颂诗(les *Kasala*),文学理论家无疑会陷入窘境。无论如何,按照弗朗索瓦·韦耶冈(François Weyergans)一部小说里尚处于子宫内的叙述者的提示,大概还值得加上六个问题。这六个问题是:"谁在说话?说什么?向谁说?怎么说?目的何在?结果如何?"尽管如此,综观各种因素,范畴共性问题是否成立,仍然值得商榷。奇怪的是,中肯问题不仅提出了理论方面的基本问题,同时也提出了思维实践时的臆测问题;这些问题属于文学方法论中的两个方面(演绎与归纳),并且可以互易位置。

现在,有必要做一些具体说明。这些说明涉及考察问题的必要的和足够的条件。因此,要把一般考察(逻辑方面)与关于事物及文学程序存在方式(本体论的)的思考区别开来。前者触及"出现/认识"的方式,后者涉及使"客体"个性化的方式。根本用不着解释这一区别有可能适用如何再现文学本体真面目这一问题的理由,因为每个人都很清楚,文学形态包含并排除一些变化因素,总之,这些变化因素是偶然的〔参阅罗·埃斯卡尔皮(R. Escarpit)"关于'文学'条文的定义",1970,

259～272]。因此,我们有必要作如下说明:

1. 鉴定文学事实在叙事和社会文化背景的连续的或间断的时空中如何出现、沐浴和交织在一起,意味着必须首先懂得提出下述判断是否合理(根据什么理性体系? 什么制度? 什么学科? 什么理论? 个人主义? 微弱或强烈? 直觉的或系统的? 总之,要有彻底的批评精神)。这一判断是:变量 x、y、z 的逻辑抽象量词为 Q,由 Q 可以得出下述假设:1."任何 x"的"全称量词"为 $\forall$;2."某 x"的"存在量词"为 $\exists$。如果我们还引入 x 的不定抽象物"ˆ"(用功能术语表示,即 $f(x)=\hat{x}$,规定"$\hat{x}$"是一"类"、一"型"、一"属",按照可能的归属方式,属于一"纲"),变量 x(如某文学现象)用数字来表示并不是不可能的,或者"$\forall \hat{x}$",或者"$\exists \hat{x}$"。这即是说,如果有可能分析雷蒙·格诺(Raymond Queneau)的《一百万亿首诗》(*Cent mille milliards de poèmes*,1961)的话,变量 x 只能二者必居其一,或者是"全称"变量("任何 x"),或者是"存在"变量(独特化:"至少一个 x"),是"$\hat{x}$"的组成部分。如果偶然有个变量,谁能逃脱生物分类的命运呢?

2. 诚然,上述思辨所依据的臆测很成问题,因为,总应该明确到底是属于分析程序范围,还是属于对象共性("类"、"属"等)的理论抽象层次。然而,作为一个有启发性的思维的开端,这一逻辑形式思辨却毫不逊色。启发性思维将注重经验性已有事实与科学建树的区分。为了彻底避免"事实"与"建树"之间毫无意义的矛盾,我们需要拥有关于文学背景和异化方面的理论。可是,谈何容易? [见鲁普雷希特(Ruprecht)"提纲",1978]。

3. 在文人的直觉的经验主义很难适合严谨的构成主义的苛求时(构成主义宣称什么观念的吻合、原型及虚构步骤的可测验性等),许多人转而开始否认所有"理学"的作用(戈蒂耶,1982)。理由不必赘述,因为雅文学的范畴理论化工作没有什么"趣味"。或者相反,"文本趣味"的光明的冲力(罗兰·巴特)、穿透动力,反映了文字—文本照亮他人的愿望,经过深厚的海绵状语义土壤,不足以也不会达到"需要的"那种强度[笛卡儿(Descartes)];然而蕴涵着其他东西。

4. 如果指全世界现存的和崭露的所有文学,怎么能奢谈共性呢? 以何种精神——按照印度哲学家的说法[参阅勒努(Renou)著述,Ⅱ,6],以何种自我感觉,去接触这一庞然大物并从中窥见它的共性呢? 有一点是肯定的:对于诡辩派来说,人们什么也得不到,因为那些东西纯属同义反复。另外,保尔·朱姆托尔在其论著《漫谈中世纪》(*Parler

du Moyen Age,1980,79)一书中,也曾郑重其事地告诫我们"切勿轻谈共性",朱姆托尔也许过快地走向了另一极端,声言"出于同一理由,我们永远也不可能建立起'关于中世纪文本的理论'(即使我们中的某个人有着奇怪的愿望!)"。按照他的意见,"围绕这一主题,争论已经够多了,不会引起什么怀疑"。这句话说明什么呢?说明怀疑依然存在。不管怎样,我们不能怀疑由认识论学者塞尔日·罗贝尔(Serge Robert)谓之曰"建立新的科学世界"(1978,66)而引发的,旨在从物质属性中分离出理性共性的研究的重要性。

5. 如果说与其科学地位同样有争议的文学的知识世界发生了很大的演变,按照某些人的说法,那是因为自马克思、尼采和弗洛伊德以来,西方的研究领域的方法论典范发生了彻底的变化[T.库恩(T. Kuhn)]。由于新的"认识论方面的剪辑",认识成立的新范畴也在相继发现。现在还没有人能够估计这方面所产生的全部影响。然而,有一点可以肯定:关于萨特的著名问题"什么是文学"的众多答案中(参见茨·托多罗夫,1987),许多因素都得到了"权威性"的认可[参见皮亚杰(Piaget),1967,1116]。例如20世纪伊始欧洲的那些答案,这种认可使那些无法证明的非理性主义,使西方形而上学传统关于作品"物质形式"的直觉方面的种种奇谈怪论渐渐地自生自灭[托马斯·德·阿奎那(Thomas d'Aquin)],甚至把它们打入冷宫。

相反,学者们视文本为多系统研究对象,把重点放在文本的符号学潜力方面。然而,什么是文本呢?[参阅 J.-M.亚当(J.-M. Aam),1985;R.巴特,1968;R.德·博格朗德(R. de Beaugrande)和W. U.德雷斯勒(W. U. Dressler),1981;U.艾柯,1979;G.热奈特,1982,1987;M. A. K.哈利戴(M. A. K. Halliday),1978;P.阿蒙(P. Hamon),1984;W.米尼奥洛(W. Mignolo),1978;J. S.裴多芬(J. S. Petöfi)和T.奥利维(T. Olivi),1986;M.利法泰尔(M. Riffaterre),1979;A. T.范迪克(A. T. Van Dijk),1977;等等]在这里提出这一问题,按照夏尔·格里韦尔(Charles Grivel)的意思(1978),等于提出了是否存在着文本共性的问题。要回答这一问题,首先应该思考一下"总体文本"(TG)的概念。根据格里韦尔的定义,总体文本是"可默记的或已经熟记的'活'文本的整体,是现有文本——我以为应该是现实化后的文本——的文本间性的背景,因为它们比肩而立,遥相呼应"。总体文本是"具体文本的材料"。如果更进一步考察这一整体,用形式逻辑的语言来说,它是无序的。(参阅布朗绍,1969)在文学记忆基质的"回忆录"

这个发育整体内部——茨维坦·托多罗夫说,这是"一个潜在形式的总合,即文学**可以超越自身现实**的部分之合"(1971,46,原文加着重号),我们发现不可扣除的、不准确的"物质"状态⊆,包含着"可默记的"文本变量 t_x,"已记忆"文本变量 t_y 以及抽象物 $t_{\hat{z}}$ 和 $z(\hat{z})$,即"现有文本的文本间性的背景"。在这些条件下,一个"具体文本"T,作为"总体文本"的组成部分,在一个模态主语、一个谓语"元意愿"的调停下(科凯,1984,13 段),可以表现为"现实化后的文本"t_a。后者成为命题的组成材料之一,在"整体论"∈ 及"关系论"(∅)(∅)理论思想的范围内,该命题包括句法上平等的两个论据⇔。这样看来,该命题可以以下述公式来表示[参阅马尔西兹维斯基(Marciszewski),1981,52 段]:

$$T \subseteq TG \Leftrightarrow (t_a)(\{(t_x,t_y) \in T \supseteq t_{\hat{z}} \in TG\})$$

换言之,夏尔·格里韦尔建议把总体文本定义为一个"不断调整的表达领域,并作为调整的温和表达而堪称依存关系的典范"(出处同上)。此外,格里韦尔的定义受到了认识论学者 J. T. 德桑蒂(J. T. Desanti)的启发。这一建议引导我们思考文本 T 自始至终的症结所在而不必因此而赞同游戏规则不变论,作为变化体和"生产力"[J. 克利斯特瓦(J. Kristeva)],文本 T 穿越人类学范畴的所有"地区性本体论"思想(取海德格尔的含义)。

其实,文学作品以自己的运行程序,已经从多方面包容和破坏了种种陈述和推理方阵,并因此而锁闭了某种建构程序或违例程序,不管是小说情节、抒情或悲剧方面的建构程序,都没关系,还包括范式程序。更有甚者,自从一种新观点问世以来——这种观点认为一部作品的形式—意义[H. 梅绍尼克(H. Meschonnic)语]总是根据自身发展变化的背景,参与和/或破坏该文本出现的符号学条件(为了给各种文本做出标志,热奈特曾于 1982 年和 1987 年分别提出了广义文本性、副文本性、承文本性、蓝本性、跨文本性等概念)——许多人都同意菲力普·阿蒙的意见(1977),一致认为,"作为间接的、书面的交际形式,文学文本的本质即朦胧"。然而,这一主题没能在支持文本性这一概念的认识论光环(福柯语)的指引下得以讨论。我们借此机会补充说明,关于这一主题的理论思考已经开始并在继续着,目前的理论思考向多元发展:受卢卡契、葛兰西(Gramsci)和阿多诺(Adorno)等人的辩证思想的推动,受形式主义理性思想的启发(莫斯科团体和"诗歌语言研究会"),沿结

5. 文学共性的臆测与推论

构语言学的思路发展[布拉格团体、雅各布森、耶叶姆斯列夫(Hjelmslev)、格雷玛斯、巴特]，受现象学[胡塞尔、梅洛-彭迪(Merleau-Ponty)、英加顿(Ingarden)、里夏尔(Richard)]、前海德格尔和后海德格尔阐释学[狄尔泰(Dilthey)/伽达默尔(Gadamer)、赫希(Hirsch)、里科尔(Ricoeur)]的冲击等。随之而来的是由乔姆斯基(Chomsky)学说派生的生成语法论据。由此发展出"文本语法"的概念，并延伸到"叙事语法"[范迪克、托多罗夫、布雷蒙(Bremond)、哈韦格(Harzeg)等]。叙事语法的规则以形式主义为基础，以至于我们可以得出这样的结论，如米歇尔·亚当写的那样："句子的语法生成模式分为深层结构和表层结构，不能照搬到文本中去。"(1976,223)另外，像朱莉亚·克利斯特瓦继 S. K. 索姆让(S. K. Šaumjan)之后建议的那样，以现象文本与基因文本的关系代替深层与表层的区分，只能使语言描述层次与文本描述层次的对应问题显得更为突出。正如兹拉特卡·冈池瓦-德克莱(Zlatka Guentcheva-Drsclés)所说，如果索姆让真的以为"代表一种形式系统的基因型语言的目的就是'模拟人类语言的某些基本机制'"，那么，(与已经实现的现象性语法相对立的)基因型"独立于任何具体的自然语言、保持不能直接观察的状态的意图"(1976)，也是毫不逊色的。

作为假设，有人引用符号学作为论据。阿勒吉尔达斯(Algirdas)、朱利安·格雷玛斯和约瑟夫·库尔泰斯(Joseph Courtès)写道，如果存在结构梯队，它必然在即将建构的"符号学理论的总体结构"面前表现出来(1979,157段)。格雷玛斯和巴黎学派建议这一理论囊括意义生成过程中所有的句法层次和语义层次。在这一理论的基础上，"文本化的工作，如线性文本[时间的或空间的，按照不同的符号学理论(＝符号学客体)]的谋篇一样，其实可以在生成过程的任何时候进行，不仅形象语言和非形象语言(……)文本化，而且最抽象的逻辑和语义结构(……)也文本化"。按照这种方法操作，"文本符号学原则上与推论符号学没有区别"(同上，第159、390页)。

我们不妨再引用若干有影响的、很能加强文本符号学观念的论述。

——米哈伊尔·巴赫金(1984,310段)："如果赋予文本以广义，把它理解为相互关联的符号整体，那么艺术科学(如音乐学、造型艺术的理论和历史)也论述文本问题(艺术的产品)。(……)文本的界限问题。作为陈述文的文本。(……)文本学可以理解为科学恢复文学文本的理论与实践。(……)文本之间的对话关系与文本内部的对话关系。它们的独特性(语言外)。(……)文本的双极性。每部文本都以一个大家共同理解的系统为前提(一定集体内部已经约定俗成的)——共同的语言(哪怕是艺术语言)。任何文本(口头的或书面的)当然会包括大量异质的、自然的、原始的、与符号无关的、人文科学领域尚未注意到的材料(……)。纯粹的文本不存在,将来也不会有。另外,任何文本还包括所谓的技术材料(……书写、口头表达等)。在一定范围内部意义的互相依存问题(辩证关系)和文本间的对话问题。(……)文本生命中的事件,它的本体面目,总是发生在两个意识、两个主体的界限之内。"(着重号为巴赫金和我们所加)

——迈·利法泰尔(1979,第7段):"文学现象不仅仅包括文本,还有文本的读者以及读者可能对文本——陈述文与陈述文的实现过程——做出的反映的总和。(……)文本是一部限制性的和指示性的规约。"(着重号为我所加)

——尤利·洛特曼(1973,52,59,124):"文学的独特语言与自然语言相重合,犹如第二系统。因此,人们把它定义为建立模态的第二系统。(……)这样,在计算艺术文本的熵(指混乱的产生)时,最好避免:1.把作者的规约与读者的规约的混乱混淆起来;2.把规约不同层次的混乱混淆起来。"(着重号为我所加)

上述几点确立之后,仍然提出了不少问题。这些问题属于文本语言学和符号学方面的理论问题。[参阅 R.德·博格朗德与 W.德雷斯勒(W. Dressler)的合著,1981;M. A. K.哈利戴,1978]一般来说,这些问题集中在文本的结构是否紧凑方面。严格地讲,应该从接受主体的角度去看待这一问题。那么是否又涉及共同的参照系问题呢?如果我们仍然借用哈利戴的术语,准确地讲,是从内在重复关系("头语重复"、"后语重复")向外部重复关系的转换。既然我们只能对内容的这些构成关系是否成立泛泛而论,所以只得对范畴共性的理论基础心存疑虑,即对有关内在重复关系向外部重复关系转换的文本学的种种论述的结论心存疑虑。考虑到这种现状,"权且把文本学理解为科学恢复文学文本的理论与实践",更多地思考这种文本学的条件(巴赫金,1984,312)。

在现有符号学的知识领域里,雅诺什·S.裴多菲和特里·奥里维(Terry Olivi)的研究脱颖而出(1986),用它们来重新说明"文本符号学理论的基本概念"问题似乎最合适。既然文本符号学瞄准普遍性,那么,检验一下关于符号的三位一体观念和双极观念是否真正站得住脚确有必要。考察中,裴多菲和奥利维显然发现了符号学元语言方面的某些困惑。于是,由于没有更好的办法,他们转而采用了拉丁语的术语

5. 文学共性的臆测与推论

系统（当然摈除了其中的经院式哲学内涵！）和集合理论的形式主义。

J.S.裴多菲和T.奥利维首先对符号Σ从双极方面作出概然判断，即：1.符形ΣS_s包括工具ΣV_e和形式ΣF。两个相关的复合项，它们的关系为，形式由标志$\mathcal{N}$("工具组成部分的语言或语法等类型及组合的指示")和图像$\mathcal{F}$("该符号的形式类型及其工具组成部分的形式分布"的指示，字体说明——书写体或印刷体，构成说明——诗体、节奏或头韵重复等，类属说明）组成；2.符义ΣS_m也包括两个相关的复合项，它们分别是关系项ΣR_e和意义项ΣS_e，两项密切相关，因为意义项的构成部分之一是直接义$\mathcal{D}$("由符号直接表达的意义，例如文本陈述体直接表达的意义"，其中又"分为字面意义、形象意义和象征意义"），意义项的另一构成部分是符号的内部关联义$\mathcal{R}$("包含在直接义内的对外部世界的参照")。"符号的组成部分"的判断关系可以用图形表示如下：

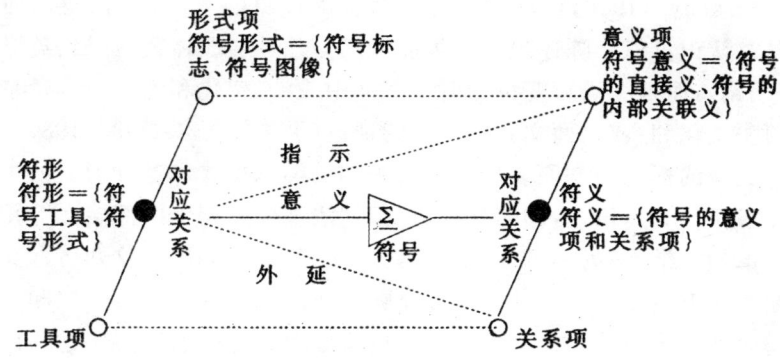

"符号的组成部分"的判断关系图(J.S.裴多菲和T.奥利维，1986)

符号的矢量状态显然说明作者有意用来表示意义的形成过程，这一过程可以用矢量积的形式来表示，把属于平面结构的全部因素都包括在内。裴多菲和奥利维进一步说明，文本－符号的实用性前景预先即对它的"使用者（生产者或接受者、阐释者）"给予一定的限制。如果相反，像A.J.格雷玛斯和J.库尔泰斯想象的那样(1979,44,295)，情况又该怎样呢？他们以为，"深度的概念是相对的，每个言语代都与'更深一层的'言语代相关联，依此类推，直到意义的基本结构，即生成过程的矢量积点"。换言之，正是文本的不同的"同位素"，通过转换，"从小单位到复杂单位"，一直导引到"'血缘关系'描述"的起点。无论如何，文学批评的"阐释风格"要求一定的专长，阐述自己观点的专长或认识新事物的专长。这一专长与信仰和知识的状态分不开。无论哪一种情况，专长都建立在"接受者的记忆力"的基础上。（关于这一点，J.S.裴多芬和T.奥利维与C.格里韦尔的观点相同)从应该记住的文本被遗忘,到易于忘记的文本却被熟记在心,这些现象也反映了检查与排斥的错综复杂的关系。或者还应该探讨更深层的原因吗?这里实际上完全是一个是否"切题"的问题,按照弗洛伊德的说法,这是"第一个"是否切题的问题:预感这一块实在难以估量。我们还是留待人们继续讨论这一问题吧。

二、个别问题

笛卡儿曾经建议建立关于一般的科学并且认识个别,这一建议意味着研究人员必须面对"全部文学作品",而实际上,改造实践只能首先在"文学程序这一整体的智识和物质的暧昧性"中探测[S.萨尔卡尼(S. Sarkany),1986,1539]。因此,对言语现象的双重性的分析,便尤其具有认识价值。陈述现象不可能浓缩为几种经典体裁(抒情、英雄史诗、悲剧),而是在语言变量的时空变迁中跋涉、变化和消失。变量是所有口头文化和/或书面文化的共同特征。(见朱姆托尔,1983,1987)

文学的标志一方面表现为语言内部的继承形式和这种形式的中断[H.塞勒(H. Seiler),1985,14],包括词法结构和句子内部层次等相关材料的抽象继承;另一方面,还要考察语言的使用问题。这两方面又包括亨利·戈贝尔(H. Gobard)所分析的语言的异化问题(1976)和浸透着整个四重语言体系及其象征意义的文学(H.戈贝尔),而文学又以其多形态的演变,表达和象征着创造激情以及一种文化自身语言的逐渐衰弱。表现为什么形式呢?四重语言——乡土语言(方言、土语)、工具语言(官方语言、民族语言)、参照语言(文化人的规约)和神话语言(礼仪语言和神话语言等)——的演变形式这一问题应当由文学史及史学工作者来回答。

那么风格问题呢?按照布拉格语言学派的观点[见瓦什克(Vachek),1970,15,19,70],有人把所有风格问题都归之于历经确立和多次改革的规范语言的语言资源的**更新和/或非自然发展**[B.哈弗拉奈克(B. Havránek)]。而实际上,作为"陈述行为的个性化组织"的风格[V.斯卡利卡(V. Skalička)],源自陈述方式的审美情趣的价值取向,如高雅语言或大众语言。

人们还可以反驳说,上述观点忽视了语音方面的许多问题[见盖斯潘(Guespin)和马塞勒西(Marcellesi),1986]。面对当今世界极其复杂

5. 文学共性的臆测与推论

纷繁的种族形势[见克罗斯(Kloss)和麦康内尔(McConnel),1974;佛多尔(Fodor)和阿盖热(Hagège),1983/1984],有必要以南斯拉夫和挪威两个极其复杂的情势为例来说明一些问题。从这两国的情况出发,还应当原则上考虑下述情形是否成立,即人们还经常在总体上属于混合型构成的"先决条件"[社会心理的特异反应性、意识形态潮流、期望区(H.R.尧斯)、体制的现实(J.杜布瓦)、经济因素等]的基础上,从作者与公众的交际关系角度考察"文学现象"。那么,在南斯拉夫这个多语言,由六个共和国组成,每个共和国都试图制定一套独立的语音政策的社会主义联邦制国家里,情况又怎么样呢?诚然,塞尔维亚、克罗地亚和斯洛文尼亚语言文学很繁荣,但是,在这个一方面实行文化自治,一方面又有一种意识形态(由南斯拉夫共产主义者联盟制定)占统治地位的社会里,使用由罗马尼亚语、匈牙利语(塞尔维亚人占多数的伏伊伏丁那自治省)和阿尔巴尼亚语(科索沃自治省)组成的"南斯拉夫"诗歌语言、叙事语言或悲剧语言的作者及其读者对内对外的期望区是什么呢?我们并不急于为这些问题下结论,因为其他地方也有类似的问题……而挪威的情况则是两种互为补充的语言体系支撑着文学的演变。一种是叫做 *landsmål* 的方言、乡土语言、"农村语言",伊瓦尔·阿森(Ivar Aasen,1813~1896)和其他人曾经在各地口语的基础上,竭力将它改造为"新挪威"文学语言,叫做 *nynorsk*,其官方地位于1885年获得承认。另一种语言叫做 *riksmål*,属于"旧王朝语言",显然出于历史的原因,被视为多余的语言,因为它太接近丹麦语。我们在此不必赘述动荡不定的语言政治,只需说明[易卜生(Ibsen)和阿尔纳尔夫·奥弗兰(Arnulf Øverland)的语言]*riksmål* 已经成了挪威人的"书面语言"。然而这并不意味着(由政府资助的)乐于接受生动活泼的 *nynorsk* 文学传统的书籍工业并不存在。

像南斯拉夫和挪威这些国家的语言形势必然呼唤那些摈弃封闭的文本—符号思想的学者们,除此还能说明什么呢?我们仅作如下说明:多重意义、多功能是层层叠叠网络繁复的文学语言的鲜明形象。或者还有:文学语言中语音与语义的关联,文本符号真的是"多元的"、"稳定的"或"飘忽不定的"?不管答案如何,只要它涉及文本的封闭性主题,一个实质性的问题似乎就不可避免,即符号的物化问题。这一点可能与某些文本学家的观点不同,没有关系。如果从口语和书面语的独特性方面全面考察"文学现象"的话,它与[索绪尔(Saussure)的]符号的二元观念相去甚远。文学理论家将更有理由摈弃居斯塔夫·纪尧姆

(Gustave Guillaume)的下述思想:"符号位于动力语义(le *signifié de puissance*)与效果语义(le *signifié d'effet*)之间的中介语言之中,其关系机制如下:动力语义→符号→效果语义。动力语义处于现象的上游;效果语义处于下游。"(1969,246~247;着重号为我所加)查尔斯·S.皮尔斯(Charles S. Peirce)如何看待三元论的符号观呢[《理论》丛书,5,484,转引自德勒达尔(Deledalle)的文章,1978,133]? 我们知道三元论的符号观由"三个主题构成,它们是符号,符号的内容及其浮解"。关于这一点,我们可以从亨利·梅绍尼克的论著中获益匪浅(1975,140~156)。

　　反复思考之后,可以看出,文学现象的任何轨迹,从阿里斯托芬(Aristophane)的《蛙》(les *Grenouilles*)到《堂吉诃德》,从但丁(Dante)的《新生》(le *Dolce stil nuovo*)到庞德的《诗章》(le *Cantos*),一种文化的语义世界内部作品符号潜力的意义轨迹,都必然与动力因的原则格格不入。我们最多可以接受阿多诺的意见(1973,300 段),认同文学行为与想象者的冲动力量所激发起来的所有创作实践一样,参与不变事物的某些美学因素,规定它们的价值,使它们极端化或破坏审美情趣,包括风格的形象模仿。某文学实践通过它与言语行为相似的原始关系所"模态化"的不变性,其实可以是我们作为读者对某客体的直觉,包括与客体相异和/或相同两种直觉。正如庞德在什么地方曾经说过的那样,这是对事物观察的永恒的规律,观察客观世界和观察我们自身。

　　然而,一旦像自以为是的思想家那样思考问题[瓦悌莫(Vattimo),1983],自以为代表着理性观念之光,上述本体论问题就不会再以同样的方式提出了。甚至怀疑使我们相信"文学事物"存在的理由!可能发展到哪一步呢?直至否认尼采的"否定"论吗?不一定,因为说到底,即站在文学空间的边缘来看问题(莫·布朗绍语),关于文学的思考是在创造精神的最后的战壕里进行的。但是,关于这一点,仍然存在着争论。如果我们以阿尔多(Artaud)那样无拘无束的姿态思考问题并从方便出发,假设作品展示的创造精神不过是一种"鲁莽行为",那么,人们是如何、相对于什么而最终思考在文学雄心的指令下喷薄而出并生成的特殊形式呢?至于其他批评家更注重作家的欲望势头、作家的使命感或作家的创作激情,那是无关紧要的。事实上,所谓的"文学事物",即文本和/或言语,从不间断地呼唤我们,似乎每一方都是整体的补充部分,即行为与影响,行人与行为波[克罗德·齐尔贝尔贝尔(Claude Zilberberg):《关于意义的思辨与意义诗学》(*Raison et*

5. 文学共性的臆测与推论

poétique du sens），巴黎：法国大学出版社，1988，第 122 页］，言语与沉默等。

为了避免现象学方面的误区，这方面最好引用胡塞尔的学说，把思维（认识行为）与意识行为（意识的方式及表现形式）区分开来。为了打碎关于"文学性"（由罗曼·雅各布森提出）的循环性思维僵局，文人们似乎倾向于接受保尔·里科尔的意见（1986，137），一致主张："把文字固定下来的任何言语形式都叫做文本吧。"这里当然也有一个认识任务：需要阐释的言语的"凝固"，就其文本意义而言，是陈述的中断。那么如何辨认呢？不管怎样，从符号学及实用角度来看，言语的中断属于已发生的陈述行为的中断，那么，就一般规律而言，任何言语的效果都会包括以下几项：

1. 模式化［见 H. 帕雷（H. Parret），1983］：分配模式化（语法方面的语式）；命题模式化（道德模式、认识模式、义务模式）；非短语模式化（语言行为的语式标志）；价值模式化（符号"价值"和"某种态式专长的发挥，其中的特殊组合里交织着知识、欲望、权利和义务"（H. 帕雷）。

2. 语境化［见 H. 帕雷，1983；C. 克尔比拉-奥尔钦奥尼（C. Kerbrat-Orecchioni），1980；J. 韦森伯恩（J. Weissenborn），1982］：a. 通过指示人称代词和指示词类的语境化使用，突出主观性；b. 言语的时间化处理［如前缀、后缀（表示结果、完成、未完成、重复、延续）等形状，与表示过去、现在和将来的语法时态相区别］；c. 空间的方位化（表示方位的词汇，如"这里"、"那儿"、"那边"、"其他地方"、"之前"、"之后"等）。

3. 交际化［见 F. 雅克（F. Jacques），1979，1982；M. 达斯卡尔（M. Dascal）主编，1985］：独白、对话和多人会话的实际问题；会话者的语言对策。

总体上，"言语行为"——许多符号学家给它的定义是"已发生的陈述活动"（见 J.-Cl. 科凯，1983）——的上述效果给人留下这样的印象，即聚焦的中心（言语与文字的关系就在聚焦的过程中准确地显示出来）绝不是某种"凝视"点（如文本的结尾），更准确地说，是意义这面镜子分化出的光束聚会的无影点，而意义这面镜子的光点可以由此及彼，无限转换。对作为追踪对象，凝结、散轶或躲藏在阅读（再阅读）和文字（再创作）的空隙之中的意义，要破译和分解。

为了重新发起对空隙问题的讨论，有些人借助于语法学，因为语法学原则上针对所有与文字相关的问题。按照雅克·德里达的观点，还应当包括"广义文字的痕迹"（1967b）。为了了解这一学说的总体思想,有必要在此展示德里达批评思想中关于"逻各斯帝国主义"的思想(1967b,12),德里达的批评思想向形式同一和内容同一的逻各斯中心主义和形而上学观念提出了挑战。归根结底,他主张总揽痕迹层面关于差异的"全部结构",即"自身的一个异化因素,又与自己本身相异"(德里达,1972b,23)。德里达进一步具体说明:"当我们引入差异观念时……所有这些形而上学的对立概念(语音/语义、感觉的/心智的、文字/话语、话语/语言、贯时/共时、空间/时间、被动性/主动性等等)都不再成立。"如果广义文字真的被设想为"不可缩减的广义综合",它无疑也会提出严峻的解读问题。试设想,如果我们要把属于中国园林与欧洲园林所生发的异化痕迹记录下来,如18世纪文学中那些象征意义,显然,那绝不是仅仅比较沈复在《浮生六记》里描写的封闭式的苏州园林与英国园林,一如《新爱洛绮斯》(la *Nouvelle Héloïse*)里"那座带有隐喻意义的公园"(第四部分,书信十一)。反之,把德里达的哲学方法照搬到文学领域,其目的在于瞄准一个基础领域的独特性,并间接瞄准高深莫测的文章(écriture)方阵。文章"或者不做话语的'意象'或'象征'而更加远离话语,或者更深入话语,因为话语本身已经是一种文章"。如果"另一整体也这样",它会变成什么样呢?(德里达,1967b,68~69)不可比较,甚至互不相容,它为什么会如此彻底地对立呢?

无论如何,那种有关历史及其危机、作为"单一的整体符号"而运作、尚获得罗兰·巴特信任的文字的好运(1953,13~20),似乎已经完结了。至于圣-普洛的信及其对"令人心旷神怡的孤独的描写",没有任何深刻的理由说明它所"建立的痕迹"可以成为美学范例。在卢梭(Rousseau)的作品里,难道没有对法国式的伟大园艺的前浪漫主义式的憎恶吗?当然是有的,只是这种憎恶仅仅属于众多异化可能之一种。其实,这是一种有待毁灭的文本外参照物——德里达认为,与内容无关、作为独立实体的插页是不存在的——与内部参照物一样[见加斯舍(Gasché),1986,281]。因此,问题不在于从文化象征体系中作出选择。[犹如在绘画中,要从勒·贝洛多(le Belotto)的著名画作《美泉》(1759)与约翰·伍德(John Wood)的《巴斯市政图》中作出选择一样,后者提供了伦敦市镇典型园林的鸟瞰图。]其实,广义文字作为异化物,镶嵌在海空中。借用老子的隐喻语言,犹如转动大车车轮的轮毂的"中空"一样,"从某种意义上说,异化体 a 等于异化游戏生成运动的'游戏'标志"(德里达,1972c,39)。就是说异化现象维持着难以决断的意义或内容。从那时起,人们不必再关注卢梭的精神投资和幻想投资,而从一种(令人惬意或使人烦恼的)激情的多维线条的空间光学和时间光学角度,解读圣-普洛的信,特别是"我开始以极其喜悦的心情跑遍这座颇具隐喻意义的公园"(第四部分,书信十一)。如果书信体语言确实形象化了,那么"这个公园"就可以通过陈述语言的实现,间接表达迟到的陶醉痕迹。痕迹的符号潜力变成可以转换的轨迹后,才是完整的,同样,"异化之谜"也是这样(德里达,1972b,20)。

三、关于不变因素的思考:成立的难点及条件

勒内·艾金伯勒(René Etiemble)对歌德提出的"世界文学"这一概念的世界性词义("真正普遍的意义")的反问(1974)似乎促使某些学者,特别是西方的文学专家,重新思考阿德里安·马里诺(Adrian Marino,1977,57~80)称之为"理论定式的出现"(第63页)这一提法。这些至少颇值得商榷的概念,在马里诺看来,却反映了文学思想的根本,即"构成一种稳定因素、不变因素,构成时间与空间领域一种统一材料,一种稳定的、持久的和普遍的材料"(第57页,着重号为作者所加)。难道"形式"、"主题"和"形象"等这些概念真正符合不变因素正题的条件吗?恰恰相反,一切都说明它们属于各种工具语言的目标和参照行为:工具语言(新闻语言、专业用语、科学语言等)的变化因素之间的相互作用以及工具语言(批评语言、新闻检查、经典作品、实验语言等)的要求。这些证明足以使我们对阿德里安·马里诺为"1. 人类学;2. 意识形态理论;3. 文学理论;4. 文学等学科的不变量所制定的'不变量类型学'(une typologie des invariants)"的经验支柱产生怀疑。既然可比性可以成立的领域非常广阔,我们不免对上述四种类型是否能够"涵盖精神世界及其产品中具有普遍意义的共性材料的全部范畴"[A. 马里诺:《比较研究与文学理论》(Comparaison et théorie de la littérature),巴黎,法国大学出版社,1988,第108页]的可靠性提出质疑。正如亚里士多德的一个思想("一般寓于实质")一样,马里诺的类型学其实也只具有形而上学的意义。

从分析的实际意义出发,即从不变量概念可包含的内容范围出发,有必要重申这一点:语言学领域的"常量"概念不仅与人们曾经反复讨论过的"变量"(音位学变量、音素形态学变量、句法变量)的异化问题以及语言表现领域的"变种"(异文、异体、异读、不同说法等现象)问题密不可分,同时也与理论上成立的描述程序相关联。因为无法突出它们,

我们只能局限于概念方面的一些结果。例如功能/替换的关系［耶仁姆斯列夫、马蒂内（Martinet）、雅各布森］、互补性分布［布卢姆菲尔德（Bloomfield）］以及重写规律（乔姆斯基）和投射规律［卡茨（Katz)-福多尔］。为了更好地理解其中的症结所在，引述音位学方面的一个问题，即两个"变种"的互补性分布是很有意义的，尽管有可能把问题过于简单化。与表现它们的形式意义（词汇单位）相比，这两个"变种"没有差别，然而处于决定它们的音素形态环境内，它们又是互相排斥的。加拿大法语中音素/i/的实现即是这样，例如魁北克人口语中的发音那样。在有效语音特征时——位于词末、上边加重音符号，或在辅音［r］之后（R. 雅各布森），该音素用来鉴别"ami"、"cidre"、"rive"、"fil"、"pige"、"église"、"cire"等单词中的闭音元音。事实上，加拿大法语中音素/i/的实现介于音标［I］与［i］之间，是一种异读形式，其互补性的分布情况如下［据 W. 科恩（W. Cowan）和 J. 拉库桑（J. Rakušan）的调查，1985］：

/i/→［i］/位于词末（［ami］）和［v, ž, r］等之前（［riv］，［egliz］，［piž］，［sir］）

［I］/所有其他情况下（其语音环境变化多样，例如：［sid］，［fil］，［pip］(pipe)，［abim］(abîme)）。

有人可能会反驳说，关于有效特征内的常量与"变种"之间的关系的基本设想，不容易从音位学的有效领域移植到文学的宏观结构中去。确实，只要一想到某文学现象如"抒情主义"的多功能"变种"的游戏般的、带有很大偶然性的、可以由人随便操纵的分布情况，问题规模之大是显而易见的。

其实，勒内·艾金伯勒完全是从直观思维和前理论思维出发，或者更坦率地说，是从一种论战的姿态出发，要求分析文学抒情的不变因素的，而且他还强调这一任务中必须包括那些主要的非欧洲传统（阿拉伯、中国、日本、波斯等传统）。除却"从呐喊到歌唱"这一人类的基本跨越，文学抒情的情况到底怎么样呢？

艾金伯勒以严厉的或者至少是批评的目光审视了智识领域的欧洲中心主义，如果用专为鲁特尔大学比较文学学生而编的阅读《鉴戒》(le Syllabus, 1964)的尺度来衡量，欧洲中心主义确实反映了西方人的短视行为，艾金伯勒首先对某些传统的价值观念提出质疑，例如源自殖民主义、帝国主义和其他灾难性事件的那些价值观念。然而,在向这些观念宣战时,他别无良策,只能回到"格律和形式"、"主题与意象"等话题,试图阐明抒情主义的不变因素,路途上暗藏着概念方面的许多陷阱。

毫无疑问,各种语言结构的差别如此之大[见科姆里(Comrie),1981;格林伯格(Greenberg),1974;阿盖热,1982;拉马(Ramat),1985],考察任何超节段的不变因素(如音素长度的组合功能、重音力度的组合以及语调的组合功能等)都是不现实的。人们最多可以说,这是受口语或书面语言实践过程中正音系统及过程限制的某特定诗学内发生的贯时或共时的语音弱化现象或同化现象。

从文学理论家的角度来看,某诗律系统表面上的规范性和稳定性,例如以区分高稳定韵脚和低稳定韵脚数量为主的希腊—拉丁诗律系统[见洛希贝尔(Lausberg),1960,488],只有当我们考虑到它的众多不稳定因素时,才可以接受。不管产生这些不稳定因素的文化背景如何,它们都促进了抒情文学的多元化演变。我们知道,古希腊—罗马诗律系统就包括规范形式和不规范形式的若干跨文化分支。如果要正确评价贺拉斯(公元前1世纪)抒情诗中阿尔凯奥斯诗体[以公元前7世纪的古希腊诗人阿尔凯奥斯(Alcée)的名字命名]段落的分切和和谐的节奏,最好把它们与贺拉斯同时代的某些诗人的讽刺短诗的不规范性诗律做一比较,例如卡图卢斯(Catulle),他又通过卡利马霍斯(Callimaque,公元前3世纪)的十四行诗,而受所谓"跛脚"节奏的影响,人们通常把"跛脚"节奏归之于厄福斯的希波纳克斯(Hipponax,公元前6世纪末)[见德穆干(Demouguin),1985,42,263,286,711,727]。

根据上述情况,即使对于系统内文学不变因素的概念,也应持谨慎态度。深知问题复杂多样而研究对象又比较稀少的文学理论家,总是特别重视那些顾及并非显而易见顺理成章的现象的研究,例如盘根错节的结构以及——借用费利克斯·加塔里(Félix Guattari)和吉尔·德洛兹(Gilles Deleuze)的另一比喻——遗传渠道的"根茎"。对这一要求,我们感到吃惊吗?许多人以为这是理论上的成见之一,这一现象也不可否认。

然而,作为理论研究的对象,不变因素必然要调动研究者的全部智慧及才华,包括对任何正题方法的继承或中断的高度敏感。这一点还需要重复吗?其次,对老的观念力量的"疲软"也要有清醒的意识。理想主义的命运就是这样:其观念的尖端逐渐成为化石。

思考不变因素,如抒情背景中的不变因素,然后更进一步思考与体裁"归属性"相关的不变因素[维托尔(Vietor),(1931),1977],任何情况下都不意味着插入一个"理想的典型"。恰恰相反,而是要领会作为区别标志和特征的特殊的差异,它们的表现属于语言行为所有带有象征意义实用功能的特性。不管是广义的"话语行为"[*Sprechakt*,与J. R. 塞尔比较确指的"话语行为"(*speechacts*)不同]还是布勒(Bühler)所讲的"话语行为"(*Sprechhandlung*,见布勒,1934,1978,34),如今,不引入富有生命力的"混合"体系概念而奢谈"特殊差异",是不可想象的[I. 普里戈吉纳(I. Prigogine)]。

既然我们不能在此作出详细的演示,那就有必要指出其中的若干症结。理论家通常按是否属于"可能性"或"偶然性"的区划方式来作出自己的抉择。如果我们以理论家为榜样,需要对诸如坚信形式第一的思想的独特性作出阐释,而同时又拥有形态学方面的知识,经得起任何检验,我们就不难接受下述设想,即"各种体裁其实都表示了一个由形式方面的可能性组成的圆(范围)"。这正是巩特尔·缪勒(Güther Müller,1929)的形态学假设,杰出的学者卡尔·维托尔也赞同这一假设(1977)。它属于科学论断之前的直觉吗?总之,人们可以反驳所谓的"文学体裁圆形观",那可能是对维吉尔(Virgili)的著名的辐射论的模糊记忆[法拉尔(Faral),1924,87;库尔蒂斯,1954,602]。从理论上讲,这一观念可以替代吗?它之前当然要从亚里士多德、维柯(Vico)或黑格尔(Hegel)算起,它之后呢?多么难堪的选择!只要想一想错综复杂的各种思想潮流和瀑布一般奔泻而至的种种概念就可以想象困难的程度了。借用一种古老的哲学鉴别原则来描述,那些思想学说诞生时的文字基本上都属于艰涩的天书,后来才概括为智慧语言;而当代文学体裁的理论化熔炉里,亦注入了不计其数的种种概念[见K. W. 亨普菲(K. W. Hempfer)整理的参考书目,1973]。

试举例说明,并且基本上遵循时间顺序:在俄罗斯形式主义的氛围中,有点远离这一氛围的Ju. N. 梯尼亚诺夫(Ju. N. Tynjanov)强调"系统"、"序列"与"主导因素"的关系;V. I. 普洛普详细列举了31种"人物功能",这些功能基本上属于二元对应性质(早期的失误与失误的补偿、禁令禁律与违令和犯规、出走与回归、战斗与胜利等等);A. 若勒(A. Jolles)确定了"陈述方式"(*Aussageweise*)状态下的"简单形式",如"传说"(命令式)、"萨加"(北欧传说,直陈式)、"寓言"(祈愿式)、"神话"(疑问式)等;A. 斯坦德-彼得森(A. Stender-Petersen)在语汇方面顽固地坚持个人意见,"直接"或"间接"地区分了"素材"属于文学形式的"工具化"部分,还是属于文学形式的"情感化"部分;S. 斯克瓦尔善斯卡(S. Skwarczyńska)设想描述阶段"从属工具化过程"的"客观性";K. 汉伯格(K. Hamburger)通过"陈述结构"寻求"主客体关系"的逻辑性;N. 弗莱提出"模仿形式"的划分,即所谓 24 个"对应阶段"的虚构性或归属点(抒情曲、悲剧、喜剧、讽喻文),T. 托多罗夫认为这种划分"逻辑上缺乏凝聚性"(1970,17);最后如 P. 埃尔纳蒂(P. Hernadi),他亦在《体裁之外》(*Beyond Genre*,1972,166。这部著作是为基础教学而编写的,作者提出一套从"幻想"与"情节"两条轴线对似是而非的微量进行菱形式重新分配的方法)一书中,提出"题材、戏剧、抒情和叙述方式"的"多中心区划法"。其实,P. 埃尔纳蒂关于体裁的建议使我们又回到了原来的出发点。正如巩特尔·缪勒的观点一样,这也是一个由"形式可能性组成的圆",区别在于,埃尔纳蒂鉴别从属方式的工具是一把"投影圆规",圆规足下的点似乎在做双向运动,即"自律式的"↔"人物间的"/"私有的"↔"对偶的"方向。有必要指出,阿拉斯泰尔·福勒(Alastair Fowler)在他的《文学的种类》(*The Kinds of Literature*)一书中,不仅对上述公式化分类的认识意义提出质疑,同时也直截了当地对"共性结构"(如抒情性、戏剧性、英雄史诗等)的中肯性提出质疑。

无疑,我们还应当在此提及结构主义(T. 托多罗夫)、生成语法(T. 帕韦尔)、实用领域(T. A. 范迪克)和符号学(J. 库尔泰)等方面的众多著作。然而,随着共时方法论的发展,我们必须注意到这一情况,即体裁已经不仅仅是文学生产工艺的结晶,它们提出了与接受方式相关的种种问题,例如读者的期待区问题。在汉斯·罗贝尔·尧斯看来(1970),这一发现提出了大量的认识论问题,因为,他反问道:"如果某体裁的基本特征没有被理解为一种跨时间的规范或具有裁决性质的常规,我们怎么来描述该体裁的历史演变呢?一种体裁结构不失去自己的独特性怎么可能发生变化呢?"(着重号为我所加)于是,我们又陷入了共性问题的圈子。简而言之,二者必居其一:"共性"离不开"个性",或者是多元性基础上的共性,或者共性存在于多元性之中,这是历代逻辑学家们面临的真谛。其次,混杂形式、荒诞形式中的多元性又如何呢?且不说后现代主义的"合成"形式以及普鲁塔克(Plutarque)笔下阿波罗神殿的女祭司的天方夜谭。按照什么样的描述规律或规则,人们才能准确阐释持续性组合重复的程序呢?有人倾向于借助多价逻辑学和"模糊组合理论"[L. A. 扎德(L. A. Zadeh)]。就算行吧!可是,略微思忖一下就会知道,这样做怎么可能不重新激发唯名论与现实主义的冲突呢?我们还需要了解那些可意味而不可言喻的内容是以何种方式结构在一起的。这方面,诗人们经常看得很准确。首先,要像奥克塔维约·帕兹(Octavio Paz,1969,11)那样,把握创作主体视线的"热点中心"。其次,还要像保尔·塞朗(Paul Celan,1971,191)那样,想象到"诗是在自身的边缘坚持发展的;它一边自我否定,一边坚持不懈地把自己已经多余的内容转入自己永远需要补充的空间,以维持诗的生命"。

最后,还有一个如果不能说尚未解开但至少是至关重要的问题,即尚待阐释的"种种系统"真正的条件地位如何呢?它们的地位如康德所说是超验的吗?或者如胡塞尔之言处于"本相还原"之中?不管是属于某种信仰状态、某种古老观念的主观现象,还是按照某种认识观无法演绎的难题,二元结构观、多层结构观或不规则结构观等结构观念[见J. 珀蒂托-科科尔达(J. Petitot-Cocorda),1985,第23段]始终呼唤着研究人员的"正题意识"(取萨特意)。因此,我们暂且接受下述结论:在文学研究领域里,知识与研究对象的关系仍然建立在总体上比较薄弱的理论基础上。有鉴于此,我们仍然面临着许多挑战。无论如何,共性问题仍将完整地存在很长时间。

第二部分 文学体系

6. 文学体裁

米哈伊尔·格洛文斯基

一

有关文学的思考中,体裁(文类)是最古老的范畴之一。人们很早就发现,某些文章类型或言语类型的结构与现实生活的某些环境有着特定的联系;它们对其接受者的态度有着特定的要求,并以它们的策略影响着接受者。尽管人们对文学的界定众说纷纭,然而从来没有把文学看做均质文章的集合,不仅个人之间的文章存在着千差万别,不同类型的文章也存在着差异。此外,文章属于某种类型似乎也决定着它的特征以及对读者应承担的义务。区划标准亦不一致。标准之一经歌德规范之后成为"经典"标准,谈论什么"诗的自然形式"(即抒情式、英雄史诗式和戏剧式),这一标准被广泛接受,影响之大,使人们最终将其视为不可根除的显而易见的事实。其结果是,人们普遍以为这一标准是跨越历史阶段的真理,放之四海而皆准,适用于任何时代,还以为它来自古人,千方百计地论证,试图证明它源自亚里士多德,然而有悖于历史事实[贝伦斯(Behrens),1940;热奈特,1979]。把文学分为抒情、史诗和戏剧的三分法,诞生于人们对文学的共同思考之中,成为整个文学领域的主要衡量标准。

三分法为文学的体裁理论规定了分类任务,使该理论已经具备了一种重要的属性:它引导人们把特定时代公认的文学文章按照它们的主要特征进行分类。除此之外,在更古老的诗学里,体裁理论还具有规范任务,人们不仅把某种体裁看做一种描述类型,还把它视为一种指南,对特定的言语形式提出要求或希望。换言之,文学分类为不同的言语类型划定了具体界限,并认定这些界限是不可逾越的;文学分类亦由此不同程度地直接与一定时代的主导美学联系起来(古典主义时代是最明显的例证)。结果很快便显示出来。对支撑体裁理论的规范的怀疑有时甚至导致了对体裁本身的怀疑,怀疑这些人为的范畴忽略了文学作品最本质的东西,即文学作品的独特性。这种怀疑态度在克罗齐(Croce)的美学思想中走向极端。克罗齐认为,艺术作品,包括文学作品,不应该按体裁划分,因为艺术作品的基础是表达,艺术表达的本质是个性的和独特的。

现代诗学所特有的对规范性的拒绝,既不因此而意味着对体裁作为文学言语的描述工具的放弃,也不意味着对体裁作为文学分类的基础的放弃。围绕文学分类,出现了不少问题和难点:文类学的逻辑标准应该是什么?文类学应该囊括所有的文学作品吗?如果答案是肯定的,那么它仅仅涉及一种既定的文化呢,还是把来自其他文化的信息也包括在内(例如,它是否既包括书面文学,也包括口头文学)?人们很快明白,号称放之四海而皆准的文类学显然是不可能的;即使勉为其难人为地建立一种雄心勃勃的文类学,其结果必然空泛、概念化,难以具体谈论体裁、体裁的特性及其运作机制。

更有甚者,由于划分标准的差异非常大,难堪和疑虑可想而知。一般而言,我们可以说,这些标准的绝大部分属于实用性标准和结构性标准,使用这些标准,可以了解文学作品结构的典型特征及其相应的内涵。然而由于人们对典型特征的看法不一,也就导致了标准的多元化现象(陈述者的地位、时态结构、故事的安排或文学虚构的安排等等)。其他文学体裁理论则建立在表达概念的基础上[埃尔纳蒂(Hernati),1972],有时还继承浪漫主义关于体裁思考的传统,接受体裁亦即美学类型的观念。还有一些体裁理论把体裁视为对客观世界的某种态度的表现,于是体裁即变成一种形而上学式的、存在主义式的范畴。[这方面最著名的代表人物是斯泰格尔(Staiger),他于1946年发表了自己的学说]这些问题之外,还有一个问题,即类属的区分是否符合类型学所要求的逻辑条件,是否能够充满它们置身其中的"持续的逻辑空间"[罗杰斯(Rogers),1983],即是否能够做到充分彻底。截至现在,我们的论述已经使我们可以作出否定的回答。

体裁划分时所用标准的广泛性的不一致是类型学的另一障碍。有些标准可以用来区分最广泛的文学现象,即歌德谓之曰诗的自然形式的那些现象;其他标准的适用范围要小一些,然而并不因此而简单地臣

6. 文学体裁

服于抒情、史诗和戏剧的三分方法。这里,我们面对的也许是一个等级方面的关系问题,可是这一等级体制从来没有完整过,也从来不是一成不变的。最近有人发现[普拉特(Pratt),1981],体裁其实一直意味着小类别对更高一级类别的臣服关系(例如戏剧是文学的子类,喜剧又是戏剧的子类,而闹剧则是喜剧的子类等等),但是,这种关系绝不意味着较受局限的现象对更广泛的现象的完全从属,因为每个低一级的现象都包含着一些不容压缩归并的特性。

所有这一切都不足以成为彻底否认文类学功能的理由,仅仅因为体裁的任何区分,不仅包括文学研究时的区分,也包括日常文学生活中的区分,都必然形成某种类型学。恢复这种类型学是体裁研究的目标之一,例如民间创作中的文类学以及欧洲以外其他文化传统中的文类学[本-阿莫斯(Ben-Amos),1976],因为我们应当把一定文化内部体裁的运行方式搞清楚。文学理论却无缘拥有自己的分类大师利奈①,也无意等待利奈的诞生,因为"体裁的主要价值不是它们的分类功能"[福勒(Fowler),1982,第37页]。

二

类型的"主要价值"反映在另一范畴,即当今人文科学的一般方向领域,首先是语言学的方向领域。体裁的主要价值尤其与人们的兴趣中心从语言体系向语言实践的转移相关。当研究人员把言语作为分析对象时,他们开始借助更广泛的文类来描述言语的类型情况,他们知道,言语有自己的参照范式,即使具体实现过程中具有鲜明的个性化言语,也并不因此而减少对这些范式的并不和谐的指令的服从。巴赫金的遗著之一引入了言语类型的概念(1979)。言语类型的数量几乎无穷无尽,因为言语的人类环境千姿百态,千变万化,永不停息。然而,建立言语体裁的类型学或对其进行分类却是不可能的,因为大部分言语体裁没有名称;重要的是,在日常的语言接触中,我们可以观察到下述现象,即人们自觉或不自觉地参照一些范式,这些范式的概念是清晰的,我们在言谈过程中,以这种或那种方式,让我们的陈述内容服从这些范式。例如日常会话中的对答方式因谈话的内容、发话者与受话者的关系、语言环境等等而分为若干类型。巴赫金曾经展示说,"主题、风格和

---

① 利奈(Linné),19世纪法国著名的动植物分类学家。——译注

构成与陈述内容的整体密不可分"(1979,第237页),它们都依赖于陈述内容的类属特征。

由巴赫金建立的言语类型理论对文学体裁至关重要。在巴赫金之前,人们以为体裁的区分是文学的专利,构成文学性的特殊效果。其实,不能把文学体裁视为言语的常用体裁,因为它们更复杂,美学功能的色彩更浓,自从几乎与诗学同时诞生之日起,就在文学史上发挥着重要的作用。尽管如此,由于言语类型概念的诞生,我们才理解到,体裁现象本身即具有普遍意义,它是任何言语实践的标志。与其他言语类型相比,文学体裁的优势在于其中的绝大部分早已经得到明显的区分、命名和描述。另外,正是文学体裁成为鉴别其他书面语言体裁的范式,如史学语言或哲学语言。[玛丽亚斯(Marias),1969]

文学体裁理论与语言实践研究的关系并不局限于言语类型一个方面。自从文本语言学或广义的言语理论成为独立的考察领域,文学体裁的地位也发生了变化。[可参阅瑞安(Ryan)的著作,1981年版]体裁理论于是变成了文学言语的理论(科尔蒂,1978),批评家不再分析文学言语的偶然性和个性,而把它作为独特的范式来分析。从这一视角出发,体裁变成了文学言语的原型,在传统中凝练而成,规范程度不一,具有明显的、可供鉴别的特征。分析这些原型有助于提炼出真正或从内在角度把文学言语与其他言语类型相区别的因素。这类因素自然很多,差异很大,然而分析亦可以揭示任何言语类型所共有的本质的东西,决定文本凝聚力的机制和它的实用性属性。因此,文本的实用问题与体裁问题密切相关。[沃宁(Warning),1979]从这个角度看问题,文学体裁属于包括文本结构在内的一个更广泛、更复杂的整体,而丝毫没有失去它的独特性。

三

与任何言语类型一样,文学体裁表现为具体的陈述形式;小说体裁体现为我们大家都熟知的小说文本,如《堂吉诃德》、《包法利夫人》、《吉姆老爷》、《卡拉马佐夫兄弟》或《费迪杜克》等,才能成其为小说。然而我们不能把体裁定义为:以这种或那种方式服从于该体裁的文本之和;对所有可以接触到的小说文本的描述(假设这种描述可以进行)并不能提供关于小说体裁的知识。谁想照此办理,试图通过分析个人文本而建立理论体系,最多只能罗列某体裁的一系列可以站得住脚的特征。

6. 文学体裁

可是体裁理论不能以特征清单的形式出现，因为体裁并不等于一纸特征清单，它有其独特的生存方式。是什么呢？

这一问题获得了若干不同的答案。有人断定存在着某些特殊属性的物质以及与此相适应的一些观念，随后才产生了表示类属的名称［斯克瓦尔辛斯卡(Skwarczyńska)，1965］；有时候，人们又把体裁视为可以概括文学作品特征的某种智慧的虚构。关于文学体裁的存在方式的争论于是变成了类似中世纪关于共性的讨论式的哲学辩论。当 K. W. 亨普菲(K. W. Hempfer, 1973)肯定文学体裁理论应该建立在认识的结构理论的基础上，构成对唯名主义和现实主义的观念的总结时，即引述中世纪的哲学讨论为依据。当我们从中世纪的哲学泛论回到我们的思考对象时，我们说，体裁既不是具体的实物（不可能把体裁浓缩为某一具体的文本或文本之和），也不是研究人员自由建立的睿智的虚构。上述否定意见包括很重要的蕴涵。

我们以为，最好把文学体裁的生存方式与语法相比，视其为限定任何语言交际活动的因素之和。从这种意义上说，从写作方到接受方，凡是规范一定言语领域的原则、指示和习惯，均可视为"文法"。文学体裁构成某种"文学的语法"。这种说法绝不意味着"文法"与"语法"的完全一致。然而，两者的相似性甚至表现在运作方式方面：如果说语法并不等同于语法使用得当的陈述文，同样，也不能把体裁缩小为按体裁要求而实现的文本。另一重要的相似性表现为两种现象的系统性特征，然而，一经比较，它们之间的明显差异就会跃然纸上。一般来说，体裁体系的幅度比语法体系的幅度要小一些。语法体系囊括一定语言中所有正确的陈述方式，而体裁体系并不包括一定时期公认的所有文学陈述方式。关联对象的不同是它们之间另一明显的差别：语法体系是与语言(la langue)相关联的范畴，而体裁体系则与言语(des discours)的范畴相关，属于"言语之法"。从比较角度来理解，言语之法具有部分性的特点，其规则比语法规则所包含的意识性更强。当然，正如我们能够合乎语法规范地讲话而不必时时念叨着语法规则，即我们有能力正确地使用语法概念一样，我们也能够呈交一段符合体裁规则的言语而不必事先熟读规则，如同采用了无法验证的已知条件一样。然而，体裁体系的规则通常在运作中总是具有更强的意识性，正是这种意识性使文学体裁有别于日常语言接触中凝聚成的言语类型。我们还将看到，类属意识是体裁运作历史中的一个重要系数。

体裁系统以特殊的方式同时决定着生产方和接受方的文学实践。

在某些历史环境中，体裁系统表现为规则之和，作为健康趣味之经典而运作，决定着与文学相关的方方面面。这些情况突出地显示了体裁的规范特征，这一特征隐含在活跃的文学文化之中。如果说文学体裁始终具有某种程度的规范作用或潜在的规范作用，其结果不应当把体裁理论演变为一种调节性规则，如某些特定的历史环境中那样。这种几乎永远处于潜伏状态的特殊的规范性，源自类属体系的特性，该体系与语法体系的差异还表现在下述方面：它并不预先确定全部陈述作品都能成为文学作品，不妄自评判它们的"正确与否"。它构成一个"导向"整体[格洛文斯基(Glowiński),1969]，调节与文学文本的结构和接受相关的某些实践，这些实践得到社会的承认或者希望得到社会的承认。导向的内容本身并不构成紧凑完整的具体指示，然而按照导向去做，就可能创作出一部紧凑的有机文本，或者完整地解读和接受一部文本。历史上的某些特定时期，曾经具体规定过导向指示（例如作为健康趣味的准则）；其他情况下，则发挥其潜在的作用，事后由研究人员重新架构起来。与我们目前看待这一问题的思路相比，不管类属意识问题多么中肯，仍然处于第二位。其实，在一定的文学文化的范围内，不管我们是否意识到类属规则，正是它们决定着某文学体裁中必须与可能的界限。我们所说的必须性，包括所有决定一个体裁的本质、区别该体裁与其他体裁、在文学交际中有助于辨认该体裁的特点和内容。没有这部分必要的构成内容，换言之，体裁就可能完全消失或变成其他东西，具有其他显著特征的新品质也随之消失。十四行诗可谓最简明的例证。如果十四行诗不包括十四个诗句，就不成其为十四行诗。这个例子的简明性在于该体裁的基本规则要求明确，毫不含糊，排除任何中间形式或不准确的形式。遵守或不遵守这一规则，没有商讨的余地。然而，诗段毕竟是个特殊的类属因素，所能决定的文本类型的数量相对比较少。有些体裁类型里，如此明显的形式决定因素的作用很有限或者完全没有作用，一旦接触这类体裁，问题就复杂多了。即使在这种情况下，仍然存在着一些重要因素，没有它们，该体裁就无从谈起。对于颂歌这一体裁，其形式的多样化来自平达体传统①，那么信息发出者与接受者之间在修辞方面的某种紧凑关系，就构成该体裁不可或缺的因素。某体裁的内部差异愈多（即"品种"愈多），由于产生不同结构的可能性较大，

---

① 平达体，由古希腊抒情诗人平达（公元前518～约公元前438年，按同音同字的原则应译为品达洛斯，但通译为平达或品达）创立的风格。——译注

6. 文学体裁

文本实现愈复杂，该体裁所包括的必要因素的范围愈具有一般性的特征；最严重时，我们甚至在该体裁的整个发展史上，无法确定它的要素范畴。在类似的情况下，很难发现哪些是某体裁历史演变过程中每阶段的要素，哪些仅仅是某一阶段的要素。如果我们从这一观点出发考察小说，便可能得出下述结论：小说体裁的要素首先包括叙事性，即叙述一系列虚构的事件，这些事件构成一个紧凑的整体；散文体是小说体裁的另一要素，很可能居于次要地位；最后，小说体裁要求相当的规模，与同样符合上述两项条件的其他文学体裁相区别。作者和读者心目中的任何小说文本，从希腊的惊险小说到新小说，再到最新的小说尝试，都必须符合上述标准。小说中的其他成分，一定程度上则属于可以自由选择的范畴，或属于一定历史时期关于小说体裁的有效观念的产物。

当我们探讨构成某文学体裁的要素范围时，很容易把所有与该体裁的历史演变、该体裁所属的某一文明或某一具体的民族文化的内容搁置一旁。因为只有把所有可供考察的言语作为某体裁规则的体现而囊括在内，才能清楚地看出该体裁的要素范围。这里，我们实际上在核对体裁类属的不变要素，即该体裁演变过程中那些不经受任何变化、决定体裁基本形态、有助于从其纷杂状态中鉴定该体裁的要素。只有把体裁置于长期的时间空间中考察，类属性的不变要素才能显示出来，才能使我们避免把偶然性的、属于一定历史时期的因素当做长期要素，当做体裁本质的决定性要素。另外，如果我们把某些明显的体裁放在单一语言文学的环境下进行考察（除非某体裁为这种语言所独有，这种情况很少见），就不可能抓住该体裁的不变要素。

任何文学体裁都不会局限于它的要素范围，不会仅由其不变要素来决定。它拥有一个庞大的包括多种可能性的文学场，这些可能性是变化的，有时甚至是对立的，在该体裁历史演变的某一时期，还可能是互相排斥的。它们始终与不变要素保持一定的关系，并不怀疑不变要素的地位；对不变要素的挑战意味着该体裁的消失，或者构成取而代之的新体裁。上述可能性的幅度取决于多重因素，首先取决于该体裁的性质以及它在体裁殿堂里的位置，即该体裁品位的所有决定性因素。如果从这一角度把经典形式中的短篇小说与长篇小说相比较，不言而喻，后者所拥有的可能性范围比前者的同类范围大得多。某些异质成分，如政论文、诗、政治文章或哲学对话等，有可能进入小说体裁，至少小说发展的某些阶段有这种可能，然而小说依然是小说。如果我们把这些成分引入源自薄伽丘（Boccace）的短篇小说，短篇小说的体裁性质就会发生变化。这里不涉及可以插入不同文字的具体文本，而是就体裁进行一般性的论述。

某种类型的可能性并非一成不变地属于某一体裁；它们的性质和幅度随着众多因素的影响而变化，一定文学环境下可能存在的成分在另一文学环境下则不可能，或者该成分不再适应当时的体裁观念或一般的文学观念，或者此时的体裁已经不具备实现上述可能性的条件。其他原因也可以介入：在体裁发展的一定阶段，如果某成分属于上阶段的遗产或者古风的标志，该成分很可能不再适用，例如，作为18世纪小说典型特征的破碎结构，在19世纪的现实主义小说中，已经不可能再找到自己的位置。某体裁的演变并非基于它的可能性的范围的不断扩大，而是基于这些可能性的变化性质。另外，某种简单的可能性因素，在特定的文学文化中，有可能成为大家公认的、体裁必须的构成因素，现实主义小说中故事的完整性即是一例。我们不妨再重复一次：只有当体裁分析并不局限于该体裁发展的某一孤立的阶段时，才能捕捉到必要成分与可能性成分、不变因素与变化因素的游戏规则。

对于体裁理论而言，该游戏影响着两个重要的现象。首先，它显示了体裁的系统性。不变因素是鉴别体裁的必要因素，可变因素属于可能性因素，它们之间的合作并非心血来潮或出于偶然；正是这种合作关系决定着体裁的运作方式。如果我们把各种体裁看做一个具有特殊性能的整体，它们便构成一个系统，该系统随着不变因素与可变因素的关系的变化而演变。但是，只要我们把体裁系统与语言系统相比较，体裁系统的特征就会显示出来。它与语言系统的演变方式不同，其原因在于体裁系统是由一些相对独立的子系统构成的。体裁的总系统只决定一定时代内正在运作的体裁宝库的主要特征，并对它们之间建立起来的关系和等级产生影响。总系统并不等于子系统之和；每个子系统都获得一定的独立性，至少获得了部分独立性。总系统建立了子系统的等级关系，每个子系统在一定程度上依赖于总系统和另一（或若干）范畴更广的子系统，但是，拥有部分独特的可能性，从来不完全臣服于总系统和另一子系统。[关于体裁的等级关系，见福勒(Fowler)，1982，第12章]长篇小说是一个特殊的子系统，它不仅和体裁的总系统以及另一更广泛的子系统即英雄文学发生关系，还和较低一级的若干子系统保持联系，如心理小说、荒诞小说、侦破小说等。我们还将看到，正是子系统层次显示了文学体裁的历史性。

不变因素与可变因素的关系所影响的第二个现象，即文学习惯。

事实上,两者的关系逐渐凝结为习惯;该关系的各种表现形式在运作中,逐渐变成社会认可的表达方式(从表达和接受两个方面),为社会所接受。从这一视点出发,体裁其实是一种习惯[温纳(Winner),1978;利菲弗尔(Lefevere),1985],是文学交际活动的参与者之间签订的一系列特殊公约。这种习惯非常重要,因为它还要与其他类型的习惯接触(如风格习惯、格律习惯、题材习惯等),有时甚至把后者控制在自己的麾下。

四

不管是把体裁视为子系统,子系统的特征由不变因素与可变因素的关系来决定,还是把它们看做文学习惯,体裁总是参与更广泛的文学交际活动。不管体裁是否遵守了一定时代大家公认并普遍接受的规则,还是背离甚至随心所欲地违背上述规则,它们总是在某种程度上规范着解读方式,预先假设了读者对言语的某种态度,呼唤着读者的知识或专长。如此而言,体裁与文学言语的其他因素没有任何区别:它面向接受者,并以此举动而把所谓的类型意识包括在内。这一意识以这种或那种方式,存在于文学交际活动的所有潜在的参与者之身。然而类型意识在发出方(不管是对自己的计划和意图完全清醒的作家,还是歌唱家或者民间的说唱演员)和接受方的表现形式却不同。一般来说,不是同一意识。发出方的意识与接受方的意识有可能差异很大;差异主要反映在清晰程度的不同以及各自表示和确定体裁的基本特性的态度不同。文学读者的文化背景存在差异,当体裁不再针对一个严格限定范围的听众群体而有幸触及使用以一定言语为基础的文学类型以外的其他类型的接受者时,上述差异进一步扩大。

类属意识的形式多种多样,最小的表现形式为自发区别一体裁与另一体裁的能力,这种区别多数情况下建立在某传统的基础上,即建立在某社会团体普遍接受的范式的基础上。民间创作即体现了上述最小的类属意识,具体表现在文本与社会环境的关系方面,表现在具体实践中,实践的约定俗成使某类歌曲可以作为摇篮曲,某类歌曲用于婚嫁礼仪,某类歌曲只能在丧事仪式上吟唱。文本与社会环境的关系产生了一种分类学,该分类学与任何理论观念毫无关系,却属于一定的文学实践。反之,它与一定的礼仪活动关系密切,与一定的信仰关系密切,相信某类言语只能适用于某种社会环境。

另一极的种种情况中,类属意识不再局限于把言语类型与环境类型联系起来,而直接表现为理论公式,我们可以把它叫做最大类属意识。我们可以避而不谈这些公式与有关体裁的真实实践之间的关系。(它们的关系并不一定都是一致的关系,体裁理论并非总是严格符合体裁的性质;错误的类属意识的现象是存在的。)对于我们的话题,更为重要的是,这些公式阐述了体裁的定义,尤其阐述了体裁应该具有的范式。例如,如果我们不理解伴随悲剧发展历史的种种悲剧理论,就无法理解悲剧的运作机制。类属意识确实很重要,还因为它展示了某体裁相对于其他体裁所处的地位(例如高雅体裁与低级体裁之分)。价值哲学是类属意识的重要构成部分,各种体裁的运作都离不开价值哲学:某种言语类型可以拥有较高或较低的价值。当我们谈论多多少少以理论形式出现的类属意识时,我们指的是对体裁运作直接产生影响、以这种或那种方式决定它们的交际性能的诗学理论,而非更具认识意义的科学理论,后者的论述对象只有认识论方面的功能。我们以为,科学理论在此居于次要的地位。

在最小类属意识与最大类属意识之间,存在着巨大的空间,其间体裁的确定既不与它们所连带的具体环境相联系,也不与已经建立的理论相联系。正是在这一辽阔的中间地带,各种体裁的名称找到了它们的位置,充当类属意识的重要载体和传递者。(斯克瓦尔善斯卡,1965,第7章;福勒,1982,第8章)这些名称说明,在一定的文化氛围中,某体裁与其他体裁相区别,人们为它确定了若干特征。对于文学交际而言,体裁名称的运作是个至关重要的现象,证明某言语类型被公认为独特的实体。

然而,这里产生了某些复杂的现象。从历史发展的角度考察,很容易发现这种现象,即多次发生过体裁名称晚于体裁本身而出现的历史事实,可是,这并不意味着最初人们对该体裁的特征一无所知。还有,体裁的名称也可能仅仅是个空壳子,不参照任何文学现实,纯粹偶然地被引入文学领域;或者说,它们仅仅是其他名词的近义词而已。在这种情况下,尽管名称本身构成类属意识的颇有意义的标志,但很难说新名称即代表着一个新体裁的出现。

当同一名称用来表示两个不同的体裁时,后果要严重得多。问题在于是否需要把某名称名下的所有诗篇都看做该体裁的代表作,例如人们冠之以颂歌的所有文本是否都是真正的颂歌(维托尔,1977)。这一问题显示了体裁史家所面临的方法论方面的诸多困难;然而,这里还

6. 文学体裁

有另一现象呼唤着我们。即使从史学家或理论家的观点出发，某一体裁名称使用错了，它作为某种类属意识的标志却丝毫未减。因为并没有人规定类属意识必须符合未来的研究人员为它设置的种种条件；间接展示一定文学文化内部的运转方式，才是至关重要的。对于文学交际而言，更重要的，是弄清那些被视为颂歌的文本按照其他标准是否属于一般歌谣或赞歌。

如果我们把体裁作为文学交际的系数来考察，这样我们就涉及体裁的最基本的问题，即它们的可鉴别性问题。一个体裁，只有当它不仅决定言语的结构，而且易于被文学大众所鉴别，成为解读的一种系数时，才真正全面地发挥了它的功能。这种鉴别并不等于能够把某体裁的特点申述得头头是道的能力，不等于从概念上确定该体裁特征的天赋；它属于一种实践能力，是解读行为的有机组成部分。须知解读行为也受体裁的规范。[可参阅斯科尔斯（Scholes），1977 b；斯坦普尔，1979]之所以如此，首先是因为接受者根据一定文本所代表的体裁要求来调整自己的认识机器，并且在解读过程中力求使自己的态度符合文本的暗示或要求。按照这种思路看问题，体裁成为阅读的某种调节器，引导阅读，甚至在一定程度上决定阅读的进展。体裁之所以能够肩负如此重任，大概因为它属于读者所熟悉的一种文学传统，即求助于一定的文学文化内部具有生命力的知识和习惯。然而，这绝不意味着体裁属于一种保守性质的实体，要把文本导向已知，导向社会公认和传统；绝不意味着体裁排斥或限制新奇、出人意料之意以及惊人之举。确切地说，体裁经常扮演这一角色，然而这绝不意味着作为限定解读活动的体裁的功能仅仅局限于导向这一种作用。体裁依据某种传统为文本定位，却并不要求文本完全臣服于传统，尤其是特定时期那些能够提供一系列可能性而并非局限于某种处于主导地位的单一范式的体裁，如 19 世纪的长篇小说。

体裁仍然始终如一地描画一个期望区（尧斯，1970a 和 1970b），该期望区既可以依据体裁的那些特出的、可资鉴别的一般特征，也可以依赖它在某文学文化内部所承担的形式。读者带着一定的类属知识解读一部文本时，清醒地知道自己应该从中获得的内容。反之，期望区的广度和特征则取决于一定时期该体裁的传播程度及其在体裁殿堂里的地位。如果是长篇小说之类的大体裁，其期望区的描画也是粗犷的；如果涉及那些存在面窄、区分特征更具体、接受对象的范围也比较狭窄的体裁，它们的期望区也呈现为更具体的形式。与心理小说这一文类相关的期望区,则不仅囊括长篇小说的基本特征(即叙事、情节及虚构等),也包括更具体的特征,如有关主人公的特殊结构、时间以及内心独白的特殊结构等。

如果我们把文学体裁作为文学交际的系数来考察,期望区问题则是首要的问题。其实,期望区并不取决于读者个人的禀赋,而是一定时期内体裁结构特征、"习惯性"程度和传播程度的结果所致。我们还要补充一点,即某种正在经受快速形态变化并修正自身规则的体裁,有可能扰乱伴随它直至今日的期望区。20世纪五六十年代的新小说即破坏了长篇小说所设定的期望区。

五

文学体裁形成于漫长的历史之中,各种体裁之中,不变因素与可变因素比肩而立,必要性与可能性珠联璧合。然而,文类史并不等于构成各种文类的文本史。它包含着诸多其他问题,如系统与子系统的形成、体裁之间的关系、体裁的功能、伴随着体裁的类属意识等等。对于体裁史而言,了解这一点至关重要,即各种体裁构成一些开放性体系(科恩,1986,第210页)并因此而具有特殊的演变性。然而,历史研究的对象却不是被视为普遍现象、囊括所有文学言语的体裁系统。这种方法必然注重文类的空泛特征,导致严重的概念化,而忽视各种体裁与它们赖以生存的文学文化的任何联系。这种高度概括的体裁史只能满足于清点该体裁的内在性能,而预先放弃历史的相对主义。(利菲弗尔,1985)只有把子系统作为分析对象时,才能完全尊重事物的历史性发展规律。

区别子系统的方法有三种,如下:a.不同民族文学中某特定体裁的历史(如史诗、颂歌、喜剧、长篇小说等);b.单一语言文学中某体裁的演变史,孤立考察或在比较中考察;c.单一民族文学或若干民族文学中某特定的历史和文学分期里各种体裁的变化情况。有必要说明,当体裁作为文学材料的区划手段之一而并非研究的直接对象时,亦会用到文类法。

单一体裁史或若干体裁构成一个整体的一组体裁史包括体裁的构成、体裁的不同形式、该体裁与其他体裁的关系以及与类属意识的关系等。除此之外,还包括起源问题:某体裁是如何产生的?它是由另一体裁的变化衍生而来,还是与一组失去活力的体裁演变密切相关(托多罗夫,1978)?它与什么样的交际环境相联系?有时人们亦谈论某文学体裁的"生命",这绝不意味着它的发展变化可以与生物的生命范式相比拟[布伦蒂埃(Brunetière)受达尔文(Darwin)进化论的影响,在他的文类理论中曾经试图这样做(1890)]。文类的"生命"服从于其他节奏。它不仅受内部不同发展程序的影响——与其他体裁内部的发展变化的依存性尤其明显(例如传统英雄史诗的衰落是促进长篇小说发展的众多因素之一),也受外部因素的影响,而外部因素中,体裁活动的文化土壤的特征性现象表现强烈,这里既有社会因素(如文学读者所承受的变化),也有传播方式的转变因素(如口头交流的衰落和书籍的发展)。事实上,体裁的变化不仅影响自身的内在性能,也影响该体裁在社会生活中承担的功能或可以承担的功能;这些因素常常密不可分,因为功能与结构之间的关系密切;体裁的传统结构已经预先确定它能够承担一定的功能,如颂诗是一种应景诗的形式,它的功能反过来又影响着结构的变化。某体裁的历史并非总是连续不断的历史;一个体裁"死亡"已久而起死回生的情况历史上也曾有过(文艺复兴时期古老体裁的重新使用当然是最明显的例子)。

历史考察的另一领域是在单一语言文学的环境中考察某体裁(或一组体裁)的历史。我们曾经说过,体裁是个跨语言的现象,其规则的实现与体现该体裁的文本所使用的语言无关(长篇小说之所以为长篇小说,与该小说是用法语、西班牙语或波兰语写成无关)。然而,具有普遍意义或准普遍意义的体裁之外,有些体裁仅存在于某单一语言之中,它们是区域文化的产物(例如行吟诗的若干体裁)。如果我们考察一种文学内部的体裁,就会对其中的各种体裁都感兴趣,因为它们共同构成了一种体裁的检索系统。我们可以视该检索系统为一个子系统,当我们把这一子系统放进某社会的文学文化的背景中予以分析,或者把它与其他文学中的体裁子系统进行比较时,它的特征都会显示出来(正因为如此,文学体裁对于比较文学而言则显得尤为重要)。同时从这两种角度分析,一定体裁检索系统的特征及该系统的变化亦会显示出来。

关于体裁的历史性考察的第三个领域,即考察特定时期某种文学或若干文学中的体裁检索系统。分析对象可以包括各个体裁的形式、它们之间的关系、伴随这些体裁的类属意识等。一个完整封闭的时代,其体裁的检索系统表现得最明显,如中世纪(可参阅尧斯,1970 b)或文艺复兴时期[可参阅科利(Colie),1973 或博儒尔(Beaujour),1980 a],但是,某些文学分期中,如果体裁受到忽视或否定,这些时期的体裁检索系统也可以形成,例如我们可以谈论浪漫主义和表现主义的体裁检索系统。因为，当这些检索体系与一定时代正式的文学纲领，也与当时占主导地位的美学思想没有联系时，亦可以形成。

文学体裁与个人的文学作品之间的关系是另一问题。一部具体的作品永远不能成为一种体裁，即使它的个性特征很特别，与当时任何具有生命力的体裁都不同，也不能说是一种体裁；这是两种性质不同的现象。作品与体裁之间具有多方面的关系，绝不能简化为作品遵循体裁规则的僵化形式。当作品引进新成分、产生强烈的影响时，可以对文类学某一子体系的形成发挥作用，扩大它的可能性范围。［乔伊斯（Joyce）的《尤利西斯》(l'*Ulysse*)即扩大了长篇小说的可能性范围］一部具体的作品有可能成为某一文学体裁的源头，这一现象产生的情形如下：该作品的个性特征被一系列的文本所吸纳并成为某种规范。20世纪50年代末60年代初，加缪（Camus）的《沉沦》(*La Chute*,1956)成为波兰文学中众人竞相模仿和继承的对象，以至于形成了一种体裁，谓之曰"陈述性独白"("monologue énoncé"，格洛文斯基，1984)。当我们考察个人作品与体裁子系统的关系时，应该强调指出，一次文学话语行为对子系统的影响，可以远远超过某陈述行为对语言体系的影响。在文学体系中，个体与子系统的距离低于语言体系中的同类距离。

如果从作品的角度考察作品与体裁的关系，这类关系同样很重要。问题的提法如下：当研究人员旨在展示作品的个性特征即阐释作品时，文类到底发挥了什么作用。原则上讲，体裁不是一个阐释范畴，因为体裁指示着被分析作品与其他作品的联系，而阐释则必须分离出作品独特的一面。阐释者大可不必每次都惦记着作品的体裁结构，当然他也不能忽视这一问题。正如体裁是阅读的系数一样，它也是阐释行为的系数。对某作品体裁的错误判断必然影响对其意义和结构的分析。阐释的目的不在于证明某文本代表着这种或那种文学体裁，然而它亦不能无视下述事实：作品的体裁属性决定着它的不同特征。总之，体裁决定着某种阐释环境，正如它决定着任何阅读环境一样。

7. 戏 剧 研 究

帕特里斯·帕维斯

　　法语中没有一个专用术语相当于德语中的"戏剧科学"(*Theaterwissenschaft*)一词,大体上泛指和涵盖整个戏剧研究领域及其方法论[英语中也有戏剧研究(*Theatre Studies*)一说]。"戏剧学"(*théâtrologie*)一词固然存在,然而十分罕见,仅闻于专业人士之口;至于另一术语"剧本学"(*dramatologie*,或剧本研究),幸亏仅仅存在于文学专业的教材之中,它对理论家没起任何好作用,因为它否认戏剧的基本特点,即对舞台和演员的具体运用。"戏剧研究"(*études théâtrales*)大概是关于戏剧方面的最不错的一个词,它确立了自己的地位,与文学(也与剧本)分庭抗礼,断言自己与文学的根本区别:属于舞台世界和表演世界,属于戏剧艺术。它们的对象不是或不仅仅是剧本,而是与舞台和演员相关的所有艺术实践,甚至可以说囊括了一个时代的所有艺术门类和技术门类。然而,谈论戏剧或戏剧研究,不啻忘记了这一事实:如今的戏剧仅仅存在于所有的剧院之中(舞台艺术和/或表演艺术),如果无视当今的戏剧实践中所有其他场景门类,甚至媒体是如何沉醉于表演之道,从而打破了仅仅局限于戏剧和剧本的戏剧学的事实,就无法进行真正意义上的戏剧研究和理论概括。

　　然而,如果我们要研究戏剧,难道不应该对它的最基本的定义取得一致的认识吗?况且,对客体的了解,就戏剧而言,并非通过它的定义,而是通过确立它的最起码的关系式,即一个演员为观众扮演一个角色。[莱曼(Lehmann),1986,970]角色是虚构的,然而始终通过演员的扮演,通过舞台上的某一真实事件而完成:"戏剧是指现在由演员群体在这里面对其他人士而完成的行为。"[格罗多沃斯基(Grotowski),1971,86~87]只要我们预先确定了戏剧研究的目的,上述三个参数(演员、角色、观众)足以开辟无穷无尽的研究思路。问题并非如此轻松,不同的研究目的要求不同的方法论以及知识范畴的不同的分割方法。

研究的目的

研究的目的之一,可以围绕戏剧创作的无数的特点之一向读者提供信息。于是批评言语的变化也很大,从有关演出地点和日期的海报式日常言语到专业杂志上专论戏剧活动某一方面的智慧言语。有时,研究人员亦雄心勃勃,志在传播绝活,培养演员、舞台监督或灯光设计等专业人员。于是,研究工作以技术知识为中心,未来的从业人员将把通过该途径所学得的知识用于专业生涯之中。每一领域又可分为若干分支,而每一分支的分析程序和学艺技术也非常专业化。在这种情况下,学习研究的目的,在于培养从事戏剧行业某专业活动的能力,专业知识的效率、培养未来某技术活动或艺术活动的效率如何,是对学习研究宗旨及方法的检验。试想想,排演一出戏剧需要多少技术门类,就需要多少知识门类和研究领域。困难不在于建立知识门类和研究领域的明细表并保持知识的专业化,而在于保证各个分支的炉火纯青,并能对各分支的部分知识兼容并蓄,进一步发扬光大。没有一个地方或机关可以教授全部戏剧知识:专业学校仅传授与戏剧舞台相关的若干专业门类的知识(如舞台设计、灯光、服装等);演员学校的学员则从事某种表演技术的训练;在学院或大学的文学系以阅读名著为主;在某些大学的戏剧系里,师生们主要思考演员表演活动、导演活动中意义是如何产生的以及理论与实践的关系。我们有权期望大学教育给予我们的,不再是某种知识的普遍性和全面性,而至少是对戏剧创作或舞台艺术的某一组成部分或戏剧活动各个方面的知识的有效条件的认识和思考。人们不再幻想统一的戏剧理论,而满足于对戏剧研究的正确认识,通过这种认识,描画各类知识的范围以及我们的认识的局限性。

认识论

戏剧界人士有时坚信戏剧艺术不可学习,人们只能猜得戏剧的几分规律,演员和导演的直觉胜过任何理论。艺术学科,尤其是舞台艺术之中,没有比戏剧更神圣的艺术了,以至于理论方法或科学方法经常被视为一种亵渎。然而,一种科学方法还是力求以间接的方式建立起来。

该科学方法借鉴生物学、心理学或医学等学科的知识,把这些学科的知识引入演员的舞台表现或观众的表现等领域,然后把其中的某些结果作为设想或计划运用到相关的活动和训练中去。[普拉迪耶(Pradier)]如果人们不再以为科学性就是检验结果或统计数字,而注重整体的紧凑与和谐,那么就要借助戏剧评论或者借助符号学。符号学初期并无其他奢望,仅想弄清意义的生产过程和符号的操作情况,不管是特定作品还是某一整体(时代、体裁、某作者或导演的作品)。研究有时以集体编剧或导演制作为题,有时则以读者或观众的接受情况为题,有时更以它们在符号学内部的辩证关系为内容,既描写(戏剧与观众的)交流机制,也描写这些机制在文化符号学中的地位。

视角及领域

然而,为了了解戏剧这个怪物,我们首先要知道应该以什么样的目光看待它,以什么样的思路、从什么切入点接触它。因为目光固然不能创造戏剧本身,却创造着关于戏剧的语言。批评家的目光浸透着一种方法论和一种人文科学,如人类学[巴尔巴(Barba),1986]、社会学、现象学[斯泰特斯(States),1985]、符号学[乌拜尔斯费尔德(Ubersfeld),1977]、语用学。上述各种方法论的问题域的类型已经预先构成了批评家的目光,诚然,它只能从分析对象身上找到自己寻求的东西,然而它至少清楚每门学科的界限、症结和死胡同。因此,它可以根据自己的方法论,在分析对象的内部,分割出若干研究领域。这些研究领域有的是戏剧的构成部分,有的是对若干构成部分的提问方式。显然,每个研究领域都不可能孤立存在,其他问题域也存在于深邃的批评目光之中。因此,没有理想的研究方案,最多只有一系列研究方法,不同程度地围歼它们的调查对象。

例如,巴黎第八大学戏剧系围绕七个重心推出一套课程,这些重心如下:剧本、表演艺术、导演、舞台设计、多种艺术之关系、机构、接受情况等。

至于剧本与表演之间的鸿沟,我们还将在下文里谈到,这种鸿沟是历史造成的,人为的,从方法论上是站不住脚的,因此它将鼓励我们在戏剧河流的两岸架设桥梁,鼓励我们从舞台意愿思考剧本,不管在个人的阅读行为中,还是在表演过程中,把剧本看做全部舞台实践的缩影和不可分割的组成部分。

剧　本	表　演
1. *剧作或演出文本与文学的关联*	1. *剧作或演出文本与造型艺术、视觉艺术、影视艺术的关联*
1.1. 与文学的联系:渊源研究,影响研究,风格和题材研究等	1.1. 跨艺术联系:与造型艺术、视觉艺术、视听艺术等的联系
1.2. 戏剧对现实世界的塑造(剧本与现实的关系)	1.2. 成分的分析和生成 ——罗列 ——综合陈述
1.3. 与诗学的联系:剧本的文类和地位	1.3. 舞台文本的地位
1.4. 独特性问题	1.4. 戏剧性的地位
2. *在文化中的地位*	2. *在文化中的地位*
2.1. 创作时的剧艺条件	2.1. 舞台实践和导演理论的状况
2.2. 剧本的接受史(何类对象,在何种条件下)	2.2. 观众、大众;目前的接受机制
2.3. 与心理真实、历史真实和政治真实的关系(艺术真实性的生产)	2.3. 虚构的地位;种种相关理论
3. *戏剧评论*(审美评论,剧本的结构)	3. *演出体系*(演出本)

剧本侧：

3.1. 剧本分析　　3.2. 叙事和故事分析
↙　↘　　　　　　↙　↘
3.1.1. 演出说明　3.1.2. 时空指示　　3.2.1. 冲突和情景分析　3.2.2. 情节的序列化

3.3. 剧评式分析
↙　↓　↘
3.3.1. 施动模式　3.3.2. 空间　3.3.3. 时间
↙　↘
3.3.1.1. 施动方式　3.3.1.2. 人物类型
↓　　　　　　↓
与话语的关系　个人效应

表演侧：

3.1　　　3.2
0　　　　舞台故事

3.3. 舞台事件
↙　↘
3.3.1. 舞台情节及唱白　3.3.2. 舞台设计　3.3.3. 时间的发展
↙　↘
3.3.2.1. 空间类型　3.3.2.2. 舞台与大厅的关系

3.4. 演员
↙　↘
3.4.1. 形体素质和舞台成就　3.4.2. 与虚构及故事的关系

剧作研究内涵与表演研究内涵对比图表

7. 戏剧研究

为了建立研究领域的总的图表而不致陷入抽象的概念或陷入繁琐的细节,我们建议从戏剧创作的"正常"客体即一定戏剧演出中的剧本和表演情况来验证上述问题域和研究领域。我们希望以此说明任何研究都是从该研究介入的实用目标来确定自己的研究内容的,例如研究剧本的目的是为了导演好这出剧(实际导演或虚拟导演);分析表演的目的莫过于弄清表演的完成方式以及改进的可能性。上述图表并非涵盖所有研究领域,也不是完全按照逻辑进展而编制的,它更多地属于一个理论提纲(或者说,属于辅助研究的记忆清单)。在 1. 里,我们将考察作品(剧作或舞台演出本)与一个更广泛的整体的关联,如文学或造型艺术和视觉艺术。第 2. 主要观察作品在背景文化中的地位以及背景文化对作品的渗入。第 3. 剧评和导演作为结构系统最清晰地揭示了剧作的机制、舞台演出的机制以及阐明这些机制的理论。请参阅剧作研究内涵与表演研究内涵对比图表。

这份图表的建立旨在显示剧作与表演两大系统中问题单的对应性及其差异,然而只有在诸多子系统之间架设起天桥,该图表才能真正运作。1. 和 2. 部分那些大问题(表演栏 1. 和 2.)持续不断地重新投入到 3.(和表演栏的 3.)中去,而 3.(3.)中的各个领域只有在互相依存和比较中才能确立。最后,在剧作和表演构成的两个栏目之间,还应该想象出一个发问的地方,以便把剧作研究与表演研究联系起来,缩小它们之间的裂痕。

1.1. 与文学的联系

把剧本与非戏剧文本联系起来甚至相比较,寻求剧本的渊源、剧本所接受的影响、主要题材和素材;分析它的风格、语言层次、修辞和格律等;检验剧本是否以某传奇为蓝本或根据已经存在的某故事所改编,故事情节如何进入剧本并影响剧本。这些大体上就是戏剧文学史的任务。

1.1. 与造型艺术和视觉艺术的跨艺术联系

舞台实践是同其他舞台艺术、造型艺术和视听艺术交流并向它们借鉴的机会,因之,对导演过程中的跨艺术交流进行历史的和美学方面的调查,师出有名。

1.1./1.1.[1.1.(剧本)与 1.1.(表演)之间的关系以及差距的缩小]。在剧本和舞台表演两条线索中,理论分析力求把剧本或表演融入一个更大的体系,使它们成为其中的类属。比较剧本与舞台,要求我们把戏剧看做双面门神,维持文学与戏剧之间的张力,对两者同样投入,想象脸谱与象征两个符合体系运作的区别。

1.2. 剧本对世界的塑造

作为符号体系的剧本,是现实的模型化产物,并不一定是对现实的复制,然而现实的结构转化体现在剧本之中,尤其体现在剧本的历史性观念形态和矛盾之中,剧本还体现着与现实的其他文本(符号学意义上的文本)之间的符号学关系,社会批评有能力建立这一关系。[詹姆森(Jameson,又译作杰姆逊),1981 b]剧本的创作地位(2.3.)、表演的创作地位(2.3.)以及现实的形象化性质(现实主义、自然主义、象征主义等),都取决于剧本与现实的这种关系。

1.2. 舞台也是对舞台外现实和跨艺术现实的塑造,因此,现实世界也应该经过舞台形象化方面的筛选,而舞台拥有所有可以想象得到的艺术手段以表达现实的意义或者喻示现实的意义。

观察家可以选择罗列舞台道具的方法,详细标明它们的诞生地点和时间、它们的变形等,这一工作很快就变成了对道具的枯燥无味的、实证主义的清点,丝毫无助于揭示它们的共时组织和贯时组织。反之,观察家亦可以寻求它们内部的有机结构,恢复(或假设)陈述语汇,后者可以向观察家提供舞台演出的主要雏形。

1.2./1.2. 从一种塑造(剧本)到另一种塑造(舞台演出),现实变成了符号,不管这种现实是由文本组成,还是由艺术实践组成。每种塑造的符号组织有助于发现它的结构、变迁、与现实关系的变化、编织于剧本与舞台之间的等级关系或平等关系以及舞台演出的表意手段之间的同类关系等。

1.3. 与诗学的联系

剧本分析的依据是有效诗学;可根据诗学或体裁理论中的有效的戏剧范式,检验剧本与范式的一致性或对范式的背离、与模仿方式(混杂式叙述或纯叙述)以及与悲剧或戏剧体裁的一致性和矛盾性。

1.3. 舞台文本的地位

一旦经过舞台陈述,剧本即获得特殊的色彩和新的地位。要弄清舞台陈述赋予剧本的意义、声音处理的成功与失误、剧本与语言以外的各种舞台体系的等级关系或从属关系。

1.3./1.3. 关于戏剧陈述的一般理论有助于捕捉剧本中保证戏剧情景浑然一体的联结点和关口,它们潜伏于剧本之中,具体表现于舞台表演之中。所有材料和所有符号体系的陈述化过程保证了从剧本的潜在性向着由演员及舞台"体现"的舞台文本的真实性的过渡。但是,我们不能把剧本文本与舞台文本混为一谈。

1.4. 一旦从纯粹的文本特征如对话的使用、人物、言语风格、冲突、诗句类型或修辞类型等方面确定戏剧文字的特点时,就提出了**剧本的独特性问题**。然而戏剧文字的这些特点与不断演变的历史背景密切相关,亦在持续不断地变化,因此,所谓的独特性不过是由历史演变、文学形式以及舞台形式的演变而不断否定所产生的海市蜃楼。

1.4. 戏剧性(舞台性)是个神秘的概念,关于能否通过自身确定戏剧性(舞台性)这一神秘的实体,不管是源于剧本的戏剧性,还是与舞台技巧相关的戏剧性,都存在着诸多成见。如果必须作出抉择的话,我们不会承认剧本自身的戏剧性(舞台性),不承认剧本"形象化"或"戏剧化"中存在着戏剧性,而宁愿承认戏剧性存在于供观赏和聆听不同符号体系的舞台实践之中,存在于具体地点和具体时间的舞台之中。相对于"剧本的戏剧性(舞台性)"这一术语,我们更喜欢谈论剧本的"形象化的可能性"[即弗洛伊德所说的"可表演性"(la *Darstellbarkeit*)]、谈论剧本"潜在的虚构特征"。这样,我们就避免思考是否存在着"特别适应舞台表演"的戏剧文本以及戏剧性是否"存在"于文本之中等问题。这种谨慎态度是必要的,因为当代戏剧创作中一个不容忽视的问题,便是"把一切搬上舞台"[维泰(Vitez)],把"不属于"舞台的材料一股脑地搬上舞台。

在一出舞台演出中,确定表演中的戏剧性的地位,意味着建立虚构与真实的关系,说明形象表演是否自然地再现了真实,或者过分地"戏剧化",即夸大和渲染了符号的游戏性和虚假性一面。

1.4./1.4. 比照两种类型的戏剧性,犹如参照米歇尔·贝尔纳(Michel Bernard)所描绘的元音转换现象一样(1988,76),把戏剧性概念做成由文本陈述和舞台陈述构成的转盘:"戏剧性以竞争的方式,既存在于文本的实体性和物质性之中,也存在于舞台的话语之中,这种观念一下子便使人们津津乐道的剧本与表演之间的对立成为陈词滥调和表面现象。"

2. 在文化中的地位不仅关系到剧本,也关系到表演。不仅文本间的关系或不同艺术间的联系与它们在文化中的地位相关,而且主导剧本诞生或演出问世的生产条件和接受条件都与它们在文化中的地位相关。

2.1. 演艺条件和创作规律对于一定时期的剧本创作起着决定性的作用,这就是说,对文本的研究,特别是经典文本的研究,要跳出"剧本学"的狭小圈子,才能把握剧本的上演方式(或者应该具有的上演方式)、剧本的创作遵循或背离了舞台实践的哪些规律。这样,我们才能理解剧艺方式或舞台实践可以指导剧本的创作甚至构成剧本本身,而不必在剧本机制中寻求所谓的"戏剧性"(舞台性)。

剧艺条件包括剧艺的风格、舞台的使用、唱腔和念白、观众的鉴赏能力等决定演出实践(2.1.)并勾画出剧本的可读性条件的众多因素。

2.1. 演出实践还要服从许多不成文的然而却指导演出运作的规律的约束,如各种符号体系的等级制度、剧本与剧艺的冗繁与简约的关系、导演意图的清晰程度、暧昧效果或直白效果等。[见帕维斯(Pavis)的《调查表》,1987,310~311]我们时代的特点是,既想标明自己的艺术选择,又想给人留下言犹未尽、观众对于最后揭示艺术真谛将发挥重要作用的印象,这正是"恰到好处的潜在魅力"(帕维斯,1988,35)。

2.1./2.1. 最缺乏的,莫过于一种足够广泛和准确的文化符号学,这种文化符号学能够涵盖文本的机制研究和舞台实践的机制研究,能够对两者的符号实践状态进行比较,而阅读、剧评和演出分析则启动了文本和舞台演出的符号学实践。受洛特曼(Lotman)和社会批评影响的这样一种符号学,将超越文本机制研究或表演机制研究的狭小圈子,把文本或舞台的各种符号体系置于它们的背景文化内部,各种符号体系在背景文化中的历史地位也是变化的。这就要求文化体系具有较高的规范性,得到过细微的区分和鉴别,才能把文本运作和舞台运作的各种情况包含进去,才能清楚地阐述全部符号活动以及它们与其他文化实践的关系。

2.2. 关于文本接受情况的历史条件的研究,既可以澄清作品的渊源,又可以阐明作品对某一时代、某观众群体以及该作品的一系列舞台演出的影响。一部作品的财富,既包括对该作品的评价,也包括历史进程中该作品的舞台演出及其接受情况的变化史。接受美学把舞台演出的变化情况作为自己的分析对象,这些变化情况既可以对观众、文化背景和制度背景的变迁提供信息,也可以对剧本结构以及舞台表演的各种可能性提供参考。于是,文学史不得不对自己的结论采取相对化的态度,在结论中引入对作品结构的设想、该作品表演可能性的提示并进行剧评式的分析(见 3.)。历史论方法和人类学方法将对戏剧的神秘起源和真实的起源以及戏剧在历史长河中的功能的演变提出反思。

2.2. 从表演角度而言,分析同样依赖于对接受方愿望的了解,如观众的构成、观众的期望区及其规约、剧种在戏剧体制中的地位等众多参数解释导演处理以及此前的剧本分析。

2.2./2.2. 文本以及表演的接受情况迫使我们捕捉观众目光的转移情况,建立阅读规范、规约和策略的变化理论,而并非仅仅关注剧本到舞台的转换过程,误以为稳定的剧本意义体现于不同的演出场合,并且对比两种不稳定性,即剧本的不稳定性和剧本衍生的表演的不稳定性,通过展示接受前景的变迁对于剧本实体和舞台实体的重新塑造的重大影响而对认识历程的现象学作出贡献。就变化情况而言,剧本的变化丝毫不亚于舞台演出的变化。

2.3. 文本与现实以及与虚构的关系显然体现在塑造的类型(1.2.)和诗学的类型(1.3.)之中,换言之,由一系列其他文本或符号体系来确定,但是,这种关系提出了两类问题:

——文本与现实的关系可以从人类学、社会学、心理学的角度来考察,或广而言之,从所有人文学科的角度来考察,对戏剧的神秘起源或礼仪起源或近几十年来祭祀礼仪的重新使用情况提出反问。[阿尔托(Artaud)、格罗多沃斯基、布鲁克(Brook)、巴尔巴]

——与虚构的关系提出了**艺术真实和戏剧性**的问题(见 1.4),艺术真实与戏剧性不可能先验地确定,而必须在历史的每个阶段和特定的美学内部重新评定。

2.3. 这一相对性同样适用于表演的虚构地位,表演的虚构地位在某种"戏剧合同"中提供给观众,其中规定了应该视为真实、虚假或艺术真实的具体内容。至于观众心目中的戏剧真实与虚假,合同作了假设。而戏剧与日常生活的关系问题始终没有得到解决:有时候,戏剧力求以日常生活的面目出现(如自然主义戏剧、自发的或者没有戏剧痕迹的戏剧、高超的表演),有时又着意拉开距离,显示人为的戏剧痕迹(强烈的情感剧或英雄剧、戏剧的戏剧化包装)。

由现象学(斯泰特斯,1985)或符号学[赫尔博(Helbo),1987,11～25;帕维斯,1985]的启发而形成的关系理论试图以最佳状态把读者或观众融于剧本的结构之中或演出的结构之中,从陈述总体轮廓的考虑,演出剧本的确定或有关表演过程中情景识别、距离感(或其他)的设想等方面,都预测读者或观众的策略和他们的相互影响。

2.3./2.3. 演出则要解决剧本虚构性与舞台虚构性这两者之间的关系,使它们和谐统一,或者使它们彻底对立。一种虚构方式可以取代或肯定另一种虚构方式,然而归根结底,舞台实践和舞台虚构拥有最后的发言权,容纳并检验剧本虚构。(帕维斯,1985,273~276)

3. 剧评

剧评是剧本研究方面最全面、结构最严谨、最科学地确立起来的学科,这里分离出来的每个领域都拥有严谨的方法论和深厚的传统。为了叙述的清晰,我们区分出三个主要方向。

3.1. 关于剧本的演出解说(*didascalies*,或舞台指示)的分析,可以围绕作者从阅读和/或演出角度构思自己文本的方式、作者预设陈述情景的方式提供信息,陈述情景里会话具有准确的意义。演出解说不同于时空指示,后者有时亦称为"内部指示"(乌拜尔斯费尔德,见摘自赫尔博和其他人的引语,1987,174),包括演员台词中有关时空情景、人物表现或某一戏剧细节的说明。

表演不必系统地照搬演出解说和时空指示(3.1.),即使在肯定或否定方式上,剧本语句与舞台形象之间亦始终存在着密切的关联。唯一的比较层面即剧本和舞台的形象化方式、象征方面或者圣像/征象方面的形象化方式,每种方式拥有自己独特的虚构手法。

3.2. **叙事分析(或叙述学)**的目的在于恢复故事、恢复所叙故事的结构和叙述言语的结构。叙述学方面的连接与故事相适应,情景以及构成情景的情节/人物的确立可以恢复故事之"和"。冲突和情景的分析(3.2.1.)有助于看清人物的动机、剧本情节的进展以及由小情节构成的序列(3.2.2.)。只有对剧本作过全面的剧评分析之后,情节序列才可能形成。

3.2. **舞台故事**:与剧本的叙事分析和故事分析相对应的是对全部表演的分析。布莱希特(Brecht)视表演为"能够引起观众欢娱的、包括全部信息和冲动在内的所有形体动作进展的总结构"[《小奥尔迦农》(*Petit Organon*),巴黎,1970,§65]。换言之,舞台上的一切都在履行叙述功能,参与演出的总的叙事结构,困难在于把众多的小叙事序列化,并且捕捉它们的鳞次栉比结构、它们之间的层次和活力。

3.3. 剧评式分析可以分解为对剧情、空间和时间的思考。这是足以组织形象生产和剧情安排的三个必要的参数。全部意义上的剧评分析,必须对剧本中的全部冲突历史进行分析,这种分析方法目前相对冷落的原因正在于此,至少马克思主义版本的、充满战斗气息的冲突史分析方法是这样。

3.3.1. 由普洛普、苏里奥和格雷玛斯等人的叙述学而产生的**施动模式**,最适合古典的悲剧形式,冲突构成这类悲剧的症结及故事的各个阶段。六个基本的施动因素(主题、对象、发出者、接受者、辅助者、反对者)承受全部叙述材料,组织各种力量,编织他们之间的冲突。冲突和情节的这种集中形式的获得必须以施动因素及其动机的概念化(通常是违反历史真实的)为代价,这对于人物的意识分析和心理分析十分有害。因此,应该通过对人物类型的更细腻的调查对上述集中形式予以补充(3.3.1.2.)。调查应确立人物构成的可靠特征、与其他人物形成鲜明对比的该人物的特征体系的具体内容以及他是如何产生"个人效力"的原因。

3.3.2. 剧情空间的分析应基于演出说明、时空指示和会话,通过想象中的观众目光的投射来进行。想象空间的创立没有任何普遍性可言,其雏形的形成因素包括观众发展变化的文化土壤以及他在形体空间方面、距离方面和节奏方面的经验等等;剧评的其他成分如时间和剧情等尤其可以对戏剧空间给以补充。

3.3.3. 戏剧时间涉及被表演的剧情的时间性:戏剧时间是虚构的,对虚构的分析有两种方式,即故事与主体的方式(或者按另一套术语的说法,即故事脉络与情节结构的方式)[古耶(Gouhier),1958]和历史与叙述的方式[本弗尼斯特(Benveniste)、热奈特(Genette)]。

3.3. 舞台的事件图,可以与剧评分析(3.3.)相对称,分解为三个部分,三部分通过它们之间的相互作用,组成舞台事件的总体(演员不包括在内)。

3.3.1. 舞台剧情和唱白包括供观赏的情景发展和故事的发展部分。有限数量内的符号的任何变化都易于被察觉(这些符号重叠于其他成分之上,如舞台设计、演员、灯光、音乐等)。唱白行为体现在舞台话语的长期凝练之中,字字千钧,既是形象(象征),又是唱白本身,既是对文本的朗诵,又代表着文本的方向。演员在演唱剧本的过程中,贵在声情并茂,要善于辅以声带的动作和身体其他部位的动作(因此,演员对剧本的试唱练习很重要,以便从剧本中找到自己的声音和戏路)(见3.4.1.)。

3.3.2. 舞台设计的任务在于组织舞台空间,安排舞台空间、布景

空间和表演空间的位置和比例(帕维斯,1987,146～152),并且调整舞台与大厅的关系,后者对于把握剧场的总体关系至关重要。只有相对于剧情(3.3.1.)和时间的展开(3.3.3.),舞台设计才显示出它的意义。

3.3.3. 只有感知到表演的节奏,才能捕捉到时间的展开。表演节奏是各种舞台体系的节奏的综合效应。节奏反差很大时(如沉默与话语、快与慢、意义的虚与实等)、发生中断与突变时,节奏反而最明显。

3.4. 归根结底,演员处于贯穿表演全过程的节奏网的中心,演员引导和把握节奏网,可谓连接虚构(3.4.2.)与舞台成就(3.4.1.)的转盘。演员的"虚构形体"(角色)(巴尔巴,1985)使演员处于虚构世界和真实世界两个世界之中,演员联结着文本性和戏剧性,一会儿工于文本的实体和物质性,一会儿工于形体和声音的文本性,即它们处于差异符号系统中的能力(因此演员才能承担3.2./3.3.与3.3./3.4.之间的功能,承担将文本机制融入表演的功能)。我们可以看出,只有当包括演员的全部实践和全部舞台陈述在内的舞台选择取代言之无物的长篇大论时,从总体上讲,剧评式分析(戏剧艺术评论)(见3.)才能真正构成研究和分析的内容,简言之,只有当书斋里的剧评家同时成为舞台的剧评家之时。

知识受到挑战

上述栏目的知识必须不断地上升为总体理论,尤其应通过文本研究和表演研究的沟通,通过不同知识领域和不同问题的组合。要把分散的片断联结起来,一些大的研究方向必不可少,这样,符号学方法就可以根据剧评方案(3.),检测符号的生产(3.3.和3.4.)。

与其夸口要涵盖全部戏剧活动,毋宁鼓励领域研究或者尚处于阴影中的组合研究。那些待开垦的领域,我们仅列举如下,不分顺序:动作剧、广播剧、舞蹈和舞蹈剧、演出中的跨艺术成分、当代演出中的跨文化关系等。

与研究领域过于专业化和过于独立的倾向相比,还存在着另一种真真实实的危险,即把戏剧研究分解到已经不属于美学范畴的更大的学科和方法论中。例如:

——人类学(巴尔巴,1985)以及"戏剧结构中的人类行为"研究(普拉迪耶,1988),极可能淹没戏剧夸张的独特性和戏剧美学的独特性,而建立一套没有任何专长,以人类面对夸张表现的生物反映为内容的具体的生理学描述作为补偿的理论。

——媒体理论(帕维斯,转引自赫尔博的著作,1987)。不管该理论如何翔实,理性思维如何严密,它把戏剧与视听技术相比较,而视听技术尚无明确的艺术理论和美学,因而无视构成戏剧行为的戏剧关系。

——普通叙述学。普通叙述学的理论是在民间故事的基础上确立的,并非总能适用于戏剧的语言形式,必须根据各种舞台叙述形式加以修订。

——符号学。如果符号学局限于雅各布森的交际功能模式,局限于符号类型学,满足于探讨最小单位、盘查规约或语义的内涵狂热,那么它对于戏剧研究则无大的裨益。诚然,它可能激起科学描写的幻想,但是难以领会戏剧符号的物质性和规约体系。一如 B. 斯泰特斯正确指出的那样,"它必然解剖戏剧留给观众的感觉印象"(1985,7)。反之,澄清符号的起源、发展和变化时,符号学则既描述舞台演出情况,也描述演出在文化中(以及在文化符号学中)的地位、它对于创作者和接受者的文化澄清作用以及文化钥匙的角色。

我们能研究戏剧吗?它问道。

一如研究现实一样,不多也不少!作为对现实的塑造和现实的变形镜,戏剧接受各种问题、各种研究方法、各种求知的欲望以及关于知识的任何分割方法。戏剧经常作为人文科学如社会学、心理学、人类学或心理分析学的参照系,这绝非戏剧范式的无足挂齿的奇迹之一。不管戏剧如何矛盾重重,也不管它如何突发奇想,戏剧模式已经成为阐释世界的不可缺少的工具!犹如外交艺术一样,戏剧研究也可以把我们带到任何地域,关键在于必须从中走出来。

8. 文学的历史结构

伊娃·库什纳

如同任何其他知识学科一样,文学研究总体上一直在致力于界定自己的对象和领域,致力于获取能够检验针对这一对象和领域的方法论的观念范畴,致力于组织各种史料,使它们发挥自己的价值,并把它们传播出去。乍一看去,这些目标无可非议,它们不仅有利于推动文学研究领域认识的深化和组织,而且有助于把文学研究与其他知识领域融合起来。然而,近几十年来,文学研究与其他领域的融合以及文学史的组织发生了问题,不仅因为方法论方面的原因,还因为或者说更因为认识论方面的原因。

整个文学研究领域的问题皆反映到文学史的问题之中

其实,我们的认识的整个性质受到了质询,然而,问题集中反映在文学史方面,因为长期以来,文学史一直占据着文学科学的前沿阵地,在某些国家,甚至占领了文学知识的全部阵地。本章的目的,在于解释文学史与文学理论的关系危机,然后超越这一危机,审视文学史的目标及其作用的变化。这一审视是困难的,首先因为文学史事实上充任了进行更深刻的再评价的借口和诱饵,而文学史最初目标贫乏,并没有为它规定上述任务。这样,文学史便成为象征,泛指一系列集实践、态度和方法论在内的活动,它们具有明显的缺欠,这种缺欠并非来自它们的史学方向,而是源自它们那种缺乏真正的自我批评精神的僵化观点。其实,问题在于弄清楚各种整体的任何建构活动的根据和理由,不管这些整体的规模是否很小(如文学流派、潮流),或者很大(如文学分期,或涵盖整整一种民族文化形态或跨民族文化形态的时代),也不管这些整体的建构是否更多地出于美学原则而非史学原则（如按体裁、题材、形式结构等分类）。

我们刚刚提到的这些范畴堪做建构类型的范例，历代学者们认为它们的价值是不言而喻的，包括这些建构类型的文学史书，作为史论形式，其价值也是不言而喻的。始终未得到足够分析的另一基础概念是作为最高单位或自然单位的民族文学，然而，一种文学同时与一种语言和一种政治范畴相吻合的情形如今已经越来越少了；因此，比较文学的一项重要内容，就是按区域或其他变得更为真实的单位来区别不同的文学；而所有程序的基础——这种基础也始终没有得到足够的分析——应该更多地建立在共性与个性的辩证关系之上，而非民族与国际的关系之上。

如今，由于这些成果中存在着种种缺陷，人们已习惯于彻底清算它们。"倒洗澡水时，倒掉了婴儿。"我们则试图把婴儿与脏水分开！

善于识别任何历史建构或非历史建构的先决条件

认识体系是在个别现象的基础上建立起来的，文学史与建构认识体系的倾向是否吻合，我们将首先提出这一问题。尽管过去这些庞大的建构通常属于历史性的建构（或至少出于历史建构的雄心），然而从史学角度而言，并非任何文学的体系化尝试都一定成立。诚然，关于各种文学变迁的一般论述中，存在着不间断地区分现状与正确立论（或应该存在的正确立论）的繁重任务，始终注意确立文学体系描述与该体系的历史真实性的描述之间的吻合内容和异化内容是必不可少的；尤其应该确定历史真实性的哪些内容应该与现存文学史书的评论相区别而受到保护。为了建立文学史领域的可靠理论——假设有这种可能，当然还需要我们给予证明——我们必须分别讨论文学史书的实践、被误认为历史的系统化实践以及影响文学体系的历史真实性概念。

自从文学教育存在以来，教学内容的选择、介绍和阐释的原则和方法就同时存在。自然，这里"教育"一词取其最广泛的以教育为目的的交际活动的意义。如今我们对于言语的接受对象的重视，不管他是什么人，使单向传授方式受到质疑，并且迫使我们不断地重新审视所用规约和信息的性质。那么，警惕潜藏于传授材料内部的任何前提和意识，保护言语的接受者——例如史学和文学言语的接受者——难道是自命不凡吗？一切依赖于陈述条件和接受条件。如今，言语分析和社会批评使研究者已经习惯于发现潜伏于文本中的战略意图。且不说那些很年轻的读者的情况,人们经常培养他们把资料作为经典作品来接受,因此而影响着他们未来的历史观,我们还是把目光集中在那些肩负传授文学学科知识、推动文学学科进步的人士的高级教育吧。他们熟悉的文学史构成一个参照范围,他们在文学研究领域的全部方向,都可能受参照范围的影响,不仅是文学史学方面的方向,而是文学研究的所有方向。不管怎样,文学学科的多样化正在缩小史学研究在整个研究中的比例。其他学科也要求对直接或间接来自史学的各种概念具有清醒的意识,它们的要求甚至毫不逊色。只要想想法国古典主义的地位和作用就一目了然了:人们通常视古典主义为先世之大成和后世之源泉,任何后来者都不可能完全取代它的地位。古典主义的概念不仅供严格意义上的文学史家使用,也要求语言学家和风格学家掌握;古典主义把大批作品排斥于经典著作的大门之外,这些作品后来成了文学史家和社会学家的研究领域之一,即所谓的兜售文学或大众文学。在我们所研究的那个时代,古典主义以潜在的绝对权威的身份发号施令,然而,它的成见直到后世仍然处处作祟,正如罗马时代的审美情趣仍然飘荡在18世纪革命时代的上空一样。

困扰文学史实践的概念

我们由此可以看到,长期以来困扰所谓传统文学史的并非立史本身,即主要按照贯时方式写史的活动本身,而是其中潜伏的某些概念;更有甚者,这些概念同样可以困扰不以事实变化和承继顺序以及时间性为主线的研究工作(应当承认,这些概念中的大多数源自生成思想方式)。关于"因果关系"的某种观念堪列榜首,尤其是在背景材料与文本材料之间或者传记(或情感冲动)与写作之间建立起因果关系的阐释类型。如此使用因果关系的概念,反映了史学家的一种决定论思想,而史学家的决定论思想又天真地模仿了通常归于物理学的决定论。正是这种决定论思想支撑着"影响"概念。影响概念主张A对于B的单向的、不可避免的影响,其中的A和B可以是作者,或者文本,或者美学运动、知识运动或政治运动,甚至是非常具体的运动,以至于影响概念一方面断然肯定A决定了B,一方面又置原因因素和效果因素的联结方式于完全模糊的状态之中。文学"史实"是另一尚未得到足够分析的概念。什么是史实?把某些无可争议的、通常与背景的关系更为密切而

8. 文学的历史结构

与文本联系较少的因素(如地点和日期)搁置一边,史实概念则是模糊不清的。史实概念不仅在文学领域里含糊其辞,而且在所有认识论思考关注认识"主体"与认识"对象"之间关系的复杂性的领域里,都比较模糊。坦白地讲,长期以来,认识"主体"与认识"对象"这两个概念也无法安然无恙了:人们更多地考虑两者之间的关系和接触,而淡化了对它们的界定工作。主体尤为突出,比以往任何时候都更复杂、更飘忽不定、更以集体的面目出现;在结构研究这种现象的活动中,主体也表现得更积极;在把历史事实(*des res gestae*)改变为历史言语(*historia rerum gestarum*)的过程中,史学家这一认识主体起着决定性的作用。从此以后,问题已经不再是重建历史事实(这样便意味着它们的客观存在,信息灵通而又机敏的史学家只需恢复潜在事实的本来面目),而是建构一个整体,其中史学家的创造性参与工作受到公开的肯定,甚至有意突出他的贡献;我们不再"恢复"问题累累的一段历史,而是建构一段历史。

这种情况尤其适用于"文学"史。在文学史这块领地,由于个人素质和涉及材料的原因,史学家不同程度地身兼批评家的角色,灵活掌握自己的史学言语的视线。

文学史实践中没有得到足够分析的最后一个基本概念即时间概念。与我们上文中刚刚提到的其他三个概念一样,人们通常对时间概念的态度也比较暧昧,似乎时间即数学中的时间概念,纯质的,可以按时代分割为"小块";而文学分期亦犹如集装箱一样,只要给它们装上适量的现象即可。这种做法无异于假设文学事件的发展呈匀速运动或者至少是节奏分明可以从容计算的,反映了自然科学对人文科学的又一无意识的冲击,有时则掩盖了最具文学性的特征,即源自过去的大批文本继续存在并且参与现在的文学生产。任何时候,如今的读者,自然(都可以)通过当今的媒介,潜在地拥有过去文本和远古文本的全部财富。文学史不同于通史,它不必复活逝去的年代,文学史的基本资料已经或多或少地存在着。倘若资料不完备,尤其是有关印刷术发明以前的各个时代的文学史料的短缺,就说明当时的社会远没有关注史料的保存工作。正是遗产的保存意识,即建立现在与过去的继承关系,建立一个人或一个人类群体与自己的过去对话的这种意识,激励他们投身于史学研究之中。

文学史"重新获得昔日的时光"?

这一点也足以说明文学史上的时间概念不是物质运动甚或生物进化那样的直线匀速运动,而某些简单化的理论则宣传这种错误的观点。其实,有两种时间概念:借用普鲁斯特的术语,一种即"逝去"的时间,与所研究的背景、作者、文本和读者大众相关;另一种则是"重新获得"的时间,存在于有关过去的史学言语之中。这种两分法与历史事实和史学言语的两分法相对应;换言之,真正的过去与心目中的过去相对立;或者套用德语的说法,即沉入记忆深渊之物与该物质经后世某种思想或某篇文字而重新浮现之间的对立。所有这些说法,既适用于通史,也适用于文学史。R.G.科林伍德(R.G. Collingwood)关于史学家介入历史的一段话说得很好:"史学家以什么方式,在什么条件下终于了解了过去呢?谁试图回答这一问题,应该首先注意到下述事实,即过去永远不可能以经验主义的方式观察和捕捉。试设想,史学家并非他想了解的事件的见证人……既然史学家对自己寻求了解的事实既没有直接的经验或知识,也没有间接的或由他人传达的知识,那么,他所具有的知识属于什么类型呢?换句话说,他应该怎样做才能了解这些事实?我对历史上关于历史概念的清理,为我提供了该问题的答案的第一部分,即史学家的精神应该强烈地复活过去。"①史学家的意识并没有完全泯灭它的历史对象,否则,史学思考就完全失去了它的意义。史学家的意识改造了它的研究对象,正是这种再创作的精神塑造了作者的史学言语,把史学言语这一现象与史学家自己的现实有机地结合起来。尽管文学史与大事记有着很大的区别,我们已经谈过,不计其数的历史文本依然存在,互相重叠,一股脑地涌入史学家活跃的意识之中,发挥作用;但是,我们切莫忘记,这些文本都是文学文本,我们至少可以说,形象思维覆盖着这些文本,因此,它们呼唤作为读者的史学家以形象思维的方式去理解这些文本。(直至现在,在我们的思考之中,我们尚未引用任何关于文学一词或历史一词的定义或新定义;当然是要引用的,然而首先应该澄清这两个术语的结合在"改造历史"中可能占据的区域。)

---

① R.G.科林伍德:《历史的概念》(*The Idea of History*),牛津大学出版社,1956年版,第282页。引语由伊娃·库什纳译成法文。——原注

科学性的幻影

展现在我们面前的,一方面是现存的追求科学性理想的实践,与文学史的材料及其在人文科学中的地位不相适应;另一方面,重新理解文学史,少一些教条,更虚心一些,更多地了解整个人文科学的发展,在此基础上,存在着重新思考文学史的性质、功能、方法及其理论基础的可能性。19 世纪以来,人文科学自觉或不自觉地试图达到可与自然科学相比拟的一定的科学性,而科学性是自然科学的主要特征。另外,我们还可以以社会言语理论为主要工具,轻而易举地得出下述结论,即这种科学性的准确性随着一定时代的科学言语的整体而变化。例如,泰纳(Taine)的《英国文学史》(l'*Histoire de la littérature anglaise*,1864~1872)是步科学和哲学实证主义之后尘的"第一部实证主义的成功之作"①;"泰纳之后,人们就不再可能无视文学作为受主要科学规律支配的现象这一事实"②。另一例证来自布伦蒂耶的《文学史上的体裁变迁》(l'*Evolution des genres dans l'histoire de la littérature*);该书的基本概念源自达尔文的《物种起源》(*On the Origin of the species*)一书;《物种起源》发表于 1859 年,而《体裁变迁》一书直到 1890 年才面世。文学史领域进化论概念的姗姗来迟,与我们刚刚阐述的重要原则即文学史的科学目标追随同时代的自然科学的科学性互相矛盾吗?并不矛盾,因为基因的变化和遗传观念、自然选择等观念,需要几十年时间,才能在法国生物界形成气候。这些观念与世纪末总的科学语言及医学语言是互相吻合的,因此,它们对文类论题产生影响是不足为奇的,只要把文学体裁与生物分类进行简单的比较,文学体裁变迁中的进化论思想即唾手可得。"体裁概念是个古老的概念,源自亚里士多德的文学分类。17 世纪的古典主义还坚持文学体裁一成不变的特性,而布伦蒂耶则突然赋予它们以生命类型的流变性和运动性特征。"③另外,

---

① 罗贝尔·埃斯卡尔皮:《文学史的历史》,见《七星诗社百科全书》(*Encyclopédie de la Pléiade*)的《文学史》(*Histoire des littératures*)编,第 3 卷[雷蒙·科诺(Raymond Queneau)主编],巴黎:伽利玛出版社,1959 年版,第 1779 页。——原注
② 同上。
③ 同上。

布伦蒂耶的文学史观中,还包括了文学批评亦随历史而进化、19世纪末期与科学接轨的思想。

这些例子足以说明,文学史在确立自己地位的努力之中,或至少在确立它的成果的价值的时候,经常转向科学范式。居斯塔夫·朗松(Gustave Lanson)的方法论早已成为传统文学史的象征手法。朗松本人十分赞赏自然科学研究人员的准确性和客观性,他甚至羡慕他们的研究领域如此远离人的情感范畴,承认自己必须经常控制由文学作品催生的种种激情。然而朗松并不试图掩盖上述两个领域的区别,只是想给文学研究带来一些辅助的方法和学科(如古文字学、传记学、文本的建立等),足以保证文学研究的成果的价值,虽不敢奢望与自然科学的价值一模一样,却也要与之比翼而飞。尽管如此,朗松还是让文学史沿着依赖看得见的、可以验证的"史实"的方向发展;这些史实本来可以作为描述、分析和文学阐释的辅助材料而不取代前者;滑向这种取代形式的做法产生了"朗松主义"。①

俄罗斯形式主义、新批评主义和新批评,反映了不同时代反对把文学研究及其对象附属于历史决定论的不同方式。它们的共同点即专注于文本本身。断定这些流派把文学文本与任何历史和社会根源截然分开似乎也是不公正的,然而,它们还是以文学独特性的名义把文本分离出来,有时甚至到了视文本为独立体的地步。中断文本与背景的关系研究以期集中精力分析文本的结构及方法是一回事,完全抹杀这些关系则是另一回事。颇具讽刺意味的是,当更加符合文学对象的价值标准行将取代伪科学标准时,却走向了另一极端,即某种形式的反历史主义,排斥任何渊源解释、任何试图与当时各种现象联系起来的做法,文本足以自圆其说,能够向分析者提供阐明自身的所有材料。这种选择有时突出地——当然是错误地——表现为文本崇拜。请莫忘记,这种倾向不仅是对准科学决定论的反击,同时也是对传统文学史实践的另两个固有特征的反击,这两个特征至少潜在地扭曲了文学文本的独特性。

独立撰史

首先,最常见最明显的立史方式即文学分期经常与政治史的分期

---

① 参阅《文学史的方法》(*La méthode de l'histoire littéraire*),1910年版。

8. 文学的历史结构

或明或暗地联系在一起，如伊丽莎白时期的戏剧、帝国时代的文学、维多利亚时代的小说或西班牙内战时期的小说等分期，不仅参照了作品的内容，而且参照了与一定历史时代相关联的美学原则和精神状态，甚至由后者所决定。我们并不否认一定时代和一定社会的重大政治事件或政府体制与该时代、该社会的文学生产存在着千丝万缕的联系，但是否认它们的分期之间的绝对吻合，否认前者对后者的启示作用。不过，谈论路易十四时期大概并无不妥之处。不妨把这个时代的所有文学现象纳入大事记的范畴，或必要时围绕国王的个性来叙述，赋予这种方法以绝对价值，而最理想的时候，它只不过是一种工作设想。此外，即使与政治史分期和通史分期不同的分期方法，也可能使文学现象附属于一种过分僵化的撰史方法；相反，史学家可以从归纳法中获益匪浅，即首先观察和描述种种现象，然后再界定某现象在时间和空间上的总体轮廓。归纳法对于比较文学尤为重要，该领域的研究人员以清理相似性为借口，通常容易把僵化的文学分期冒充国际分期而强加在民族潮流和运动的身上。这方面，如果仅仅局限于意大利模式或法国模式，或意法两国的联合模式，文艺复兴的概念就产生了问题，因为，随着这场巨大的文化和社会启蒙运动首先向北然后向东的扩展——这样说已经把事情过分简单化了，例如，波希米亚参与文艺复兴运动的时间早于荷兰——时间差则明显地显示出来，于是，分期成为一项充满活力的探索活动，力求结构出一个由社会时空现象构成的复杂的整体。分期必须尊重民族文学的独特性，从而引出了"相互差异"的概念，即要充分考虑到文艺复兴运动每一特征功能的区域性变化。例如，捍卫和发展大众语言的运动，在法、德两国差异甚大的不同时期，发挥了迥然不同的作用（在法国，捍卫大众语言的运动同时与人文主义、民族意识的崛起和巩固王权的意图相联系；而在当时的德国，政治支配权被分化，改革正是以语言为中介而施加了强烈的统一影响）。只要我们稍微有意把下述现象联结成一个和谐的整体，这些现象包括古希伯来、古希腊、古罗马和古代拜占庭的重新发现，乡土语言向文学语言的发展过程，文学意识以及文献学、批评、修辞学、道德修养和社会进程中人文意识的发展，前所未有的市民运动高潮和民族主义高潮以及关于人、地球和宇宙的知识发展的高潮等，那么，文艺复兴运动的全部功能的完成涵盖了15世纪至17世纪的整个欧洲，有时甚至拖延到18世纪。这里，我们还回到分期问题，我们关于分期问题的观点与我们基本的认识论观点是一致的，即：1. 任何史学的编撰原则都不可能具有绝对价值，因为任何有关史学的基本观念反过来又都建立在视角的基础上;2.只有当这种视角失去了自我之时,才会成为错误之源。文学分期过分向政治和社会分期靠拢时,经常发生这类错误;3.只有接受应该建立文学史的观点,文学史的面目才可能焕然一新,这就要求史学家预先澄清自己的思想,揭示出自己的理论框架和方法论框架,并因此而同时揭示出自己的局限性。

文学屈从于史学的另一隐晦形式与思想史有关。当文学史占据文学研究的全部舞台时,它便经常以其宽大的大衣,覆盖了两个互为补充的关注领域,相当于古老的两分法中的"内容"和"形式",或者相当于距离我们更近的现代两分法中的"信息"与"规约"。声言文学交际中两者密不可分无异于一堆废话。其实,两者的每一方都试图支配对方,不分伯仲的情况实属罕见,当然十分幸运(因之也更接近最"理想"的文学作品)。例如,德国的所谓"精神史"(la *Geistesgeschichte*)基本上建立在主导思想的基础上,而并非以表达手段为主线。更为广泛的是,谈起整个欧洲,人们经常说到"启蒙时代",或者干脆简化为"启蒙",这意味着:一方面,由18世纪阐明的专制政治的支配地位也成为同时期文学史的结构原则(参阅上文中我们关于文学史从属于政治史的论述);另一方面,反对政教合一、争取思想自由和人权的意识形态领域的斗争则居于至高无上的地位。某种文学史在介绍当时的文本时,明显或不明显地指责这些文本以哲学讨论和政治讨论为托词,这意味着它反对充塞信息的做法,主张文学文本的纯洁。我们总算看到了这种可喜的现象!

文学既不同于历史,又与历史密不可分

在强调文学的独特性有时可能消失或至少被埋没于社会背景和政治背景之中时,我们仅仅从表面上暂时建立了文学与非文学在价值哲学方面的差异。另外,价值哲学的差异并非等级差异,而是一种功能的差别。确定文学的定义不是我们本章的任务,但是,我们应该鉴定出文学史的特殊目标,并且不忘这一事实:在历史长河中,文学史的目标也曾经历了诸多变化。文学的概念以及文学史的概念与一定社会和一定

8. 文学的历史结构

文化的认识相关,与它们的历史的某一具体阶段相关①。然而,我们还可以冒险断言,与其独特性相关的文学的定义,不管何种类型,只能在两个极端之间发生变化,极端之一为文学规定了几乎独立的领域和功能;极端之二不加任何区别地把文学一股脑纳入其他社会活动之中。两种极端之间亦互不相容,然而,与我们相关的观念的发展史上,曾数次发生过下述现象:一种极端引起强烈的反应,导致另一方在一段时间内占据优势。我们刚刚举例说明19世纪下半叶时,科学语言压迫着文学语言,把它的决定论倾向传输给文学语言,这种影响进而与经济及社会领域的决定论倾向相结合。俄罗斯形式主义诞生之初,曾经激烈地反对马克思主义的决定论思想,把自己的注意力集中在文学文本的技巧和结构方面;正是通过对技巧的分析,才揭示了文本的文学性,意味着文学文本与非文学文本的某种差别。形式主义似乎同时提出了两种相互联系的原则:一方面,有必要排除历史性,以便文学固有的特性显示出来,而无需参照背景;另一方面,将注意力集中于信息的形式,因为文学性恰恰投资于信息之身。这是否意味着只有形式才有价值呢?只有当批评家或理论家接受并肯定下述观点时[例如,埃尔穆特·哈兹菲尔德(Helmut Hatzfeld)曾声称文学分期应由风格来决定②],才能作出这种判断。这种观点是:文学文本的个性及其与其他现象系列的关系,使它易于受到"崇拜",与赋予它全部生命的现实决裂,并因为这种独立性而获得过分的价值。仍由文学领域的扭曲而产生的新的异化现象,几乎把文学完全与其他社会语言隔离开来,关注个人作品,忽视整体历史进程,怀疑任何关于时间领域里文学发生变化的观念。这种眼光事实上已经使文学史的概念本身成为多余,因为这样形成的文学史只能是各个作家描写的堆积。于是,最能代表文明形态的作品,携手构成某种超越时间概念的万用先贤祠、一部没有发展观念的死历史。如果说B.克罗齐曾经主张以系列专著代替文学史,他的某些弟子则走得更远,试图把全部历史融入某些大作的建筑术之内:人类熙熙攘攘的活

---

① 伊撒玛尔·埃文-佐阿尔(Itamar Even-Zohar)展示一个文学细节是如何于暂时的文化平衡之中,通过已经"经典化"与尚未经典化的成分的对立而形成的[可参阅《历史诗学札记》(*Papers in Historial Poetics*),1978]。文学"复合系统"的历史与这种选择程序的阶段和标准是密切相关的。——原注

② 埃尔穆特·哈兹菲尔德:"作为一种必要方法论的比较文学",见彼得·德默兹、托马斯·格林和小劳力·内尔森合著的《批评之学科》一书,耶鲁大学出版社,第79~92页。——原注

动,仅仅成了一堆等待形式的建筑材料,只有对最完美的形式的描述,才能对人类真正的历史作出贡献。

请注意,有些学说打着史学的招牌,实际上否定历史;不管这些学说如何界定理想,它们主张的理想的本质在于逐渐取代历史进程;黑格尔不过是一大批准备让现实从属于他们的理想观念的思想家的鼻祖。《神曲》(*La Divine comédie*)、《哈姆雷特》、《堂吉诃德》、《少年维特之烦恼》、《人间喜剧》(*La Comédie humaine*)等作品以各自不同的方式,象征性地再现了人类的条件。这并不等于说,它们和人们通常认同的所有颇具象征意义的文学创作一起,完全忠实地刻画了人类历史上极具代表意义的一页,即使是"西方"历史的一页。同样的问题不断地提出来:这种形式的承继与"进程"相关吗?如果答案是肯定的,那么以什么方式呢?如果没有关系,那么说每种形式只是一种个别现象、它们的系统化模式尚有待发现岂不是显而易见的吗?同时还意味着单纯"文学性"本身不足以承担建立这种系统化的重任,因为文学性的性质、角色和功能亦随着时间和空间而变化。

文学史与民族史

这种变化性又使我们面临着文学的三个方面的问题,每个方面都影响着文学的系统化模式,既不可能一次界定而一劳永逸,也不能完全忽视。首先是个体与整体之间的关系问题,即具体的文学文本与语言空间、地理空间和文化空间的关系问题。长期以来,历史和批评两家联袂,运用它们的方法分析和阐释一批又一批的作品,而并没有必然地把这些作品视为"进程",没有把它们与一个民族的生活联系起来;19世纪之初标志着欧洲大陆大批民族文学史的到来。事实上,历史的系统化工作的动机或在于揭示某种基础理论,或在于强化民族意识,两种动机也可以合二为一。既然我们不可能在此涉及文学史的历史性问题,即使简要阐述一下也无可能,我们赞同罗贝尔·埃斯卡尔皮的看法,仅指出以下几点:尽管德国哲学赋予文学史以"认识论的意识"价值,在这一观点的影响下,文学史的方法比文学史的动机变得更为重要,然而文学史依然处于"说明、证据和具体例证之源的地位。直至今天,文学史依然服务于'民族意识'。整个19世纪,民族性的上升反映为大量民族文学史的问世"①。

即使今天,作为推论实践的文学史的具体形势依然如此,决定是否继续向文学史提供资料的权力不属于文学理论家。文学史的存在拥有并将长期拥有坚实的社会学根源。任何民族觉醒都必不可少地伴随着文学史类作品的诞生,或至少类似于民族文学史的作品诞生(例如目前拉丁美洲和加勒比的民族文学),堪为例证。因此,我们对于文学史的认识地位(见上文)、作为推论实践的文学史的特征以及文学史所涉猎的范围——这些正是我们讨论的具体问题——可以自由发问,然而,忍受文学史从文学研究领域部分消失或全部消失的厄运,我们则拥有较少的自由。

一般而言,或者至少在发展的第一阶段,文学史的涉猎范围与民族意识的觉醒、一定的语言整体相联系。对于大部分欧洲文学来说,我们甚至可以上溯到文艺复兴时期,那时,通过一场"捍卫和发扬"乡土语言的运动,文学意识得以确立;然而,请莫忘记,基本上是在浪漫主义的轨道内,文学史开始取代以批评方式介绍系列文学文本的辞典、目录、评论集、课程及论文集等形式(不管文学史这一词汇是否出现在封面的书目中);也就是说,以共同发展概念为基础的整体研究开始代替其他形式。

探讨文学史的涉猎范围

其次,文学史的涉猎范围包括与一定区域的文学生活相关的所有现象,该区域可以是政治意义上的民族,也可以是一个语言区域或跨语言区域、一个地区或地带,取苏联研究界赋予该词的意义②,考察的时间跨度不限,从最短到最长的时间跨度均可。这里,人们长期以来一直接受的两个术语如今发生了问题,需要加以区别,这两个术语分别是"文学史"(*histoire littéraire*)与"文学的历史"(*histoire de la littérature*),或者从更广泛的国际角度叫做"各种文学的历史"。克莱芒·穆瓦桑(Clément Moisan)引用尼扎尔(Nisard)作出的区别后说:

---

① 罗贝尔·埃斯卡尔皮,见前引,第 1772~1773 页。——原注
② 请特别参阅伊丽娜·纽伯柯伊娃(Irina Neupokoiéva)的论著。——原注

"文学史不是文学的历史。"①

前者囊括所有已完成、已发表并被阅读的作品的清单,还包括"文学生活"的研究,即作品的全部传记背景、个人传记和集体传记,包括今天称之为文学场和文学体制的全部内容。后者意味着依据美学标准或道德标准、宗教标准、政治标准对文本做出选择,一般来说,介于形式史(包括体裁史,尽管体裁史的关注游移于形式和实用两者之间)和思想道德史(例如精神史的概念)之间。直至今日,我们一直没有考虑这一区别,那是因为一旦"文学"一词的定义前后变化,这种区别就失去了任何意义,而"文学"词义的变化确实应该给予关注。例如"中世纪浪漫主义文学的轮廓"的新观念呼唤着"文学观念的历史化,从而提出这样的问题,即关于中世纪,'文学文本'与'非文学文本'的界限从古文解释学的观点来看是否成立"②,这个例子意味深长。

撰史工作的价值哲学导向明确与否,都必然大大地影响史学考察范围的轮廓。每位史学家都有自己的一套"代表作"文选,为自己的言语提供食粮。有时,这类关注出现于前言之中,或潜伏在变文选为史论的文本之中。但是,任何时候,文本的入选(意味着必然排除其他文本)本身则揭示了程度不同地与外部环境意识相关联的世界观(或心照不宣地接受环境意识,或反对环境意识)。

还要区别提纲中的公开动机与社会历史环境给予提纲的影响成分。许多禁忌很明显,如16世纪的文字检查曾禁止信奉罗马天主教的国家发表禁书;如今流亡作家的作品在他们自己的祖国却默默无闻。相反,体制的正面影响也总是伴随着许多明显的迹象,迫使被打入另类的文本走上更隐晦的地下道路。正因为如此,如今,追寻过去"逝去"的声音如民间文化、口头文化、女性作家、被窒息的少数派文潮等,虽然困难重重,却极富魅力。促成经典的倾向一般伴随着官方理论,而决裂行为则向现存框架提出挑战并最终创立了新的框架,新框架又将面对新的决裂的挑战("复古派"与"现代派"的争论;先锋派是变革的催化剂)。这里,还应该把活力与变革许诺的呼吁相区别,文学生产领域的活力是变革的有力保证(诸如 H. R. 尧斯提到的影响期望区的变化因素),并

---

① 克莱芒·穆瓦桑:《什么是文学史?》(*Qu'est-ce que l'histoire littéraire?*),巴黎:法国大学出版社,1987年版,第82页。

② 见介绍"轮廓"新提纲的小册子,卡尔·温特(Carl Winter),海德堡大学出版社,1987年版。

为变革在文学体系中定位,然而,在创作者看来,定位则意味着变革的死亡。最近,文学史声誉下降的原因在于变文学史与传统的相互差异为同一;而恰恰相反,系统最不需要凝固。其实,只有开放描述系统,文学史的刷新才有可能。广而言之,一定历史时期的社会言语内部文学史的标准(马克·昂热诺的研究工作)与该时期的文化史是融为一体的,而在文化史内,任何史学言语的组织都遵循着一定数量的描述模式[海登·怀特的"转化"概念];尤其因为(米歇尔·德·塞尔托的研究工作)文学史与任何其他人文科学一样,应该不断地对自己与社会以及自己的文化形式的关系提出反思。文学系统正是通过发现自己的范式、类别范畴和知识工具而在文化系统中不断求得发展的。因此,我们对一定时期所有有助于形成文学概念的成分感兴趣,并坚信对文学标准的反思是必要的,并始终有助于确立文学描述和文学史结构的价值。

所有这些并没有完全解决范围广泛的"文学史"与标准严谨的"文学的历史"这两个几乎并行的领域的界限问题。后者似乎通过持续不断的交流程序而建立在前者的基础之上。然而如何建立的呢?大部分情况下,人们都心照不宣地接受了下述约定俗成的规矩,即涉猎范围应该包括所有与亚里士多德在《诗学》里认可的抒情、悲剧和英雄史诗等三种主要表达方式及其现代变种相关的成分,而这些成分还必须基本符合亚里士多德的诗学要求(格律及其所有分支;摹仿说及其所有变形;区分"想象"范畴与人类历史的"史实"范畴,后者因此而应该排除于文学史之外)。

文学系统的历史画卷

然而,文学史的历史事实曾经多次违背亚里士多德的范围说。真实王国与自由王国的区别对于文艺复兴时期的思想家必不可少,帮助他们把诗的语言从宗教言语中解放出来,并建立真正文学领域的美的王国;自那时起,这一区别自身从来不足以决定包括或排除的内容;与摹仿说、格律、风格、体裁理论相关的所有标准也都纷纷登上舞台;换言之,一整套形式标准纷纷亮相,它们因国度和时代的不同而产生的种种变化恰恰适应了文学系统的种种变化。那么,文学史是否总是诞生于重大思想解放潮流及保证这些潮流的集体价值和生命力的形式化要求的交叉点呢?

如果不再次涉及文学性问题,就很难回答上述提问。假如我们赞同茨维坦·托多罗夫的观点,即"我们通常谓之曰文学言语的每种类型,都拥有比任何'文学'言语类型更亲近的非文学'亲属'"[《言语类型》(Les genres du discours),1978,第25页],而且日常言语中,都有一种话语行为与任何所谓的文学言语类型相对应,那么,文学性显然受到了挑战。程度不同的文学言语实践之间存在着不计其数的互涉文本性实例。例如,安东尼奥·戈梅斯-莫里亚纳(Antonio Gómez-Moriana)认为,骗子无赖小说无疑是对宗教裁判所法庭上的自传体忏悔的解读①。文学文本创造了一个"对话空间",使读者能够通过这一空间置身历史画卷之中,意味着任何时候文学文本都不可能与社会言语隔绝,它在社会言语之中拥有或至少可以拥有自己固有的功能。问题不在于知道文学文本是否可以还原为孕育了它本身的言语实践,而是它与后者的功能究竟有什么区别。按照雅各布森的说法,一个文本中诗学功能的主导地位决定了该文本的文学性;假设诗学功能纯属累赘之物,不否定文本中形式的集中现象,我们就不能断定该文本中不存在诗学功能。即使作为文本组成部分的技巧完全可以从修辞学方面找到解释,即没有借助某种特殊的文学性,不能说读者就不会赋予起初只有功能价值的技巧以美学价值(或者不会把试图具有文学性的技巧完全解释为功能价值),恰恰相反。

这即是说,文学的定义,包括作为理论概念的文学的适时性的定义,是随着历史的变迁而变化的。每当一部史书把各种书写体也包括在内时,亚里士多德的三分法(悲剧、抒情和英雄史诗三种体裁)就可能被超越,而保尔·埃尔纳蒂曾经概括地论述了书写体与文学系统的从属关系②。很难想象16世纪或18世纪的文学史可以把文论、书信、对话、评论和百科全书等体裁排除在外。有时,人们把它们作为文学的附属(如散文体诗学),有时则打碎文学的标准以便让侦破小说、科幻小说、儿童文学、广播电视文学等副文学体裁进入文学的殿堂。这些不过是近年来文学研究领域碰到的一些扩展实例,其直接的后果便是在发展研究中打破了文本与过去关系之间的阻隔以及文本与文本之间的阻隔。这是否意味着未来的文学史将给予这些副文学体裁以相当的篇幅?我们更倾向于持以下观点:经过对严谨的文学殿堂做出健康的冲

---

① 安东尼奥·戈梅斯-莫里亚纳:《礼仪言语的破坏》(La subversion du discours rituel),隆格伊:勒普列昂比勒出版社,1985年版,见序言。
② 保尔·埃尔纳蒂:《体裁之外》(Beyond Genre),1972年版。

击后,文学与副文学之间的新的平衡正在确立,或者说,人们将超越文学与副文学之间的对立,从形式状态,亦从意识形态和实用状态等各方面全面审视一个时代的言语问题。

对文学经典的这种持续不断的修订所产生的问题之一,就是涉猎范围之广,使史学家不堪重负。此外,理论步骤和方法论步骤的修订,也至少从力度上前所未有地扩大了文学史的范畴。事实上,由个人完成的大型总体课题愈来愈少,而由集体承担的总体课题则愈来愈多。这一事实本身意味着单一观点的文学史或文学的历史将逐渐消失,而代之以范围较小的课题,由共同的方向协调起来,这样不仅不禁止、反而有利于体系的开放;这种形势进而又为读者提供了更多的合作机会,呼唤读者从事更多的联想,发现更多的研究空白,并试图给予补充。

如今的研究领域里不乏部分改写文学史的尝试,因为,在整个文学研究范围内,什么都说并不重要,总体意识和承继意识恰恰经常损害了研究工作,给研究工作强加了许多先入之见,而正确地提出有限度的问题并解决这些问题更重要,以期达到某种"换喻",即以典范性代替典型实例的研究。如果缺乏这种理论意识,整个研究工作就可能陷入混乱状态。带着这种精神状态,史学家可以有如下选择:他可以面向民间体裁和副文学体裁,正确地扩大雅文学以外的文本系列,开拓自己的研究领域,阿尔贝尔多·阿佐尔·罗萨(Alberto Asor Rosa)在他的《意大利文学》(*Letteratura italiana*,1985)一书里就是这样做的;或者坚持更严谨的生成标准和美学标准。两种方法将获得两种不同的成果,与其说这些成果可能互相矛盾,毋宁说它们将互为补充,因为在两种情况下,史学家都致力于与一定时代的言语相关的方方面面的研究。

作为言语的文学史结构

作者、背景、文本和读者,文学的四维之间的相互关系编织了它的历史。传统文学史青睐作者和背景,以文本的来龙去脉为重点,似乎生成本身已经足以构成文本史。许多思想潮流都曾尽力说明文本自身是如何产生它们的历史的,形式主义内部梯尼亚诺夫(Tynianov)提出的文学进化论、主导因素变化论等,并没有否定史学意识,而是反映了史学意识的转移。凡是突出文学体系概念[例如塔尔图团体、克劳迪奥·吉耶纳(Claudio Guillén)]以及文学体系向多元体系的转化的团体或个人[如伊撒玛尔·埃文-佐阿尔(Itamar Even-Zohar)的研究工作],都注重对文本相互关系的贯时研究,非常明显,体系绝非死板一块:研究人员的目光关注着体系并间接研究背景与文本、作者与文本的关系,或者像社会批评那样,专门展示它们之间的关系,这就要求对体系和文学结构有特殊的了解。无论如何,体系概念既可以成为共时研究的对象也可以成为贯时研究的对象,要求研究者提供同类性质的资料。

然而,但凡不考虑文本的接受对象即阅读、读者、大众、接受情况(解读步骤、接受美学、关于阅读的社会学研究等)的文学史,都是不完整的。这里,史学本身又增添了一个硕大的新世界,史学家不仅在涉猎范围方面,而且在理论学说和方法论方面,都面临着更多的可能性和机遇。如果以为新的文学史就是按照作者、背景、文本或读者把四种研究类型或者四种资料堆积起来,无疑是对它的扭曲。如文学一样,文学史也是通过一系列否定而求得发展的,这种否定有可能极力突出过去被忽视的某种成分。因此,史学家应该批评地使用新成分,以便通过与其他成分的比较中显示该成分的重要性,新成分的出现改变了其他成分,而没有完全泯灭它们。热拉尔·热奈特正是这样解释结构主义的,他说,结构主义把作者与文本、背景与文本的关系暂时搁置一边,并没有否定它们之间的关系(1972,第13～20页)。而杜沃·佛克马(Douwe Fokkema)则说明从符号学方面单方面过分强调接受甚至文本与读者的交流关系,有可能片面地理解或歪曲历史性。

总之,关于文学史的理论探索的收获,首先在于展望了文学史的种种可能性以及文学史的种种功能,其次,扩大了文学史的领域及方法并使它们多元化。奇怪的是,当我们审视文学史所承受的各种问题单时,后现代主义的问题单似乎最深刻,因为,正如我们在本章开头说过的那样,它试图动摇建构文学史的可能性的基础。不过,要对建构行为取得共识[见《历史诗学札记》(*Poetics*),14]。解构主义主要结束了任何自以为把握了稳定性和持续性的自负行为,而不否定那些深知自己的相对性、试图反映一定时间内我们的认识的一种历史状态的尝试。避免考古式堆积的最佳方法,莫过于预先确定自己的建构的局限性……

后现代主义并没有摧毁历史性,相反,却使我们认识了作为单一性的历史性的本来面目。须知体系和结构并非目的,而是准确认识历史的工具,正如保尔·韦纳(Paul Veyne)所说,史学观念的历史性确立了史学在人文科学系列的地位。

# 9. 文学社会学

埃德蒙·克罗

文学社会学是一个复杂的多元化整体,社会科学的若干主要学科(如通史、思想史、语言学、哲学、心理学、语义学、符号学等)交汇于此。每门学科都按照本学科的目标、理论和观念机器切割客体、架构客体,宛若一个杂乱无章、支离破碎、正在寻求某种和谐的工地。另外,在观察文学史实的所有视线中,文学社会学所具体形成的批评空间与哲学症结和意识形态症结的联系最为密切,因此,出现立场和观点针锋相对、相去甚远的现象就不足为奇了。尽管该领域的任何界定工作都远远不够,而且我们也意识到下述这些初步的区分有可能被其他分类或其他演变情况所覆盖,但还是区分出与社会历史批评发展阶段部分相符合的若干关注热点,异彩纷呈的社会历史批评被"文学社会学"一词妄加概括,似乎这是一个很纯洁的领域。

一、多元化的批评目标

1. 书籍社会学和阅读社会学

阿尔贝·梅米(Aibert Memmi)曾于1960年估计说:文学社会学"明显地大大地落后了",几乎还处于创建阶段。他写道:"人们对方法论的前景还犹豫不决,既不知道如何提出问题,也不懂得那些问题的轻重缓急。总之,人们对该学科的准确范围尚不明确。"他认为这种落后的基本原因有两个:一方面,"作家们显然不愿意作为文学社会学的研究对象";另一方面,"社会整体对建构这样的社会学持抵制态度"[G. 居尔维奇(G. Gurvitch),1967]。在20世纪60年代的批评整体中,还有其他因素也造成了文学社会学的落后状态,批评目标的不确定则显得尤为突出,但是当时的批评突出文本外的成分和主体之间的关系。首先应该提到罗·埃斯卡尔皮关于书籍的实验社会学。埃斯卡尔皮主张深入研究接受某部文学作品的读者大众的构成成分,如"该读者群体的不同的社会阶层、这些社会阶层的生活方式"等,他还把读者群体区分为不同类型(如支柱读者、对话读者、理论读者等),建立了经济进程(如蒸汽印刷术的发明使群众文化成为可能)与文学内部进化的关系["由此产生了大量的美学现象,如浪漫主义作家的孤独感,似乎自己的声音就贴在自己的脸颊上,因为他看不见读者,等等"——埃斯卡尔皮,转引自戈德曼(Goldmann),1967,第28页],凡此种种,足以说明,罗·埃斯卡尔皮被视为现代阅读社会学的奠基人之一是当之无愧的。

康斯坦茨学派从其他基础上继承了现代阅读社会学的衣钵,从某些方面而言,可以说,康斯坦茨学派是布拉格语言学派,特别是穆卡罗夫斯基(Mukařovský)著作的延伸,后者曾把由一部文本构成的符号事实区分为物质作品和某集体意识对它的阐释两部分。在某些因素的影响下,被喻为"审美客体"的阐释服从于某些变化程序;发挥影响作用的因素中,文学场本身的演变(穆卡罗夫斯基,1966)或批评以及更新审美标准的所有规范性文本[费利克斯·沃狄卡(Félix Vodička),1975]占有突出的地位。

从这一目光出发,尧斯主张编写一部以"效果美学和接受美学"为基础的文学史。"根据穆卡罗夫斯基对艺术的社会范畴所作的这一勇敢的新阐释,文学作品不再是一个独立于接受情况的孤立的结构,而应被视为'审美对象',因此,只能在文学作品的一系列具体化过程中描写该作品。"(尧斯,1978,第118页)尧斯认为,现代艺术的发展呈现出对紧紧毗连的前世美学经典的叛逆形式,皮埃尔·布尔迪厄(Pierre Bourdieu)也具有这种思想,只不过表现的形式和背景不同而已。尧斯基于这一思想建构上述原则时,提出了"期望区"的概念,期望区不仅包括读者关于文学场的全部知识,也包括他在日常生活各个领域的经验:"如果说文学的创造力引导了我们的经验,那么不仅是因为文学这一艺术以其形式的新颖与日常观察过程中的自发性相决裂……人们在接受和评判新的文学作品时,不仅与其他艺术形式的背景相比较,也与日常生活的背景相比较。"(尧斯,1978,第75~76页)读者的期望值与新形式为他所提供的审美价值之间的差距叫做"审美距离",即同一具有革新意义的文本能否产生这一反响。当读者以其理解的态度试图参与文本的革新行为时,那么就产生了"视域的融合"现象,这种融合重新启动了美学运动的活力[这一观点与 J. 科尔塔扎尔(J. Cortázar)的观点有某种类似之处,科尔塔扎尔曾经提出阳性读者与阴性读者之说,阳性读者以自己的阅读行为参与创作,而阴性读者则基本上处于被动状态]。我们赞同 P. 齐马(P. Zima)的意见,即穆卡罗夫斯基在分析符号事实时取消了它的第一项,即文学文本的物质性赝象,而尧斯则完全取消了意义的生产程序作为"提出问题和矛盾、组合集体利益的社会及意识程序"的社会地位(齐马,1985,第 209 页);显然,文本的结构最终决定着读者的反映。

尽管康斯坦茨学派研究了文本的接受情况,仍然处于文学社会学的外围,因为它忽视了"文学范围之外的相互影响",尧斯本人对此也未加驳斥:

> 我并不想否认我所引入的"期望区"概念仍然是在文学场的单一范围里阐发的这一事实,不否认一定的文学读者的美学规范的规约(……)可以而且也应该根据团体和阶级的期望而体现在社会学方面,从而与决定这些期望的历史形势和经济形势中的利益与需要联系起来……
>
> (尧斯,1978,第 258 页)

近年来,接受美学中纯粹文学意义的期望区观念引发了一些反对意见。例如,约瑟夫·朱尔特(Joseph Jurt)在研究 1926～1936 年间法国报界的批评栏目对乔治·贝尔纳诺斯(Georges Bernanos)作品的接受情况时,"澄清了各种思潮之间的大和谐现象,发现文学评判受到各自的意识观念的严重影响"(朱尔特,1983,第 218 页)。朱尔特的目的在于验证接受美学的主要设想,他以为可以得出下述结论,即"我们的分析没能肯定这一设想(几乎清一色由文学经验和知识构成的期望区)。阐释者的评价并非首先由审美标准所决定;最常见的鉴赏标准属于非文学标准;美学标准多次用来证实早先存在的意识评价"(朱尔特,1983,第 219 页)。

雅克·利纳特(Jacques Leenhardt)和皮埃尔·约兹萨(Pierre Józsa)关于法国小说家乔治·佩雷克(Georges Perec)的小说《事物》(*Les choses*)和匈牙利小说家昂德雷·菲耶斯(Endre Fejes)的小说《生锈的墓地》(*Le cimetière de Rouille*)在法匈两国的接受情况的研究导

致了相似的结论。(利纳特,约兹萨,1983)他们的发现印证了约瑟夫·朱尔特的结论:"……小说社会学展示了小说结构与社会结构以及意识体系的关系,同样,我们可以从我们的调查资料中推断出作用于读者意识的意识体系所固有的特征以及这些体系在构成社会整体的团体和阶级内部的功能。"(同前,第 35 页)他们运用了一种开放性的调查方法,通过对 121 名法国读者和 145 名匈牙利读者进行调查而获得了上述结果。他们的调查方法分为两个层次,首先"脱离任何价值投入",调查读者的智识态度(阅读方式),第二步则显示读者的"价值投入":"多种阅读方式建立了多种解读形式,而解读体系则展示出价值的投入,价值通过这些形式而得以传递。"(利纳特、约兹萨,1983,第 97 页)这些分析说明,读者的反应是多种多样的;按照一种尚受 L.戈特曼思想影响的思路,这些反应可以根据若干社会职业领域归类,并记录着各个职业领域的价值梯度。J.利纳特和 P.约兹萨的分析不仅无愧于"文学社会学"这一名称,而且说明文学的生产和接受问题可以而且应该基于一套总体理论范围内的同样的假设来进行研究,这套整体理论尚有待于建立。

2. 从经验社会学到内容的分析

R.埃斯卡尔皮承认偏爱社会学方法的目的在于澄清文学史方面的一些问题,因此而使他与经验社会学的支持者 A.西尔伯曼[西尔伯曼(Silbermann),1967]、H. A.福根[福根(Fügen),1964],或者还有 K. E.罗森格伦[罗森格伦(Rosengren),1968]等人相接近。西尔伯曼等人以为孕育文学文本的目的不啻于培育可以发动社会进程的催化剂("文学事实也可以是一件社会学事实,然而文学行为本身并非社会学行为。一份躺在抽屉里的乐谱从社会学意义上来说并不存在。这份乐谱应该演奏并拥有听众。作品的演奏和聆听这样的音乐事件才具有社会学的意义。文学亦如此。"——西尔伯曼,转引自戈德曼,1967,第 62 页)。内容社会学似乎与上述观点相对立。在内容社会学看来,文学作品作为历史资料,提供了相关社会现实的直接见证。这里,有必要区分内容社会学的若干分支。北美的"内容分析"代表着其中最重要的分支。"内容分析"尤其关注所谓通俗文学的文本——例如大众杂志上的短篇故事——反映社会价值和社会行为的方式。B.贝雷尔森和 J. P.索尔特[贝雷尔森(Berelson),索尔特(Salter),1946]由此而发现这些虚构文本贬低了少数民族的形象,其中少数民族大部分时间所扮演的角色呈下降趋势。米尔多斯·阿尔布雷希特(Moltos Albrecht)则发现同类文本大量复制了十种社会价值,而这十种社会价值是预先从非文学源泉中提取出来的;与该价值体系相比,文本的文化层次愈高,它的独立性也愈强(阿尔布雷希特,1956)。在法国,亨利·扎拉芒斯基(Henri Zalamansky)正是步入了这条道路,并试图以此补充 R. 埃斯卡尔皮的研究工作。"我们的目的,"他写道,"在于清理现代作品的内容,最大限度地收集资料,然后看看我们能够从这种分类中得出什么结论。"(扎拉芒斯基,转引自埃斯卡尔皮,1970,第 119 页)这里他们从文本汇集之外整理并对文本提出一些问题,这就涉及他们的选择是否恰当的问题。作为对上述疑义的回答,P. 亨利和 S. 莫斯科维奇(S. Moscovici)建议寻找文本中的"词汇和片断并把它们按照题材的等级组合或分类。从所考察的态度角度来看,那些反映了一定价值的词汇和片断则被记录下来,即看看它们是否可以和该态度的某一成分或子成分联系起来。成分和方向决定着题材类型。每种类型中材料的计算原则上应该依据某一成分和某种方向而反映出态度的强度"(亨利,莫斯科维奇,1968,第 38 页)。然而在这种情况下,要想捕捉到频率的意义,则必须把上述频率与其他文学文本或非文学文本中同类材料的频率相比较,或者与现实中的频率相比较。但是,我们还可以提出其他保留意见,例如,这种批评与传统的题材批评有什么区别呢?H. 扎拉芒斯基重新拾起 A. 梅米的分类建议时,他本人不是也从内容社会学中看到了题材社会学的影子吗?另外,支撑这类方法的文学观念亦把虚构文本变成了历史资料:"对于理解我们的时代而言,这种研究的丰富性似乎毋庸置疑,因为它分析了整整一个民众阶层赖以生存的智识食粮和心理食粮。"(扎拉芒斯基,1970,第 125 页)我们并不否认虚构文本的信息功能,而意在揭示这一功能的独特性,把它置于作品表层以外的其他地方,内容分析则以为可以驱除作品的信息功能。事实上,文学作品正因为具有汇聚信息的巨大能量,才可以达到报纸无法达到的效果,因此,I. 洛特曼说:"艺术是保存和传递信息的最经济且最具浓缩力的工具。"(洛特曼,1973,第 55 页)但是,这种信息特征不可能存在于一部按照非文学准则选材而形成的各自孤立的思想汇编之中。

堆积上述种种质疑合适吗?是不是对某些成果有些充耳不闻呢?诚然,上述尝试所付出的种种努力还是获得了某些成就的,例如挖掘了文学事实的存在条件,从外部澄清了信息中的某些社会化成分,引发了对群众文化的浓厚兴趣(期刊、民歌、侦破小说、童话、广告口号、新闻通讯……)等。这些尝试扩大了我们的研究范围,给人以"推倒某些壁垒、扩大了文学场"的感觉,并因此发挥了解放思想的作用。但是,我们不妨提出这样一个问题:把如此纷杂的文类不加区别地统统囊括在同一方法论的麾下,而使它们分别失去自己的模式化功能和形式的独特性,其结果不是反倒重新突出了经典文学的价值吗？其实,这个问题首先是认识论方面的问题。实验社会学(如波尔多的ITLAM)和经验社会学(如西尔伯曼等)跟北美的内容分析一样,关注文学事实所代表的社会学事实,而并非关注文学本身,这说明它们并不关心虚构文本的独特性。这种混乱状态的继续如A.梅米所说是因为缺乏一种能够概括文学社会学现状特征的传统所致吗？这里应该作若干具体说明。A.梅米的判断发生于20世纪60年代的前夕,而60年代的法国,由于吕西安·戈德曼的研究工作,由于戈德曼和"论据"(le groupe *Arguments*)派对卢卡契(Lukács)作品的发现,特别是对"法兰克福社会研究所"的研究工作的发现,文学社会学领域发生了翻天覆地的巨大变化,正如热拉尔·德尔福(Gérard Delfau)和安娜·罗什(Anne Roche)所说,法兰克福社会研究所的成员[马克斯·霍克海默(Max Horkheimer)、T. W. 阿多尔诺(T. W. Adorno)、H. 马尔库塞(H. Marcuse)、E. 弗洛姆(E. Fromm)、W. 本雅明(W. Benjamin)]从此成为"重要的参照系"(德尔福,罗什,1977)。

3. 文类社会学

文类社会学与某一文学体裁的专门研究无关[如吕·戈德曼的《小说社会学》(*Pour une sociologie du roman*)],其研究目的在于建立社会结构演变与新的文学体裁的产生之间的关系。这里,我们想到了埃里希·柯勒(Erich Köhler)关于中世纪史诗的研究工作。柯勒注意区分同一文类体系中的主导成分与边缘成分,这种区分有助于该体系通过修正自己的内部形态(那些直至现在世代相传的边缘成分在某些情况下变成了主导成分)而适应社会的巨大变化。据埃里希·柯勒所说,中世纪的史诗即经历了这一变化。中世纪的史诗体现着持剑贵族的价值观,直至17世纪一直处于主导地位,而在路易十四时期让位于悲剧,因为悲剧更能反映宫廷贵族的历史状态。(柯勒,1977)当资产阶级的经济地位和政治地位上升时,悲剧则被小说所代替。当让·杜维尼奥(Jean Duvignaud)提出戏剧是否有可能消失、被电视所代替的问题时(杜维尼奥,1971),他的论著似乎也属于这类研究的边缘地带。

尽管乔治·卢卡契早期的著述与社会历史批评仅仅稍有联系,我们还是不能忘记它们,正是它们孕育了吕·戈德曼的思考,并给予埃·柯勒以一定的启发。首次发表于 1920 年的《小说理论》(*La Théorie du roman*),关注两种文明状态下英雄史诗形式和戏剧形式的发展变化,两种文明状态即"完美封闭的文明状态以及处于变动过程中的文明状态"。古希腊的文明结构属于第一种文明的典范,这是一个封闭完美的纯洁社会,"不管是人与社会的分离,还是我与你的对立,都不能摧毁这种纯洁性"(卢卡契,1963,第 23 页)。该文明的进化意义"像印入永久的象形文字一样"刻入了"史诗、悲剧、哲学等与世界结构相适应的超越时间概念的典范形式"(同上,第 26 页)。然而,我们的世界"变得硕大无比",须知"希腊人生活的形而上学圈子比我们的范畴要小得多,因此,我们永远无法从中找到我们的位置。更有甚者,该空间的完美性构成希腊人生命中世代相传的精髓,而我们则打碎了这些精髓。在一个封闭的世界里,我们已经无法呼吸。我们发现精神具有创造性,因此,在我们眼里,原型已经彻底失去了它们的客观的明显性,我们的思想从此走上了一条永无止境的近似化的道路"(第 24 页)。因此,我们"才为形式世界引入了不和谐的世界结构"(第 30 页)。

区别英雄史诗与正剧或悲剧的"决定性界限"在于"任何英雄史诗的对象不是别的,只能是生活"(第 39 页),是经验中的自我,与心智之我、理想之我,与本质世界相对立,因为"正剧亦可以赋予全部浓缩的本质性以物质外形"(第 39 页);"对于正剧而言,存在即宇宙,即获取宇宙的实质并全部占有它"(第 41 页)。正因为如此,"正剧的英雄人物无任何惊险可言,凡是可以成为它的惊险事件的事件,都演变为命运……正剧的英雄人物没有任何内心世界,因为内心世界是灵魂与世界二元对立的女儿,是心理与灵魂痛苦分离的产物。悲剧英雄重新获得了自己的灵魂,并因此而对身外的现实一无所知……正剧英雄不必为了经受考验而冒风险;他的内部世界的安全感,不必经受任何考验,而首先得到了保证,他是绝对意义上的英雄人物"(第 84 页)。

小说被视为大英雄文学的最后一种变形,是新的"历史哲学环境"的产物。(第 49 页)作为无神世界的英雄史诗(第 84 页),"与史诗的规范化童性相比,小说是成熟男性的形式"(第 66 页),包含着内部世界与惊险事件(第 84 页)、个人与世界的决裂。这种形式里应该"融入历史环境所包含的各种断层和深渊,它们不能也不应被创作技巧所掩盖。因此,小说的基本精神,决定小说形式的灵魂,应该具体体现在小说人物的心理活动之中:他们始终在追求某种东西"(第 54 页)。卢卡契认为这些人物都是一些躁动不安的个性，他们被一些莫测高深的理念所驱使，"一旦这些理念变成理想时，就变得虚幻而不真实"（第73页）。于是，个性失去了"直接的有机性，而有机性恰恰可以使躁动不安的个性成为恬淡的现实。个性本身成为自己的目标，它对自己身上最本质、最具生命力的东西，既不是作为一种品质去发现它，也不是作为生存的支柱而感到它的存在，而是作为疯狂追求的对象"（第73页）。

这样，小说既假设个性与世界相一致的一面，并因此而属于英雄文学，同时，因为它是新的"历史哲学环境的产物"，又设想主体与客体、内部世界与外部世界、英雄人物与其环境的决裂和对立；同一和互相矛盾兼而有之。

尽管卢卡契的某些论断可以引起保留意见，尽管卢卡契曾把小说形式局限为系统化的传记性质，而总体观点也过于理想化并缺乏历史感，虽然几处短暂的论述尚比较中肯，却因为过分模糊而缺乏真正的说服力，从总体上看，这部杰出论著巨大的启发作用并未因此而减弱，也确实对吕西安·戈德曼产生了深刻的影响。后者在《小说社会学》一书的前言里以自己的独特方式概括了乔治·卢卡契的论点："小说的英雄人物魔鬼附身，是个疯子，或者罪犯，至少是个问题人物，这一点我们已经说过；在一个循规蹈矩的传统社会里，他追寻真正价值的热情逐渐下降，因而不够可靠，这就是这种新的文学体裁的内容；作家们创造了这个个人主义社会的新体裁，并唤之曰'小说'。"（吕·戈德曼，1964，第17页）

在《小说理论》的第二部分，乔治·卢卡契勾画了小说形式的几种类型，主要包括：

1. 抽象理想主义小说（以《堂吉诃德》为例），其英雄人物的意识过于狭窄，面对复杂的现实社会，处处碰壁；

2. 心理小说［如福楼拜的《情感教育》（*L'Education sentimentale*）］，其英雄人物的意识过于宽广，与理想小说的主人公形成鲜明对比，亦难以适应现实社会；

3. 教育小说［如歌德的《威廉·迈斯特》（*Wilhelm Meister*）］，被作者视为上述两种类型的一种综合尝试。

内心世界与现实社会的调和虽然依旧问题重重，却不再高不可攀。在努力划分小说类型的同时，卢卡契还首先以巴尔扎克（Balzac）和法国现实主义为题（1934），继而在《美学》（*Esthétique*，卢卡契，1972）一书中，提出了鉴别自然主义抽象反映与现实主义具体反映的标准，后

9. 文学社会学

者是典型化的产物。受唯物主义的影响,卢卡契还于1936～1937年冬季写作了一部关于历史小说的论文(卢卡契,1965)。在这部论著里,他分析了沃尔特·司各特(Walter Scott)的作品与法国大革命之后整个欧洲经济和政治变革的关系以及标志着资产阶级与人民决裂的1948年六月事件之后历史小说体裁的演变情况;此后,历史小说仅仅成为反对残酷现实的避风港,不再直接接触历史,历史缩小到点缀的作用[如福楼拜的《萨朗波》(Salammbô)]。直到19世纪末,由于一部大众先锋历史小说的发表,真正的历史精神才得以恢复。

二、主要的媒介

1. 机制媒介

这里,我们论述的出发点是皮埃尔·布尔迪厄关于按照一定程序把象征财富市场组织成一个相对独立的"场"的论点。据布尔迪厄所说,"场"的组织程序"与艺术家或专业知识分子的独立的社会阶层的出现相关,他们愈来愈忽视其他规律,仅仅遵循从祖辈那里继承来的纯属知识或艺术传统方面的规律,知识传统或艺术传统为他们提供了新的起点或决裂的起点,他们愈来愈有能力把自己的艺术生产和艺术产品从外部奴役中解放出来,包括从醉心于发展教徒的宗教界的道德检查和美学纲领或者学院派的监督以及政治权力的种种指示中解放出来,后者一向把艺术看做宣传的一种工具"(布尔迪厄,1971,第51页)。19世纪资产阶级登上了政治舞台,该"场"也本应从外部的正统机构及一向受奴役的监护机构(教会和贵族)的道德和美学要求中解放出来,获得自己的独立。

文化物品的双重价值,象征价值和商品价值,足以说明两个生产场同时产生的原因:前者为小范围的生产场,其中的艺术作品不能缩小为单纯的商品;后者为大范围的生产场,"服从竞争规律,以夺取最大的市场"(同上,第55页)。

雅克·杜布瓦(Jacques Dubois)主要以皮·布尔迪厄的论著为理论根据,同时也参考了萨特(Sartre)的《什么是文学?》(*Qu'est-ce que la littérature?*)和罗兰·巴特(Roland Barthes)的《写作文字的零度》(*le Degré zéro de l'écriture*),提出了一套文学机制理论,主要讨论了生产机制和认可机制的运转方式以及作家的地位。(杜布瓦,1978)我以为雅克·杜布瓦过分青睐独特性标准,把它作为作家们接近象征力斗争中的突出标准,而歪曲了皮·布尔迪厄的观点。这一立场确实引导他把重点放在了流派之争方面。因此,尤其当他论及作者的地位问题时,他的思考一会儿扯上文学史的种种问题,一会儿又和更多属于作家社会学的各种理论混为一谈,那就不足为奇了。

皮埃尔·布尔迪厄后来又回到这一问题上来,详细阐述了他的"社会场"(champ social)和"状态"(habitus)概念,他把两者密切地联系在一起;这两个概念似乎是作者对"实践意识"(sens pratique,实践感)的含义经过深思熟虑之后而诞生的。(布尔迪厄,1979,1980)我们可以给前者以下述定义:特征为具有客观结构(不同媒体和不同建制机构的各自立场、行为规范、症结……),因而也具有逻辑特征的社会建构和历史的产物;社会场的逻辑激励一个无意识的群体从事某些"实践"活动,后者受"状态"的影响并自我调整。为了更好地理解这一定义,我们不妨像作者一样,从体育语言中的"游戏意识"出发;"游戏意识是实践意识的典范形式,根据场的要求预先调整……是状态与场、插入史与客观历史之间近乎绝妙的会合,使得对未来游戏空间各种具体形态的近乎完美的预测成为可能"(布尔迪厄,1980,第111页)。但是,游戏要求全面清醒地接受游戏规则,而主题则不会有意识地进入某一社会场,它诞生于社会场之中,与场同在:"克洛岱尔(Claudel)曾说'认识即与之同生',他的话用在这里恰如其分。通常所说的'感召'即表达了这样的意思:通过感召这一冗长的辩证过程,'我为某使命而生',使命造就了我;我'选择'了某使命,使命亦'选择'了我,过程结束时,不同的场都肯定媒介已经进入了能够保证它们良好运转的必要状态;感召这一辩证过程犹如游戏的学徒期,正如掌握母语犹如学习外语的学徒期一样。"(同上,第112~113页)作为实践意识,状态唤醒了分布在各种机制中的具体意识;通过它,由于它,媒介参与了具体分布在场中的历史;状态"可以占领各种机制,征服它们,因此而实际上使机制处于运作之中,保持机制的活力,持续不断地把它们从死亡状态下夺过来,通过强行修正机制和改造机制而恢复潜伏在机制中的意识的活力,修正和改造是重新焕发活力的交换物和条件。状态甚至可以保证制度的全面实现……制度不仅应长期体现在具体事物之中,即体现在具体场超越各个媒介的逻辑之中,还应体现在组合体之中,即体现在反映并实现该场的潜在要求的长期分布形式之中,才是全面的,并获得全面的生存意义"(同上,第96页)。"状态"与"场"容纳着同一历史,足以说明由它们滋生的实践活动总是随时调整;"以感觉、思想和行为形式积淀在每一机体中的历史经验,比任何严厉的规则和明显的规范都更能保证实践行为的相似性和穿越时间的持久性"(同上,第91页)。正是这种根深蒂固的历史渊源才使"场"和"状态""与眼前那些外部决定因素相比",具有相对的独立性。(同上,第94页)我们发现,象征场的独立观念只有在这种大背景下才能解释清楚,由此也说明,"场"与"状态"首先是以媒介工具的面目出现的。

因此,文学也是众多的社会场之一,可以予以描述。当我们主要从描述角度考察一个体系,相对于与该体系密切相关的历史决定因素研究它时,"机制"概念突出该体系的规范特征,而"场"的概念则通过关注相关实践的客观逻辑,澄清"机制"概念的性质、运转和起源,超过并包括"机制"在内。另外,概念"场"的另一功能亦毫不逊色,它表示历史联结中的某种脱节,表示与"机制"概念所假定的媒介有着明显区别的一种媒介类型。

由此出发,我们便可以提出上述两个概念("机制"+"场")与国家意识机器概念的组合关系:后者喻示一个大体系的建立,在这个体系中,各种场之间的相互作用受制于一种决定因素,后者受基础因素的影响和大体系自身的时间状态的影响而发生波动变化。自诞生之日起即相继与首先由教会、其次由教育体制和大学教育构成的国家意识机器联结在一起,文学与音乐、绘画、雕塑或戏剧一样,也是一个社会场。似乎从19世纪以来,在国家意识机器里逐渐形成的这个大的整体,我们今天谓之曰"文化"。法国并非平白无故地设置了一个文化部,犹如司法部的设置一样,那是有着深刻的社会根源的。同样颇具意味的是,根据各届政府的意愿,文化部不仅掌管文化事务,而且掌管沟通交流(la Communication)事务,因此而保证了媒体在意识形态领域的地位,承认它们与文化的密切联系,事实上,媒体愈来愈试图统治文化。这样,每个国家意识机器都可以被视为历史活力范围内由社会场组成的富有特色的整体。

截至现在,机制分析似乎没有考虑文学场另一重要成分的存在,如果我们回过头来,考察一下组成并结构着文学社会场的子集之间的内部运作,就会发现这一成分。我指的是"言语实践"。言语实践大概存在于任何社会场之中,但是,在文学中显然发挥着基本的构成作用。这里我们不妨作这样的区分:一方面是特殊的虚构语言,即文学语言(正如司法语言、体育语言等一样),可以说已经建制化;另一方面即言语实践,言语实践不一定与语言规范同步发展,"社会场"的概念可以使我们了解到言语实践的实际情况。这种差距在独立时或独立后的殖民地国家文学中显得尤为突出,我们在分析费尔南德斯·德·利萨尔迪(Fernández de Lizardi)的《癞皮鹦鹉》(le *Periquillo Sarniento*,墨西哥,1813~1815)一书时就证实了这一点[克罗(Gros),1985]。

我们可以对机制分析的不同成果暂时作一总结,如下图:

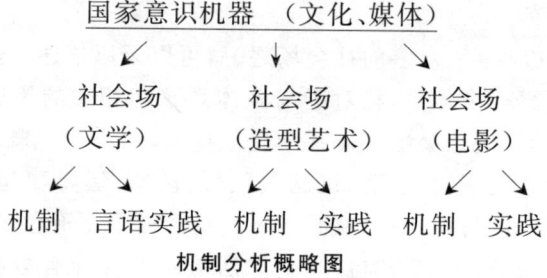

机制分析概略图

2. 语言媒介

对于真正的文化社会学而言,语言问题至关重要,因为"文学系列与社会系列的任何联系都是通过语言活动而建立的"(梯尼亚诺夫,见托多罗夫,1965,第132页)。从巴赫金和沃罗什诺夫(Volochinov)到皮埃尔·布尔迪厄或皮埃尔·齐马,大部分作者(布尔迪厄,1982,第23~25页;克罗,1983,第85页;齐马,1985,第124页及相关段)对索绪尔(Saussure)的观念以及乔姆斯基(Chomsky)的专长表示怀疑:"语言的变化掩盖了公案小说的虚构性,通过公案小说,乔姆斯基把司法言语的内在规律变成同类语言实践的普遍规范,而对掌握合法技能以及市场建构的经济和社会条件避而不谈,需知合法与非法的定义正是在这样的市场中建立和确立的。"(布尔迪厄,1982,第25页)即使如此,语言问题还是应该从三个层次(文本外、文本中、文学模式)上去探讨:

1. **语言的统一和差异/政治统一与社会阶层的划分**。勒内·巴利巴尔和多米尼克·拉波特[巴利巴尔(Balibar),拉波特(Lapoete),1974;巴利巴尔,1974]认为革命时期规范语言的建立与民族观念的诞生以及民族市场的建立之间存在着密切的联系;只要民族市场允许商品和劳动力的自由流动,该市场的建立就必然导致法律和语言实践的变化。皮埃尔·布尔迪厄则在突出大革命时期语言统一的政治形势的

同时,指出旧制时期①君主国家的建立亦伴随着语言统一的进程,这一进程在讲奥依方言的中部各省尤为明显,远胜于讲奥克语言的其他省份。(布尔迪厄,1982,第 30 页及相关段)从这一事实出发,他提出了正统语言的概念,与之相比,由各种语言差异构成的体系反映了由社会差异构成的另一个体系。于是出现了这样的情况,即以各种表达风格结构为基础构成的语言场"在自己的范围内再现了客观存在的生存条件的差异结构"(同上,第 46 页)。正是在这个语言生产场的内部,运转着我们上文谈到的小范围生产的子场,"生产者在此生产的首要目的是为了其他生产者,这一事实奠定了子场的基本特征"(同上)。小范围生产的子场随后似乎又被视为语言正统化的法定场所:"生产工具的这种生产活动,如词汇形象和思想形象、体裁、正统方式或正统风格的生产,广而言之,所有具有'权威性'并被喻为楷模的言语的生产,赋予生产者首先对语言、其次对普通使用者及其语言财富的某种权力。"(同上)

皮埃尔·齐马使用"社会语言环境"的概念,从不同的角度来描述部分类似的现象。齐马从两个范例(穆卡罗夫斯基;米哈伊尔·巴赫金与瓦朗坦·沃罗什诺夫)出发,真诚地呼唤能够"表现言语的语义结构和叙事结构的社会状态和意识状态"的话语语言学,话语语言学意味着能够反映集体言语或团体言语的丰富多彩,齐马把集体言语或团体言语称之为"社会言语"。"反映一定集体语言规律的语汇大全"即社会言语,我们可以从语义、句法和词汇三个方面去描述社会言语,三个方面互为补充。(齐马,1985,第 125 页及相关段落)作为稳定整体和理论结构,社会言语"不可能离开多种多样的言语实践而独立存在"(同上)。这样,同一社会言语可以生发出差异较大的言语产品。

皮埃尔·齐马运用这些分析类型分析阿尔贝·加缪的《局外人》(*L'étranger*)、阿兰·罗伯-格里耶(Alain Robbe-Grillet)的《窥视者》(*Le voyeur*)和穆齐尔(Musil)的《没有个性的人》(*L'homme sans qualités*)等作品。分析每部作品时,他都从"作者及其社会团体所体验的"社会言语环境出发。于是,穆齐尔的"《没有个性的人》就曾经吮吸、改造和批评过二三十年代的不同的社会意识言语"(齐马,1985,第 139 页);至于加缪的《局外人》,同样,也要"考虑到作者以及作者所熟悉、批评或支持过的作家所经历过的言语的社会环境"(同上)。后者的社会言语环境的特征表现为语义的迟钝性,"词汇的语义混沌使《恶心》(*La*

---

① 指法国 1789 年前的王朝时期。——译注

nausée)里的罗康坦大失所望,并促使弗朗西·蓬日(Francis Ponge)愤而把词汇比喻为大自然中那些没有生命的物质……对意义变得无动于衷的这个语言的荒诞世界隐约地显露在《局外人》之中。在这部小说里,冷漠成为一种批评工具,作者及其叙述者利用这一工具揭示语言环境中的意识言语缺乏生气,意识言语本身损坏了语言"(齐马,1985,第145~147页)。这一结论来自皮·齐马对这种社会言语环境与社会言语之间的关联的第二步分析;"小说从互涉文本方面吸收和批评了社会言语",即"基督教人文主义者的社会语言最明显地表现在一般律师的言语之中"。正是两种规约的这种碰撞,即默尔索的规约(代表冷漠)和正义(代表思想意识)的碰撞,才可以解释把小说分成两部分的原因:在第一部分里,默尔索缺乏选择叙述提纲的能力;表面主语的对象是"具有双重价值,然而对所有社会价值漠然置之"的大自然,皮·齐马展示它像"交换价值的神秘代表"的一面;而在第二部分里,意识则取得了上风。这样,我们就又回到了安德烈·布雷东(André Breton)曾经观察到的价值危机问题上来,齐马在描述语言环境时引用了这段话:"全部知识价值受到戏弄,所有的道德思想迷失了方向,生活中的所有善行受腐蚀,变得良莠不分。金钱的铜锈掩盖了一切。祖国一词的含义,或者正义的含义、责任的含义,对于我们而言,已经变得陌生了。"(同上,第144页)

我本人的研究也涉及了这一问题,并且吸取了前人的若干成果:

a. 戈德曼的"跨个体主语"和"无意识"观念帮助我通过某社会团体的言语的词汇特征、语义特征和句法特征而确定了该言语的定义,该言语的上述特征无意识地反映了同一社会团体在空间、社会、历史等领域的介入标志。(这一概念与皮·布尔迪厄的"言语差异"概念和皮·齐马所确定的"社会言语"的概念部分重合。)

b. M.佩舍(M. Pêcheux)的启发。佩舍从"社会构成"的观念出发,提出了"意识构成"和"言语构成"的概念:"于是,我们则可以把一定的意识构成之中决定可以说和应该说的内容的成分谓之'言语构成',即从由阶级斗争状态决定的一定形势下的一定立场出发,决定发言内容的成分……"(佩舍,1975,第130页)"言语构成""在语言中"代表着与之相应的意识构成。(这一概念包括了"语言场"和"社会言语环境"的含义,三个概念的出发点不同。)

c. 福柯(Foucault)的贡献帮助理解一定意识构成内主体的内心世界是如何通过言语实践而完成的这一过程。

在这一基础上,我们可以勾勒出有关言语构成的运作理论。该理论围绕"言语间"概念(以互相矛盾的言语为突出特点而构成的复杂的冲突空间),建立在阿尔都塞(Althusser)的意识呼唤观念的基础上,充分考虑了陈述主体的因素,意在说明陈述主体既可以与言语构成(即主导言语)保持一致,也可以与言语构成的成分之一(即一种处于从属地位的言语)保持一致。(克罗,1983,第47~61页)

2. 截至现在,我们一直处于文本外的范畴内。当我们从文本外进入文学领域,就不能再满足于谈论支柱主体(*sujets-supports*)了。意义的生产和涉及语言材料的变化程序应当根据创作劳动以及塑造活动的种种限制来分析。其实,文本生产开始了一场走向复杂的程序游戏。首先,一个已经确立的语言材料,一个"已陈述成分"通过在意义生产过程的各个层次的解体而成为意义生产过程的支柱,这些层次包括:

——首先是言语层次,例如说法的雏形、说法、固定的意群和词汇单位等,整个人类把自己的历史参与方式、空间参与方式和社会参与方式具体在这些成分之中;

——其次为文本层次,使我们回到文本间性的著名论断上来;

——神话、民间的动作传统和语言传统层次,即更广泛的"社会意象"层次;

——在具体历史背景作用下被重新分配的某文化背景深处潜藏的原始图解层次。(同上,第90~91页)

与"**言语间**"概念(**语言场或社会言语环境**)相比,我们说这些雏形代表着许许多多可建立模式的微体系。而这些微体系包括下述特征:一定程度的模糊性,围绕在语义核、意义方向,不受言语间影响的符号群周围的抵抗能力;从文本机体内部产生冲突区域或酝酿矛盾病灶的能力等,交流程序、阅读程序或批评程序随时都可能成为冲突或矛盾爆发的导火索,在这些对话空间里,符号有可能成为自己的对立面,从而搅乱言语间的痕迹,搅乱"引述意识"与"被引述意识"之间的界限。[杜歇(Duchet)]然而,进入语言变化程序里的绝非仅仅上述这些"媒介",似乎还应该从另一层面上考虑新的中间结构的存在;从某种意义上说,这些新的中间结构调动符号,并把它们规范在同一规约之下。(克罗,1983,第83~104页)

3. 最后,我们还应该考虑到,文学是第二模式化体系,即囊括言语的同时建立在言语之外、之上或旁边,作为交流体系的一种"语言"体系,这就要求我们作出以下区分:

a. 宏观符号体系,相当于自然语言(如法语、西班牙语、英语等),把真实连续的世界切割成若干块,并因此而确定了参照系。从这种意义上说,宏观符号体系把外部世界"分类",为外部世界提供信息,并确定了初步的世界观。

b. 这些宏观符号体系由一个"微观符号体系"的群体组成,微观符号体系与宏观符号体系一样属于自然语言,并以自己的方式把多种多样、异彩纷呈,有时甚至互相矛盾的经验分割及分类。每个微观符号体系隶属于一个跨个体主体或集体主体,这里我们把它们叫做言语。言语反映宏观符号体系中的冲突情形,因为它们提供了不同参照系的信息,并且可以对同一"现实"得出完全不同的观点。(对于诸如农民、农业工人、商人、知识分子、劳动力或总裁总经理等不同的集体主体,"工作"意味着什么呢?)我们发现,主体沐浴其中的现实只能是"微观符号体系"的现实。从谈话主体的经验角度来看,作为宏观符号体系整体的语言是一种抽象。其实,微观符号体系先于这一整体而存在。

c. 与上述自然符号体系相反,作为不能等同于任何言语、人为建立起来的"言语"的文学,被视为具有塑造能力的第二体系。我们从苏联符号学家那里借用的这一术语具有特别的说服力。它意味着任何话语通过该体系陈述时,都要接受它的形式限制的影响,因此,其原始潜在的陈述内容也发生了一定程度的变化。(克罗,1983,第38～39页)

该体系被视为可以对原始信息的设置内容增值或歪曲的言语方阵,虚构性和独特性是它的主要特点。因此,勒内·巴利巴尔以若干现代文本为例,说明文学言语的陈述"总是以一个或若干明显的特点离开现实生活中、文学言语之外的交际内容,尽管它们的句法结构都是正确的"。人们还引述埃里希·奥埃巴赫(Erich Auerbach)关于罗马远古时代的论述。那时候,公众精神上的一致建立在一个共同语言的基础上,即一个特殊的交际规约同时作用于公众的形成过程和该公众所要求的文学的诞生过程。(奥埃巴赫,1958)而来自领导阶层的这一公众,他们的言语很难被街头的平民百姓所接受。他写道:"我们的印象(仅仅是印象)是,5世纪议会贵族以及与之接近的社会阶层讲述着统一典雅的拉丁语,而街头的老百姓几乎听不懂这种语言。"这里,埃里希·奥埃巴赫把典雅的拉丁语与文化人的文学语言相提并论,而与通俗的拉丁语相对立,并指出,与通俗的拉丁语相比较,典雅的拉丁语比较稳定,进化很慢。这一发现促使他建议以三大特征作为"文学语言"的定义,在他看来,文学语言具有选择、统一和保留的功能。当皮·布尔迪厄指出,两种生产场的区别在于它们的语言的独特性时,布氏关于象征财富市场的论述最终与奥埃巴赫的结论殊途同归。这样,我们发现,从埃里希·奥埃巴赫到皮·布尔迪厄,中经勒内·巴利巴尔,虽然许多分析的初衷差别很大,然而却在下述几点上取得了一致的结论:

1. 文学言语是一种独特的具有虚构特征的言语,这就等于说,文学言语在一定程度上与其他各种言语相分离,也与参照世界相分离,因此,文学领域的任何实证主义和新实证主义方法论都是站不住脚的。

2. 文学语言的独特性、虚构性与居于主导地位的国家意识机器相关联。(勒内·巴利巴尔研究中的"学校"、奥埃巴赫谦恭说教中的"教会"、我本人关于西班牙黄金世纪的分析中的"学校"和"教会"。)考虑到这种依赖关系,考虑到国家意识机器体系内部主导因素因为社会经济结构的发展而变化时(见上文),决定文学言语独特性和虚构性的成分将在历史进程中长期对文本产生影响。

3. 这些成分参与言语方阵的构成,言语方阵首先为文本的文字增色,为它打上明显的类属标记,这种标记不可能根本改变被陈述话语,然而同一话语也不可能逃避言语方阵的作用。言语方阵属于不可避免的媒介物,分析时应予以考虑,以免把言语方阵的作用与构成一定文本的真正的症结相混淆。

4. 由于文字关注不同事物的陈述方式,因而也为文本开辟了色彩各异的符号组合和堆积形式;当这些符号组合没有进入既定的方向和路线时,便为文本提供了自由的手段。

三、社会批评

关于机制和语言这两种大的媒介研究,不同的切入方法使我们得以更准确地把握某些症结之所在;生成结构主义和社会批评对于把握这些症结的贡献应该得到界定。

1. 生成结构主义:通过集体意识发挥作用的媒介

吕西安·戈德曼认为他的主要发现是关于超个人主体以及该主体的任意知识行为、情感行为或实践行为的结构特征的发现;该主体具有一种意识形态——"无意识"[le *non-conscient*,"由个体意识的知识结构、情感结构、意象结构和实践结构构成,与弗洛伊德的'潜意识'(l'*inconscient*)不同,因为'无意识'不受排斥"。——戈德曼,1966,第

153页]和一种意识类型——"世界观"(把某团体成员团结在一起并使他们与其他团体相对立的所有愿望、情感和意念)。"世界观"是一种抽象,在很大程度上与马克思主义的"意识可能"概念相重合;只有对某团体全体成员的真实倾向进行推论才能确定"世界观"的具体内容,"他们以不同的意识觉悟,合力实现这一阶级意识……各自不同的个体很难达到完全的一致。只有哲学家和作家才能从观念和形象角度表达这种和谐,他们的作品愈接近世界观的这种图解式的一致时,即最大限度地接近他们所表达的社会团体的意识可能时,便愈重要"(戈德曼,1959,第 27 页)。在戈德曼的理论中心,明显存在着从其他理论生成而来的结构主义的分支:

——吕西安·戈德曼阅读卢卡契作品后生成出的理论分支,他把"全体"的范畴解释为形式观念的唯物主义的和历史的翻版;

——由马克斯·韦伯(Max Weber)的思想生成出来的理论分支,他把韦伯的某些观念融入自己的理论之中(理解分析时的主要依据,"理想类型"和"客观可能性"等概念);

——历史唯物主义的分支。

然而,不同的世界观捕捉现实的能力并不相同,有些世界观的认识论价值高于其他,无产阶级的世界观尤其如此。后来戈德曼回到这一学说时,发现无产阶级也融入了消费社会。据 J. 利纳特所说(利纳特,转引自杜歇,1979),这一结论说明他放弃了《小说社会学》里关于媒介结构的世界观观念,而接受了勒内·吉拉尔(René Girard)的间接媒介的观念。如果按照《隐蔽的上帝》(*Le Dieu caché*)赋予该概念的意义,发现"意识整体或政治整体的文本结构与社会团体"之间的媒介即不再可能。应该说,雅克·利纳特在《小说的政治解读》(*Lecture politique du roman*)一书里令人信服地批驳了上述论断(利纳特,1973),利纳特把罗伯-格里耶的《百叶窗》(*La jalousie*,又译作《嫉妒》)以及广义的新小说与一种意识联系起来,这种意识"与生产领域的技术团体或者技术阶级的部分主张一样,其功能似乎就是要把阶级对立和个人主义绝对化,社会主义思想是阶级对立观念的代表,而传统的小说生产以及右派的政治意识则与个人主义联系在一起"。不管怎样,J. 利纳特的这一杰出论著大概也属于生成结构主义的范畴,因为论著的方法服从了生成结构主义的图解模式,即通过不断插入到愈来愈庞大的结构中去这一方法来图解作品的意义结构。然而,论著既把《百叶窗》放在殖民地小说发展史(通过殖民地小说发展史,进一步放在殖民地生活以及第三、第四共和国历史)的特定环境里予以审视,又把它与处在分化之中的资产阶级意识所产生的种种神话相比较,突出了其他媒介的作用,而忽视戈德曼的世界观媒介的作用,这正是它的价值之所在。

2. 社会批评(言语间媒介、文本间和文本内部的媒介)

雅克·利纳特把文本间性这一概念(殖民地小说、资产阶级意识的神话)作为媒介结构的成分来使用,我们和他一起来探讨社会批评的各种潮流,被上述理论所忽视的一些媒介类型引起了社会批评的关注。社会批评作为生成结构主义的传人,因一些个人或集体不约而同地从事的研究工作而形成,然而并未构成一个真正纯粹的整体。这一点,社会批评所隶属的意识形态方面表现得尤为突出:当 E. 克罗、C. 杜歇、J. 林克(J. Link)等人自称坚持了历史唯物主义并有意突出集体媒介以及与历史的关系时,P. 齐马的观点却"比较接近由阿多尔诺、霍克海默和马尔库塞所阐述的法兰克福学派的批评理论"(齐马,1985,第 10 页)并由此而关注着个人的批评独立。当然这一区别在很多方面似乎仍然缺乏理论色彩,因为双方都不愿夸大文学文本对意识形态的依赖性(或独立性),他们对文学文本打破通常互相矛盾的意识形态的壁垒界限的作法记忆犹新。

然而,一般来说,社会批评的宗旨首先就与传统的文学社会学不同,社会批评不仅局限于文学领域内的文学文本之分析,正如克洛德·杜歇所说,还因为文学领域内引起社会批评关注的部分,恰恰与社会学的关心热点相反,是文本的"内部",即"文本的内在结构,它们的运作体系、它们的意义网、文本内部的张力状态、不同知识和言语在文本中的会合"(杜歇,1979,第 4 页)。社会批评与文学社会学的又一更大的区别是,社会批评认为,作为参照系的现实,在文字的作用下,承受着一个语义变化的程序,语义变化程序以结构成分和形式成分的形式,规范着参照系,意味着打破个人经历和集体经历的各种不同的表现形式,对它们进行一番嫁接、重新组合并赋予新的语义的媒介整体得以恢复。社会批评在支持形式主义批评提出的"文本"和"文字"概念的同时,才能以全新的方式提出意义的媒介以及意识生产程序问题,这一问题对于社会批评至关重要,社会批评不认为意义的意识生产程序是建立和谐的过程,而更倾向于认为这是"矛盾的偶合"的出现。

我们上文已经谈过,社会批评的不同潮流大概还会不同程度地介入关于我谓之曰大媒介(机制和语言)或接受方面的各种争论。但是,它们尤其关注文学前材料和文本材料中可以鉴别出的具有矛盾冲突的微型复调空间以及社会在文本中的记述方式。

1. 社会言语的凝聚

社会交际记录和社会言语。马克·昂热诺和雷吉纳·罗班所确定的"社会言语"的概念与言语的形成或社会语言环境等观念存在着诸多区别,然而最大的区别在于,前者主要表示社会言语的凝聚,表示"形象、意象和谓语等围绕题材主语的凝结";这些凝结物"带着它们自身的公理体系以及它们的新功能,通过题材、认识和形象多次重复的渠道,支配着社会的言语行为"(昂热诺和罗班,1985,第56页)。

社会言语的每个片断,作为混乱的、不稳定的、刺耳的语言材料,带着"症结痕迹、不同背景下的使用痕迹、构成一定'阔论'之记忆的暂留痕迹"的来源标志。尽管该材料本质上属于异质混杂,我们仍然以恢复它的规律性为目标,以便确定一定社会所固有的表述和书写规律("社会言语存放在人们大脑里的词汇单位具有磁性、具有'钩形原子核'的能量,而词汇流通的组织系统却没有变成共时性的客观现实,因而单纯从共时方向是无法辨认的")。(昂热诺,罗班,1985,第55页)这一立场明显表现在克洛德·杜歇的耕耘之中,并与"社会交际记录"的概念部分重合。杜歇赋予"社会交际记录"的定义如下:"种种部分再现行为,围绕某一核心而展开,构成一个模糊的、不稳定的、潜在着冲突的整体,部分再现行为之间存在着相互影响。"(昂热诺,罗班,1985,第59页)"社会言语"与"社会交际记录"也存在着差别。克洛德·杜歇的分析"基本上是以已经完成的文学文本以及他认为是以再现社会为主题的研究工作为对象",与杜歇相反,马克·昂热诺和雷吉纳·罗班则对"文本前的阶段"更感兴趣,文本前阶段里,"社会言语的某些方面所提供的频率吸引着作家良好的美学兴趣"(同前,第59页)。

那么"社会交际记录"是以言语向文本的过渡阶段为参照系吗?这一概念是否既适用于虚构文本中一系列题材化过程又可以用于其他言语形式呢?题材化过程所显示的活力是它所吸纳的某些意识符号发生变化而具有的内在活力呢?(如果是,那么是什么东西支配着这些变化呢?)或者恰恰相反,还是因为文本形成过程的劳动所致呢?(那么同一文本中是否存在着系统性呢?这一系统性又记录些什么内容呢?)

言语间事件。厄休拉(Ursula)和朱尔根·林克(Jürgen Link)是从我们的社会结构是按照劳动分工来组织,因而出现了大量的专业言语这一事实出发提出他们的论点的。需知任何社会都应挖掘言语间形式的宝藏而把这些异质言语融为一炉；社会把自己的行为、冲突或者还有影响该社会的事件投放到隐喻中，由隐喻构成的集体象征，从言语间形式中脱颖而出；言语间形式则是由专业言语长期的互相影响而形成的。为了说明他们的理论，两位作者引用了法国大革命时期的集体象征体系，于是，关于巴士底狱或者占领巴士底狱的隐喻形式，便被用到科学言语之中（尽管歌德激烈地反对资产阶级大革命，却仍然运用它描述牛顿的光学理论），或者用来表达思想的解放[在克莱门斯·布伦塔诺(Clemens Brentano)看来，原则筑成内心的巴士底狱，禁锢着人的种种欲望]。这种观念上的"言语间形式"体现了马克·昂热诺和雷吉纳·罗班赋予"社会言语"的全部特征并与克洛德·杜歇的"社会交际记录"概念重合；当言语间形式摧毁原有象征而引入新的语言背景时，它其实也沦为一个复调的冲突空间，冲突的各个阶段体现着意识形态的错综复杂的矛盾。作者以革命激情形成的隐喻体系为例作了演示：围绕某一观念和象征内核，形成了一个本质上互相矛盾的体系，该体系模糊的轮廓似乎具有杰出的外延和适应能力，把正在孕育的未来的新社会引为楷模的具有活力的机器（如钟表、乐器、轮船、气球等）与法国旧制时期已经死亡的旧机器（如酷刑、军国主义、阴谋诡计、磨坊等）相对立。（厄休拉，朱尔根·林克，1985）

语义的建构和解构。上述社会言语的凝聚来自何种意识形态呢？社会言语的凝聚给记忆留下什么样的历史背景和症结呢？这两个问题是社会批评的根本问题，而厄休拉和朱尔根·林克只是部分地回答了上述问题；我也为自己提出了这两个问题。在把言语基本上看做集体主体的语言实践的基础上，我认为该言语的特殊的社会言语的凝聚过程不自觉地记录了超个人主体的空间介入、社会介入和历史介入的标志；其实，社会言语凝聚上升为词汇的方式反映了社会价值的体系、改变社会言语的语义变化情况、产生社会言语的阶层的生活方式和介入社会经济生活的方式以及心理结构的演变过程等。这一假设仅仅考虑了文本前的因素，当我们从这一假设出发考察这些言语现象在写作开始的重塑过程中的变化去向时，我们发现，这些固定的意群在同一文本意义的规范过程中解体了，即按照言语相互作用的同一游戏规律而发生了解体的变化，而言语相互作用的这一游戏规律却因此而成为意义生产的积极因素之一。《古斯曼·德·阿尔法拉切》(*Guzmán de Alfarache*)是16世纪末西班牙小说家 M. 阿莱曼(Mateo Alemán)的一部小说。这样,我在这部小说一小段的开头几行即发现一个意群的解体现象,"宝石"(*pierres précieuses*)一词变成了"昂贵的石头"(pierres de *prix*)。这一变化抹杀了"宝石"一词隐喻意义的潜在性,而赋予"价值"(*prix*)一词其全部语义,突出了交换价值的观念。如果我们要考察这一变化的深层原因,可以从开头之后的几行中得出一致的看法,并且发现,在已选用的范词轴线上,文本多次采用了类似的手法;这一方法反映了商界言语实践中指导表意手段之取舍的选择标准(如"斜体字"、以"屈指可数"表述物稀为贵、"存放在稳妥之地"等)。然而,同一段落的商界言语却摧毁了黄金时代的中肯之言;形象言语的支柱(表意手段)栩栩如生地再现了交换世界的活动、价值、行为规范、司法结构等。以这种方式勾画出在此占主导地位的一种言语的文本标志,这段形象言语的支柱赤裸裸地反映了该段意义生产的系列主导意识。主导上述言语相互影响的运作规律被视为文本生成范围内深层结构的标志。(克罗,1983,第279页及相关段)

2. 从言语雏形到言语

关于"意素"(*idéosème*)概念:这里,我们进入了一个当今批评界很少研究的领域。社会性通过机制和语言等大的媒介进入文本;除此之外,社会言语的凝聚是唯一的渠道吗?只有社会实践才能以某种方式使"一定社会形态里的说法和写法"运转,离开社会实践的社会言语有可能存在吗?那么此后社会实践和言语实践或者写作实践是如何铰接在一起的呢?"意素"概念即试图暂时回答这一组问题。这里,我们考虑到了两个结论:其一,虚构文本的建立错综复杂地嵌合着各种表现形式;其二,表现即意味着建立种种关系,构成客体的结构。因此,文学文本是围绕着一个复杂的结构体系而编织起来的;当我们从一种表现形式到另一种表现形式对文本追根溯源时,即碰到了物化的意识形态,我们可以把这一现象视为种种社会问题的形象化过程,形象化过程是以形象言语和/或语言言语组织的,人们可以从符号学和语义学的双重视点去捕捉形象言语和语言言语。在这种背景下,"意素"则既具有符号的纽带作用,也具有言语的纽带作用:符号纽带作用,因为意素把各种表现形式中的形象符号、动作符号或语言符号结构成种种体系,而所有社会实践都浓缩在各种表现形式之中;言语纽带作用,因为置身于文本中的意素,保证结构功能的同一性质。(克罗,1985 b)

这些意素只能确定生成出种种结构的各种关系。虽然它们不具有任何语义内容,却并不影响它们成为以后任何语义转移的潜在矢量以及总的意义生产的推动因素。因此,根据意素的结构方式,它们可以产生无穷无尽的文本现象,产生各种文本类型,像国家意识机器以及它们所包含的言语实践和社会实践一样毫不逊色地作用于这些文本类型。社会实践通过这些意素使文学文本语义化,然而,在语义化的发展程序中,其他成分取代了原始意素,形成文本内的微型符号体系,微型符号体系既具有生成功能,也具有自我参照功能。意素概念的可操作性已经经过一系列文本所证实。事实上,这一概念可以回答文本内媒介这一关键问题所提出的某些问题。文本的生产者如果对自己所要表现的现实完全陌生,或者被淹没在现实之中,除非表现自己的亲身经历或者通过思考和分析的迂回之路,他还有什么方法可以捕捉到现实生活呢?试设想有这么一个课题:一位作家许诺描述自己的阶级立场,同时,假如我们同意用这样的语言提出问题,关于第一点,我们能够把一个个人一定时期的思想与真正的阶级意识混为一谈吗?我们完全有理由把阶级意识视为某种认识水平的最大范围(认识场)。那么两者之间的差别意味着什么呢?吕西安·戈德曼在回答这一问题时,摒弃了"作者"的概念,而代之以"集体主体"的概念,并且突出了意识也是一种媒介结构的性质,意识的表现形式,戈德曼谓之曰"世界观"。生成结构主义认为,世界观可以扩大写作者的社会视野。我们现在则可以以完全不同的语言提出问题。

如果我们接受这一观念,即真正的社会视野之外,外部世界的关系广泛而又无意识地投射到说话者主体的内部世界,这些关系在说话者主体的生活中打下了深深的烙印,反映到他的语言实践之中,或者更广泛地反映到他的社会实践之中,那么,我们事实上就等于接受了下述观点:与外部世界的关系,既可以通过文本内的微型符号体系,也可以通过文本对于社会言语凝聚的生成工作而客观地予以反映,而写作者本人则既未发现这些关系,也不可能发现,这一事实使文本具有极广泛的社会视野能力,或者更准确地说,具有极广泛的解读社会的能力。(克罗,1983,论著中的若干处)

结论

我们发现,社会学的结构使得该学科的批评目标并不一致,而差异较大的批评目标又必然导致观点的复杂化,很难把这些观点聚拢在一起。然而，异彩纷呈的观点似乎围绕着两个不可互相取代的整体而展开，两大整体基本上可以区分为互为补充又必须明显加以区别的两个学科分支。乍一看，文学社会学和社会批评大概可以给人留下这样的印象，即有时候，它们的兴趣是一致的；然而，表面交叠的背后，真正的关注却截然相反。除了其他可以列举的例子之外，围绕文学机制的争论即是这样。哲学阐释体系、历史阐释体系或社会学阐释体系从外部看待文学机制，探讨文学机制与作为意识形态媒介的整个国家机器的关系。然而，只有当文学机制作为文本内部布局或文本间布局的媒介结构时，它才属于社会批评的范畴。同样，当社会学方法关注"文本外"或"文本前"的方方面面时，社会批评虽然并不因此而忽视文本源头或者文本下游的事情，却以为"外部"已经按照特殊方式在文本中解体了——正是在这一点上，社会批评超越了内在符号学——而特殊方式则体现了一定的社会历史条件。如此说来，两个学科互为依存，不可能各自独立地向前发展，也不可能离开与它们最接近的重要学科而径自发展。至于社会批评，它不可能忽视意识形态主体与精神心理主体的重合区域。关于建立任何总体理论的这一关键问题，已经取得了某些共识，特别是围绕吉拉德·门德尔（Gérard Mendel）的作品。

10. 翻　　译

约瑟·朗贝尔

　　20世纪七十年代以来,文学研究领域最有趣的现象之一,就是通过翻译而对文学研究提出了真正的理论质疑。

　　文学研究领域大部分较新的教材,尤其是比较文学方面的,都保留了翻译的地位,至少提到了翻译问题;国际学术会议和最有代表性的学术期刊亦如此。或者翻译家畅谈翻译体会,或者语言学家探索翻译的极限,或者翻译教授或比较文学教授表示关注翻译在教学中的使用。然而,从总体上看,系统地研究文学翻译以及文学翻译对于了解文学现象的帮助,这一工作有待于继续挖掘。

　　翻译这门学科宣称主要是挖掘文学间的关系,那么如何解释这门学科的不系统性和不连贯性呢? 如果不系统和不连贯使人十分不快,那么改善方法有可能引导文学研究重新审视它们在其他许多关键主题上的理论态度,取得戏剧性的效果。

　　另外,近年来,翻译研究在比较文学的新的研究方向中逐渐取得了一席之地(库什纳,1984),不仅研究成果的数量大大增加,而且这些研究工作的方法论建构和理论建构的努力显得尤为明显。

理论研究和/或历史研究

　　长期以来,比较学者把翻译研究的工作一股脑地推给语言学家和翻译家,其中主要原因之一,无疑当数他们对理论工作的恐惧,尤其是非文学性的理论。后来,他们才逐渐地认识到,理论的缺乏本身就是一个理论问题。

　　自从普通语言学形成高潮以来,许多语言学理论被应用于翻译领域,代替了以前的理论,例如翻译家自己的理论,在他们看来,"翻译是一种艺术,而非一种科学";此外,某些研究人员依然认为翻译的研究——以及一般的文学研究——更多地属于一种艺术,而非"科学"。1960至1970年的多次学术会议上,翻译家、翻译教授和语言学家们频频对立,造成这种对立的原因,莫过于理论面对作为"历史"现象的实际存在的翻译作品的尴尬。理论家们试图"生产"出某种理想类型的文本,长期以来,在这些文本与应当描述的现象之间筑起一堵城墙;他们的规范式定义与历史风马牛不相及。[图利(Toury),1978;朗贝尔(Lambert),1978]如果无法回避理论的必要性,那么就有待于确定哪些理论比较合适,在什么样的条件下比较合适。图利认为,研究人员在没有对现象进行充分的研究以前就绞尽脑汁地(闭门造车)为它们下定义是错误的;只有某些假设才可以重新把研究引上正确的途径,并最终达到系统地认识翻译作品的目标。

于是,文学作品翻译的所谓独特性问题不应预先提出并/或解决,而应重新成为我们的研究对象;翻译、改编、模仿的区别,或者优劣翻译作品的区别,也属于历史资料的范畴。对它们的分析也应借助新型理论的指导而获得更高的效率,这些理论应该是描述型的范例,旨在有利于对历史对象的分析。

变翻译为问题

其实,我们关于翻译各个方面的种种问题似乎很容易产生许多误解。面对一个既无经院学术地位又无科学传统的主题,我们的研究人员直至今日仍然提出一系列天真的问题。为什么某翻译家是位翻译天才?乔伊斯的《尤利西斯》真的可以翻译吗?怎样才能把一部日本的国粹翻译成英文?翻译家是否忠实了原作?哪些人堪称伟大的翻译家?如何解释翻译作品的老化问题?

一位翻译家、一位批评家,或者一位文人,往往提出上述这些问题。我们并不妄下结论,断言它们一概错误,然而这些问题裂变为种种误解的潜在性,尤其是相对于其他一些更根本性的问题的局限性,则是显而易见的。后者尤如:翻译在不同文化中意味着什么?如何翻译?翻译作品在文学中,尤其在文学发展中的功能是什么?如何解释翻译领域的危机和革命?

同样,文学研究也从老实人面对雅文学提出的那类问题中解脱了出来。几十年来,除作家、批评家、优秀书籍的爱好者外,研究家亦极力深入书的世界而不盲目地一概称赞。他们放弃了规范化的立场,用"科学"言语代替了艺术言语。文学研究根据自己的目标,涉及了文学批评留下的许多问题。

按照我们在此陈述的理论思路,首先应该确定各个历史时期的翻译观。把翻译作为研究对象,弄清哪些人从事翻译,以什么样的读者为对象,选择哪些文本、哪些体裁、哪种语言及言语、哪类文学风格和提纲,依据何种文学时尚、道德时尚、语言时尚和政治需求,此外,依据何种翻译观。

体系研究模式

我们以使用不同语言(不同规约)的不同交际体系之间的关系语言来描述翻译作品;我们承认这些关系的性质不能预先确定;关系的性质恰恰依赖于发生接触的体系之间的关系;主要取决于翻译家本人在接受体系中所占据的位置(他可以伪造翻译作品)以及接受方对他的宽容程度;这一性质总是源自异域习俗与本地习俗的结合,在读者兼接受者看来,有时甚至有些不自然的痕迹。

显然,根据环境的变化,这种交际程序既可以是个体之间的交际,也可以是集体之间的交际。交际体系之间的对等,亦即它们之间的关系的性质,显然随时间和环境的不同而变化。比较稳定的文学和文化试图把外来文本纳入自己的体系,并把自己的习俗强加给外来文本,因此,翻译家尽量避免过于"陌生"的作品,避免新词和异域情调,避免风格或叙述方面的革新,避免先锋派体裁等。反之,处于危机之中或者正在形成的文学和文化则寻求改革,尽量保留舶来品的特点;这种情况下往往容易产生冒牌的翻译作品。(图利,1980;伊文-佐阿尔,1978)关于翻译家的选择范围、翻译作品及其读者的这些假设,可以帮助我们根据投入体系的相容性或不相容性编制预测图。相容性或不相容性永远不是绝对的,而是历史的和相对的,即使纯语言方面也是如此。这样,可译性问题就成为一个历史的和相对的问题,任何翻译家都可以根据自己的方法和观念,或者自己所处环境能够宽容的方法和观念来解决这一问题。

翻译作品的体系性阐释的优点首先表现为总体性和开放性,这种阐释相当于提出一系列问题而非罗列一系列论点。这种阐释不仅与翻译家使用的词汇有关,而且与专有名词、诗律、修辞法、叙述技术或文类的区分,特别是种种异域体系中的文本选择相关;某些时期某些文学中某一子体裁没有翻译作品本身就是当时翻译的一种迹象和翻译方式的体现。每种文化和每种文学都以自己的方式规范翻译活动及其变种。任何反历史主义的、所谓普遍适用的翻译定义今后都将是荒诞的;只有功能式的开放型定义才有可能反映翻译规范及其范式的浮动情况。

关于翻译的语言学理论和大部分其他理论是用封闭式的思维来解释翻译现象的,它们以一种特殊的静止的方式解释原作与译作之间的(对等)关系。它们试图把"对等"的作品与不对等的作品区分开来,不是分析客体的规范,事实上为有待研究人员研究的对象设置了规范。一般来说,这些理论建立在原作与译作对比的基础上,把原作当做明显而又可靠的标准,而在文化生活与文学生活中,译作经常与很多范式有关,翻译家和/或他的读者们可以无视原作的存在,甚至把原作搁置一边;在冒牌译作里,原作的存在则是虚幻的。

应考察的关系范围的扩大引导研究人员把自己的种种问题与图示结合起来。系列研究模式要求像澄清一项研究提纲一样去澄清它。下边这个对等关系的符号图示有助于组织关于翻译现象的总体研究:

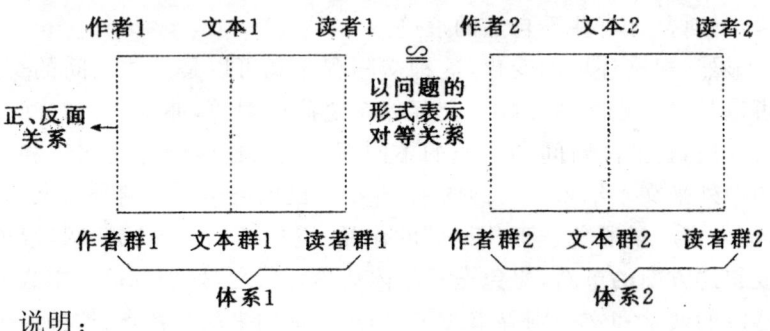

说明:
≌以问题的形式表示对等关系(什么样的关系?);
············ = 表示关系(正面关系,反面关系)。

我们的图示具有理论上的假设作用,它告诉我们,哪种关系可以在翻译作品的生产和制作中发挥作用,因此,哪些翻译作品在翻译研究中应当予以重视。这个图示只不过是一种带有启发性质的工具,不能把它视为一套论点。图示试图以广泛而又开放的方式容纳一定文化背景下翻译领域的所有重要现象,从翻译程序到译作的接受,包括文本类型(语言类型、风格类型、社会文化类型、体裁类型)和商业发行以及有关翻译活动的元文本。

每部译作似乎都是上述图示的具体化,只不过所依据的既定特征不同。研究人员应该勾画出这些特征的轮廓。中心问题将是对等关系的性质问题。译作或译作中的主导规范属于一致型(与原作的体系保持一致)还是可接受型(以译作地域的体系为基础)？一致型或可接受型这一二元论法纠正了关于译者是否忠实原作的传统问题,传统观念以主导规范为准则,把"忠实"问题绝对化。其实,我们有足够的理由相信,面对二元论,任何译作都不可能真正做到紧凑和一致:例如一部法文译作中,某些专有名词可以法文化,其他则不可能;词汇里可能有法英文混杂的现象,而版面处理和叙述技术则完全符合法国的习惯。研究从微观到宏观各个结构层次的选择恰恰十分重要;事实上,主导接受方体系的语言倾向、道德倾向、艺术倾向必然要求翻译家在整个翻译过程中始终有意识或无意识地作出抉择。既然我们的目的是研究指导翻译家的规范和范式,而非文本或翻译家,那么所有元文本,包括翻译家们的理论文章,都应该接受同样的分析;这些元文本及理论文章同时构成了面对翻译领域二元论问题的一种立场选择;在文学翻译领域,元文本与理论文章则同时成为面对文学所从属的二元论所作出的立场选择。

体系研究模式提供了重新阐释和纠正以前那些与其他理论相关的研究著述的机会。一般来说,这些著述挖掘的面比较窄,主要研究文本1与文本2的关系,或者作者与译者的关系;它们经常以原作(体系)作为分析(和评价)译作的标准。这类方法有可能潜藏着某种规范,我们并不排斥这类方法,但是通过分析多种其他关系作为对它们的补充。显然,任何情况下,"原作"都不是译作的唯一范式。

另外,体系研究模式还引导我们远远超过孤立分析偶然选择而来的文本或者翻译者的做法。如果应解决的问题与种种规范和范式相关,那么真正的研究对象就变成了所有的(文学)翻译作品,研究方法由传统的累积方式就变成了系统的研究方式。

伊文-佐阿尔建议把翻译文学作为一个复杂的整体来考察,它也有自己的规范和范式。(伊文-佐阿尔,1978)他认为两大论据支持着他的假设,这两个论据分别是:1.一定文学都有自己的选择原则,即使面对差异很大的种种外国文学和外国文学作品(18世纪的整个欧洲都把奥西昂的命运与荷马的命运联系起来);2.接受方文学面对异彩纷呈的外国文学,在翻译方法方面遵循一定的战略。当然,以为翻译作品就像一个组织一样地运作那是不够的,更重要的是,要把它们置于文学体系之中或者相对于文学体系来考察：这些翻译作品属于传统型还是革新型，体现在哪些方面？它们在文学生活中占有中心地位抑或边缘地位？与许多理论家的观点相反，伊文-佐阿尔认为在大部分情况下，翻译文学可以归入传统文学一列。理论家和史学家的任务正在于鉴别出支持传统观念或革新观念或者赋予翻译作品以中心地位的种种因素。关于这一点，他将非常关注接受方文学的稳定程度。

毋庸置疑，这一理论只能突出接受方文学的作用，加大翻译作品在整个文学活动中的文学功能。

困难在于如何界定翻译文学在接受方（文学）体系中或相对于这一体系的地位。翻译文学体系并不比一般文学更稳定或者更和谐一致。因此，确定翻译作品的指导原则就显得尤为关键。其实，只有体系研究理论才能解释翻译领域的奇异现象之一，即一方面，翻译文学史上的经典作品以及许多其他翻译作品位于真正的文学范畴之外，而另一方面，非文学翻译作品（许多宗教文本如《圣经》等）某些时期曾经占据文学生活的中心地位。如果说接受方体系确实主导着翻译作品的选择和制作，那么应该补充说明，这里的"接受方体系"并不单指接受方的文学；舶来文学的规范并不一定等于引进方文学的规范，它可能发生变化，承受危机和冲突。古希腊拉丁文学就曾经规范了17世纪的法国诗学，而翻译活动只能加强文学遗产的这种挖掘工作；自从19世纪以来，翻译文学在文学教学中比在现实文学创作中占有更重要的地位。莎士比亚的命运恰恰走过了相反的历程：这位伊丽莎白时代的戏剧家首先从书本领域进入异域，没能进入戏剧界；很久以后，人们才把他作为戏剧家引入本国的戏剧文学和戏剧实践之中。

把翻译文学作为一种体系来假设，就必然接触到这一体系的松散现象以及它的媒介地位：翻译作品在文学作品中，在各种文学之中或之间占有什么样的地位呢？正是在这方面，与一般的文学研究相比，关于翻译文学的研究，才真正具有它的全部意义。

翻译文学作为媒介体系

既然翻译作品在各种民族文学中和各种民族文学之间发挥了一定的功能，那么，这些功能的分析，甚至翻译作品本身的分析，应该把分析者引导到各种文学的中心以及它们的功能的中心。上文提供的解释使我们有理由如此设想，即翻译作品显然构成国际文学关系的一个侧面

(朗贝尔,1986),或者更确切地说,构成文学引进的一个侧面。研究人员通过对各种民族文学和翻译作品的综合分析,就可以找到翻译作品的钥匙。然而,翻译作品经常位于文学生活的边缘地带。可是,无视它们的存在,则是研究人员的大错。洛特曼认为体系外区域在体系的发展过程中有可能扮演举足轻重的关键角色。(洛特曼,1973)这一观点非常适用于翻译作品的地位。一种先入之见认为,文学生产仅仅与所谓具有独特性的新作的创作相关,而把已经翻译的或尚未翻译的舶来品以及它们与独特之作的微妙关系置于地下状态。翻译过来的言语在各种民族文学的词汇中、隐喻之中、诗句中、叙述手法中甚至文类的标志中比比皆是,然而它们作为外来言语的身份却很少得到鉴定;其外来性逐渐殒落,特别是舶来品逐渐增多之后。因此,西方语言的拉丁语基质,甚至希腊语基质,已经很难辨认了。主要是那些产生刺激效应的新的怪异手法的借鉴,呼唤着对外来文本(或者文本残片)的鉴定。不管是词汇,还是风格手法、文本及体裁的片断或全部,翻译作品始终带有媒介体系的痕迹,无异于实现了本地模式与外来模式的一次嫁接。嫁接的原则——文本的选择和翻译方法等——暴露了接受方文学的封闭性(朗贝尔,1986)以及对于涌入国门的价值体系的宽容性。相对于猝然而至的外来文本的新潮现象,同样,翻译作品或者翻译言语的缺失,也是一定文学的一种完全相反的选择。年轻文学经常借助外来文本及外来诗学而发展——年轻的非洲书面文学、以色列文学以及19世纪佛兰德地区的荷兰文学都是这样。体裁的更新走过了类似的道路。离开德国和英国范式的迁徙,欧洲浪漫主义戏剧和历史小说就无从解释;侦破小说和科学幻想小说源自于盎格鲁－撒克逊人的书信,经过长期而又复杂的浸入过程,融入其他民族文学之中,遂演变为国际体裁。

许多翻译作品深刻地提出了体裁问题。处于接触中的体系之间文本原则和文类原则的相容性受定义的限制;当文类标志可以同时从双方辨认出来(或受到双方承认)时,这些标志却很少同时符合相应的文类地位。(朗贝尔,1985)当发生明显的冲突时,翻译家或者选择融入传统模式的道路,或者锐意更新规范,反其道而行之。革新的效果自然属于接受方的事情。无论如何,无视各国文学中的潜在区域和潜意识区域是天真的。在这些区域里,大量文本的积累构成了作家、批评家和读者形象思维的源泉。19世纪比利时的弗拉芒读者持续不断地、毫无例外地属于两种文学:全部文化教育为法语传统,然而当他们阅读和生产荷兰语作品时,仍然不失时机地利用"舶来品"。我们可以考察的最极端的情形,莫过于整个文学系统的输入。

媒介体系的挖掘经常回应意识领域一些若明若暗的战略思考。维克多·雨果(Victor Hugo)、维尼(Vigny)以及与他们同时代的人们,渴望一种实验舞台,在这种舞台上,没有任何禁忌,没有任何清规戒律;面对这一荒诞的梦想,他们首先放弃了表演,并且一致同意把戏剧从雅文学殿堂的"宝座上"拉下来。全部戏剧革新来自戏剧运动范围内一段时间的酝酿和实验。我们惊奇地发现,莎士比亚(Shakespeare)和席勒(Schiller)作品的翻译和制作是在同一年代,遵循着同样的原则,且经常是由相同的民族文学去完成的。在戏剧实验中,翻译作品出色地扮演了媒介体系的角色。

我们曾经强调说,持续不断地把翻译作品与它们的原作相比较是荒诞不经的,特别是对于那些间接翻译作品[冯·斯塔凯尔贝格(von Stackelberg)所谓的"第二手翻译"(*Übersetzungen aus zweiter Hand*),1984;图利所说的"媒介文本",1986]。间接翻译作品存在于历史上各个时期的各种民族文学之中,反映了文学发展过程中复杂的"层次形成"现象,永远打破了民族文学之间以政治和/或语言为界、井水不犯河水的机械形象。不同语言的文学之间不仅横向浸透,而且上下浸透,以至于其中的某些文学成为某一民族文学或者某些民族文学的楷模。中世纪的拉丁遗产、18世纪的法国文学(对德国、荷兰和意大利而言)即是这样;对于曾经引导意第绪文学(la littérature en yiddish)或者希伯来文学发展的翻译作品的研究,廓清了18世纪至今欧洲文学及文化的等级关系(图利,1986 a)。第二次世界大战以来,比利时的法语文学和荷兰语文学对于翻译采取了特别消极的态度,只是从荷兰(有关荷语文本)和法国(有关法语文本)直接进口现成的翻译作品,导致了对于他人语言规范及文本原则的近乎全盘接受的现象。

对上述国际中介物及其所载价值的分析一般可显示某些团体或国家的文化声誉。大部分国家及文学能够通过主要国际语言的媒介吸收最具"异国情调"的作品(如西方国家心目中的远东),面对双重外语的引进,接受方文学则放弃通常对其他翻译作品的要求原则。

总有一天,对于翻译领域、媒介体系领域的交流及其浮动变化的鸟瞰,将使类似于全球经济形势的全球文学形势的描述成为可能。更有甚者,它还将展示全球文学战略的结构;通过对不同国际组织间、民族组织间及其他组织之间的相互作用的分析,一个这种类型的"世界文学"的构想,使任何立志研究文学现象的人,都不会无动于衷的。

成果与课题

　　如果我们忘记几代研究人员的贡献,那将是不公正的。优秀的参考书目可供查阅,许多专著或总结性论著已经发表。尽管我们上边提到过它们的缺点,然而,瑕不掩瑜,通常,它们可以提供许多关于翻译作品的依据及其在文学中的地位的珍贵资料。许多研究工作已经属于术语产生前的"体系研究"。供研究人员使用的大部分研究指南都备有详细的索引,这里似乎不必赘述。

　　然而这些研究工作所缺少的,正是明确而又和谐的基础,或者说最低程度的协调,两种说法部分相同。因此,未来的部分研究工作应该对以前的研究论著进行清理、界定和重新阐释。

　　即使以前的论著有时仍具有强烈的现实性,例如玛丽·德尔古(Marie Delcourt)关于希腊戏剧之法译的专著。但是,付出最大心血、结构最完善的研究著述是由东方国家完成的[莱维(Levý),1969;杜利辛(Durišin),1972;杜利辛,1985],这一事实说明东方具有丰富的翻译艺术的传统,也可以用形式主义、结构主义和符号学的收获来解释。近二十年以来,翻译理论的层出不穷,新组建的众多研究中心(特拉维夫、比利时和荷兰、加拿大、哥廷根及其他德国的中心)的合作,特别是西方与东方国家专家学者的接触,提供了许多新的机遇。国际比较文学学会内部亦建立了翻译委员会[起初由莱维的弟子安东·波波维奇(Anton Popovič)领导];若干研究班子已经着手挖掘不同文化中的翻译史,梦想一部翻译史及其文学功能史的面世[赫尔曼斯(Hermans),1985 a;赫尔曼斯,1985 b],已经不是乌托邦了。

11. 跨文化比较研究

厄尔·迈因纳　原作
让-克洛德·舒尔　译

> 作为第三者的比较并非一蹴而就。
>
> ——杜沃·W. 佛克马

真正跨文化研究的新热点

直至最近,比较文学从实践到理论还处于单一文化内的研究,而这里所说的文化基本上属于欧洲和北美的共同文化。题材研究可以以战争为主题,把托尔斯泰(Tolstoï)和斯丹达尔(Stendhal)作为比较对象,而只字不提《平家物语》(l'*Histoire des Heike*)和《三国演义》(我们甚至使用不了它们原来的书目)。文学运动方面的研究本来可以包括德国、英国和法国,但是这方面的尝试还未有过,超出这个范围的选择就更微乎其微了。众所周知,实践以理论为依据。没有文化交流和共同传统的比较研究以前一直被拒绝,理由是这种比较仅从印象出发,或者缺乏文化分量。不久以前,大的比较文化研究还要求一定要有直接的接触为前提,于是,甚至连歌德和孟德斯鸠(Montesquieu)对东方的浓厚兴趣也很少被提上研究的议事日程。有人至少关心印度对于梭罗(Thoreau)和爱默生(Emerson)的吸引力或者日本和中国对于某些欧洲诗人及戏剧家的吸引力,然而这些研究的命运不济,人们对它们漠然置之。它们属于异国情调,与正统的学术思想无缘,所谓正统的学术观念关注的是那些严肃的事情,即欧洲与北美的事情。

这种态度属于欧洲帝国主义时代的残余思想,当时欧洲与北美以外的大部分地区受欧洲的统治。这种帝国主义的思想可谓根深蒂固,以至于传统中的头号帝国主义英国,迄今为止,对欧洲比较文学研究仍然很不感兴趣。近代的事件改变了这一状态。欧洲的大部分帝国土崩瓦解,欧洲的影响日渐衰微。小小的日本竟然能够发动一场灭绝人性的战争,随后又像凤凰一样,在美国轰炸机留下的废墟中获得再生,并于20世纪之末,成为最具扩张能力的商业大国。索尼电器和本田产品名扬海外,远远胜过了紫式部(Murasaki Shikibu)或松尾芭蕉(Matsuo Bashō),然而,日本商业实力和影响的上升导致了一个重要文学传统的发现,日本文学传统比相应的欧洲文学历史悠久,且风格迥异。中国革命结束了外国人在中国领土上横行霸道的历史,如果我们能够追踪历史事件的演变过程,人们渴望了解这个占世界人口重要比例的民族。我们发现,中国文学是世界上从未间断的最古老的文学,近年来的发现说明,我们显然还应该在主要由抒情诗构成、已经得到世人承认的中国诗篇中加上叙事散文体作品和戏剧作品。印度的命运没有这么幸运,它"无缘"像日本那样与美国及大部分欧洲国家发生战争,也"无缘"像中国那样,经受一场革命的洗礼。此外,印度不仅是众多语言的摇篮,也是它们的冲突之地。因此,我们对印度文学的了解仅仅局限于若干特长诗,仅仅知道它们是世界上最古老的文学作品。伊斯兰、非洲和南美通常显得那么异彩纷呈,从文化知识上又是那么遥远,而不被记挂在心中。

以这种语言来描述上述问题等于接受了社会力量和经济力量决定文学的观念,而文学一如任何思想形式一样,具有自身的力量。当亨利·戴维·梭罗写下下面一段话时,最占据他心灵的并不是帝国和商业:

> 清晨,我沉浸在《薄伽梵歌》(Bhagvat-Geeta)①关于宇宙起源的奇妙哲学中,这部宗教哲理诗神圣的创作年代已经逝去,然而,如果把我们的现代世界及其文学与之相比,前者显得那么孱弱,那么微不足道……我放下书,到我的井边去打水,梵天、毗湿奴和因陀罗的经师婆罗门的侍者飘然而至。婆罗门经师或者盘腿打坐在恒河边的寺庙里,神情专注地静读《吠陀》(Vedas),或者生活在一棵大树之下,身边有一节面包和一只水壶。我碰见了前来为师傅汲水的侍者,我们的容器在同一口井里相碰。瓦尔登湖纯净清澄

---

① 印度古代著名史诗《摩诃婆罗多》中《毗湿摩篇》的宗教哲学诗。——译注

的湖水与恒河的圣波荡漾在一起。

(梭罗,1955,第249页)

这段话似乎很有名,可是它能够对比较文学研究产生什么样的影响呢?

威廉·巴特勒·叶芝(William Butler Yeats)跟梭罗一样,对文学亦是如醉如痴,浓厚的文学兴趣更多地吸收了他对社会问题和哲学问题的关心:

> 欧洲非常古老,它的众多艺术曾经风靡世界,它曾经为每朵花卉的硕果而陶醉,深谙硕果的影响,现在到了我们抄袭东方并且谨慎生活的时代了。
>
> 这一风格(日本古代戏剧"能"的开头,总有一位奔赴自己目的地的游客讲述他沿途访问过的山川名胜)的创造者们比罗马人和希腊人离我们更近,甚至比莎士比亚和高乃依更贴近我们的意象。他们的喜怒哀乐总是和某一形象或者某首诗水乳交融在一起,包含在形象或诗里,或者激发起新的诗情画意。

(叶芝,1916,《导语》)

庞德(Pound)可谓叶芝的恩师,是他引导叶芝接触了日本的"能";如今,叶芝跟庞德一样,发现"能"的"一统观"一下子就为文学的众多技术问题和愈来愈四分五裂的欧洲式感觉提供了一条锦囊妙计。我们可以接受一个激情多于阅历的梭罗或叶芝。我们可以想象第一次世界大战末期俳偕(le haikai)风靡法国的盛况,当时它对于法国人是那么新颖,文人学士们趋之若鹜,否则法国也就不是法国了。[迈因纳(Miner),1958,75～76]类似的现象后来曾经在非西方国家里多次发生。在西方文学的研究中,我们还没有堪与中国文学研究中最优秀的成果相媲美,具有同样洞察力和优美文笔的研究成果。[参见柳某①1962、1975年的论著和普莱克斯(Plaks)1976、1977年的论著]这类基本上属于比较研究的作品之所以很少,毫无疑问,与饶有兴味的影响问题相关;比较文化研究中的影响问题至今几乎只涉及了19世纪。

---

① 系音译,具体名字不详。——译注

跨文化研究的必要条件：
对文化内研究进行更好的理论总结

我们不能进行简单地抽象，因为对于我们中间的大部分人而言，甚至"比较文学"的定义似乎也只是欧洲人的定义。难道我们没有听过法语、德语和英语中"比较文学"一词的说法吗？有谁听过日语和汉语中"比较文学"一词的说法呢？我们的言辞对于我们具有如此大的魔力，以至于我们非常熟悉的西方术语似乎只表示西方文学，仅此而已。如今，这种态度尚未销声匿迹，然而，它的消失已经为时不远了。

在亚洲与欧洲一样，跨文化比较研究将继续占有很重要的位置。一种文化内前世对现世的影响方面，仍然有许多工作等待我们去完成。贺拉斯在其颂歌中从希腊歌唱诗人那里所接受的遗产可以说是古典作家们的共同之处，然而，这类比较研究的局限性很大："比较"一词的含义到底是什么？比较的原则是什么？当我们比较欧洲浪漫主义时期各国重新发现希腊文学的兴趣时，我们事实上很难确定对这类现实的比较属于文化内的比较抑或跨文化的比较研究。总之，两者之间没有绝对的界限，如同知识问题一样，而是逐渐深入那些细微的区别，深入比较武断的和意识形态方面的区别。

然而，跨文化比较文学与我们更熟悉的文化内比较研究之间仍然存在着某些差异。首先，必然涉猎的语言不属于同一家族。其次，"影响"不再成为话题的当代社会除外，跨文化比较研究的格局与相对应的文化内研究的格局不同，某些主题（例如"影响"）属于一方的禁区，而对于另一方则成为可能。此外，文化内比较研究以更新颖，或者至少是更尖锐的方式提出了某些本属于任何比较研究所固有的问题，并且以动摇整个学科的规矩而使这些问题面目一新。下面我们将首先关注比较熟悉的问题。如果说影响问题在跨文化研究的启示下将发生变化，可以肯定，其他问题也将面对同样的命运。

一旦把"影响"的观念从欧一美的背景中抽出来，它就不像大多数人想象的那样简单了。"大多数人"不包括迪奥尼兹·杜利辛，他认为通常所说的"影响"意味着甲把某种东西送给乙，而实际上谈论接受更准确一些，乙选择来自甲的某种东西。（杜利辛，1974）现代西方某些作家对亚洲文学的接受（而非亚洲文学对这些作家的影响）显然涉及诗的某些类型和戏剧作品，而不包括叙事类型（而亚洲文学则确实接受了西方的某些叙事类型)。我们不难想象,中国微妙的对仗体散文(骈文),或者诗体散文(或乐府诗、赋),对中文功底的要求很深,西方作家不具备这样的水平。那么为什么法国人对他们称之为"俳偕"、意象主义者称之为"发句"(*hokku*)、后来统称为"俳句"(*haiku*)的东西那么重视而没有重视日本王室的长诗呢? 既然西方人极少重视亚洲的叙事体散文作品,那么为什么东亚作家以极大的热情选择并接受了西方的叙事体散文呢? 这其中肯定存在着深层的理由,即使我们还缺乏这方面的解释。

霸权支配着跨文化关系,然而尚不足以解释这种关系

如果考察一下接受史的年表及其背景,我们就会发现,不必完全抛弃"影响"概念,重新确定它的定义之后,这个概念还可以继续发挥作用。如果一个民族或文化掌握着政权或某种文化魅力,其他民族或其他文化的作家们即处于接受的地位,导致或强制接受的一方可以接受"影响"这一名词。朝鲜和日本作家接受了中国文化,中国文化则影响了朝鲜和日本作家,即使中国从朝鲜和日本一方一无所获,当然中文产品例外①。除佛教之外,中国还从印度接受了一些虚构成分,例如某些佛经中的虚构故事。印度没有从中国接受什么,反而对中国有所影响。如今,社会主义的现实主义的经典作品或多或少地流行于东欧和中国,而美国的民间文化则风靡全世界。在上述两例文学兴趣中,霸权产生了一定的、直接或间接的影响。中国大概是施加支配权力时间最长且最得心应手的国家。一位中国作家说,他曾经走遍世界(或走遍天下),只有三四个地方不曾留下他的足迹,而这几个地方碰巧都在中国的大路边上。(沈某②,1983,102)许多人曾经看见希腊人蔑视蛮人的样子,不管蛮人说什么,似乎都在发出一股野蛮之声。中国人创造了四个词汇来表示蛮人,分指来自东亚四个方向的蛮人,这四个词分别是"东蛮、

---

① 有关东亚比较文学研究中的重要缺陷之一,即忽视了朝鲜的重要地位。如果我没弄错的话,朝鲜诗人是唯独入选《全唐诗》的外籍诗人。现存朝鲜诗篇的大约80%是用中文写成的,朝鲜人用中文写诗填词极富天才,而民族诗则主要为口语诗。朝鲜人在日本文学初期的作用愈来愈明显。参阅科尼什(Konishi),1984,他部分地填补了这一空白。

② 系音译,具体名字不详。——译注

西蛮、南蛮、北蛮"。当然还有法国。尽管当时法国并非一个可以忽视的强大帝国,它仍然以支配世界其余地方的文明为己任,法语的传播即反映了这一现实。法语的影响堪称一绝,以至于它的传播长期内不必仰仗政治实力。大家都知道,俄罗斯贵族并非用俄语显示自己的地位,而以说法语为荣耀;弗雷德里克大帝寄给德国人的请柬是用法语写成的。对于法国人而言,美食和葡萄酒并不比爱情和金钱更幸运,法国和文明也不能成为幽默或机灵的对象。这种妄自尊大的态度产生了很大的影响,使多数大陆接受了法语。

没有影响的接受是可能的,反之,不被接受的影响也是可能的。理查德·E. 舍温(Richard E. Shewin)是用英文写作的以色列作家。当他读了一些英译日本诗篇之后,从日本诗中借鉴(接受)了某些成分,用于自己的艺术。很难说日本文学对他的作品有什么影响,除非假设"日本货"在当代具有一种笼统的魅力。最简单、最令人满意的解释,莫过于"接受"一说。另一方面,可能有这样的情况,某些大国希望自己的意识形态受人尊敬,自己的地位得到承认。不管苏联使出了何等的解数,社会主义的现实主义诞生之初,凡是可能的地方,都遭到了被抛弃的命运。不管美国人如何努力,他们的严肃文化总是被忽视,而让位于他们的娱乐文化。如今,国际比较文学学会的官方语言依然是法语,尽管英语的地位似乎更重要且外国人更熟悉。

跨文化比较研究可以使我们更好地了解某些常见思想的背景,如"影响的焦虑",有人用弗洛伊德(Freud)的学说解释这一思想,以显示它的分量[布卢姆(Bloom),1973]。精神分析学说是众多输出比较困难的文化产品之一,正如中国的一种思想一样,外国人很难接受;这一思想认为意象应该包含诗意。东亚存在着一种因未受影响而产生的焦虑,受前辈学人的影响,或者受屈原的影响;伊斯兰国家因其他原因也存在着类似的焦虑。中国人认为,真正的诗、真正的艺术,必须以一种语言为前提,这种语言不仅包括一套词汇或一系列名家及典故,还应包括大家共同尊崇的训导式典籍,需要贯穿于新的作品之中,重新确立经典思想的地位,达到世代相传的目的。日本王室最早的三部诗集世世代代地被后世作家奉为真正的诗的语言。

在诗歌竞赛的紧张气氛中,一首诗可能获胜或败北,关键看其用词是否新颖,是否已有先例。这种"对于影响的忐忑不安"似乎是世界性的,说明诗场即战场、同代人即对手的残酷现实。自从西方浪漫主义作家以来,可以非常明显地感觉到"历史遗产",然而,即使浪漫主义作家同时代的批评家黑兹利特(Hazlitt)也曾经不无感慨地指出,访问他的那些同代诗人,请他们谈谈对"深厚扎实的"前辈作家有何感想简直是徒劳无益的:"我不能说我从这些专业导师那里了解到他们关于莎士比亚或者弥尔顿(Milton)、斯宾塞(Spenser)或者乔叟(Chaucer)的很多看法,因为他们往往三言两语一带而过;他们更多地谈论自己以及与自己风格相似的作家。"(黑兹利特,1914,146)弗洛伊德的模式应用不上,反之,儿女冤家模式却很适用。

追求新奇也是一个普遍现象;有时候貌似追求新奇,实际上并非如此,因为所谓的新奇很可能是另一文化的传统。此外,在东亚,革新的主要手段之一,即回复到基础上去,宛似新教的改革派那样。韩愈及其朋友们革新文坛风格时,即发动了古文运动①。同样,西方人近十年来热烈欢迎的种种革新运动,一般来说,也不过是为熟悉的东西加上一层新包装。上述因素决定着影响或接受的性质,涉及我们头脑的基本思维活动、某些文化差异以及权力和魅力的现实。跨文化研究得出的论据不仅可以更好地澄清这些事实,还可以防止我们把文化中的偶然倾向误当做普遍规律。

体裁是文化独特性的试金石

如果选用一个准确的词来形容,我们可以说,跨文化研究还可以澄清涉及文献经典、文献分期和文学体裁等众多问题的术语方面的困难。因为这些问题都相当复杂,这里我们只讨论文学体裁问题,作为其他问题的代表,同时也为下面的讨论作一准备。跨文化研究中,我们特别关注文学体裁问题,因为术语的使用应该尽量避免令人烦恼的混淆。同一文化内亦经常出现这样的情况,即一个术语表示不同的文学实践活动。德语和法语中的"roman"(长篇小说)一词与英语的"novel"表示同样的文学实践,而英语的"novel"一词显然来自意大利语。没有人相信法国现代的长篇小说与中世纪标题中赫然冠以"roman"的诗歌有什么联系,更不会有人相信亨利·詹姆斯(Henry James)的长篇小说

---

① 关于韩愈突出诗的价值的一篇论述,见欧文(Owen),1975;韩愈关于散文的论述,参阅哈特曼的论著,1986。日本也有类似的例子:18世纪的新观念借助"古老的文献"["古文字学"(kobunjigaku)]以及对早期古典主义的关注而使荻生徂徕(Ogyū Sorai,江户时代的汉学家)再次走红。见琼斯(Jones),1985。

(novels)与薄伽丘(Boccace)的短篇小说(novelle)有何相似之处。

日本的叙事体散文有好几个名称,"物语"是其中最重要的术语之一,意即"某人叙述某些事情"或"叙述者"。后来,某些短篇小说也冠以"shōsetsu"之名,那是根据中日文的发音从"hsiao-shuo"一词音译而来。好几部代表作,如《西游记》、《红楼梦》(或《石头记》)、《三国演义》等,堪称"小说"的典范,其中最长的包括一百二十回。这类长篇巨制之所以唤作"小说",在于它们在批评家心目中的地位上升很慢。至少从《源氏物语》(le Dit de Genji, Genji Monogatari)起,日本的物语即受到批评界的青睐,也不称为"闲聊"(shōsetsu)。相反,在日本人心目中,这一术语很适合描述西方的叙事体散文,相当于很久以后如19世纪的西方小说。中国人后来也接受了这一观点。由于习惯用语的组合关系,英语讨论中经常有诸如"日本现代小说"或"中国古典小说"的提法:就前者而论,日本没有古典小说,因为如"物语"这样更古老的术语是抵制"小说"概念的;至于中国的情况,那是西方的高校学者后来以现代的小说观看待历史上完全独立于西方小说的中国作品时而使用的术语。总之,不管是在论及《西游记》(17世纪),还是论及夏目漱石(Natsume Sōseki)的作品《我是一只猫》(Je suis un chat,20世纪)时,都存在着借用西方小说观的倾向。无需很多经验,即可发现上述作品与西方小说实践的自身情况毫无共同之处,更不能说后者模仿了前者。由于这一原因,许多东亚文学专家更喜欢使用相关语言中原有的术语。因此,我们常常听到"军纪物语"的说法或者"日本现代 shōsetsu"的混合说法。

这些似乎只是文字之争,然而它们之间的差别通常是很重要的。日本文学的代表作《源氏物语》是一部物语,我们上文已经谈到。这是否意味着其他文学也应该有几部物语作为它们的文学巅峰呢?是否意味着任何文学的辉煌时期都必然出现一部真正的物语呢?这种看待问题的方法并不多见。常见的方式是以欧洲为中心的:为什么中国或日本没有(权且"没有"吧!)悲剧或史诗呢?这一问题的潜台词显然是:悲剧和史诗这两种实体的界定非常明确,它们属于西方,或者说,物语乃日本货。

没有人明白为什么"悲剧"一词竟然是由希腊语的"山羊"(bouc)与"歌声"(chant)两个词演变而来的。亚里士多德承认存在着结局不错的悲剧,然而很少有人提及这一点,也很少有人提及古希腊唯一流传后世的悲剧三部曲《奥瑞斯忒斯》(l'Orestie)是以胜利为结局的。正剧直到中世纪后期才出现。中世纪的悲剧清一色记述所谓"豪华车"式命运的逆转故事。英国的悲剧舞台上可以接受喜剧和暴力,而法国的悲剧是绝对不会开这种绿灯的。早在英法悲剧之前,塞内加(Sénèque)的悲剧已经不容置疑地包含了暴力成分,其笔触所到之处,似乎幽默根本就不存在。那么,在这一切之中,悲剧的定义何在呢?我们该以谁为权威呢?以希腊人为权威吗?他们的悲剧可以在幸运祥和的氛围中结束。乔叟的和尚从《圣经》开始,讲述了好几部"豪华车"式的悲剧故事。在《特罗伊拉斯和克莱西德》(Troilus et Cressida)的结尾,特罗伊拉斯从天空看着大地,嘲笑人间的虚空。乔叟的叙述者斥责道:"去吧,小书,去吧,我的小悲剧。"(5,1786)

如果上边谈的只是各种各样的悲剧而非悲剧的定义,似乎很难排除众多非西方的作品,不管这些作品是否戏剧作品。对那些不熟悉非西方体裁的西方读者来说,很难以同样的精力展示非西方体裁。然而我们不妨试一试,假设一批学者决定西方不可能存在物语。那么什么是各种物语呢?有些物语名曰"王朝物语"。王朝物语中包括《源氏物语》以前的"昔日物语"以及《源氏物语》以后一定程度上以《源氏物语》为楷模的"纪行物语"。有以篇幅长短作为区别标志的,分别为长、中、短物语;还有以突出对象作为物语标志的,如我们上文已经谈到的"军纪物语"。我们还可以补充下述物语:如以诗为中心(歌物语)、以更短小的传统童话为主体、以佛教道德故事为主(训导物语;言论集的标题中经常带有"物语"的字样)以及以滑稽故事为主等各种物语形式。总而言之,许多日本作品分别以物语、日记或文集作为书名。

我们可以从这种现象中得出若干结论,另外,这种现象所产生的一些影响值得我们在其他场合进行更深入的讨论。显然,"物语"这一术语表示叙事体散文,而许多日本物语(包括相应的中国形式)中都包含着抒情诗篇,《源氏物语》内含将近四千句完整的诗句,这一数字还不包括作品中直接引用或提到的许多日语古诗或中文古诗。叙中有诗似乎是东亚文学的一大特征。然而,度过早期发展阶段的叙事体散文为大多数文学所共有。因此,我们可以得出的最普遍的结论是,体裁名称的内涵通常比较空泛,很难越过文化疆界,因为文学"移民"的官员们窥伺着它们。

显然,跨文化比较研究不能宽容对于诸如"悲剧"或"物语"这样的术语的规范化解释。这不仅是跨文化比较研究碰到的一个问题。正如A.O.洛夫乔伊(A.O. Lovejoy)早就指出的那样,即使排除美洲,在单纯的欧洲文化背景下,我们也应该想到多种浪漫主义的存在,而且还应该加上东欧或中东的各个浪漫主义流派,因为人们已经赋予它们以浪漫主义的标签。跨文化比较研究的优势不在于能够解决这类问题,而在于展示这些问题的实际存在。跨文化比较研究中一大部分看来似乎简单、熟悉、并不复杂的问题与各种尚未得到人们承认的不相容性以及不可调和性相关。下面,我们还将分析其他更大的困难,其目的在于说明,这些困难不仅是跨文化比较研究的特征,而且也是文化内研究的特征,只有跨文化比较研究才能提供彻底解决这些困难的希望。

体系与系统化

下面两个阶段我们将讨论"比较文学"这一主题,并相继提出这样两个问题:什么是文学? 什么又是比较呢? 在严格的欧洲范围内,文学不可能获得准确的,或者说轮廓明确的定义,因为随着描述的变化、体制的演变和规范观念的介入,界限的尺度或者拉长或者缩小。我们现在关于文学史的观念形成于18世纪。[韦勒克(Wellek),1941,第1~3章]直至17世纪末的英国,"novill"指一段传奇故事或者一首诗体的英雄诗。[沃森(Watson),见德莱登(Dryden),1962,2,302页]文学研究可以取得进展,然而天才的发展却不可预测。虽然如此,文学中睡美人的床头却站满了激烈竞争的男性,每个人都自称是她的白马王子。一言以蔽之,这一主题不可能在单一文化内进行讨论。我们最多只能说出与我们的机制相关的内容,如大学里系处或学院的专业和教研室,如奖项的颁发和演出场合等此类问题。这些问题本应比现在获得更令人满意的答案,可是没有人认真考虑红衣主教黎塞留(Richelieu)建立法兰西学院那样的首创和阿尔弗雷德·诺贝尔(Alfred Nobel)遗言设立奖金那样的善举作为建立世界文学经典的手段。

跨文化研究提供了理解文学体系之性质的机遇。(迈因纳,1979)我们的首批发现之一,即近似与差异存在于现象之中。东亚的各种文学、伊斯兰文学或英语文学等每个有限整体的内部都存在着很大的差异。在跨文化研究的基础上,这些整体之间相互比较,一种更大的和谐性以及各个有限整体范围内不易察觉的问题都显示出来了。对事情的这种状态应该作出某种解释,最理想的结果莫过于无法找出答案,最坏的结果即纯属一种幻觉。

显然,文学可以先于有关文学的系统思想形成而存在:荷马先于柏拉图和亚里士多德而诞生。原始民族的考证说明,我们所谓"文学"的概念已经存在于他们的思想之中,只不过与宗教、礼仪、历史、风俗习惯以及其他生活方式的观念混沌在一起没有差异而已。荷马与黑西俄得(Hésiode)的诗篇符合任何形式的文学定义,然而,他们的时代尚不存在任何得以系统确定文学事实之概念的批评思想。最接近的观念即希腊人关于缪斯女神的观念。[哈里奥特(Harriott),1969]缪斯女神们代表着文学与美术,然而缪斯女神中亦包括掌管历史的克利俄和司天文的乌拉尼亚,而现代西方的文学体裁中并不包括历史与天文。如果不把重心放在如何界定文学而放在历史上种种界定文学体系的时间和方式方面,我们有望得到更加满意的结果。我的观点是:当坚强有力的批评家规范化地确定文学的定义,即把文学视为一种特别重要的形式时,一种文学体系便会应运而生。

在西方,当亚里士多德接受柏拉图的教诲并进而背叛了老师的学说,以戏剧语言来确定文学的定义时(亚里士多德关于喜剧的研究论文已经失传),这一时机终于降临雅典学院。亚里士多德的体系以摹仿说为基础,包括现实主义之假说,即世界既是可知的,也是真实的。没有这一假设,后来任何关于世界的摹仿说版本都不会成立,正如近来我们从反摹仿说文学中看到的那样,其前提或者荒诞不经,或者毫无意义。亚里士多德承认世界、诗人兼创作者与艺术作品、模仿为三大基本要素。然而他也谈到了"恐惧"与"怜悯",并且提到了"陶冶"问题(这一问题今天仍然十分关键)。但是他不可能把备受感动的观众或读者视为第四要素(原则)。因为在当时的希腊,围绕着谁将影响读者,哲学家、修辞学家和诗人之间针锋相对,以至于读者对上述三大要素漠不关心。后来,贺拉斯填补了这一缺憾,他的《诗艺》(l'Art poétique)区分了乐趣和教益(*dulce* et *utile*, *audesse* et *prodesse*)两个概念。贺拉斯发展了情感诗学就不足为奇了,因为他充分体察到文学作为丰富多彩的个人情感实践的重要性,即文学的抒情特征(抒情、讽刺、说教、书信诗、书简,其中若干形式都带有讽刺意味)。他的补充完善了西方的文学体系,到了文艺复兴时期,大家都知道文学的目的在于"乐"与"益"(教育),其手段即模仿。

历史似乎太简单了,这里,历史的介绍也简单化了。简单化的一定原因在于历史的明显性,意味着事情本来就应该如此发展,这是再自然不过的事了。其实,从跨文化的角度看问题,一点也不自然,除非以形式机械主义的观点看待文学体系的起源。凡是有据可查的其他文化中,文学体系的发明,更多地依赖了抒情性,而非戏剧性,东亚的某些史学文字也发挥了作用。我们发现《诗经》的序言和日本第一部诗集《古今集》(le *Kokinshū*)的两个前言(一篇日文前言和一篇中文前言)都是以抒情的概念来定义文学的。日本词语中有 *kokoro*(心灵、思想、精神)和 *kotoba*(词语)两个词,诗人之心被大自然或生活中的某事所感染,于是诗人把它用言辞表达出来。随后,这些言辞的读者受诗人心灵的影响,有可能情不自禁地自我宣泄。传统上,这种情感—表达体系与摹仿说分享了最早的现实主义之假说,因为现实世界如果不存在,也就没有任何理由可以激动了。但是抒情诗学与亚里士多德的诗学还有其他差异,因此,抒情诗学不用等待一位后世的贺拉斯承担填补空白的角色。抒情诗学已经具备了世界、诗人、读者以及两者的表达手段(而非模仿)等全部要素。

很奇怪,除过一家例外,全世界所有的文学体系都是以抒情为界定基础的,或者说更奇怪的是,只有一家体系建立在戏剧观念的基础上,即我们所谓的欧洲观念,而没有任何文学体系以叙事为界定标准。世界上最古老的文学是梵文文学,梵文文学属于叙事文学,正如最古老的希腊文学一样。然而,距离以叙事为基础而建立起来的文学体系最近的例子来自日本,那里的情况也很奇特。《古今集》(约公元 905~920 年)的两篇前言之后不到一个世纪,日本文学最著名的代表作《源氏物语》诞生了(约 1000~1010 年)。它的问世丰富了基本的情感——表达诗学并使这一诗学更复杂。人们把这类抒情段落作为作品的毛病而挑出来,然而"火苍蝇"一章便是明证,紫式部还是在情感—表达体系内的故事情节中,塑造了一个与历史密切相关的现实主义人物。

从上述考察中,我们还可以得出一个结论:考虑三种基本的文学类型的存在是合适的;文学类型亦可称为文学体裁,或者套用歌德的话,叫做"诗的自然形式"。然而三大文类的区分还是应该归功于明屠尔诺[Minturno,贝伦斯(Behrens),1940]。这种区分后来才逐渐向北延伸,弥尔顿是第一个表述这种区分的英国人。自然,任何复杂的作品,除过自身的主导文体外,都可能保留其他两种文体的痕迹或特征,然而,如果我们不了解三种文体特征的存在,则断然无法识别三种文体特征浑然一体的情况。

我们可以预料,其他跨文化性质的调查必将大大地扩大我们的理解范畴。尽管任何形式的比较文学知识自身对我们都是有用的,跨文化研究所获得的信息则弥足珍贵。它向我们提供了了解我们的认识条件的机遇,帮助我们看清那些被区域矛盾所掩盖和淡化的大的区别。

从这段有关文学体系起源的讨论所得出的微小收获中,我们不难看出,跨文化研究提供了理解诸如艺术真实和文学价值的地位等棘手问题的希望。我们至少可以看出,以单一文化证据为基础的理论抽象从根本上是靠不住的。我们不能不为埃里希·奥埃巴赫在选择他的著作书目时所表现的敏感而拍手称绝,他的书目是:《**摹仿说,西方文学中现实的再现问题**》(我们以黑体字表示强调)。

探索可比性的规范

当今比较文学的实践中有两大现象特别奇怪。一种是缺乏比较,只要查阅一下任何一种比较文学杂志一年内所发表的文章就可证实。另一现象是缺乏有关可比性的规范:正确的比较以什么为基础?什么样的规律支配着现有材料而作为比较的标志?举出一些典型的比较课题并不难,例如"意大利的拜伦主义"、"左拉(Zola)与艺术"、"英国对莱辛(Lessing)的接受"、"先锋派文学中的政治"、"索绪尔符号学理论在抒情作品中的应用"、"海德格尔(Heidegger)与经典阐释学问题"等等,都属于这一类。问题不在于知道这些课题是否有趣,而在于了解它们是否从任意角度上进行了"比较"。

几年前,我受命教授"比较文学导论"这门课程。理解什么是导论似乎不存在问题,而我头脑中也还有几种启发学生如何界定文学定义的方法和程序,然而"比较"一词却使我有点措手不及。我于是问什么是正确比较的规范?什么是可比性的经典?我身边的同事们没有人能够回答我的问题。哲学家们回答我说,虽然他们从来没有研究过这一问题,但是似乎有人引用托马斯·S.库恩(Thomas S. Kuhn)关于不同时期科学研究中有关比较的论点(库恩,1962)。那么变化范式或模式是否构成比较的基础呢?很遗憾,他们不知道。社会科学的专家们不无优越地微笑着解释说,比较在他们的学科里可谓司空见惯。谁还讨论可比性的经典呢?一阵沉默之后,他们提到了杜克海姆(Durkheim)的一个章节,随后又提到了韦伯的另一个章节。仔细阅读了上述章节以及其他章节之后,我一无所获,空手而归。一两年之后,一个偶然的机会,我有幸捧读了社会学家莫里斯·泽尔蒂奇(Morris Zelditch)的一篇论文,题目是《清晰易懂的比较》(泽尔蒂奇,1971)。作者列举了所谓比较社会学的若干批评实例(这些实例也绝对适用于我们的学科)之后,采用了约翰·斯图尔特·米尔逻辑学中的某些成分,不仅使比较社会学的概念变得浅显易懂,而且在我看来第一次赋予比较一种意义。尽管我觉得他的理论特别明确,然而很遗憾,他并没有比上述两篇文章走得更远,他的理论在刚刚开始对文学研究人员有用的地方却戛然而止了。

其实,存在着几种或多或少要求进行比较的比较研究。例如,两位或若干位作家作品中乱伦问题的研究,多国作家的戏剧和小说作品——包括浪漫主义、现代主义、超现实主义、后现代主义等作品中的英雄主义或反英雄倾向的研究等。这类研究不言而喻地建立在一种先入之见的基础上,即我们可以比较诸如法国、德国和英国作家作品中的现实主义或超现实主义。这里再次提出了这样的问题:什么是可比性的经典和规范?作家们必须是同代人吗?一种运动保证具有明显的紧凑结构吗?德国和英国作家必须是读过法文作品的作家吗?并不需要进行艰苦的思维就可得出这样的结论,即上述每个条件单独或一起都不足以构成建立可比性的标准。研究的成果可能很有趣,或者很珍贵,甚至进行了正确的比较。然而,可比性的逻辑应该是不言而喻的,而真正的比较实现于偶然之中。

我们马马虎虎地完成着比较学者们的任务,大部分课题的兴趣在于作品的内在价值。一位处女作仅仅是以接受研究为主题的作者,完全有理由宣称,只有真正进行比较的比较研究,才最有意义。

从原则上讲,已经完成的比较研究有可能缺少严谨的方法,然而我以为比较学者们的共同观点似乎是正确的。真正存在差别时的比较更具吸引力,例如用两种或三种语言写成的作品,年代相隔一个世纪或更长,或者存在质量方面的差异,例如伊丽莎白时代繁荣而又混乱的戏剧与高乃依和拉辛的古典主义戏剧之间的质量差异等。这一基础十分广泛的原则还可以延伸得更远一些:跨文化比较则具有更大的魅力。论据普遍而又广泛的抽象概括比来自单一教区论据基础上的抽象概括要可靠得多。然而令人失望的是,比较学者们完成的研究课题很少进行真正的比较。我们未能在这门学科的诞生之初研究比较的规则则更是一件奇闻。今后,凡是从事跨文化比较研究的学者们必须掌握可比性的原则,这是基本的常识。跨文化研究中那些真正饶有趣味的问题——这些问题是比较文学中最有意义的问题——无一可以拥有常见比较研究中那些司空见惯的、似是而非的论证。我们无疑可以比较一位英国作家和一位中国作家,两者可能都生活于18世纪,都从事散文体创作,都关心时代英雄们的生活和命运。然而,上述条件中的任何一条或全部,都不能构成比较的足够基础。任何研究都要求掌握材料、论据(有效论据),要求拥有自己的论点和方法,后者借助论据而检验论点的正确与否。自然不能机械地对待这些问题,然而有些要求则必须遵守。麻木状态或消化不良源自两类文化内比较研究,杜甫与华兹华斯(Wordsworth)被作为自然诗人这一主题即可为例。在某些专家学者的笔下,这一主题一直使我们处于警觉状态,笔记簿密密麻麻地记满了一页又一页,然而只有拥有罕见的洞察力,才能抓住精华,进行正确的比较。

跨文化研究的特殊价值:
完全他者的特异性导致深层联系的发现

我觉得跨文化比较的使用方法有三种,三种方法分别以自己的方式运用着有效比较。① 第一种方法我称之为"异域证据法"②,其特征表现为使用一种文化中的某些证据以昭示另一文化中不太熟悉的现象,第一种文化可谓"证明材料",而第二种文化即被证明和被昭示的对象。严格说来,使用异域证据时必须清楚证明材料与证明对象相似,而并非完全相比拟。只有严格使用最基本的分歧和最小的相似性,才能澄清被检验对象的本质并进行比较。下述两个例子可以说明这一问题:文艺复兴时期的十四行诗的组诗可以作为比较研究的对象,研究时把彼特拉克(Pétrarque)与他的一位或多位非意大利继承者联系起来;利用日本的联诗形式(连歌、俳偕)对照检查十四行诗的组诗形式时,它们的共同特征和明显的区别就会显示出来。组诗与联诗都是诗段的连续,各个诗段既独立,又是全诗的组成部分。但是,一般来说,联诗是在一个赋诗场合,由三四位诗人按照预先约定的提纲和长度,交相献诗,构成一个诗的序列。联诗的基本原则是,各个诗段之间没有其他题材联系,只需一个前任和一个后续即可,那么第一诗段仅和第二诗段发生关系,而最后一个诗段只和倒数第二诗段发生关系。

例如,第二诗段接受第一诗段的意义,而第三诗段则与第二诗段相联,以此类推,然而第二诗段与第四诗段没有联系,除了它之前和之后的两个诗段外,与其他任何诗段都不发生关系。异域证据法说明情节

---

① 下文是对迈因纳1987年论著的简单概括。——原注
② 作者从"alien"(外国的)出发,使用了"aliénation"(异化)一词。——原注

是十四行诗这种承继形式的显著特征,正如无情节是联诗序列的特征一样;对于联诗而言,整体的完整性更重要,而彼特拉克式的诗歌实践中,十四行诗属于诗人个人这一点则相对重要一些。最后只有抒情性与叙事性的关系这一问题了。极少含有情节的联诗(在其中的某一诗段)因诗段的相互承继而属于叙事诗吗?情节对于叙事必不可少吗?如果答案是肯定的话,那么为什么不可以重新调整彼特拉克那些十四行诗的前后顺序而保留与其他叙事故事相同的情节呢?为什么通常称为十四行诗的"组诗"而不叫做叙事性十四行诗呢?

还可以举出一个比较粗略的例子。英国的宗教戏剧有可能被日本的"能""异化"。布里顿(Britten)写给教会的那些说教式寓言剧,有一个接受问题(或"影响"问题)在内,因此他的作品可以作为例外,与叶芝的剧作一样,他们都以"能"为戏剧创作的榜样。[参阅《髑髅地》(*Calvary*)]接受检验的剧本也可能属于中世纪的秘密。因为"能"把叙事、抒情和舞台戏剧融为一体,比照检验将不乏动力。这种方法在教学环境中很有用,特别有助于比较诗学课程。

不同体裁可能具有相似的功能

可提议的第二种跨文化比较方法与功能相关。假设我们研究中国的英雄史诗,并发现没有任何史诗形式符合我们常用的标准。那么我们可以提出这样一个问题:英雄史诗的功能是什么?如果我们认定英雄史诗的功能包括颂扬伟大的过去、赞美民族或民族中某一部分的最高使命、赞美神圣人物,包括一种升华之情,我们可以说中国的《史记》相当于西方的英雄史诗。我们不会忘记,在中国,史学体裁与抒情体裁并列于文学艺术的基本类型之中("文")。我们很容易发现这种方法的危险性,然而我们也可以想象,一位知识渊博目光敏锐的研究人员,利用这一比较方法可以澄清大量的问题。我们也可以以这种观点看待日本文学缺乏讽刺和赞美体裁这一现象,尽管朝鲜文学和中国文学的赞美诗特别丰富。这就是说,赞美体裁的功能可能体现于把文学置于社会之中来介绍的方式之中,而不一定非要表现为种种具体的赞美"范式"。

形式的类似：无缘无故的效果，或者同一性的标志？

第三种方法即我认为最有用的方法。我承认这种方法原则上非常简单，不会引起任何烦恼。这种方法以两种文化或若干种文化中形式一致的一种文学现象或实践为主题。我曾以"选集"这种形式为例。世界上到处都存在着选集这一形式，目的在于以一种简明的版本保存和突出那些颇有价值的作品，选集讲究选材和编排艺术。这些准则提出了形式一致的问题。其实，不可能存在彻底的同一，只能是类似或趋同，有时，大家普遍认为的一致性中揭示出惊人的差异（迈因纳，1985）。

同一原则也曾用于有关文学观念的起源和演变的讨论之中。颇具天赋的批评家们接触当时各种不同文化中最受欢迎的体裁时，形式的一致曾经起了重要的作用，这种形式的一致表现在某种诗学体系的起源方面。显然，形式的一致性应该让位于不同文化的差异性，至少应该让位于欧洲文化与其他文化的差异性，而文化的差异性才能保证在一大堆真正可供比较的材料内部揭示它们之间的区别。我们不可能比较完全同一的材料。

上述两例说明，影响—接受过程中的文学接触对于比较研究并非必不可少。现代以前的跨文化研究的确曾强调文学接触的必要性，不过，跨文化比较研究绝对不像鱼儿离不开水那样离不开文学接触。然而，跨文化比较研究有一大优点：凡是必不可少的东西，即意味着跨文化比较中可以实现的成果。假如研究只涉及法国和德国，假如它们之间确实存在着文学接触，那么比较就没有什么大的意义。此外，真正的比较所涉及的问题都是最有意义的问题。任何文学理论，其不言而喻的前提即理论上的抽象和概括具有"普遍"的价值。这一假设只有经过跨文化比较的证实才能成立。总之，这里讨论的比较类型既涉及文类研究，也包括史学研究。情感—表达诗学与摹仿说等其他可能性涉及文学体系时属于文类研究，涉及起源与演变时则属于史学研究。一种方法论，如果不能兼容互为补充和互相监督的系统性与历史性，则于事无补；如果能够兼容并蓄，则至少"能够"成为强大的理论。

西方青睐摹仿说，东方独衷抒发性吗？

跨文化比较研究提出了最后一个不易解决的问题。西方的信仰既开放又神秘,不易觉察;一个受西方信仰限制的西方人接触按照情感—抒发诗学为宗旨而完成的作品时,其精神状态肯定与主导非西方文学的精神状态不同。反之亦然。一个熟悉情感—抒发诗学的读者考察摹仿说传统及其曲折的道路时,不能不对青睐摹仿说"产品"的西方倾向感到吃惊。"模仿"、"作品"、"文学产品"、"艺术作品"以及近来的"文本"使西方人如痴如醉。人们终生坚信文学作品是自成体系的,重视作者或者重视读者将分别产生生成学和情感学方面的批评错误。近来,问题变成是否需要考虑作者的意图或者接受的情感因素,而文本本身也是一个能够完成、要求甚至"体验性欲快感"的"原动力"或"主体"[罗兰·巴特,见利奇(Leitch)的论著,1983,第 106~107 页]。采纳这类观点的人否认他们与逍遥学者亚里士多德的联系。然而,他们所支持的论点显然属于摹仿说之类。同样,熟悉摹仿说的人不能不对情感—抒发诗学的支持者们关注作者和读者情感的做法感到吃惊。各种情感—抒发体系中,存在着一种逻辑倾向,把诗人与抒情者混为一谈,除非有人能够提出直接的反证;凡是我们可以称之为"叙事作品"的东西,日本人均谓之曰"作者的话"(sakusha no kotoba)。出于这种或那种原因,英语通常把虚构与叙事故事特别是与小说混在一起。其实,戏剧才是唯一必然的虚构体裁。我们不妨想一想,上述观察的见解足以说明戏剧很晚才受到批评界重视的原因。一位剧作家不仅要写别人,还要在作品中隐匿自己的身份。此外,中国人最推崇"业余性",取该词的词源本义,以至于作为文人的读者和作者,全都可以互易其位,像在 M. 儒尔丹(M. Jourdain)散文作品里那样悠然自得地进行艺术交流。谁也不知道中国出于第二诗人之手的和诗有多少,和诗是对第一诗人原诗的回应,其中情感因素以及唱诗班的精神因素一定很强。日本人似乎比任何民族都更推崇自发的坦诚之情。那似乎是因为每个作家都属于一个流派,他应该了解师兄师弟的所作所为。中国批评简短的原因之一,在于"从人到人"(ex homine ad hominem)的表现方式。一个人喋喋不休地高谈阔论是对朋友很不礼貌的一件事。因此,中国人喜欢言简意赅胜过潜心的力作。

对"他者"的陌生使跨文化理论工作步履维艰

我们还可以继续发挥,然而这类泛泛之言的成见是显而易见的。我们甚至可以说上文所举例证都具有纯洁品质的魅力。自然,其他一些成见就不那么天真无邪了。西方教学实践中的大部分比较研究拒绝对非西方文学的关注。非西方文学是不存在的，即使存在，也无足挂齿，算不上真正的文学。这种态度是帝国主义的一种祖传意识，极其有害，有人曾经以（西方的）"东方主义"为题，对于这种意识，给予过精彩的批评［赛义德（Said），1978］。并非所有的指责都成立，其中不无夸大之词，即使如此，欧洲或者无视中东文化或者承认中东文化的存在却带有强烈偏见和不怀好意的罪恶态度是很明显的。欧洲或者把它们排除在外，认为它们不屑一顾，或者创造一种"东方"形象，以其帝国主义的蛮横强加于外国文化。所谓的错误文化很难与乌拉尔山以东至地中海以北的大片土地接壤。美洲也出现了类似的情况：从某种意义上说，中美和南美犹如北美眼中的中东。

　　日本人和中国人也并非无辜。岛国日本很早就对排外和唯我独尊的大陆中国作出了回应，后者一向自诩中国文化独一无二，今天我们仍然经常听到这类言辞。20世纪上半叶，日本曾以"大东亚共荣圈"的名义，把"日本文化"强加于人，与西方的帝国主义相抗衡。这一段艰难的历史至今仍然凄楚地刻在东亚和东南亚人民的记忆之中。今天，基督教传人对于伊斯兰教的蔑视态度——包括迷信方面的歧视，也绝不会引起伊斯兰人民的欢笑。

　　可幸事情有了变化的迹象。霍斯特·弗伦茨（Horst Frenz）和勒内·艾金伯勒（René Etiemble）等老一辈同仁曾经倡导并赞同更广阔的视野。20年前，像现在这样一部理论书籍绝对不会包括有关跨文化比较研究的章节。比较文学专业的某些系室已经开始聘用非欧洲文学方面的专家。很遗憾，非西方文学通常仅指中国文学和日本文学。直至最近，还存在这样一种倾向，试图把西方以外的比较研究降低到所谓东西方文学关系的狭小圈子里。我们已经说过，这种情况反映的正是两种文学之间的最新态势，即伟大的西方文学与伟大的东方文学（即非西方文学）之间的跨文化比较研究。只有当一位印度文学的专家可以在我们的大学里开设高级研究班的导论课程或者理论课程被视为天经地义之举时，或者当叙述学的教学阶段坚信无视《源氏物语》和《西游记》的任何结论都将被视为"无以为据"时，学术上的公正才可能真正出现。

　　这一天不会来得太早。在它到来之前的漫长岁月里，我们还要解决另一类似的困难。如果接受下述观点，即所受教育以及文化适应方面的其他因素造就了我们中间那些最幸运的学者，那么，不抛弃某些必要的规范,我们何以能够超越文化偏见呢?正如"极端怀疑主义"一样,"极端相对主义"的字面本身似乎就是自相矛盾的。这类问题的提出并不比解决起来更容易。①围绕没有民族性的"文学"问题,有些人愿意接受我们的观点。这是一种乌托邦式的思想,因为文学的性质本是一个跨越文化界限的重要问题,而被文化内研究所掩盖。我们能够达到大一统的文学境界,只有研究多种文学,并坚信比较研究的对象包括各种文学,那么,有朝一日,我们才有可能达到大一统文学的境界②。

切忌把多种多样浓缩为同一

我们在阅读过程中,总是带着汉斯-乔治·伽达默尔(Hans-Georg Gadamer)所谈论的那些偏见(1982,238~253页)。他所希望的"视域的融会"、西方主体与东方客体(或反之)的结合,似乎有些异想天开。但是,我们可以对不同文化进行多重分析,辩证地研究各种文学,通过接触跨文化现象而体会我们自己的偏见。例如,散文体作品虽然经常作为研究的对象,但是散文与诗的不同节奏并未得到充分的研究。冰岛的"萨加"(传说)与英国中世纪的小说兼有散文与诗体两种形式。与从纯散文到诗体的中国作品系列相对照,或者借助日本的混合体作品进行分析,萨加与小说(以及亚洲的作品形式)似乎能够澄清问题。请不要忘记,东亚文学自诗学体系之初,即把史记类散文作品与抒情作品统统包括在一起。

他乡之石填补了世界体系内部的空白

文学现象毫无疑问的存在与缺失构成跨文化比较的良好起点。例如,西方中世纪时期直至中世纪末期前缺乏正剧创作的重要性是什么?还有其他明显的例外情况,这里仅举几例如下:梵文与中东作品中散文的外围性质;与中国文学和西方文学相比,日本文学缺乏讽喻体裁(虽

---

① 佛克马在其1984年的论著里,从描述和逻辑角度讨论了此类问题,观点新颖,并把它们之中的文学价值作为中心问题来讨论。——原注

② 同样,很清楚,当我谈论摹仿说以及情感—抒发诗学时,我以为其中的每种诗学都包括不同国别的多种版本以及同一文化内部不同时代的多种版本。——原注

然存在着寓意现象)的现象;(剧本之外)日本盛行书面曲作以飨读者的风气;印度文学中神圣与世俗浑然一体的现象;一种文学的高雅背景对幽默的宽容程度胜过另一种文学;等等。这样的罗列可以无限地继续下去,然而上述数点已经可以构成跨文化比较研究(甚至包括文化内的比较研究)的热点课题。

实践中,跨文化比较研究的主要障碍来自地方主义的偏见。如果说今天比较文学的问题之一即不作比较,或者不知比较为何物,那么跨文化研究则使比较这一需要变得更为迫切。对于我们未曾尝试解决上述问题或者自诩真正的比较学家却无跨文化研究方面的学术成果,我们的后代学人将会长期迷惑不解。如果那时候有人读到这篇文章,学科遥远、陈旧的原始状态,将会使他们哑然失笑。为了促使这一时代的早日到来,不管是从学术角度而言,还是从捍卫比较文学这一人文科学的崇高性出发,我们都肩负着繁重的任务。

第三部分　文本与文学交际

12. 作为结构和建构的文本

米·森格利-马斯扎克

一、引言:语言学与诗学

我们有充分的理由认为,艺术和非艺术之间的区别超出了文本结构体系研究的范围。因此,语言学分析不可能解决文本分析的问题,而且,那种认为"诗学可被视为语言学组成部分"(雅各布森,1963,第210页)的观点缺乏历史的客观性,应予以摒弃。

毫无疑问,文学研究者应当感谢以言语为对象的风格学,尤其因为后者会帮助他意识到他应该专注于对用其母语写成的作品的阐释,并且理解这一点,即研究用其他语言写成的作品显然不如研究用母语写成的作品得心应手。然而,结构主义者们认为"诗学可以从属于语言学"的研究设想应当摒弃,因为后结构主义者们肯定,文学言语与非文学言语的差异更多地体现在它们的实质上,而非它们的结构上。简言之,任何语言学分析都不能确定一个文本是否是一部文学艺术作品。符号学无意区别艺术与非艺术,但通过(把文本)与规约概念或语言体系概念的对立和区分,对文本的界定多有贡献。文本被视为某种体系的实现,是该体系的具体的物质形式。它有始有终,也有某种内部组织,这种组织从音义层面把文本改造为一个结构整体。洛特曼曾经从表达、定界和结构三个方面探讨文本概念。(Ⅰ.洛特曼,1973,第91~94页)

第二次世界大战后的几十年里,大部分文学文本的分析家们都恪守俄国形式主义早期成果的基础原则,试图从语言学的角度界定文学。德国解释学和巴赫金影响扩大,且两者与迈克尔·利法泰尔(Michael

Riffaterre)发起的反对雅各布森文本分析法(利法泰尔,1971,第307～364页)的思潮相会聚,使诗学更加独立于结构语言学了。

研究方法的更替伴随着核心趣味的变化。起初,大多数分析家关注抒情诗的精读,似乎同意诸如保尔·瓦莱里、马丁·海德格尔、戈特弗里德·贝恩(Gottfried Benn)等颇具影响力的文学理论家的倡导,或者诸如匈牙利诗人米阿里·巴比契(Mihály Babits)——卢卡契毫不留情的批评者和两卷本《欧洲文学史》(*Histoire de la littérature européenne*,1934～1935;1949)的作者——的主张,他把抒情诗视为言语艺术的最高形式。然而后来,越来越多的分析家把兴趣转向篇幅较长的叙事文分析,并且终于意识到语言风格学的局限性。正如俄国批评家巴赫金在1940至1941年写成的一篇论文中坚持的那样,精读短诗中所使用的方法不能用来分析篇幅较长的叙事散文。

在《小说言语史前史》(*De la préhistoire du discours romanesque*)这部论著中,巴赫金对五种不同的风格学分析法提出了批评:1. 孤立的文本成分(例如,修辞格或比喻)的分析;2. "小说家言语的中性的语言学描述";3. 某独特文学运动的特征的确定;4. 某作家个人风格技巧的系统化;5. 某特定小说所用手法的修辞功效的研究。(巴赫金,1981,第42页)我们无意走得那么远,直至接受巴赫金关于小说狂欢化性质的那些很少争议的论辩,但是有理由相信他的观察,即一个文学文本的结构主义分析者不应无视抒情诗与虚构叙事文之间的根本区别。在叙述一段故事的作品中寻找隐喻有可能误入歧途,然而,轻视虚构言语积淀的对话性质,像莱奥·斯皮策(Leo Spitzer)那样,将其归结为某作者的个人风格(斯皮策,1928),却肯定是错误的。

另外,批评史上还有一些意见似乎否定了从文学文本中分割出语言学板块的合理性。有些看上去对分析口头文化的"简单形式"[若勒斯(Jolles),1930]很合适的方法,用于阐释书面文化的复杂结构却不尽然了。波尔米亚克夫(Permyakov)曾经对口头体裁进行了偏重句法的分类(波尔米亚克夫,1970),但"高雅文化"之文类的某种纯语法分析法似乎很难实现。原因最简单不过了,一篇童话不可能产生小说那样的影响(*Wirkungsgeschichte*),因为对一部小说结构的感知很大程度上受不同的,有时甚至相互矛盾的阐释传统之间的纷争的支配。

然而奇怪的是,这种差异也可以提醒我们不要夸大诗性与语言学的距离。语言亦是历史的体现。意指乃承袭而来,阐释构成传统。"一部艺术作品的方案依赖于先前已经存在的某种路径,该路径自身却不

12. 作为结构和建构的文本

可能构筑一项新的创作计划。那是先前由语言踏出的众多路径(之和)。"(伽达默尔,1983,第93页)

事实上,在伽达默尔的解释学与巴赫金的言语阐释之间存在着惊人的相似之处。两位理论家都试图解决一种普遍语法的理想与语言相对性学说之间的张力问题。当他们把不同的价值体系归诸不同的语言时,亦强调它们之间的关联。他们不但不否认互译性,反而肯定人们可以理解不同于我们的信仰体系和世界观体系。1929至1930年间出版、署名V.N.沃洛什诺夫(Voloshinov,1977)的著作《马克思主义与言语哲学》(*Le marxisme et la philosophie du langage*)——该书可能是或至少部分是由巴赫金写成的——最基本的论点之一,就是认为,一个语言陈述文的界定不能不考虑其接受对象。巴赫金关于言语对话性质的思想可以与伽达默尔强调阐释者在理解中的作用的事实相兼容。

杰斯佩尔森(Jerspersen)很久以前即谈到,有些语法单位的意指完全取决于背景因素。(杰斯佩尔森,1922,第123~124页)巴赫金和伽达默尔两人都把这个现象视为一个更广泛的类型。不仅那些"关联词"[les "embrayeurs","语境词"("déictiques")或"指示词"("indicateurs")]、"那些参照陈述体及其时间因素的语言成分"(格雷马斯,库尔泰斯,1979,第86~87页)——例如"这里"、"现在"、"这个"、"今天"、"我"等等——属于这个类型,而且一陈述文中那些隐而未宣的成分亦然。当我们试图从语言学中获得灵感设想文学文本的描述时,应该考虑到这个因素。

有些学者视言语行为理论为文学文本分类的一种可能的基础。不可否认,它较以前的符号体系的结构主义分析前进了一步,因为它使我们认识到说话者的重要性,并使我们把言语情境当做任何言语陈述文之意指的组成部分去分析。然而,受伽达默尔释义学的启示,理应认识到,言语行为既依赖于说者,也依赖于听者。一言语行为即一项诉求,不仅因为说者之动机,还因为受话者承认它为诉求行为。任何读者都不会忘记自身的经历。理解就是了解和忘却,只能通过言语中介来实现。在语言这种交际手段中,过去与现在,熟悉与陌生,都处于不断的对话状态。文学文本只能在被阐释的过程中存在,阐释就是被阐释言语与阐释言语相互发生关系的结果。

以上所说是一个原则,我们在后面的文学文本的结构分析中将牢记这个指导性的原则。我把研究的实际出发点放在较小的、较直观的、构成表层结构的、短期储存在记忆中的文本单位上,然后转向更深层、更隐蔽、不易直接感知到的，由更大且更复杂的部分构成的结构。我无意完成一项透彻、全面的分析，仅关注三个方面，在这些方面，我可以依靠一套相对坚实和一致的概念体系。

二、比喻和辞格：历史的回顾

众所周知，近两千五百年以来，小的文本单位一直是修辞学家们研究的对象。我们既可以把这个现象看做有利条件，也可以视为不利因素。一方面，这个悠久传统使一整套被人们或多或少普遍接受的专业术语得以发展起来；另一方面，在这一领域，存在着试图用内在性术语检视文学的强烈倾向。广而言之，某些修辞学家很少关心比喻和辞格的背景特征，特别是忽视了隐喻的习惯性成分。对最小文本单位领域的研究尤其可能落入非历史性方法的陷阱。

现代语义学发展起来以前，任何更新都是不可能的。可能是弗雷格（Frege）那篇著名的、有说服力的文章《关于意义与意指》（"Über Sinn und Bedeutung"，1892）开创了道路。德国研究家关于"奥德赛"一词没有意指的假设，使菲利普·锡德尼先生（Sir Philip Sidney）"诗人不做任何断言，也因此从不撒谎"（锡德尼，1963，第148页）的声明获得了某种新义。如果真是这样，正确阐释隐喻对理解抒情诗而言就会至关重要，因为"诗或者诗作生产特有的言语战略似乎就是构成一种意义以隔断参照对象"（里科尔，1975，第280页）。

无疑，参照对象的出现或缺席是一个复杂的争论点，超出了诗学的范畴。我们不可能在此解决语言学、美学、本体论和认识论方面的问题。如果说参照对象相当于象征化的对立面，我们就应当承认，一位读者阅读文本时是否从参照对象的角度去思考，这可能至少部分意义上是个约定问题。例如，在一个以第一人称写成的（une Ich-Erzählung）、未说明叙述者何许人也的故事里，我应当确定该文本是自传还是小说？换言之，我应当选择一种可能的接受态度，并对我尝试理解的作品赋予某种可信度。

承认意义应该独立于参照对象这个观点对文学理论的影响是缓慢的。尽管皮尔斯（Peirce）曾经谈论过符号、客体和阐释者之间密切关联的三维关系（皮尔斯，1955，第99～100页），后来的奥格登（Ogden）和理查兹（Richards）也把象征与思想和参照对象相区别，尽管这些观念曾经使某些研究人员得以把隐喻界定为语义程序，即某种关联关系，英语国家之外，索绪尔确定的"所指"与"能指"的对立，仍促使语言学家

12. 作为结构和建构的文本

们发展了一种重词汇而不重句法的语义学。耶仁姆斯列夫的术语"表达"和"内容"（耶仁姆斯列夫，1968，第71～85页），或者孔包奇(Combocz)对"名"(*név*)与"义"(*jelentés*，意指)所作的区分(孔包奇，1926)，都可以算作符号结构二元分析法的例子。同意这种观点的人趋向于把隐喻解释为一种替换，即一个词代替另一个词，这就意味着他们遵循古典主义盛行时期的修辞学家们的传统。

　　了解一个研究者分析文学文本结构的方法很重要，因为该方法取决于他的言语观。古典主义时期的修辞学家们把诗歌言语的特征归结为某种"偏离"。他们的理论的弱点之一，即永远不能对诗歌语言所偏离的标准作出令人满意的界定。在这一选择中，20世纪中期出现的继承了索绪尔传统的法国批评革新潮流"新修辞学"那些最有名望的代表人物，把弥补这一缺憾作为主要目标是可以理解的。让·科恩(Jean Cohen)提出散文、书面散文和演说性(科技)散文都是比较研究可能的出发点。(科恩，1966)我们可以提出的阻止接受这种建议的反对理由是：刚才提到的这三种规范都可以视为对口头言语的偏离。这可能是促使格雷马斯力图找到另一种解决问题的办法的原因之一。他发展了一套属于他自己的元言语，确立了"义素"("sème")或"意指的最小单位"与"特殊义素"("semème")或"词的特殊意义"之间的区别(格雷马斯，1966；格雷马斯、库尔泰斯，1979，第332、334页)一个比利时研究小组在创立一个新的修辞学体系时借用了这些术语。该体系建立在四类辞格的基础上："词形变化"("métaplasmes")，"作用于词汇和小于词的单位的发音形态和书写形态的辞格"；"句形变化"("métataxes")，"作用于句子结构的辞格"；"词义变化"("métasemèmes")，用一特殊义素代替另一特殊义素的辞格；"逻辑变化"("métalogismes")，"改变句子逻辑价值"的修辞格。(比利时研究小组，1970，第33～34页)

　　我们有理由认为，在把语义修辞格(比喻)分类之前，首先应该回答这样一个问题：保证文本连续性的意群关系(relations syntagmatiques)是在什么情况下被词汇组合关系(relations paradigmatiques，词汇的选择和搭配)、互文性关系所中断的？根据这些比利时修辞学家的意见，"所指"(语义)的连续性建立在两个整体之交会(intersection)的基础上。换言之，提喻(synecdoque)是基本的比喻手法，"而隐喻(métaphore)和换喻(métonymie)是比较复杂的比喻：(……)隐喻基于一个交叉点，换喻的两个词之间的关系是通过包含它们二者的一个整体来实现的"(比利时研究小组，1977，第49页)。

由于词汇组合关系在诗中的重要性,一部文学作品可以影射读者所熟悉的其他作品。迈克尔·利法泰尔把这种文本间应和称为"次重心"(hypogrammes),并视它们为符号说(la sémiosis)和摹仿说(la mimésis)交会的表现。(利法泰尔,1978,第23、88~89页)换言之,一首诗的阐释体可以是另一文本。一旦潜藏在背后的文本被发现,作品理解中的难点往往就消失了,阐释中碰到的一些问题就会迎刃而解。甚至一个意义不成立之处也可能与互文性相关:通过调换规则而改变并遮蔽某个引语是可能的。

　　能有如此认识,应该承认索绪尔(斯塔罗宾斯基,1971)和超现实主义者的功绩,他们肯定一些语词隐藏在一文本语词的背后。许多情况下,一部作品的"不规范性"把我们带入我们熟悉的另一部作品的语法。当然,许多事情取决于读者对其他文本的熟悉程度,但是原则上,互文性可以缩小符号的任意性;甚至叙事性散文亦如此,但力度不如抒情诗那么强。因此,一首抒情短诗通常更需要反复阅读和严谨比较,超过一个虚构叙事的散文片段。

　　与连续一样——我们可以根据亚里士多德的精神,把它定义为"无限划分一个量的可能性"(里科尔,1985,第84页)——中断亦可以被视为一种因袭(习惯、约定)事务。第一次阅读时似乎出人预料之处再次阅读时完全可能在意料之中。期待远非能指材料固有之品质,而是能指与所指之间的一种约定俗成的关系。换言之,它是历史经验的结果。一个极为独特的隐喻出乎读者的预料,从而打断了文本的连续性,然而其奇特形态很大程度上取决于个人的阅读经验。众所周知的含蓄象征与说教式寓意之间的对立,可以重新阐释为两类阅读之间的对立。

　　一个"完整"的修辞学体系,如比利时研究小组建议的那种体系,可能对教学有益,但尚有两点保留意见。首先,人们理应把修辞学的辞格看做一些开放的现象类别。其次,隐喻不仅中断且亦创造连续性,这依赖于它们的句法功能。对此有所认识很重要。克里斯蒂娜·布鲁克-罗丝(Christine Brooke-Rose)在她提供的详细的句法分类中提出,隐喻既能够创造意群(横向)的连续性,也能够创造词汇选择组合(纵向)的连续性。但是,一段寓意把一部文本与另一部文本连接起来,而一个表述性隐喻改变其周围语词的意指。

　　综上所述,我们不仅可以把隐喻视为一种语义现象,亦可视为句法现象。塞尔(Searle)谈论了语句意指与陈述文意指之间的某种空缺。(塞尔,1979,第105页)以这种假设为出发点,我们便可以把隐喻定义为某可比成分与被比成分之间的相互作用,定义为受群体成员阅读与个人解码之间相互作用影响的某种张力,以及某文本写作时代人们对它的阐释与后来人们对同一作品的理解之间的同类相互作用。这样,我们就有可能把若干内涵与连续和断裂、可预测和不可预测之间的抽象对立联系起来。

这样的结论在比利时研究者们对诗歌文本的分析方法中几乎是暗示性的,它可以被视为对丰塔尼耶(Fontanier)修辞学的创造性的再阐释。丰塔尼耶之前,没有任何一个理论家能对什么是词汇组合规则与句法规则之关系、比喻与辞格之关系这一问题给予令人满意的回答:有些人把比喻当做辞格类别的一个子类,另一些人则把这两组概念相提并论。丰塔尼耶第一个提出了交叠面的观点。此外,他甚至使用了"充盈"、"去除"和"倒置"等术语,它们后来成了比利时小组的关键性概念,该小组亦区分"增添"、"去除"和"置换"等概念。列日大学诗学研究中心的成员们勾画了这一理论的轮廓,该理论的独特之处尤其体现在它的指导性原则上。根据该原则,比喻和辞格是任何表述性结构之语义形态和句法形态的表现。

三、词法修辞格和句法修辞格

下面三个因素之一会产生出人意料的效果:增添(新建)、省略(遗漏、去除或片段化)和置换(拆解)。三个因素都可以从词汇形态、句法和语义三个方面去界定。

词法修辞格相对比较简单,无需进行详细的分析。大部分词法修辞格都是"增添"法的变异形式。藏头体(l'acrostiche)、韵脚、新词(le néologisme)、词源格(la *figura etymologica*)、外文引语、同音异义词(un homonyme,同形异义词)、能指成分的置换[如"近音词连用"(paronomase)]以及大部分其他类型的同音异义词游戏(calembour)或文字游戏都是众所周知的例子。在把人们的注意力引向两个或更多所指成分之间隐藏的或至少不完全明显的联系时,它们便制造了一种语义张力。例如,在罗伯-格里耶的小说题目 *La jalousie* 里①,一个能指关联两个所指,任何熟悉这部作品的人都知道这个同音异义词["换称法"(antonomase)]——两个意指相互干扰——在作品中所起的重要作

---

① La jalousie 一词既有百叶窗也有嫉妒的意思。罗伯-格里耶用不断向百叶窗里窥视的目光,暗喻嫉妒的心理。——译注

用。

  修辞学家们研究的辞格是一些我们可以假定为共相的规则,任何一个特定的历史时期都使其中的一部分变得易于接受。大部分文学潮流的特征都可以体现在它们对其中某些可能性的偏爱上。17和18世纪的古典主义以句法建构为主,但是,标点符号的取消["语句的并置"(parataxe)]——这可能是句法省略最简单的形式——却成了先锋派文学创作的一个显著特征。然而,把所有偏爱某些类型的辞格的现象都归因于历史的变迁就大错特错了。个人的语言结构在(辞格的)选择上也发挥某种作用。因此,修辞学家们确定的规律不一定完全适用于那些用印欧语系以外的语言写成的文本。

  人们的判断很容易受到历史变化的影响。我们往往会有这样的印象:省略是浪漫主义和先锋派诗歌的一个显著特征,但是我们应该意识到自己的历史成见,即从我们的视野出发,更古老的文本的句法显得更连贯,因为它们的片断化失去了它的活力,正如许多隐喻如今已经死亡一样。所有类型的句法偏离都是如此。

  正如我在上面指出的那样,我们在对较小的文本单位分类时很容易忽略历史因素。这样,谈论下列三种句法建构并不难:1.平行(le parallélisme),即不同成分之间的关系的重复;2.插入[l'enchâssement,"离题话"(parenthèse)或"嵌入"(enclave)],即在其他时空里插入一个时间和空间["时空体"(chronotope)];3.建立在对比基础上的逻辑结构["反衬"(antithèse)]。分类者一旦试图考虑读者的反应时,困难便出现了。尽管《麦克白》(*Macbeth*)中著名诗句"明天,又明天,再明天"的重复确实使句子变得更长更复杂,但它们亦造成了一种破碎陈述的印象,留下了许多表述空白。

  人们很容易这样去解决这一矛盾,即设想这种暧昧是句法建构和词法重复相结合的结果,一如若干相同连词的使用["复综法"(polysyndète)],但是这样等于把事情简单化了。平行和复杂可以并行不悖,但是这也可以造成语句破碎的印象,尤其是当文本单位短小时,比如大型英雄史诗中的那些罗列片段,又如近义词连用构成丰塔尼耶称为"变换反复"(métabole)的辞格那样。重要的是辞格的相互影响,胜过辞格本身。一种平行法不能自我满足——即使它的单位得到扩展——因为它包含一个开放结构。大部分情况下,它与悬置法相结合,悬置是一种脱位形式,其结果可能是层递(une *gradatio*),层递是使用最多的修辞手法之一。只有在一种情况下,罗列、编目、清单可以呈开放状态,那就是把一个扩展性评论插入一个段落,该评论与这个段落可能没有语法层面的关联。这类插入也表明了不同辞格之间的摩擦,标志着从第一组向第二组句法建构的过渡,并且填补了平行法与嵌入法之间的空白。

题外话与平行结构包含同样多的程度之别,它们取决于单位的长度。一个修饰语(une épithète)的添加词不超过一个;同位语(une apposition)是个更长一些的品质性语句;一个明喻(une comparaison)可以由一个整句构成,正如曲言法(la périphrase)或迂回法(la circonlocution)一样,后者是一种更加复杂的同位语,我们说过,它曾是17和18世纪新古典主义诗人偏爱的修辞手法之一。

以插入语的长度为基础对题外话进行分类一点也不难,但是历史因素又一次使界定明确的区别变得很脆弱。人们对正题和离题之对立的理解很大程度上依赖于文化因素。

除了用于演唱而不是朗诵的文本之外,任何一个具有艺术价值的陈述言语都不包含严格意义上可以称为赘词的成分。在有些书面作品中,确定一段插入语是否真正独立于文本的整体建构绝非易事。确定那些无用重复[同义叠用(pléonasme)]亦如此,因为多余是一个实践性概念,与历史变化息息相关。如果我们取广义上的可预见性这一概念,就可以把它视为所有约定俗成必不可少的一种特性。此外,它还可以是任何言语陈述固有的一种品质。"一种语言的句法约束确保了我们**在某种程度上**已经知道在某个讲话或文本特定的情境和时刻下人们会说什么或写什么。"[谢瑞(Cherry),1970,第118页]然而,从狭义而言,多余的信息在不同类属约定的范围内可能具有不同的功能。例如,某些浪漫主义作家把抒情与自发性和歌唱联系起来,认为冗词赘句是抒情的特征性成分。在一些演讲文本特别是说教性演讲文本中,重复帮助理解,亦可反映文本接受者的知识水准。最后,当然不是在次要层面,同义叠用可能是幽默或讽喻的源泉,但即使如此,同一原则同样适用:赘言不是表达结构固有的品质;一个添加结构是否构成同语反复取决于阐释群体的决定。

因为讽喻是最不"稳定"的品质之一,所以几乎不可能找到一种永远不受它约束的插入语。与主题模式似乎不相符合的插入成分即最接近这种例外的修辞方式。众所周知的一个例子就是顿呼(l'apostrophe),它常常与某种个性化的抽象组合在一起,我们可以视为新古典主义颂歌开端的标志成分。它永远不缺乏为17和18世纪最高雅的体裁之一提供得体的崇高基调。然而,其他模仿口头交际的添加类辞格却没有这种缺乏暧昧色彩的特征。一个感叹成分的插入["感叹结语"(épiphonème)]在中断陈述文的同时可能推翻它最初的意指。滑稽类史诗文字的混杂格调与不断使用修正法和"马后炮"("pensées après coup",如曲言格)密切相关,这会使我们想到,讽喻总是依赖于文化,它是作者和读者在某些次要意指上达到默契的结果。

这里不是对讽喻的可能定义深入讨论的场合,但是,指出讽刺与互文性之间的紧密关系也许不算是题外话。我们可以把讽喻看做一种阐释策略,因为一条引语的内在本质与文学作品的固有观念是矛盾的。只要忽略读者阐释活动的结果,就有可能建立互文性不同形式之间的微妙区别(热奈特,1982 b,第 16 页),但有些人完全可以怀疑这种分类的有效性,因为它忽略了历史的考量。甚至认为讽喻的"跨背景化"("transcontextualisation",超背景化)就是滑稽模仿(la parodie)与效仿(la pastiche)之区别标志的论据也有点根基不牢。[休特肯(Hutcheon),1985,第 12 页]因为几乎可以肯定,对另一种语言或另一种风格的模仿是讽喻的一种潜在资源。

讽喻概念给我们带来一个认知难题,即句法修辞与语义修辞的分界线在哪里。如果说一段离题话语真的中断了主体文本的空间和时间,当阐释者从提喻或换喻结构中意识到某种中断时,插入就开始了,而当我们发现回到原初的连续性时,它就终止了。离题,或者嵌入,是演说文本和叙事文本的一个折射成分,亦包含语义的连带。当论证的线性发展被一个演说者或一个评论家中断时,听众或者读者就可能对思维程序的目的性失去信任。叙事当中,中断可以呈现为故事层面向言语层面过渡的形式。上述两种情况的每一种中,受话者应该确定,表面的中断是否揭示了更深一层的某种连续性,或者它是否提供了与主体文本意指相关的隐喻标记。例如,联韵叙事诗(les ballades)的晦涩性可能是因为叙述者中断了对故事之阐释会提供某种新维度的评议。

"自我引述"(les autocitations)是一种特殊的插入类型。我们称之为"纹络结构"[*mise en abyme*,套式结构,见纪德(Gide),1965,第 41 页]、被描述为新小说特征之一[里卡尔杜(Ricardou),1973,第 47~75 页]的现象就是指一个故事里的另一个故事,它起着镜子一样的作用。这种叙述策略的运用历史悠久,被用于不同的功能。在罗伯-格里耶的小说中,它使作品羞羞答答的雕凿痕迹引人注目,而在一篇浪漫主义的梦幻叙事里,它却包含某种活泼的姿态,可以喻示幻想世界之开放空间与"客观现实"之封闭空间的鲜明对比。

插入语总是对时间结构产生影响。它不仅取消时空距离,还放缓叙述脚步。纹络结构和描述甚至可以使叙述停下来。事实上,描述是若干辞格相互作用的结果。一些时间和/或空间细节在提喻的轮廓(configuration)中累积起来。一个风景或一个人物的描写,一个人物形象的展现(把人物外表的描写与心理特征结合起来),一个更复杂的"画面",一段对比描述(诸如几个人的特征的比较),所有这些都会中断故事的叙述,而间接的特征化(如"形象化的描述")接近时间进程的描述,构成描写与叙述之间的过渡——它因此使我们超越了中断领域。

鉴于插入一个成分要比结束它更容易,面对听众的演说家们和评论作者们往往在结束一个插入语之后,在继续正文之前,重复插入语之前正文的最后一段话。这种策略有时被称为"追溯效力"(rétroaction),便于回到最初的连续性上,甚至可以说服听读者,乍看上去似乎是题外话的东西,实际上属于论述发挥的组成部分。它亦标志着插入语与逻辑结构之间的过渡。

第三组结构中最重要的修辞格是"对照"(antithèse,反衬,对比),它涵盖的范围与平行或嵌入同样广泛。有时,它仅仅比一句话中一个出人意料的技巧略胜一筹;其他情况下,它是两个更大的结构单位(节、章等)之间的对立。任何对话都包含一个对比成分这一事实清楚地表明,对照同时拥有句法和语义两个方面,它可以对文本的宏观语义结构产生影响,正像插入辞格可以在时空体层面起主导作用一样。正题和反题也可以在独白中相继出现,这不仅存在于坦露心迹(忏悔)性作品,比如自传、日记,或者还有一部小说中从某个人物视角写下的那些段落,甚至也存在于深思熟虑的抒情作品之中。

只有在一种对话形式里,对照不必一定出现。我们可以称之为教理性对话形式,因为人们常常在教材和教学中使用它。其作用不会比戏剧或小说中的附属作用更大,因为"作者只是在事件后才叙说它,而它并不属于事件的组成部分"〔希勒蒂克(Hildick),1968,第72~73页〕,它因此而缺乏戏剧性力量。这是一种残缺不全的对话,因为参与者的作用有限。然而即使在这类情况下,提问者和回答者之间还是依稀存在着一种对照关系。

比较纯粹的逻辑结构在文学文本中可能是罕见的。三段论的结构存在于论说文中。我冒昧地假设,在沉思性的抒情作品中,它们常常是断断续续或支离破碎的。无论如何,逻辑修辞格的语义形态可能比其句法结构更重要。不但语法类型(时态或人称)之间的对立和转换如此——例如叙述现在时或第二人称的自我对话——即使某些更复杂的修辞格也一样,比如交错配列法(le chiasme),它既可以被视为一种语义断裂形式,也可以被看做句法建构的一个例子。

四、语义辞格

鉴于在辞格和比喻之间几乎不可能划出一条分界线,我们有充足的理由假定每个句法辞格引发语义方面的互动,反之亦然。悬念辞格——它首先属于句法范畴,与具有语义性质的延缓效应之间的区别往往很难察觉。因为谈论诗歌言语的两个主导原则比区分两类辞格更为妥当,只有在抽象层面才能认定,有些句法辞格把若干个能指与一个所指成分维系起来,而语义辞格可以使好几个所指项与一个能指发生关系。语义辞格与句法辞格有一种相类似的方式:两者如被过多的使用都会失去它们的价值。

正如句法辞格可以分为三种理想的类型错位(dislocation,如"置换")、断裂(fragmentation,如"删除")和建构(élaboration,如"添加")一样,语义辞格或"比喻"也包括三个主要类别。在提喻当中,种与类发生关系;在隐喻里,种与种发生关系;在换喻中,类与类相关联。这种简单的区分有其局限性,但它可以提醒我们注意,三类比喻中的第一类特别重要。隐喻通常被称为诗歌必不可少的成分,可以被视为两个提喻运作的结果。"为了建立一个隐喻,我们应该把两个互补的、以完全相反方式运作的提喻结合在一起。"(比利时研究小组,1970,第108页)处于隐喻关系之基础的相似性,是抽象加具体化的结果。以一个大家熟悉的例子为证,一个人和一棵芦苇可以从他们的共同点的基础上关联起来。结果是,我们既可以感受到一种融合也可以感受到一种张力。

换言之,隐喻包含着一个分类程序,它的中心是两个整体的共同点。我们也可以把它看做一个夸张性的辞格,但只有当它构成一个显性结构(une structure *in praesentia*)时,亦即其两个关联项"本体"(la "teneur",内容)和"载体"(le "véhicule",里查兹,1936)明确化时。相比之下,如果只有一个成分在文本里出现,那么隐喻似乎就与句法修辞省略有关。然而,在把这个区别作为确立另外一些区别的出发点之前,应该承认,这里涉及的是一个抽象概念,因此其可靠性同隐喻与字面之对立的有效性一样受局限。诗歌的创作与其说是基于它们之间的反

12. 作为结构和建构的文本

差,不如说更基于它们之间的互动。

诗歌如果缺少隐匿的一面就不会存在。新作品的创作总是预先受到传统观念的影响。只有文本中那些勾起人们某种回忆("喻示")的内容才会引起作家和读者的共鸣。所有喻示都具有提喻性的一面:它们涉及的只是一些属于另一作品或另一文化背景的成分。由于隐义的比重很大,只有作家和读者分享某些约定俗成时,作品才可能以文学属性运作。既然这些约定可能属于或大或小的社会群体,喻示即可能被或大或小的读者面所理解。世界文学是一种幻想。中国古代文学中包含的大部分喻示对欧洲读者而言是难以理解的。甚至与西方世界同源于希腊拉丁文化和基督教传统的中欧文学,亦充满了对土耳其占领之文化承袭以及对哈布斯布王朝文化遗产的喻示,这就使一些捷克、克罗地亚或匈牙利作家写的作品,在很大程度上对没有接受过同样文化熏陶的读者来说无法理解。

尽管提喻是描述和论说文——其目的是建立某些概念的等级关系——的必要条件(condition sine qua non),但是以部分代整体(la pars pro toto)喻示互文性指涉对象的谋略还是可以引起我们的回忆,并出现在其他文类中的。随便举几个例子。在"我们的天父"——《圣经·马太福音》中出现的这个祷告——中,就有一个"特殊提喻",因为在"今天赐给我们每日的面包"这句话中,"面包"一词意指"食物"。而戏剧和小说中的所有人物自身都含有某种"普通提喻"的东西,这是作者试图把他们"类型化"的意图所在,尤其是当他们采用下述名字时:Allworthy 先生[《汤姆·琼斯》(Tom Jones)],Malaprop 女士[谢里丹(Sheridan)的喜剧《情敌》(The Rivals)],Lovelace[意即 loveless(没有爱的),《克拉丽莎》(Clarissa)],或"Bovary"(与"Bovin"相关)。甚至一些书名也属于这一类,尤其是一些 19 世纪的现实主义作品[《乡村医生》(Le médecin de campagne)、《三十岁的女人》(La femme de trente ans)、《老姑娘》(La vielle fille)、《妻子与女儿》(Wives and daughters)、《父与子》(Fathers and Chidren)、《战争与和平》(Guerre et Paix)等]。

关于提喻和隐喻的互动无需作更多的说明,但对换喻如何与其他两种主要比喻发生关系还需确定一下。杜马尔塞(Dumarsais)的定义——"这种比喻用另一客体的名称指示一种客体,它与前者有或多或少的直接关系,但是两个客体相互独立存在,丝毫不会被认为构成唯一的同一整体"(杜马尔塞、丰塔尼耶,1967,卷 2,第 87 页)——是个好的起点,因为它意味着,与隐喻相比,换喻在两个成分之间建立了联系,但是它们的语义构成之间没有任何交会。提喻的形态在这里很明显,因为"在换喻程序中,起点(D)向终点(A)的过渡是通过一个中介项(I)来实现的,这个中介项包含了 A 和 D"(比利时研究小组,1970,第 117 页)。由于换喻牵扯到逻辑毗连性,所以它是叙述和戏剧必不可少的先决条件,虽然它也可以在沉思性抒情作品中发挥重要作用。

鉴于我前面顺便谈到了某些小规模的结构单位的运作与宏观结构之间可能存在的某种联系,现在应该就这些观察做点结论。

第一个应该提出的问题即弄清下面的说法是否正确:隐喻在小说里只能扮演某种次要角色,而表示预设和结果的连词以及与"主题"相关的代词和省略至关重要。换言之,我们应当确定换喻程序在多大程度上确实支撑着叙述结构。

一旦我们接受了下述论点——"对诗歌的定义只能确定诗歌应该是什么样,而不能确定它实际上现在和曾经是什么样;否则,它就会被压缩到其最简单的表述形式:诗歌即我们在任何时刻任何地点如此命名的东西"[施莱格尔(Schlegel),1980,第 206 页]——我们就不能对刚刚提出的问题做任何简单的答复。如果说"文学性"不是一种任意的内在本质,而更是一种实用概念,同样,我们与"体裁"和"语式"(弗莱,1966)或者"语式"和"体裁"(热奈特,1979)术语联系起来的这些宏观结构亦如此。不但应该从结构方法方面,还应该从阅读习惯("期待视野")、文本与接受者之间的关系方面去界定它们。虽说约定即一致——作者料想读者会遵守某些规则——但是读者不按作者预想而做出反应的情况亦经常发生。然而,有必要强调指出,当读者抛弃某个约定时,他们会(有意或无意地)顺应另外某种约定的规则。在这种思索线上,认为同一文本可能属于不同的体裁、不同的历史时期的观点一点也不荒谬。

体裁亦是社会建构,因此而依赖于其他社会建构。当我们决定优待这种或那种文本方法时,承受了诸如教育、文学评论和出版业等因素的影响。如果我们希图界定文类,理应避免"永恒性的幻想",避免"体裁诞生的幻想",甚至避免某种封闭文存的幻想[勒热纳(Lejeune),1975,第 313、317、325 页],而且我们丝毫不应忘记我们自己的历史观所固有的局限性。

有鉴于我有所体察的上述保留意见,我所能说的一切,就是 20 世纪末,抒情诗、虚构性散文叙事和戏剧是大部分人所接受的文学体裁。

12. 作为结构和建构的文本

在这个简短的文本结构分析中,我不可能对其中的第三种体裁多说什么,因为,任何剧本的评论都不能无视它对舞台的依赖性,而后者使用的符号体系与语言不同。至于其他两种体裁之间的关系,如果说文学性的确至少部分属于约定俗成的事,抒情与叙述之间的区别应该也一样;确定某特定文本属于前者抑或后者乃是阐释群体的事。因此,要说出抒情作品的结构分析如何与叙述作品的结构分析相关联,绝非易事。

尽管人们普遍认为一首抒情诗要比一部叙述作品短,而且前一种情况下有可能是一些较小的结构单位举足轻重,而后一种情况下则是一些范围更广的结构单位,但是声称"叙述本身是一个独立于它的'载体'的深刻结构"[夏特曼(Chatman),1981 a,第117页],或者换言之,声称"每个叙事当中,不管它采取何种表现方式,都有一个在结构上属于'纯'叙述的节段,独立于该交际手段"(夏特曼,1981 b,第260页),则是一个夸张的结论。如果我们把叙事和叙述性言语行为视为具有启发价值的抽象概念,就可以把两者相区分;但是,我不能接受下面的论点,即在叙述分析中,"我们应该区分言语与其物质表现形式——如语词、图示等等"(夏特曼,1978,第23~24页),因为,我所使用的叙述一词的意义包含言语交际。

在下面的分析中,叙述被视为一种与故事讲述者的概念密切相关的宏观结构,讲述者的交际方式是语言。换言之,我使用了该词的狭义内涵,并假定它不可能拥有叙述性的电影、绘画、音乐或芭蕾舞等手段。正如两个不同的隐喻的意指不可能相同一样,同一故事不能用好几种不同的方式来讲述。隐喻和情节两者都是虚构性建构,这可以成为抒情诗与叙述性故事之比较的基础。"隐喻的语义创新在于通过某种不很扎实的旨归产生一种新的语义价值(……);叙事的语义创新在于创造一个情节,它是一个综合的产物:在情节的组织下,种种目的、原因、巧合都在一个时间统一的完整行动中会聚起来。正是这种'异质综合'(cette synthèse de l'hétérogène)使叙事接近隐喻。"(里科尔,1983,II)简言之,隐喻和情节都声称反映真实的意图具有可比性,而这种相似性可以帮助我们看到两种体裁之间的联系。

换喻和提喻无论如何都不会从抒情诗中缺失,但它们在这里的角色是次要的。相反,离开换喻运作,叙述就无法存在,因为,期待和回忆在叙述作品的阐释中要比在抒情作品的阐释中更为重要。这绝不意味着另外两种主要比喻不能在叙述作品中充任次要功能。有人曾经指出,米什莱浪漫主义的历史书写中揭示着某种隐喻倾向,而更具实证主

义精神的朗科(Ranke)偏爱提喻式语象。[怀特(White),1973,第160、177页]

参照历史学家之举完全是有意而为之,因为叙述结构既是历史文献也是叙述性虚构作品的结构特征。某些理论家提出的两种体裁之对立建立在下面这种毫无道理的假设基础上:"故事是编造的,而史实是发现的。"[古德曼(Goodman),1978,第91页]这个错误假设的根源可以追溯到启蒙时代某些历史哲学家[比如贝勒(Bayle)或伏尔泰]的极端唯理论以及某些实证主义者那里,尽管它重新出现在20世纪的某些理论之中,例如,关于"言语"形式与"出现"形式的对比中[朗热(Langer),1971,第79～102页]。

叙述结构类作品的一般特征使这类对立受到质疑。所有讲述故事的文本都拥有一个表层的意群结构,一个时间和因果的关系网,以及一个由诸如反衬这类逻辑关系组成的词汇结构。简言之,情节的和谐建立在时间和逻辑两个原则的基础上。

亚里士多德认为,如果情节不是跳跃性的,恰恰相反,被述事件按照因果关系的游戏规则相继发生,那么,该故事的叙述就是可信的。["可然性"("vraisemblable",似真性),亚里士多德,1963,第41页]这个标准既适用于历史文献也适用于虚构叙事。自然,人们对因果关系的解释多种多样:它取决于一定群体所认可的标准。因此,同一文本的可信性在不同的历史时期和不同的文化背景中可大可小。因果关系的理解依赖于选择,并因此而涉及评估和普遍化。这就是提喻何以能够在叙述中扮演一个重要的附属角色的原因。

五、时空体

我们可以带有某些保留地接受这一思想,即叙事和时间进程关联为一体;理由是,在口头叙述和书面叙述中一样,故事时间与非故事时间的关系比故事空间与非故事空间的关系发挥了更重要的作用。尽管"书写"、阅读(或聆听)、史著的空间形态以及叙述言语行为确实在很大程度上依赖于时间,但同样真切的是,至少一部历史著作或小说的部分时间关系被读者视为空间布局。尽管认为叙述文本"作为文本只有以换喻方式从其阅读程序中衍生的一种时间性而不拥有其他时间性"这个看法可能显得言过其实,尽管断言有关文本时间的讨论"实际上参照了文本构成之连续性中语言节段的线性(空间)布局"[雷蒙-科南

12. 作为结构和建构的文本

(Rimmon-Kenan),1983,第44页]是一种牵强附会的论断,但是,叙述时间的某些形态确实被感知为空间关系。例如叙述节奏即依据用于某个确定时段所用的段落长度。由于上述这些互动关系,接受时空体这个概念是合适的,它是巴赫金[巴赫金(Bakhtine),1975]提出来的。

叙述行为中的时间性可能以直接或间接的方式出现,因为叙述者能够在其所讲述的事件之间建立本质上属于时间性、因果性或语态性的衔接。故事因果关系的确定亦可喻示目的论。如果不愿夸大其词,就不能断定目的在情节中永远占主导地位。章回体艳情小说、骗子无赖文学、自然主义的"生活片段"或者还有意识流小说(le roman du *stream of consciousness*)等,与该目的论的关联似乎不如浪漫主义教育小说(les *Bildungsromane*)或者现实主义小说那么密切。然而,叙述言语行为的目的论被假定为变化最小的规律之一,这大概是因为阅读是一种自反行为。人们自然可以坚持《芬尼根守灵》(*Finnegans Wake*)或者格诺(Queneau)的第一部小说《麻烦事》(*Le chiendent*)乃循环形式并要求循环式阅读的看法,然而,这两部小说的结构很可能是例外,且就我所知,循环阅读法尚未成为根植于任何一种文化的习惯。

引入下面两种分类便于我们对叙述时间的检视。一方面,我们可以区分出言语上未曾表达的时间性与借助语法类别明确地或隐蔽地表示出的时间性;另一方面,我们可以从阅读和写作的延续性和抽象性(itératifs)时间形态中区分故事与叙述言语行为。在故事内部,参照点是人物的现在时,而在叙述行为中,参照点则是叙述者的现在时。

正如对因果关系的解释一样,时间的观念也依赖于文化和心理方面的因素。我们大家对时间性都有自己的个人感觉。但是,我们可以就文学作品中的时间处理得出几个普遍性的结论。大约一百年以来,对人物心理因素愈来愈多的重视导致了叙述节奏变缓。《尤利西斯》(*Ulysses*)长达好几百页,但讲述的只是一天中发生的故事;至于克洛德·莫里亚克(Claude Moriac)的《放大》(*L'agrandissement*,1963)这部两百页长的小说的"事件",发生在不超过两分钟的时间内。若干不同视角的使用可以使同一事件拥有好几种解释。在福克纳(Faulkner)的小说《押沙龙,押沙龙!》(*Absalon, Absalon!*)中,对查尔斯的谋杀的叙述不下三十九次。叙述时间的分析者不但可以确定文本的历史特征,还可以确定它的体裁特征。例如,传记(le *Lebensbild*)是一种很接近现实主义的体裁,热拉尔·热奈特称之为一种"抽象叙事"("récit itératif",热奈特,1972,第148页)形式。

我们刚才提到的任何一种叙述方式对作品的阐释者都可能至关重要。关于时间倒错、倒叙和预叙、事件顺序与它们被叙述顺序之间的张力已经有许多论著。由中介物(*in media res*)开始一段叙事是数千年来的一种传统。在许多情况下,文本的开始晚于故事的开始,早于故事的结束。当故事的开头和结尾以题材事件的形式而明确时(比如主人公的出生和死亡、一个目的程序的开始与结束),叙述的开始与结束则呈现为明确的形式结构(如"从前……","我到了故事结尾的时候了"),区别故事时间与叙述言语行为的时间是比较容易的。

不管时间是否从语法形式上未予表现,或直接或间接地表现出来,我们永远不应忽略下述现象,即叙述时间与虚构情节是交织在一起的。在一部小说里,没有任何理由使一周不能有两个星期天,因为在文学作品中,动词时态只有通过它们之间的相互关系才有价值。贝克特(Beckett)《莫卢瓦》(*Molloy*)的最后几句话足以为证:"Il est minuit. La pluie fouette les vitres. Il n'était pas minuit. Il ne pleuvait pas."("现在是午夜。雨抽打着窗玻璃。那时不是午夜。没有下雨。")我们有时称之为叙述现在时的时态堪为这种现象的另一例:如果你用现在时讲述一个故事,你的听读者自然会断定,你所讲的故事应当重新置于过去。当然,我们应该防止简单的一概而论,因为阅读的时间形态很可能使问题更加复杂化。如果存在所谓历史小说这么一种子体裁,那些试图界定这种体裁的人,不仅要考虑到故事发生时间与叙述时间的间隔距离,还要考虑到写作年代与阅读年代之间与日俱增的鸿沟。正如我们已经指出的那样,同一文本在不同的语境下可以改变其体裁性质。甚至1984这个年度一旦时过境迁之后也可能改变其过去的地位。

无论如何,叙事只有虚构性的时间模式。叙述时间则是一个符号体系,一种约定俗成,如同绘画中的透视一样。由于文学既创造了一种模仿幻觉,同时又构成一种文本现象,叙述性作品的情形相同:故事是一系列相继发生的事件,而叙述呢,则是一部语言陈述文。我们在一部文学作品中可以找到的动词形式和副词宛若一些"连接器",它们只有在文本时间价值的范围内才有意义。《呼啸山庄》(*Wuthering Heights*)的故事既没有被奈利·丁(Nelly Dean)和洛克伍德(Lockwood)扭曲,也没有被他们拆散甚至改变,这里更多的是读者实现的抽象理解。罗兰·巴特曾经谈论"清晰"文本(textes "lisibles")和"手书"文本(textes "scriptibles",巴特,1970);他区分了"快乐的文本"("textes de plaisir")和"享受的文本"("textes de jouissance",巴特,

1973)。让·里卡尔杜则提出了下述意见：文学作品或者创造某种"自然主义幻觉"，或者创造某种"文字幻觉"（里卡尔杜，1971，第35～36页），因此便有模仿型小说和文本型小说，再现性小说和反再现性小说，反映型小说和生产型小说。我更倾向于从不同的历史阅读方式的角度思考问题。一个文本的符号体系有可能不为读者所熟悉，这时能指可能掩盖着所指。相反，某个读者可能对某种符号体系了如指掌，以至于能指对他几乎是透明的。换言之，独特性或新颖性就在于对作为阅读程序组成部分而建构起来的某种期待网的否定。

众所周知，我们拥有的可接受感觉信息的渠道相对比较狭窄，而我们能够吸收这些信息的节奏更缓慢一些。我们无法同时感知过多的现象，因此，有必要让这些信息相继来到我们身边。我们对时间的感知是以进入的信息为基础的；如果信息承接的速度很快，我们就会有短暂的感觉，如果它们承接的速度缓慢，我们就会有漫长的感觉。这就是叙述节奏的基础。如果我们觉得时间不快也不慢，或者换言之，如果故事情节的发展与叙述所持续的时间似乎相吻合，读者就会感到他是某场景的见证人。省略可以被视为加快节奏的一种极端形式，而静态描写可以表示最慢的时间节奏。在这两个极端之间，存在一个很宽广的节奏域，然而我们不应忘记，读者对时间流逝的感觉在叙述节奏的判断方面发挥着如此重要的作用，以至于时空体在很大程度上依赖于接受方式。不仅我们对流逝时间的计算取决于我们的文化、年龄和心理因素，而且任何叙述性作品的阐释都受读者对叙事的理解，受叙述能力的影响。叙述能力构成某种参照体系，提供比较不同作品的可能性。

如果我们谈论阅读的时空体，就无法避免互文性方面的复杂性。首先，我们应当承认，这个非常时尚的术语有两种极不相同的使用方式。对利法泰尔（利法泰尔，1978）或热奈特（热奈特，1982b）而言，它意味着由那些被引用、意释、改写之作品构成的范围，或者一文本所参照的那些作品。这种内在性的解释可以与巴特在《文本的乐趣》（*Le plaisir du texte*，巴特，1973）中所赋予的转向读者的阐释形成对比。这两种阐释方向的代表还有其他一些理论家。这里我无意进入细节，我想做的一切就是指出，关于互文性的这两种观念可能包括释义学的蕴涵。如果您把一部文本的信息追溯到其作者的意图，您就会把互文性与引述联系起来。如果您接受这一思想，即现在可以影响对过去的阐释，且意指至少部分是由读者创造的，那么您就允许用任何一个文本去解读任何其他文本，像德里达（Derrida）把雪莱（Shelley）那首未竟诗作《生命的胜利》(*The Triumph of Life*)解释成对布朗绍(Blanchot)《死刑判决》(*L'arrêt de mort*)的某种评论那样。[布鲁姆(Bloom)、德曼(de Man)、德里达、哈特曼(Hartman)、米勒(Miller),1979]

几乎无需特意说明,我这里不仅谈到了两种释义学,而且还谈到了两种不同的比较文学路径。我所要证明的论点非常简单:叙述时间性的分析者不能无视阐释领域的约定,因此他应该接受一种经过历史检验的、注重读者的互文性观念。这似乎意味着,通过译本或原著跨文化阅读域外作品有可能推翻原有阐释,此类阅读理应被作为文学领域的一种国际交际形式而接受。

对阅读类时空体的探索可能不仅引发理论方面,而且引发实践方面的困难和问题。据我所知,这还是一个很大程度上尚未开发的领域。有鉴于此,我只能就若干不成熟的假设做一些说明而已。第一遍阅读可能趋向于线性方向,并包含某种单向记忆。我们总是借助进入信息的启示而不断匡正我们的阐释意见。涉及我们以散布在文本中的人格特征为基础而建构一人物形象的方式时,这一点尤为明显。在我们首次接触一个文本时,随着阅读的进展,它愈来愈受某种回溯性视野的影响。如果该首次解码继之以同为线性运动的第二次阅读,我们的关注对象有可能发生彻底的变化。这时,双向回忆居优势地位,并使我们有时怀疑是否有必要按顺序重读每个段落。第一遍接触文本时,我们的阅读节奏可以相对稳定,然而重读时,节奏的变化往往很大,因为文本的不同组成部分不会再以同样的力度抓获我们的注意力。我们甚至可能有意或无意地跳过某些细节,而比第一遍更仔细地阅读另外一些细节,这取决于这段或那段似乎尚未开垦之处女地的多少。毫无疑问,在这种时刻,回忆的间歇亦部分依赖于个人的独特性。

重读积极地推动了信息变经验的进程。第一次阅读时,我们相当无意识地发现了一些以内在相似性和内部重复为基础的结构。而在重读时,我们是根据已经形成的假设去接触作品的;我们可能对先前已经形成的阐释意见的修正持不太开放的态度,因为对文本发展的关注愈来愈被有关作品整体之结构和意指的假设所代替。

至少在某种程度上,弄清一部文本是否需要重读几遍是个体裁问题。一些相对接近口头文化之"简单形式"的形式,诸如谚语、谜语、童话、案例、传奇、传说、神话等,几乎没有重新阐释的必要。假如我们刚刚读完一部侦探小说,就很少会去重读它,除非这部作品超出了该体裁的一般要求。然而,为了避免某种误解,应当着意说明,我们这里涉的是程度上的差异。一方面,大部分以叙述结构为特点的文本都与口头文化的简单形式相关联;而另一方面,可能有些书面叙述形式比一些应景诗更需要重读。

　　学者们说,叙述空间从属于时间。这个论点很容易得到证明。那些被称为"转换词"(*shifters*)、"联结词"("embrayeurs"、"连接词")或"离合词"("débrayeurs",杰斯佩尔森,1922;雅各布森,1957;雅各布森,1963,第176~196页;格雷马斯,库尔泰斯,1979,第81页)的语境词,同时组织着讲话者周围叙述行为的时间和空间。叙述言语行为的时间和空间以及故事本身由下列语词之间的比照表示:"我/您"与"他/她"、"这里"与"那里"、"现在"与"那时"、"今天"与"那一天"、"昨天"与"前天"、"明天"与"后天"、"这个"与"那个"等。它们的组合(蒙太奇)就是叙述时序与叙事空间之间相互作用的结果。从背景到前场的过渡——从一个宽广的空间到一个较狭窄的空间(如一座楼房外面的场景,那里人头攒动,紧接着是楼房内一处隐秘的场景),或者方向相反的同一种过渡,这是19世纪现实主义的典型结构,它往往包含从快节奏到慢节奏或持续性叙述节奏(外省生活场景的描绘,这些场景突出某个相对封闭的特定群体生活中极为普遍的一些特征)的过渡——还有对正在前行的某运动的描写(如叙述者追随某个游客的旅行踪迹),都可以产生持续性的幻觉。一个表面上随意的搭配(叙述者并不试图论证其合理性)或者另一空间的插入(在一个故事中插入另一个故事,或曰"套式结构"),却会中断叙述行为,而相继介绍同时发生的事件(例如,两个人物互道再见,叙述者先跟踪其中一个,稍后再转向另一个)则可能包含既连贯又不连贯的成分。

　　连续性和非连续性以可预见性和不可预见性的形式呈现给读者。前者一般加快阅读进程,而后者则会延缓它,但是应当记住,中断可能会揭示出更深一层的某种连续性,如上面已经喻示的那样。我们可以把可预见性归诸于作者和读者的共同知识,归诸于某特定群体认可的某种传统意识。文学史变化的重要因素之一可能就是对可预见性的重新评估。此外,可预见性也依赖于阅读频率,这一点在叙述性作品中具有特殊的意义。假如我们事先知道故事如何结局,我们对一叙事开头的阐释方式就会完全不同。重读时阅读空间承受着颇有意义的变化:某些造就和表明小说结构的重复现象,只有当我们的回忆双向运作时,亦即当我们阅读前面的章节能够回忆起后面的内容时,才会显出。

　　重读提高文本的可预见性。然而我冒昧假设,虚构作品中总有非

连续性成分的存在。我同意皮埃尔·马什雷(Pierre Macherey,1966,
第103页)和卡尔海因茨·施蒂尔勒(Karlheinz Stierle,1980,第102～
103页)关于下述事实的看法,即艾柯、伊泽尔甚至英加顿(Ingarden)对
文本中断现象之蕴涵的观点可能有失偏颇。与不确定性相关联的空白
不应该由读者来全部填补。没有特意加以陈述的内容不是一种总可以
或者总应该弥补的暂时损失,它很可能是某种刻意的缺失。《鸽翼》
(The Wings of the Dove)的阐释者理应接受这个事实,即米莉的疾病
性质有意不让人知晓,正如《窥视者》(le Voyeur)的读者不应试图回答
下面的问题一样:马蒂亚斯在他的时间安排中漏掉的那个时段里干了
什么? 这类空白与许多小说结尾的不确定性没有什么区别。

尽管重读不能弥补某叙述中空间的所有空白和信息的所有中断,
但它无疑使我们对文本间的关联更加敏感,其结果可能导致另一类型
的不确定性。通常,第二次阅读的个性更强,因为更加广泛的参照体系
被投入,而我们每个人的阅读量都因人而异。没有人读过的作品与另
一人完全相同。很难确定哪些其他文本对某部文学作品的正确阐释有
用。如果我们不把作品的意指与其作者的意图联系起来,如果我们不
试图使读者摆脱他自己在时间和故事上的立场,就应该视阐释为不同
视域的融合,为过去与现在的相互作用。这意味着,互文性是一个广阔
的参照场。唯有一个因素限制着这个场域,那就是作者和读者共享的
语言传统。

六、视角与言语情境

除了时空体之外,还有另外两个结构原理在情节的创作中发挥作
用。它们二者相互依赖,正如时间与空间一样。没有任何一个专家在
后面这对概念的阐明上超过热拉尔·热奈特,他确立的最重要的区分
就是叙述"语式"("mode")和叙述"语态"("voix")的区分(热奈特,
1972,第183～267页)。第一个概念包含"视野"("perspective")或"聚
焦"("focalisation")和叙述"距离"("distance"),它差不多相当于继承
了亨利·詹姆斯(Henry James)传统的英美评论家们所说的"视角"
("point de vue")。一部叙述性作品中人物关系的复杂性是由这两个
因素之间的张力造成的。例如,在狄更斯完成的倒数第二部小说《远大
前程》(Great Expectations)中,成年人菲利普·匹里普是叙述者,但是
大部分事件是从一位名叫"匹普"的年轻小伙子的视角来展现的。

12. 作为结构和建构的文本

视角是一个包括主体和客体的概念：它使人产生某人或某事正在被观察的幻觉。让·普荣(Jean Pouillon)引入了"同视觉"、"后视觉"和"外视觉"的概念(普荣,1946)，但是所有与视觉相关的词都有些暧昧，因为，叙述视野涉及概念、情感甚至意识形态。换言之，它不仅代表空间和时间位置，而且还体现价值体系。乌斯宾斯基(Uspensky)指出，甚至人物的姓名都反映了聚焦的影响。(乌斯宾斯基,1970)

尽管人们对视角的研究几近一个世纪，叙述语态却是一个相对新的概念。言语行为理论是分析它的一个可能的基础。如果我们承认，为了理解一部文本，就应该确定其体裁，而体裁是阐释习惯的体系，那么我们就可以喻示某些体裁与言语行为之间的某种应和。如果把雅各布森的语言功能理论(雅各布森,1963,第 213～220 页)与塞尔(Searle)的第二次分类(塞尔,1979,第 12～17 页)结合起来，我们就可以冒昧提出若干假设。这样，那些尤其具有指涉功能(fonction référentielle,参照功能)但也安排文本不同部分的"论说成分"(les "assertifs")，就既可以出现在叙述中，也可以出现在描述中。具有内涵功能(fonction connotative)的"引导成分"(les "directifs")主导着说教性作品。具有交际功能(fonction phatique,接触功能)的"允诺成分"(les "promissifs")是论说文的特征，后者的格调是主观的。具有情感功能(fonction émotive)的"抒发成分"(les "expressifs")与抒情诗密切关联，而演说性文本中的"宣示"(les "déclarations")与预言特征相关。几乎可以肯定，上述这些成分中的任何一种都可以出现在戏剧作品中。鉴于我们刚才列举的这些类型乃理想化类型，因此，任何言语行为都可能在叙述性作品中拥有某种次要功能。一篇坦露心迹(忏悔)中的抒发成分，一篇寓言中的引导成分和宣示成分，都可能从属于对文本建构的"内在参照场"的聚焦。[哈尔萨夫(Harshav),1984,第 232 页]

根据第一人称指涉叙事的是叙述者还是人物，存在两种基本的叙述情境。如果我们以叙述者为出发点，第一种可能性可以称为主观性叙述情境，而第二种情况相当于客观性叙述情境。观察者与叙述者之间的相互作用使差距或大或小的种种主观视角形式和客观视角形式之间的区别成为可能，也使得叙述化独白与内心独白的区别成为可能。

对观察者—叙述者与人物之关系的两种形态作出区分是重要的。一方面，这种关系涉及与故事事件相关的信息，而另一方面，它涉及对不同人物的评价。主观性的观察者—叙述者可能对这些都了解得更多一些，而他的客观性同行则可能对事件的了解少于对人物的了解，一部叙事作品中的叙述者可以以欣赏或蔑视的态度注视他的主人公。亨利·詹姆斯尤其倾心于第一种形态,而亚里士多德则关注第二种形态。尊崇亚里士多德的理论家们确立的高级模仿与低级模仿、英雄文学与讽喻文学的对立,实际上是以视角和言语情境的价值评估为基础的。在这两极之间,存在着无限的组合变化的可能。理论上,观察者-叙述者与人物之间的距离可以体现在时间、空间、知识或道德方面,但实际上,这些成分总是结合在一起,以引起读者对主人公的好感或反感。

毫无疑问,可信性("似真性",可然性)在很大程度上取决于视角与言语情境之间的互动。热奈特建议用"所谓叙述主体的取消"和"叙事的详细特征"作为制造模仿幻觉的因素。他的结论是:"这些细节愈显得无用,愈容易制造'幻觉'。"(热奈特,1983,第31页)此外,适中的距离和节奏也是叙述可信性可能的先决条件。当倒叙通常可以产生某种距离效应时,场景中,叙述者-观察者似乎不露声色地追踪着情节的发展。

卢卡契(Lukács)关于现实主义的论著可以提醒我们对叙述可信性与19世纪现实主义不加区分可能产生的危险性(卢卡契,1955)。前者是一个历史上不断变化的概念,而后者是一种文学倾向,因此而理应被描述为一张约定俗成之网络。其中最重要的约定是对叙述视野的处理方式:事件的线性发展顺序被某种结构原则所突出,后者的基础是上面提到的前场与背景的区别。背景时间往往是纯粹的承接,它没有真正的现在时,而前场则由包括回忆和期待的现在时支配。

如果我们可以称为"内在化—时间性"("intériori-temporalité")的概念拥有三个相互区别的成分——该时间性可以用日期来表示(*datierbar*),因为它构成一种带有参照起点的日期体系;它拥有延伸期(*Dauer*)和间距(*Spanne*),由此引发"目前"与"那时或当时"之间的关系;它还拥有某种公开性(*öffentlich*,海德格尔,1976,第404~411页),前提自然是后者可以衡量——如果"时间的三种形式是恒定性、承接性和同时性"(康德译本,无年代版本,卷Ⅱ~Ⅲ,第142页),那么叙述时间的主要组成部分可以从视野的角度以不同方式表达出来。延伸是承接与静止之间,一个近视野与另一个远视野之间相互作用的结果;时序建立在承接性和同时性相互依存,既非纯粹外聚焦也非完全内聚焦以及视角变化的基础上;频率可被视为是由三个组成部分相互影响而产生的。

基于上述前提,19世纪现实主义的约定之一便可以界定为一系列

12. 作为结构和建构的文本

有日期标记的事件的场景式描写与一个更长时期的抽象概述的比照，前者涉及的时间段相对较短，两到三年而已，后者则纯属相对不受限制的、远距离的外聚焦处理。"短暂的一段时间(……)。然而，从那时起什么事没有发生呢！"这两句话选自《艾菲·布里斯特》(*Effi Briest*)，很有代表性，因为它们属于小说第二十二章女主人公间接内心独白的组成部分：我们的言外之意是，那些意味深长、需要进行严密分析的事件与几乎静止不动的事物的常态区别明显。

如果说人物意识的再现确实是区分叙述体裁与其他体裁的试金石[汉伯格(Hambunger)，1957]，那么外聚焦向内聚焦的逐渐转移可以视为书面叙述潜力发展的最显著的成果。

所有可能被改写为第一人称叙述的文本或段落都采取了内聚焦方式。假如没有必要进行任何改写，那么我们所面对的就是内心独白，然而，相反情况下，沉默性独白是间接的，或者被"心理叙事"(le "psycho-récit")所代替。(柯恩，1970，第21～57页)它们的对立在时空体方面同样明显：直接的内心独白要求被叙述时间与叙述时间几乎完全准确的对应，而内聚焦与主观叙述的混合体则意味着它们之间存在一定的距离。

直接内心独白很可能有其句法上的独特性表现。一个独立词的复合感叹形式经常出现在这种叙述方式中，它们表明被引述的沉默性独白似乎没有言语对象。甚至"沉默性言语"这个术语都有一点迷惑人，因为内心言语，正如俄罗斯心理学家维高茨基(Vygotsky)肯定的那样，是一项清晰且突出的言语功能。分解和断裂两者从中发挥着非常重要的作用。后者的形成尤其因为省略了与心理主体相关的语词。然而，句法的贫乏被充盈的语义所弥补：与心理谓语相关的语词都增加了新的内涵(维高茨基，1956)。

有一个问题值得讨论：内聚焦是否会增加读者建构文本意指的难度。的确，讽喻、心理进程的详细分析，如同叙述者直接说教式的一概而论和评价一样，意味着叙述者与人物之间存在某种距离。然而，提出某种不能正确反映问题复杂性的假设则是一个错误。从艺术角度而言，视角与叙述情境所有可能的组合方式都可能有利也有弊。

主观叙述与客观叙述之间的对比需要更多的说明。首先，应该承认，叙述者的评价不一定必然可靠，远非如此。评价的可信性依赖于文本架构的真实性的条件。神话的叙述者赋予自己一种不可辩驳的权威，且从不以平等的态度对待他的听读者。童话要求一个天真幼稚的听众,传奇则指望读者会相信它,而20世纪大部分小说要求读者具有怀疑精神。虽然存在一些自我欺骗式的叙述者——明显的例子就是福特·马多克斯·福德(Ford Madox Ford)《好士兵》(*The Good Soldier*)中的道尔,或者加缪《堕落》(*La Chute*)中的克拉芒斯——但一个俯视其主人公,让人感到自己存在的叙述者可能声称,他对人物的心理比人物知道得更多,这样的事例亦不少见。在众多现象之中,这种明显的矛盾便给了我们把内在视角与第三人称叙述情境相结合的可能性。那些毫不犹豫采用叙述化独白——被述意识(*erlebte Rede*,被述言语)或者"自由间接引语"——的作家们可能以为,直接内心独白掩盖了人物内心世界的一大部分,或者他们的偏好可能还有除了模仿性质以外的其他原因,并淡化了叙述者意识与人物意识之间的区别。

亨利·詹姆斯和普鲁斯特也许属于最先创作出包含这种暧昧性作品的小说家。穆齐尔(Musil)后来大概批评了《尤利西斯》作者崇尚内心独白的倾向(穆齐尔,1955,第584页),他在第一次世界大战前写的早期作品中使用了一些比喻,以跨越叙述意识与形象意识之间的鸿沟。维吉妮亚·伍尔芙(Virginia Woolf)和后来的克洛德·西蒙(Claude Simon)借助现在分词的形式引出内外聚焦的融合。其他一些作家也试图寻找另外的可能性:米歇尔·布托尔(Michel Butor)的《变》(*La modification*)是用第二人称写的,而罗伯-格里耶(Robbe-Grillet)的小说在视野和言语情境方面出现了许多无人称代词和刻意不合逻辑的现象。

我们不妨这样说,对内心独白和叙述化独白的选择涉及哲学、语言学和心理学方面的因素。内心独白的拥护者趋向于把思想理解为语言的某种产物,这种观点的代表人物是那些追随相对主义和约定俗成主义传统的人,其发起人是维柯(Vico)、赫尔德(Herder)和威廉·冯·洪堡(Wilhelm Von Humboldt),后来萨皮尔(Sapir),沃夫(Whorf)以及晚年的维特根斯坦(Wittgenstein)继承了这个传统,而笛卡儿(Descartes)、莱布尼茨(Leibniz)或乔姆斯基(Chomsky)这些思想家的通用的、生成的、近乎工具性的语言观可能为语言表达怀疑论提供了理论基础,我们可以从那些相信他们的叙述者能够进入人物先于语言表达之精神状态的作者们的小说里,发现这种怀疑论。是语言向我们讲话呢,还是我们通过语言中介在讲话?这似乎是那些要选择使第一人称与某个人物或某个叙述者发生联系的小说家们最大的困惑所在。

鉴于叙述化独白是较晚发展起来的一种叙述方式,我们可以把它

12. 作为结构和建构的文本

视为对口头文化逐渐疏远的一种表现。为了回答它在行文风格上是否有一些特殊表现这个问题，让我们来看看下面这个选自亨利·詹姆斯《鸽翼》第三十四章的例句：

在痛苦持续的时候，肆意在伦敦城里游逛——这除了使他的生活变得难以忍受之外又有何益呢？

这样一种结构在直接引语和间接引语中都是不可能的。正因为这样，我们可以提出，某些综合因素可能使读者意识到，叙述者没有展示他自己的意识。无论如何，叙述化独白几乎不可能与三种语法人称的使用相配合。或者，第一和第三人称在第一人称叙事和内聚焦的结合中相互交替，或者，在一些诸如《变》那样的特殊情况下，文本于是被第二人称左右。此外，我们刚才引用的那句话可以表明，被述言语（*erlebte Rede*）在单数和复数形式以及语法人称的使用方面与外聚焦和主观叙述的组合相似，但它与直接引语类似，因为它无需将引语变成一个起补语作用的句子。然而，应当补充一点，即"自由间接引语"的特征可能被个人语言之间的差别所改变，正如所有语言一般不拥有完全相同的时态一样——这对时空体的使用可能有影响。引自《鸽翼》中的那句话后半部分的倒装语序（à quoi cela servirait-il sinon à rendre sa vie impossible?）符合直接引语的规则。有些语言——匈牙利语便是其中之一——没有"正常"语序与倒装语序之间的对立，因此，被述意识的某些特征便会在这些语言中消失。

某些内聚焦的分析家们倾向于把更多的模仿价值赋予内心独白而非被述意识，或者**相反**。[亨普瑞（Humphrey），1965；柯恩，1978]如果说模仿是个历史术语的话，应该承认，展现意识的所有形式都是约定俗成的。它们中的任何一种都没有自己独有的固定价值。每种形式都拥有相对于其他形式的长处。

既然最简单的形式——谚语都有一个对其自身意指起影响作用的语境，这一现象对视角和言语情境自然也是真实的。两者中的任何一个都不能在不考虑语用因素的情况下得以界定。断言言语行为可以帮助我们认识它的目的并不难。的确，某些完成行为式陈述句[des énoncés performatifs，奥斯汀（Austin），1976，第 233～252 页；1977，第 13～22 页]，诸如，"我很抱歉……""我建议您……""我答应……"等等，使阐释变得更自如，甚至有些句法或语式成分亦可以提供某种标志。但是,有些文本不含有这类成分。如果没有确定语式的动词,确定发话者和受话者就很困难。甚至代词也暧昧不清:例如,单数第二人称的人称代词可以在独白中使用或指代某个无人称主体;它还可以指涉另一个人物,或者指涉一个想象的听众。急于做出下面的结论乃过于草率之举:视角和叙述情境一般在所谓再现性作品中,特别是在心理小说中,总是可以辨别的,而在非再现性或先锋派文学中,它们永远不能或者不该被确认。之所以草率,那是因为我们在书面叙事的所有类型中都会碰到辨认观察者和叙述者的困难。

我这里随意选了两个出自不同时期的例子。第一个选自坡(Poe)的短篇小说《泄密的心》(*The Tell-tale Heart*),首次发表于1843年;第二个选自贝克特(1980)《陪同》(*Compagnie*)的法文版:

> 现在,这就是问题的关键!您以为我疯了。疯子什么也不知道。可是如果您当时看到我就好了!如果您看见我是多么机智地行事就好了!——多么谨慎、多么料事如神、多么隐蔽地投入行动!在老头子眼里,我从来没有凶杀前整整那个星期那么可爱。(波德莱尔译)。

> 您可怜外面寒气中的一只刺猬,把它放入一个装帽子的旧纸箱里,还有虫子供它食用。然后,您把带食虫的纸箱放进一个改变了用途的兔笼子,把笼子上开着的门固定起来,为的是可怜的宠物能随心所欲地来回走动。

在这两段文字中,第二人称的指涉对象含糊不清,即使我们通读全文亦如此。两部作品所喻示的,即某片段被理解为口头言语、书面言语或无声言语,可能取决于读者的决定。

鉴于文化条件的不同,叙述者和人物之间的区别与叙述者的可靠性、情节的连贯性、时态和代词的价值,或者还有描述对象的形象化和空白被填补的程度一样,受阅读习惯的影响。诺思罗普·弗莱蔚为壮观的体裁分类之所以比较脆弱,其原因就是诸如中世纪意义上的小说或默尼贝(Ménippée)讽喻文这类概念(弗莱,1966,第304~307、308~312页),不能在不考虑读者倾向于用自己熟悉的言语去阐释不熟悉的事情这一现象的基础上去界定。正像寓意或寓言都是一种阐释策略一样,读者的反应也应该成为界定内心独白和叙述化独白时要考虑的因素。理论上,独白的节奏是统一的,而叙述可以轻易地加快或放慢节奏，可以后退也可以前进。但实践中，一部文学作品中涉及的事件只在它们被叙述的形式下存在。因此，它们发生的时序和持续时间，如同展现它们的视角和阐释它们的说者，都应由读者来建构。

叙述(erzählendes)与被述(erzähltes)或者体验之我(erlebendes)与我(Ich)之间的对立[斯皮策(Spitzer)，1928，卷二，第478页；古特岑(Gutzen)、俄莱尔(OEllers)、佩特尔森(Petersen)，1981，第18页]之所以有点问题可能还有其他原因。在许多情况下，叙述情境是复杂的，初始叙事(récits primaires)和二级叙事(récits secondaires)的叙述者往往是通过插入而不是承接的方式发生关联的。另外，二级言语或间接言语的行为在文学中所起的作用可能比在自然语言中更重要。同一陈述句可能既有显性又有隐性功能，而后者对文学作品意指的贡献可以是最重要的。这里也一样，语境具有最高等级的重要性，而这样的交际情境总是受文化建制的极大影响。

只要文学作品可以被视为言语行为的书面模仿形式，且言语行为构成已接受的约定俗成的运作程序，那么读者所掌握的阐释策略至少部分决定着这些程序的效果。换言之，非言辞行为(acte illocutoire，又译为"以言行事行为"或"语行行为")的先决条件总是包括授话对象的期待因素以及面对意外时的方案。我们只能参照作为观察者和受述者的解码者的态度来确认视角和叙述情境，而解码者的态度依赖于读者的素质、教育、信仰和价值体系。信息接受者不仅发现且建构意指，信息发出者的意图总是被信息接受者的预设所改变。涉及言语行为时，有可能让说者发现其笨拙之处，但要界定它们的书面模仿可能出现的偏离方式就不那么容易了。

仔细掂量，对某叙述作品的人物进行分类远非一项容易的工作。最具雄心的尝试之一是苏珊·斯尼亚德·兰瑟尔(Susan Sniader lanser)的分类范式，它包括六个层次。言语是人物之间发生关系的手段。聚焦者与观赏者通过情节交流。私密叙述者(narrateur privé)与受述者在场景层次谋面，而他们的公开对应者被涉入叙事的创作。我们可以在故事外一侧的某声音和某读者与我们称之为虚构故事的另一侧之间建立某种关联；最后一点的重要性并不逊色，即文本涉及一个历史上存在的作者和读者群(兰瑟尔，1981，第108~148页)。其他研究者把受述者界定为叙述情境的一个成分。[热奈特，1972，第265~266页；普瑞斯(Prince)，1973；毕沃瓦尔兹克(Piwowarczyk)，1976]至于故事外的声音和读者，他们大致相当于其他研究者所说的"隐性作者"[布思(Booth),1961]、"隐性读者"或"潜在读者"(布鲁克-露丝,1981;热奈特,1983,第103～104页),但还有两三种划分法也可以关注一下,这有点像钻牛角尖,它们至少需要进一步的说明。

应该记住的最重要一点是作者与叙述者的区分,因此我视"作者的"(auktorial)、"个人的"[personal,或"形象的"(figurale)]、"中性的"(neutrale)以及"我—他"(Ich—Es)这些类型有些似是而非,即使人们把它们称之曰"叙述情境"[Erzählsituationen,斯坦泽尔(Stanzel),1955]或"内蕴叙述"(Erzählverhalten,古特岑、俄莱尔、佩特尔森,1981,第18～22页)。讲述故事是一种没有叙述者就不可能存在的行为,尽管其可感知性的程度可以穿过从最隐晦到最明晰的整个阶段。叙述者的作用如此重要,我们可以对他参与叙事的程度作进一步的区分。因此,有两种理想的叙事关系类型:"一是叙述者不在他讲述的故事中出现(……),一是叙述者以人物的身份出现在他讲述的故事中。"(热奈特,1972,第252页)

受述者、潜在读者和历史性读者等概念的界定引起了一些更严重的问题。其中最后一个问题是文本的真实解码者的问题;潜在读者参与交际进程并可以回应作品的期待;受述者是文本中人们面对的一个人。一部文学作品的潜在读者是一种"广义读者"(architecteur,利法泰尔,1971,第327页),他应该辨认出一个真实的读者可能意识不到的种种互文性关系。例如,《尤利西斯》的隐性解码者或建构性解码者理应十分熟悉《奥德赛》(L'Odyssée)。

区分隐性作者与叙述者和文本的真实写作者更加困难。确定其特征的最好办法就是把单一作品作为起点。不但《复活》(Résurrection)中的叙述者可以不是《战争与和平》中的同一叙述者,而且托尔斯泰这两部小说中的隐性作者也可能相异。故事之外的一些成分,诸如副标题、体裁标志、序言、献词或者题词(题记、铭言)都可能为创建的作者意识的身份提供一定的信息,而作者意识是个人作品中的最高文本权威。在这类标志缺失时,区分隐性作者与叙述者或真实写作者可能很困难。同样,叙述者的可靠性可以从自称只参照事实真相直到坦承偏爱幻想。有必要重申一遍,真实读者的价值至少部分地依赖于他把文本视为故事或历史的决定。在某些情况下,19世纪的某些小说曾被人们当做有关社会生活的资料来阅读,而某些历史文献则在20世纪末改变了身份,变成了文学作品。

三种结构原则似乎影响着一部文学作品的虚构程度,它们"包括说者与听者的关系、信息和言语行为"。学者们把它们称为"状态"、"接触"和"态度"(兰瑟尔,1981,第 86 页),但我更愿意用可信性和形态(la modalité,模态)这两个词来表达前两个原则。

可信性是交际者的权威性、可靠性和坦诚性的结果,它可以构成区分一私密叙述者(un narrateur privé)与一公开叙述者(un narrateur public)的出发点。前者的话语发向一个人物,而后者则投入与受述者的对话。前者动摇模仿幻想,构成先锋派和后现代文本的特征之一,而后者则是雅各布森追随人类学家布罗尼斯洛·马利诺夫斯基(Bronislaw Malinowski)的榜样界定为语言接触功能的表现形式。这种语言功能主要"用于建立、延长或终止交际活动"(雅各布森,1963,第 217 页),它是 19 世纪现实主义几乎必不可少的一个要素。在诸如巴尔扎克、特罗洛普(Trollope)、托尔斯泰或丰塔纳(Fontane)等小说家的作品中,叙述者的可信性既归功于这些小说家的普及性,也依赖于他们安排事件顺序和引导受述者进入时间和空间的方式。如果该叙述者的主要意图是传达信息,他可以以第一人称的身份讲话并面对受述者,用第二人称称呼后者;但是,每当他想制造一种团体感时,也不时使用复数第一人称的形式。叙述者想象中的受述者的类型既可以通过指涉某些历史人物,也可以通过互文性的方式来表示:他与他的读者分享着同一种传统。这些因素加上对现实,对奇闻轶事的喻示,还有一些表达常理的谚语等,都有助于可信性的确立。常理是叙述者获取别人同意他所作出的所有价值判断的基础。

在《理想国》(La République)的第三卷,柏拉图(Platon)通过他的代言人苏格拉底(Socrate),从原则上区分了两种不同的言语表达方式。在他称为叙述(diégèse)的方式中,诗人"以自己的名义讲话,不想让我们觉得不是他而是别人在讲话"。相反,在模仿(la mimésis)方式中,"他力图给人以不是他在讲话的幻觉"(柏拉图,1946~1947,393 a)。在这种对立的基础上,我们可以进一步区分出叙述权威和模仿权威。前者依赖于隐性作者与叙述者的关系以及故事讲述者(conteur)的社会身份(性别、国籍、宗教、阶级、家庭状况、年龄、学历、文化、精神结构等),而后者与其可靠性相关。鉴于所有的叙述者都属于若干群体,他们的权威性随环境而变化。同一叙述者的可靠性可能在一特定的阐释群体中较高,而在另外一个群体中较低。

叙述形态是指叙述者和受述者之间的相互关系,在言语指涉功能暂时被其针对虚构创作的评议功能(fonction de métafiction)、接触功能或使动功能代替或遮掩的段落里尤其明显。它有两个几乎难以区分的组成部分。语境是叙述者与受述者之间的一种对话,后者多多少少可以是直接的、明确的。这种对话中的客观化态度受诸如叙述者之拘谨、自信以及他对受述者的尊敬这样一些因素的影响。一个叙述者不但可以进入某人物的角色,而且亦可充当受述者,或者他可以突出他们之间在时间、空间、知识和道德方面的距离。

态度(attitude)或叙述者与信息之间的相互作用,是文本内部参照场创立中三个结构原则之最复杂的一个。它不但依赖于故事讲述者之言语与人物言语之间的相对比例,而且还依赖于时空体方面的区别,例如固定聚焦与动态聚焦或自由聚焦的区别,或者还依赖"场景"式展示和"全景"式展示[吕波克(Lubbock),1965,第 67 页]、"叙事"与"场面"(布思,1969,第 173 页)以及预叙、同时叙述和倒叙等因素。维系其中的还有心理蕴涵。我们对个性人物的了解可能或多或少,我们的信息可能涉及他们的外表,或者涉及他们的内心生活,于是,我们可以把它们称为"平铺式"(*flat*)信息或"环绕式"(*round*)信息[弗斯特(Forster),1927,第 67~78 页]。

"双维"人物往往是黑白两色的,只要求一种头脑比较简单的读者。相反,对于一个 19 世纪的现实主义者而言,这种二分法的可信性往往值得怀疑;其特征于是建立在中性结构(既不……也不)或复杂结构的基础上(以及……还有)。现实主义小说的典型态度不允许主人公拥有一个特殊人物的显著特征——值得一提的是,萨克雷(Thackeray)的《名利场》(*Vanity Fair*)的副标题是"无主人公小说"——因为没有特殊化的聚焦点。

19 世纪现实主义的例子说明,态度具有空间形态,因为它可以产生近景和远景,但它也建立了一套价值体系,且拥有意识形态蕴涵。正因为如此,涉及某文化背景时,一部文本可以作为某种正面的或负面的声明来阅读:人们可以根据人物处在近景抑或远景的位置,也可以以他们从事信仰体系或读者建构的立场群的标志性行动的能力为基础对他们进行分类,该立场群可被视为整部作品的意指所在。

七、情节

人物是情节的组成部分。情节大概是文学作品最重要的宏观结构了。亚里士多德认为人物的重要性低于情节(亚里士多德,1963,第 36

12. 作为结构和建构的文本

页),而亨利·詹姆斯把人物比作一个拼图游戏中标有数字的拼块(詹姆斯,1962,第53页)。但弗拉基米尔·普洛普(Vladimir Propp)的开创性著作出版前,关于人物与情节关系的深入探索尚未开始。普洛普在其著作中,把童话的故事情节作为人物种种功能的系统承接来分析,他把这种体裁的恒定成分描述为一种行为,从它对情节之展开的意指角度出发去界定它。(普洛普,1969)

继这位俄罗斯民间文化研究者之后,许多理论家对口头文化简单形式的情节进行了研究。澄清书面文化复杂形式结构的潜在结构规则方面的成果相对较少。显然,关于长篇叙述性作品的体裁分类尚未取得共识。"小说"一词被不加任何区别地作为总体术语来使用,正如在日常用语当中,人们很乐意把所有讲述一个故事的文本集合于这个术语名下一样。诺斯罗普·弗莱及其弟子们在体裁分类的深入研究上可能是最具影响力的研究人员。[弗莱,1966,第303~326页;斯科尔斯(Scholes)、凯洛格(Kellog),1966;斯科尔斯,1977a]

受他们的研究成果的启发,我试着谈一谈情节组织的五种方式。在与童话极为类似的体裁——骑士小说、骗子无赖小说和侦探小说可算是明显的例子——中,人物的功能仍然极其重要,且第三人称的使用占主导地位。尽管这种语法形式也是小说的特征,我这里用其严谨意义,在这种体裁中,人物都被个性化了,并置身于一个有空间限制的背景之中。此外,他们生活在特定的历史时间里。坦露心迹(忏悔)是一种对话性很弱的形式,是用第一人称写成的某种解释性自传。至于后两种体裁,它们都受第三人称的支配,但它们的时间和空间可以是客观存在的,也可以是宇宙性的(循环的),或者从历史的意义而言至少是不确定的。它们之间的区别是,在一篇寓言中,人物被某些思想、立场或态度的代言人代替,而"罗曼司"的施动者是风格化了的心理原型。

如果可以把叙述职能的条件分为两组,第一组包括自传、情感和社会性条件,第二组则包含确认、赞同和讽刺成分[威特曼(Wittman),1975,第23页],那么,我们就可以肯定,骑士小说的言语极富情感性,且能够表达赞同或反对,而小说富有社会和讽刺内涵。讽喻几乎永远与骑士小说无缘,但可以成为寓言的指导原则。小说的范围介于这两种体裁之间。"叙事抒情诗"("罗曼司")——正像它的名字所明示的那样——一般类似于叙事诗,尤其接近于联韵诗(Ballade);寓言提供某谚语或某格言的诠释。二者都可能拥有童话的一些特征,因为它们的主人公往往与一些特殊功能相关。换言之,这两种体裁中故事施动者的寓意性如此强烈,不妨把他们视为提喻具体化之一般规律的范例和昭示。相比之下,传记(le Lebensbild)和人物描写的形式可以向小说家提供灵感。我们还可以发现一些更久远的姻缘:坦露心迹(忏悔)和"罗曼司"与抒情诗之间相互影响的明显性,不亚于演说写作对寓言或者描写对小说的影响。

自然,我们刚才画出轮廓的这些抽象概念只有启发性价值。几乎所有的文学作品都属于某种混合体裁,尽管大部分情况下,我们可以在它们的特征中间建立某种等级。例如在《包法利夫人》中,小说的所有属性居主导地位;威廉·S. 伯勒斯(William. S. Burroughs)的《露天午餐》(*Naked Lunch*) 多少有些忏悔录的性质;《格列佛游记》(*Les voyages de Gulliver*) 可以视为一部寓言,而邦雅曼·贡斯当(Benjamin Constant)的《阿道尔夫》(*Adolphe*)充满了"罗曼司"的特征。

口头文化的简单形式逐渐远去,使情节结构——我们可以推想——变得更加复杂化。我们可以把联结(enchaînement)看做这个进程的第一步。童话的任何一个成分都可以构成一个独立故事的基础,甚至演绎出若干故事,而功能群通过联结而相互衔接。在书面叙事中,更经常打断连续性的是突变(péripéties,情境意外的突然颠倒)或新成分的插入而非内部重复,以至于不同的连续性和期待之间可能爆发冲突。联结依然可能,但只能以更加复杂的形式。在这类最简单的形式中,故事听从于一种叙述意识,后者近乎不加遮掩,近乎没有距离感。那些最复杂的形式不仅薄厚差异很大,而且性质也不同;在有些情况下,叙述者同时也是人物,而在另一些情况下,故事之间相互依存。

以上提到的所有体裁可能经历了非常不同的历史变迁。举例说,一个寓言的深层结构往往会让人想起三段论的格式,但许多东西都取决于语境:对故事下结论的是讲述者还是人物? 语境总是具有"超言辞的"("perlocutoire",又译为"以言取效的"或"语效行为的")效果,它"对受话者、说者或其他人的情感、思想和行为会产生某些重要的影响"(奥斯汀,1979,第101页),但情节潜在的逻辑结构不总是像在启蒙时代的训导式寓言中那么明显,在这些寓言中,思想观念不受人物的支配。例如,庞格罗斯和老实人之间的最后对话不外乎一种被借用的形式,用以建立叙述者唾弃和称颂的两种立场的反差。

同一体裁后来的变异形式体现在茨格蒙·克迈尼(Zsigmond Kemény)的《灵魂视野里的幻觉》(*Phantom Visions on the Soul's*

Horiwon,1853)中。他是19世纪最独特的匈牙利小说家。这部作品中有四个故事,没有一个是按时间顺序被转述的,由于主叙述者自己是作品中的一个人物,所以作品的结构就更复杂了。此外,还有四个次叙述者,他们也都是作品中的人物。没有任何一个叙述者独自承担任意一个故事的全部责任;语境给时间运作造成压力,于是两种结构相互冲突。最主要的故事中的主人公是个贵族,他试图改善农民的生存条件,但其尝试以彻底的失败而告终。对于他失败的原因,文本没有提供任何答案:是因为他的信念呢,还是缺乏农民们的理解?他坚信:唯有约束能使人走向自由。这里涉及的是救赎的可能性问题,而问题的答案应该由读者来提供,后者不能无视下述事实,即这部作品是寓言和心理小说的混合体。一方面,不同意识形态之间的冲突——自由主义与保守主义之间、浪漫主义的唯意志论与实证主义的决定论之间——悬而未决,而另一方面是主人公的问题:一个婚姻不幸的男人自我折磨。作品的最终意指是一个尚未解决的矛盾:行动要求一个人要有坚定的信心,但信仰又需要他宽容那些与自己信仰不同的人。

文学作品似乎可以拥有复杂的意指,因为它是一种复合型的体裁类型。在这种背景下,有必要对历史小说的地位说句话。我的意见是,它不能被视为一种独立的体裁。既然那些情节与历史关系密切的作品可能遵循这里所描述的任何一种体裁传统,唯有人物和历史事件的地位需要单独考虑。

叙述性作品中的人物同样展现了句法、语义和语用方面的形态。对于叙述者和受述者的情况而言,语用意义上的蕴涵至关重要,因为这些施动者参与叙述进程,可以与语境成分相比拟。形成鲜明对比的是,叙事中的虚构人物是复杂句法安排的对象,他们的运作与读者的活动相关联,后者具化为建立文本不同部分中提供的信息板块之间的联系。历史人物的语义成分是另外两种类型所匮缺的,他们不仅拥有文本意义(un *Sinn* textuel),还有文本外的意义(une *Bedeutung* extra-textuelle,弗雷格,1892)。菲利普·阿蒙(Philippe Hamon)把这三种类型称为"联结人物"("personnages-embrayeurs")、"重现人物"("personnages-anaphores")和"指涉人物"("personnages-référentiels",阿蒙,1972 a,第122~123页)。自然,同一个人物可以属于两种类型——在《战争与和平》中,拿破仑既是一个历史人物又是一个虚构人物——但唯有属于第三类型的人能够对情节有贡献。某些理论家进一步区分了人物的"本质主义"路径和"存在主义"路径[多赫尔蒂(Docherty),1983,第48页],但是我把它们视为两种大体上与文学作品产生的模仿幻觉和文本幻觉相当的阐释策略。

人物"是读者根据分散在文本中的不同信息标志集中和实现的一种建构"(雷蒙-科南,1983,第36页)。这些标志构成个性特征,可以直接或间接地达及我们。在阅读文本的过程中,我们把它们按等级结构来排列。在这项活动中对我们有所帮助的基本原则是重复、对比和关联。在构筑一个人物的过程中,当我们碰到一个似乎与我们得出的普遍概念相矛盾的人格特征时,便不得不对该人物重新进行全面的建构。因此,所有的人物都类似于普通化提喻,尽管他们的复杂性会使这种相似性变得笼统。

构筑人物至少有三个必不可少的先决条件。一个虚构人格的连续性取决于读者对文本信息的持续意识。记忆能帮助我们阐释一个人物并对他产生好感。最后,读者的期待会帮助他辨别一个人物的变化,如同发现突如其来、出乎意料的情境倒置一样。在这些概念中,"好感"可能是最暧昧的一个。心理的真实性有着极不相同的理解传统,记住这一点很重要。另外,在我们作为虚构型阅读的作品中,不但时间和空间,甚至连人物都是隐性的。一方面,他们创造一种文本外现实的幻觉;另一方面,他们又构成文本的成分,亦即由谓语和表语成分修饰的名词。小说家再现人的同时也在虚构他。总而言之,正如我们无法听到《追忆逝水年华》(*A la recherche du temps perdu*)中演奏的万特伊"奏鸣曲"一样,我们永远不可能更好地了解一部小说里的人物。

八、结论

我丝毫也不希望掩盖下面的事实,即这篇简短的论文有很大的局限性。首先,我们应当承认,研究人员尚未就分析一部文本之结构性规律的方式达成共识。这里存在种种方法的某种冲突,任何试图直面区分结构层面——人们只能抽象地区分它们——任务的人,都必须作出选择。然而根据不同概念的理论价值来评价它们很不容易,因为所有理论都以某种假设为基础,该基础是由植根于隐喻的成分提供的,这些成分之根是凭借隐喻而建构起来的。另外,我们不妨这样说,文本结构的分析恰恰是在真正的阐释问题开始时突然停止的。

在这里所作的探讨中,文本的构成规则是作为种种约定俗成之轮廓现象来考察的。我的意图是在两个极端之间找到一个适当的中间位置,并在下面的工作假设下前进:不应过高估计约定俗成的相对性,但规范性的思想亦应避免。理解文学作品意味着读者一直投入对熟悉与不熟悉的约定俗成的比较。他永不停息地掌握新信息,但我们永远也不能料想他将其活动的出发点放在一个绝对开端的位置上。无论是总体风貌还是历史的相对性,它们都不可能拥有无限的有效性。换言之,唯有不同结构规则的相互作用不被读者的有限视野缚住手脚时,一部文本才能作为文学而运作,因为种种约定俗成绝不会相互拆台,而是在永无止境的历史和理解进程中不断对话。

13. 修辞学与文本的生产

阿·基比迪-瓦尔加

命名或交际

人为什么发明了话语？他是出于什么目的逐渐制造出一种如此复杂的工具？关于这个主题，有很多且相互矛盾的假设和论辩。如《圣经》传统所说，人"接受"了话语以**命名**事物，亦即建立与现实的联系并熟悉现实吗？或者相反，话语诞生于那些生活在苦难之中的弱者、孩子和老人之身，他们为了生存，需要与他人进行交往吗？它是**交际**意愿的反映和悲怆结果吗？

在第一种情况下，应当假设现实可以在话语中被捕捉，可以"话语化"（"verbalisable"），应该相信语词拥有粘贴事物和模仿自然的能力。由于语词可以深入事物的本质，事物才得以揭示给人。话语——无论是科学话语还是诗歌话语——具有揭示力。所有语词和事物，在它们的和谐关系中构成现实——持久的和不可剥夺的现实。

反之，交际即突出人与人之间的关系，即尝试对心理机制之奥秘的挖掘，即以此举而把认识现实的问题放在次要的位置。交际，就是偏爱存在胜过本质，就是制造一种把我们囊括在话语和现实之间的言语，但同时亦不得不接受话语与现实痛苦分离的事实。实证科学由此就出现问题了：如果话语的目的首先在于贴合（épouser，与……联姻）变化、流逝的**他者**（l'Autre，指事物），那么如何用以命名事物的本质呢？[①]

[①] 贝尔纳·德·埃斯帕尼阿（Bernard d'Espagnat）：《追寻真实》（*A la recherche du réel*），巴黎：戈蒂耶-维拉尔出版社，1979。——原注

命名话语与交际话语发生冲突,但它们并不互相排斥。人类活动从两个方向使用言语。尽管两种话语各自都不完善,但它们在相互对立的同时又相辅相成。言语艺术的传统术语反映了这种状态。这里仅举几例。"诗学"与"修辞"之间的关系之所以如此复杂,如此难以把握,那是因为修辞学对有效话语感兴趣,后者的目的不是"黏合"在真实的事物上,而是构成变化中的东西:意见和表现。同样,对修辞学而言,我们发现——现代实证主义者有时对此不悦——"优秀表达艺术"和"说服艺术"这两个定义一定程度上相互矛盾。前者预设了某种稳定的现实,话语正确地捕捉并破解它,而后者则预设了一个不能完全预测的听众。最后,在修辞学内部,人们常常谈论它所使用的三种"方法":对讲演者来说,那就是"教授",即传授知识,然而还有"使愉悦"和"感动",亦即建立人与人之间的接触。①

下面是第一个慎重的定义:修辞学是一整套用以描述和重建言语生产和文本生产的技巧,它偏重话语的交际观念。② 只有当我们同意把每次讲话和每个文本都视为交际行为的组成部分——从亚里士多德直到比勒(Bühler)和雅各布森,交际行为包括信息发送者、信息接受者、信息——才有修辞分析之说。

传统的修辞学交际基于两种预设。

1. 文本的意义是单一和明确的。信息的有效性只有在目标明确的情况下才能得以评价;修辞学教材建议首先要明确建构讲话主题和讲话者试图达到的目的。梅朗克顿(Melanchton)批评他那个时代的青年布道者没有预先建立一个单一主题就起草布道稿。③ 像布道和辩护词这类属于口语体裁的文本其实在这方面是很明确的;相反,古典时期文学作品的特点是,在接受信息严格非暧昧性这个相同原则的同时,却遵循了"隐性真相"(*celare artem*)的方法。1675 年,勒·鲍絮(Le

---

① 这里我们似可辨认出传统(修辞学)中的逻各斯(le *logos*)、悦人法(l'*ethos*)和感人法(le *pathos*)的影子,盎格鲁-撒克逊修辞学统称为感染力(*appeals*)。——原注

② 现代世界发展起来的**交际理论**,特别是技术领域的交际理论,与修辞学没有什么关系;它首先关注"信息"传输的技术形态。如耶鲁的霍夫兰(Hovland)及其弟子们那样研究交际与说服之关联的人很少。——原注

③ 参阅施内尔(Schnell,1968),第 49 页,65 号:"演说家,尚不拥有统一且简练的意见时,绝不肯教导(他人)。"("Oratio, quae non habet unam ac simplicem sententiam, nihil certi docet.")——原注

Bossu)在他的《史诗论》(*Traité du poëme épique*)中根据掩饰作者意图的不同模态和逐渐增长的复杂性,建立了体裁的等级划分。简言之,传统修辞学不接受多义性,即使在文学中亦如此:无论是国家领导人抑或小说家、律师还是诗人,任何作者都不能在没有确定和具体意向性的情况下构造一部文本。

2. 信息发送者和接受者在某些事情上存在某种默契。可以肯定,意见完全不同就消除了交际的任何可能性;而确定默契的程度,确定交际开始之前理应主导行文的共识的数量,则要困难得多。佩雷尔曼(Perelman)提醒人们注意这个问题。倘若"程度"依赖于演说者身处的独特情境,因而原则上无法预先确定,我们却可以试着建立那些必不可少的默契类型。讲演者与其听众在讲演方式方面应该有某种默契。例如,讲演者要引经据典,提供定义,建立比较等等[形式**类型**(*lieux formels*),或形式境域]①以证明他提出的真理,他还要小心引用其听众所尊重的权威性观点、所接受的种种定义以及听众喜闻乐见的比较[内容**类型**(*lieux du contenu*),或内容境域]。自亚里士多德起其定义就一直有争议,且从来都是修辞学中争论最激烈之论题的"领域"(*les lieux*)概念,表示默契的全部类型并建立在理性的共同基础之上;思想方面的默契是不稳定的。② 此外,默契不仅涉及理性,也同样触及讲演者的素质(那些可能讨人喜欢的**品行**:例如谦虚)和讲演者可能引发的情感(激情);可能存在一种刻板的听众类型学(主要从年龄、性别和职业上分类),而每次听讲的人都会受到相应和独特的情感支配。

我们在上文中不加区别地使用了"言语"和"文本"两个术语。然

---

① "lieux",古代有"位"的意思,是一个与"figures"并列的修辞学概念,我们长期找不到合适的汉语词来翻译它。后者通译为"辞格",以笔者之见,前者与中国狭义的"境"或"境界"有相通之处,但不是后来广义的"境界"概念,似可译为"辞类"或"类型",一境即是一种类型;有时亦可直接译为"境"。这里的"辞类"与"词类"不同,它们表示人们在修辞领域的各个层面(不光是词汇层面)长期约定俗成的习惯。"lieux communs"被译为陈词滥调即取"lieux"一词的多重意义。后者亦可译为"语象"。——译注

② 主要引起德国学者的关注。关于这个庞大的问题,请参阅布罗伊尔·尚策(Breuer Schanze)1981年主编的著作,据我所知,这是关于这一主题的最近一部集体著作[主要参阅 J. A. R. 肯珀(J. A. R. Kemper)写的导语一节]。亦可参阅拙著《言语、叙事、意象》(*Discours, récit, image*)的第二节,布鲁塞尔:马尔达伽出版社,1989。——原注

而，正像曼弗雷德·弗兰克(Manfred Frank)指出的那样①，从演说到文本的过渡已经包含了模糊不明的可能性：准确确定一文本信息意义的难度增大了。最初，修辞学创立的目的是为公开演说者制订一整套格言；口头演讲的听众完全是同代人；等时性(l'isochronie)保证了最佳的交际效果，原则上排除了任何暧昧性。但是，书面文本永远不可能绝对等时：读者不可避免地晚于作者。用书面文字固定信息导致某种时差，这是造成误解的可能根源。这里指出的问题虽然有很强的哲学意义，但几乎还是无法解决的，因为修辞学诞生和发展的文化场域的传统是书面文字的传统。

因此，作为可以重构和模拟文本生产之方法的修辞学碰到了某些局限。它对源自意识形态比较稳定之群体——比如欧洲的古典时期②——的文本的研究有显著的帮助，在那些明确宣告自己意图的文本亦即非文学文本中③，其操作会更容易一些。然而，应该说，尽管有上述局限性，修辞学几乎仍是我们所拥有的用以描述文本建构方式的唯一工具。

文类

1. 交际行为开始时，信息发送者、文本和信息接受者之间的三联关系以下述方式构成。正像我们看到的那样，文本的作者确定信息，并试图评估和界定他面对接受者和公众所处的社会情境。传统修辞学根据所处理的大的主题类型，区分了三种交际情境，三种修辞类别(*tria genera causarum*)④。根据第一种场景，最初是法庭(*judiciaire*)陈述，即生产文本的人面对构成法庭的公众：该法庭将评判事实(以及造成该

---

① 1986，第22～24页。——原注

② 然而，许多人曾经尝试把修辞学"现代化"。今天，它重新获得声望其实意味着相信这种现代化的可能性。[参阅《通讯》第16期(*Commonication 16*)，1970]奥利维耶·勒布尔(Olivier Reboul)即草创了现代**广告**之修辞学与传统修辞学的区别。(1984，第95～98页)——原注

③ 因此而宣称文学文本完全"遮蔽"它们所承载之信息，乃是错误的：属于某种文类，更显示为十四行诗而非哀歌，显示为侦探小说而非喜剧这个简单事实，即开启了某种期待视野，突出某些信息而排除其他信息。——原注

④ 不应混淆**修辞类别**(它们是社会情境)与**演说类别**(布道词和辩护词)以及**文学体裁**(如哀歌、戏剧)。——原注

事实的人),而文本(演说)的作者对上述事实进行辩护或指控。这种法庭情境远非仅限于律师席:每当信息接受者在发送者面前占据某种权威位置时,我们便会遇到它,比如孩子和学生在父母及老师面前。同样,法庭情境是某些文学体裁的突出场景,如古典悲剧①。法庭所评判的事件发生在**过去**;在修辞理论介绍的第二种情形中,作者力图使他的听众对**未来**的某个事实、某个将来要完成的行为发生兴趣。"议决类(le *délibératif*)演说"是地地道道的说服性类型:作者试图引导他的听众作出某项决定,或者像他那样思考或行动。那些重大的政治或宗教演说就属于这种情况。信息发送者与接受者的关系与法庭式演说不同,接受者的地位不一定高于发送者,他对后者既无权力也无威望。最后,第三种情形是褒扬类(l'*épidictique*)演说(展示类),即现在重新肯定、确认或称颂被信息发送者和接受者一致认可的价值。这里我们面对的是"炫耀式演说":对圣徒的颂扬、葬礼祷告、生日祝词等。说服成分在此缩减到最低限度,演说者瞄准可靠价值以及他与听众之间事先达成的某种默契。第三种情形的修辞性质经常受到质疑,自然是当人们试图把修辞学严格定义为"说服技艺"(ars persuadendi)时。然而,我们不能否认重新肯定已有价值之举措的说服性内涵:颂词会增强那些可能动摇者的信念。

在丰富的修辞方法的宝库里,讲演根据其隶属的体裁而作出不同的选择。例如,可能证明被告无罪或指控他有罪的事件**叙述**在诉讼体裁中占有重要的地位,而"议决体裁"突出理性论证和情感类论证,"褒贬体裁"则倾心于"描述"(称赞和指责)。大概正是因为这个特点,抒情诗在古典时期接近于"褒贬体"②:诗"美化自然",它的主要任务是夸饰。在该传统和所谓"贺拉斯规则"——要求诗歌模仿绘画(ut pictura poesis)——的共同影响下,诗的基本特征实际上长期被理解为描述。然而,这并未阻止 16 世纪的意大利批评家达尼耶洛(Daniello)认为彼特拉克(Pétrarque)的某十四行诗更属于"议决体"而非"褒贬体"。因

---

① 《熙德》(*Le Cid*)和《贺拉斯》(*Horace*)可以列入这一类,然而与雅克·莫雷尔(Jacques Morel)不同,我不以为所有悲剧都属于法庭场景。——原注

② 关于这一主题,参阅步济时(Burgess)的经典研究(1902)。——原注

此可以说,许多文学体裁和子体裁不完全符合上述三种修辞"类型"①。

2. 有无脱离修辞的体裁呢? 有无与说服方法毫不沾边的文本种类呢? 这是一个难题。有人试图回答有,他们可能想到了**科学类**文本:科学类文本不是以肯定性说服我们,而是向我们**证明**它们。科学是真理的领域,修辞则是价值和价值迫使我们作出选择的领域。我们必须在善与恶、好与不太好之间作出选择,然而我们却不会在"二加二等于四"与"二加二等于五"之间作出选择:在完全和普遍共识主导的地方,如数学的基本定律,我们可以免去修辞。人们可以就**历史类**文本生发出相应的论证:科学展示普遍真理,而历史亦背离纯粹个人的真理。与科学一样,历史如实描述事物——古典时期人们这样相当不准确地解释亚里士多德的《诗学》的第九章——而诗则描述事物的应有之态(可然性):想象和修辞工具对于传达普遍真理和偶然真理是多余的,但对展示并使人们接受理想真实却是必须的。

然而,某种疑问继续存在。任何文本都预设它自身的交际情境。传授真理者与接受真理者之间的关系是一种权力关系:真理不会自我证明,总有一个传授者——活着的或死去的,一个作者,一种传统——**想**传达某种真理,也有一个或多或少自愿同意接受真理并承认——或者否认,它们的性质相同——传授者权威的学生。这个看法不仅对科学有效,而且对真理场另一极的历史真实也有效,尤其因为一篇和谐的历史演说的生产某种预先的筛选,即以某种道德或思想原则因而也就是修辞原则的名义,从过去无数的事实和事件中作出选择②。

---

① 这里提出了一个有意义的问题,因为文学体裁与修辞类别一样,都可以从社会学视野予以界定。区别可能在于,修辞类别指涉某种**情境**(une *situation*,情形),而文学体裁更与某**领域**(un *milieu*,界)相关联:丧葬悼词发表于追悼仪式上,而拉费多(La Feydeau)式喜剧以中产阶级为对象。——原注

② 历史演义(l'historiographie,历史编纂,历史编纂学,作为集体名词亦有历史文献之意——译者)的地位一直很暧昧:有时作为非本质性真理的载体与诗相对立,但并不因此而进入某种真正科学的行列;有时被用以传达"历史的教训"并接受修辞,于是成为文学体裁之一,保罗·韦纳(Paul Veyne)谓之曰"真实小说"。乔瓦尼·蓬塔诺(Giovanni Pontano)敏感地捕捉到了这个问题,自 15 世纪起,即在他的《对话录》(les *Dialogues*)写道:历史演义与诗一样,都使用夸张的审美手法,然而,就其审美动机而言,它们原则上**应该**(!)很不同,历史的目的在于不加修饰地叙说真实。[转引自彼得·伯克(Peter Burke):《过去意义的复苏》(*The Renaissance Sense of the Past*),伦敦:爱德华·阿诺德(Edward Arnold)出版社,1970,第 120 页]——原注

让我们来概括一下。"纯洁"的、严格意义上的无修辞文本原则上是可以想象的,如马拉美(Mallarmé)或者德尼斯·罗什(Denis Roche)的某首诗,如就某个不成立主题提出种种真理的科学论证等;但这种文本是无法实现的,任何文本都不会脱离交际情境而运作。任何文本都归属于某种体裁,而任何体裁都离不开修辞,因为"体裁"概念是一个社会性概念。

交际进程要求在文本周围——在讲演的过程中——有一个信息发送者和一个接受者。勒布尔关于这一点所作的区分很有意思①。信息发送者和接受者是否**意识到**文本(被生产、被写/被说或被接受、被读/被听)的修辞性呢?该区分如下表所示:

信息发送者	信息接受者	范　例	修辞类型
＋	＋	训教	褒贬型
＋	−	宣传	议决型
−	＋	精神分析	三种类型都有
−	−	意识形态	三种类型都有

前两格的内容很清楚,大概是因为它们代表着信息发送者意识到自己权力的情况。这里给出的范例很容易与三种修辞类型之一发生关联:**训教**属于褒贬型,但这种类型以广泛的共识为前提,我们可以认为,褒贬类型的听众总是或多或少认同、同谋且清醒的,让我们想想那些炫耀性的演说吧。同样,宣传,还有任何政治类和宗教类雄辩都属于议决型,倘若信息接受者意识不到演说所使用的修辞手段和方法,这类演说所产生的效果一般来说会更大。勒布尔就上述两种情况所作的区分对我们的问题没有带来任何新义:任何文本都具有修辞性。意识到某个信息的修辞性并不能使你因此摆脱它。

然而另外两种情况呢?假如信息发送者对他所使用和制造的效果没有意识,我们还能谈论其文本的修辞性吗?据勒布尔说,第三种情况"发生在精神分析疗法中:患者不知道其图像的修辞性,而分析能够破解它"。因此,文本的修辞性没有疑义:唯独修辞意识表现的场合发生

---

① 1984,第107页。——原注

了变化，它没有出现在信息生产时，而出现在接受和解读时。①

最棘手的问题似乎首先出现在勒布尔的第四个格子上，他所给出的范例是意识形态：当信息发送者和接受者对信息的修辞性都无意识时，就出现了意识形态，例如纳粹的演说情况。然而，这类演说的修辞性是显而易见的，但要意识到这一点，就必须有一个外在的观察者，一个以揭示和指控为己任的批评者。这就意味着未被感知的交际情境是存在的。其实，这第四种情况最简单，也最常见：我们步入了自然修辞的广阔领域，日常会话、办公室、市场上、大街上使用的都是自然修辞，它们一般都逃脱了任何清醒的检查和任何观察者。其修辞性却并不因此而逊色。②

如果说，在文本和演说无限广阔的场域中，自然修辞远未占有最重要的地位，反之，文学文本当属第一类：文学以文化人之间的知识交流为前提；诗人与他的读者，演员与他的观众都清楚幻觉被分别承担——读者知道他读的是什么，那是物和词，观众知道他看到的那个人，既是西拿又是弗洛里道尔。③

生产的阶段

修辞不是一门科学，而是一套需要学习的技巧。学习要遵循一定

---

① 原则上不可能事先确定这类言语所属的修辞类型。勒布尔给出的例子特别有趣，因为它同时或者更相继属于三大修辞类型："演说这三种类型"，范·德·兹瓦尔(Van der Zwaal)写道："显示了与个人情感发展之精神分析理论描述的复杂的个人精神分离程序的三个关键阶段相对应：从带有理想化和依赖性的共生型幻觉，通过暧昧性质的种种冲突，向独立和个性化发展。"("The three kinds of oratory, écrit Van der Zwaal, show a striking parallel with three crucial phases in the complex separation individuation process described by the psychoanalytic theory of the emotional development of the individual human being: from symbiotic illusion with idealization and dependence, through conflicts of ambivalence towards independence and individuation"，范·德·兹瓦尔，1987，第136页)患者甚至不知不觉地就这样把他的言语置于三种修辞类型之一的内部！——原注

② 与上一情况类同，不可能事先确定"自然"修辞之言语落入的修辞类型。——原注

③ 此处重引了德·奥比尼亚克教士(abbé d'Aubignac)在其《戏剧实践》(*Pratique du Théâtre*, 1657)中论及戏剧幻觉时给出的例子，见卷Ⅰ，第7节。——原注

的顺序,而这个顺序就是一个演说生产的程序。修辞学教材中的系统介绍与学习的时间顺序一致,章节的承接是按照学生准备演说的阶段顺序安排的。①

交际情境(修辞类型)一旦确定,作者就要遵循下面五个阶段:构思(*inventio*)②、布局(*dispositio*)、措辞(*elocutio*)、记忆(*memoria*)和动作(*actio*)。记忆包括如何背诵已完稿演说的一些建议,它在各种文明的口头文化形式中占据着选择位置——让我们想想欧洲的中世纪吧——而动作则教授发表该演说过程中恰当的声调和手势,扩而展之,它因此对演员也对画家有很大的裨益——面部和身势表达修辞工作一开始即瞄准的情感(激情);动作在非文字性交际层面反映精神构思和心理运作以及言语措辞的进程③。然而,对于书面文本生产进程的研究而言,修辞学的这最后两个部分并不成立。

构思就是把演说者打算使用的材料收拢起来。对修辞传统而言,它很少涉及主题的选择;在作者的背后——演讲者也好,诗人或画家也好——几乎总有一个信息发送者:他们是文学艺术的某资助者、某政党、教会。④ 因此,该第一阶段更多的是把适用于**教育**、**娱乐**和**感人**(逻各斯、悦人、感人)这三种"手段"的论据收集起来。这是一种精神上的工作:此时,论据还是一些未成形的概念。未来的作者浏览与其修辞类型相应的**领域**:为法庭型收集法律条文和堪作原因的著名案例;为褒贬型准备赞赏和指斥的理由。他要思考可能采取的推理方式,这不但要

---

① 关于这一主题,参阅拙文《修辞,故事或体系?》[基贝迪·瓦尔加(Kibédi Varga),1983]。——原注

② 我之所以没有把 *inventio* 译为"谋篇"而译为"构思",乃因为"谋篇"一词在中文里更多意指文章的布局,即 *dispositio*。由于古代西方演说家的背后,通常都有一个更有权势的信息发送者决定主题,*inventio* 的意义有些暧昧。但收集资料,从**教授**、**悦人**和**感人**三个角度考虑整个演说,基本上仍属于构思的范围。——译注

③ 参阅拙文《激情的修辞与体裁》(基贝迪·瓦尔加,1987)。关于非文字交际的现代研究很多[例如,参阅马克·L. 纳普(Mark L. Knapp)卓越的导言,1980],这些研究多由心理学家和符号学家们完成,基本不突出与修辞学的关系;但是,关于非文字交际的理论与修辞**动作**之关系的深刻、系统的比较检视很有必要!——原注

④ 今天作者之所以能相对自由地选择他的主题,那是因为权利的拥有者更喜欢文学以外的其他宣传方式:自 19 世纪以来,读者厌倦了宣传。艺术家的自由取决于文学的去功能化。——原注

考虑到听众的知识水准,还要考虑到他们可能会出现的情感:听众会喜欢叙述和举例的方式吗？他们是否会感受到省略三段论即残缺的三段论,亦即略过它们最一般(因而也最通俗)的前提所产生的动人效果呢？

第二阶段的工作叫布局:作者对收集起来的材料进行必要的整理和安排,他要考虑他应该在哪些关键地方放置这个或那个论据。教材仅提供了很少的几个建议:那就是文本的开始和结尾,开场白(l'*exorde*)和结束语(la *péroraison*)应该包含那些最经常、最直接触动听众情感的呼唤；叙述应先于正式的论证,而在论证的范围内,辩驳先于肯定。据布莱尔(Blair)说,就推理的一般布局而言,作者有两种方法可供选择。分析法,即苏格拉底采用的方法,就是尽可能长时间地掩饰作者的意图,逐步揭示它们,但适合这种方法的主题不多。人们一般选择开宗明义的综合法。这种方法学起来更容易,布莱尔针对它提出了几个规则:不要混淆性质不同的论据；要循序渐进,逐渐深入；夸张地利用那些最佳论据而又不陷入极端,后者危害演说者的信誉。①

今天在许多语言学学院和哲学学院发展起来的论证理论,吸取了修辞学中构思概念,尤其是布局概念的某些思考,以重建并明确它们。论证理论研究了论据的简单结构和复杂结构及其联结,并提出了细化它们的方法:例如,吉勒贝尔·迪斯波(Gilbert Dispaux)以为,论证机制的实践根据讲话者最初意图的不同而变化(他要维护一种观点、一种评价还是一种规范？)。②

论证理论与修辞学的相近之处,在于二者都强调演说论证的逻辑性并非很严格:演说呼唤合理性和自然情理,它们可能与纯粹的逻辑性相悖。相反,它们的区别在于:(1)论证理论希望成为批评分析的一种工具,能够发现(双方)默认的先决条件,并揭示无效推理,而修辞学不把批评分析亦即接受和阐释与生产相分离——修辞学的三个(或)五个部分代表了文本生产的五个阶段；(2)论证理论很少系统研究另外两种"说服手段",即**悦人**和**感人**,风尚和激情；反之,在修辞学看来,说服是

---

① 布莱尔(1788),卷Ⅱ,第362~368页。——原注

② 在纳艾斯(Naess)和涂尔曼(Toulmin)近乎"经典"的著作之外,参阅诺沙泰尔符号学研究中心饶有趣味的著作,该中心由让-布莱兹·格利兹(Jean-Blaise Grize)领导,如果仅限于法语范围内,还可参阅维尼奥(Vignaux)和迪斯波的著作。阿姆斯特丹大学和布鲁塞尔自由大学研究中心很活跃,它们刚刚(1987)推出一本新的国际性杂志《论证》(*Argumentation*)。——原注

合理论据和某些心理成分以及听众预期情绪的共同结果,心理成分如演说者的素质和功绩——谦虚的态度可以引起听众的好感——听众情绪是由讲话者巧妙调动和激发起来的。

　　布局居于修辞工作其他阶段中间的地位常常引起争议。① 这个阶段实际上蕴涵着一种有别于另外两种的活动类型:这是一种分类尝试,仅间接作用于文本,其运作不关涉随后出现在文本中的思想和语词,仅仅是它们的安排。因此构思与措辞之间的联系反而清楚得多:实践中,人们直接从前者过渡到后者,而准确确定布局实际介入的时刻很困难。

　　文本的正式起草即撰写时刻实际包括对风格的严密思考:什么样的词汇、哪些辞格(语象)最适合主题,且最能打动公众? 在这一点上,以前的修辞学教材与现代的风格学论著特别相似:除了关于风格功效和缺点的一些看法之外②,这些著作首先提供了一份非常详细的辞格清单。这样一份清单,除非简单地按字母顺序排列——如杜佩耶(Dupriez)或莫里耶(Morier)的清单——展示了令人眼花缭乱的辞格种类,一般用即使莫里哀(Molière)的同代人都感到比较艰涩的希腊术语来命名,按一定顺序编排。当今的风格学论著通常提供了从语言学那里借鉴来的分类原则:它们表示**词汇形态**(*morphologiques*)方面的一些运作,如"增加"或"取消"(一个字母、一个词、一种观点)。③ 反之,以往的某些教材,忠实于修辞学的精神,力求介绍功能方面的分类。辞格起装点作用,给纯粹的论证添加了某些东西;它们应该取悦于公众并打动公众:它们的价值体现在审美和情感方面。措辞理应特别与构思处理情感的这一部分密切关联。勒·P. 拉米(Le P. Lamy)在他的《言说的艺术》(*Art de parler*,1676)中已经尝试过建立某些思想性辞格、某种感叹或疑问与某情感状态的联系。一百年之后,阿德伦格(J. G. Adelung)建构了辞格的一种完整的心理分类方法:只有与心灵"内部

---

　　① 参阅 M. 卡恩(M. Cahn,1986),第 25~26 页。——原注

　　② 用来评价一风格品质的形容词[不连贯的(décousu)、冷淡的(froid)、华丽的(fleuri)、攀缘而上的(rampant)等]显示了很丰富的隐喻价值。在关于风格评估术语学的研究中,B. 施皮尔耐(B. Spillner)提到迪厄多内·蒂埃波(Dieudonné Thiébault)的著作《风格论》(*Traité de style*,1801),后者包含表示风格品质的术语 1500 多个! 如果我们考虑到某些专著中的辞格数量多达数百个,就不会对上述现象特别吃惊。——原注

　　③ 例如参阅 J. 杜布瓦(J. Dubois),1970,和 H. 普勒特(H. Plett),1981。——原注

力量"(*untere Kräfte der Seele*)之一直接关联的语法方式才是辞格①;那些失去了其清新感,且不再打动我们的表达方式,如象声词、谚语或改变字母顺序而构成的词,都不应被视为修辞格。

文本的修辞分析

熟知修辞学原则上应当有助于文本的分析。尤其对于古老的文本而言,不妨设想它们的作者完全有意识地使用了在学校里学的规则。因此,阐释工作可以在很大程度上受生产原则的启示并通览修辞工作的各个阶段。但朝哪个方向呢?这里提出了一个方法问题②。我们的出发点应该是完成文本,这是一个确定的材料;阐释者应当从相反方向重走作者走过的路——例如从辞格到情感,再到原初意图。但是这样一种归纳性工作充满风险;表面的风格现象、这些现象所指涉的理性和情感手段与这些手段所服务的信息之间,没有单向的和必然的联系。支撑某种情感的是一个复杂的且一直变化的辞格网络,而承载并揭示"信息"的是一个复杂的、相互作用的情感网络。没有任何一个辞格仅指涉一个信息,但一个信息却可以触发并解释这个或那个辞格的使用。如果我们采用推理方法,风险大概并不会小多少,文学文本尤其如此。当然,作者的原初意图一旦确定,阐释者就会验证所使用的修辞手段和方法是否合适。③ 然而,与诸如布道或辩护词等实用性更强的文本相反,文学之所以以其信息的"隐蔽"性为特征,那正是因为它想在读者**不知不觉中**引导他们。作者使尽了浑身解数来掩饰阐释者所寻找的东

---

① 阿德伦格区分了四种"力量":注意力(*Aufmerksamkeit*)、想象力(*Einbildungskraft*)、机智(*Witz*)和洞察力(*Scharfsinn*)。重复和递增属于第一种,比喻、寓意、拟人(la prosopopée)属于第二种,夸张、省略属于第三种,反衬、近音词连用(la paronomase)属于第四种(第 245~445 页)。——原注

② 事实上,当莱奥·斯皮策论及自己的风格分析的方法,强调从一具体现象向某种"真理"或某种"解释"过渡的困难时,他指出了同一问题。[《言语艺术与语言学》,见《风格研究》(*Etudes de style*),巴黎:伽利玛出版社,1970]——原注

③ 我清楚这些意见粗暴的图解性。何谓"验证"?与现代心理学一样,修辞学从来不曾尝试建构一种方法以衡量其自身的有效性。而何谓"适当的"?阐释者所能希望的全部,就是——通过某种"歪曲主义的"途径——展示一部文本中绝对肤浅或有悖主信息的东西(恼人的离题话语,无意识的讽喻)。如此而已!——原注

西。诗学的"隐性真实"与修辞学设想的意向性之间的冲突只能通过重寻文本掩饰之目的的反复尝试来解决。试图在其文本分析中获得修辞学帮助的阐释者只能走与作者相同的路径：从构思开始，且每当在辞位和辞格层面通过后来的验证发现自己错了时，就重新回到构思阶段，以纠正并核准他的起始立场。从这个意义上说，修辞分析是一种受作者意图（阐释者假设的）启示的阐释方式。①

一部完整文本的修辞分析会很长②，我们仅以几个片段为例。让我们以马莱伯（Malherbe）对《圣经》诗篇改写的第一节为例，这是作者的一篇很著名的文本，被收入许多文选：

> 对尘世之承诺，我的灵魂啊，不要再抱希望：
> 它的光明乃玻璃，而其恩惠一道波痕，
> 总是有风阻其平静；
> 让我们离开这些虚荣，让我们厌倦将其追随：
> 是上帝赐予我们生命，
> 是上帝我们应该给予爱。

就构思而言，我们发现，这里是一个情感性论证，它在第二和第三诗句里使用了比较类型（*lieu de la comparaison*）③，以便引导听话者（"我的灵魂"）接受第一诗句中提出的建议。第四诗句再次采用命令的口吻，最后两句构成结论（让我们离开它们，因为应该追随上帝）。第一和第四行诗句末尾的冒号具有论证功能。第五行诗句可以看做是第六行诗句某种**原因类型**：既然上帝是我们生命的源泉，应该爱他。

关于该文本的布局层面，没有什么好说的，因为它太短，而布局首先涉及整整一部文本不同部分的安排。我们最多可以指出，由于第二个隐喻比较长，它被放在了第二位置上，以便进一步冲击我们的想象

---

① 参阅拙文《关于文学文本修辞分析的若干问题》（基贝迪·瓦尔加，1986）。——原注

② 我把准确而完整的修辞分析是否可能这一问题搁置一旁。我倾向于否定性回答。某种准确的分析是不可能的，因为工具即术语很模糊：某技法可属于两种不同的**类型**（deux *lieux* différents），某种表达可同时属于若干辞格。某种完整分析也是不可能的，因为预设的研究，所用论据或半遮蔽论据的分析和情感的分析等，原则上是无限的。——原注

③ 在类型层面，人们还尚未把比喻与隐喻相区别。——原注

至于措辞,尽管仅几行诗句,仍然引出若干看法。**重复**辞格出现多次:三个动词具有同样的命令式形式,两个隐喻的句子结构相同("其恩惠一道波痕"中间省略了动词),第五和第六诗行亦然。第一诗行含有一个顿呼,下面的诗句包含两个隐喻,其中第二个更加明显,并向寓意的方向变化。最后,第五诗行围绕一个比照结构("离开"—"追随")建构。用阿德伦格的话说,这些辞格呼唤**注意力**(反衬、重复)、**想象力**(隐喻)和**激情**(顿呼)的不同的情感类型。

我们的第二个例子是一首民歌的最后一部分。

我的美人假如你愿意

我的美人假如你愿意
我的美人假如你愿意
我们就一起睡觉
我们就一起睡觉

在一张方形大床上
覆盖着白色枕套;

床的四个角落,
都有一束长春花。

床的中间
小河滔滔;

国王的所有马匹
都来这里痛饮。

我们就在那里睡觉
直到世界末日。

这首歌曲因为这些神秘美丽的爱情隐喻而出了名。它们似乎在玄妙的境界中展开,大概呼唤一种精神分析式阐释。然而,从修辞学的角度看，我们可以把这首歌视为一种诱惑性尝试，其中音乐占有的份额不容忽视，因此应该把它与马莱伯的那节诗一样，列入议决型文本一类：作者试图说服某人或自己（我的美人，我的灵魂）做某事。关于**构思**，我们发现，论证不包含理性论据，仅涉及作者的**习性**以及试图激发起来的女受话者内心的**情感**。第一节包含一个建议，但同时也流露出歌手的虚心，这种态度应该获取美人的信任：顿呼——"我的美人"，尤其是表示礼貌的条件式是**悦人法**修辞的明确标志（假如你愿意，我们就睡觉）。下面的四节是情境类型（*lieux de circonstances*）：诗人在强调某事周围的善意、实用性和美好细节的同时也在为这件事作证。还有，最后一节可以视为一种结果类型（*un lieu de l'effet*），同时也是一种承诺（因此而回到**悦人法**）：如果你同意一起睡觉，那就直到天荒地老。歌的布局是明确的：个人成分和情感成分位于中间和结尾，中间的四节构成论证。只有它们能够表现出赞颂的夸张气氛，而赞颂类是褒贬法的特征：然而，这首歌的议决性是明显的，体现在开始和结尾两节歌词中，它们把中间赞颂的褒贬类型改造成关于情境的议决性类型。在措辞方面，我们再次发现由音乐和隐喻支撑的各种重复形式。

当一部文本，即使一部文学文本，具有论证特性时，修辞分析似乎就有必要。然而，如果我们承认，只要有交际和意向性的存在就会有修辞成分的出现，修辞分析便可以远远超出论证性文本的范畴。因此，我们在分析叙述性文本时已经习惯于使用其他工具：如今，叙述学可以自诩是一个已经令人尊敬的传统。然而，由于两种方法的预设极不相同——叙述学的前提可以用人类学来表示，而修辞学的前提指涉某种司法政治背景——对一部叙述性文本的修辞分析可能会揭示出一些毋庸置疑的品质，而单纯的叙述学分析也许不会揭示这些品质。[1]

微型叙事的修辞功能是显而易见的，我们可以在内心独白中，在论证的范围内发现它。加缪在《堕落》（*La chute*）中让他的主人公说出了下面的话：

> 多少犯罪仅仅因为其始作俑者不能忍受自己的过错！我以前认识一位企业家，他有一个人人羡慕的完美的妻子，但他却有了外

---

[1] 叙述学预设与修辞学预设的比较研究很受期盼。关于叙述性和论证的"复归性"（*réversibilité*），参阅拙文《文本：言语与叙事》（基贝迪·瓦尔加，1979）。——原注

遇。这个男人完全因为自己有错,因为自己既不能接受也不能给予自己一份美德封号而怒不可遏。他的妻子越完美,他越愤怒。最后,他的过错变得使他无法忍受。那么您认为他会做什么呢?停止欺骗他的妻子?不。他杀了她。我就是在这种情况下接触他的。①

　　文艺复兴时期的短篇小说具有明显的修辞性,其意思的明朗,既可以通过听众[玛格丽特·德·纳瓦尔(Marguerite de Navarre)作品中的"闲聊者"]的评论,也可以通过围绕它的其他短篇小说。而拉封丹的寓言,其信息更明确,因而叙事的修辞功能也就更明显。题目和人物的选择、描述的夸张、节奏等,都有说服性价值,都竞相明确寓言的"道德"。

　　当一部叙述文本没有一个明确信息时,其修辞分析就变得更困难:明确的信息——在拉封丹的作品里屡见不鲜——是从设定意思验证信息表达方式的一个标准。关于这一点,我们可以用童话故事做一个有趣的试验。并不是从前流传的所有童话故事都有一个明确的、容易架构的目的,但是我们可以给它们中的一大部分赋予道德性阐释,这自然导致了在叙述学分析之外对说服手法的分析。这样,如果读者把《小红帽》(*Le Petit Chaperon Rouge*)这个童话理解为对年轻女子的警示,警示她们防止(外边的、性的等)危险,"小红帽"与装扮成祖母的狼之间的奇怪的、不真实的长篇对话就变得极恰当:重复手法的递增旨在感染小听众,使他们害怕。②

　　是否所有叙述文本毫无例外地都可以从修辞学角度给予分析,这是一个很难回答的问题。有些史诗类或传奇类叙事非常复杂,不可能赋予它们一种单一意义,而且它们似乎不是为承载某个实际信息而构思的:有一种心理方面的叙事乐趣,不直接涉及道德表现。修辞学是由一整套旨在生产和分析实用性文本的工具组成的,这些文本永远不会太长:应该大大地完善这些工具,不让任何东西逃过修辞学的目光,包括塞万提斯(Cervantès)、陀思妥耶夫斯基(Dostoïevski)、普鲁斯特……

---

① 　Folio 版,第 23 页。——原注
② 　在受格雷玛斯影响的叙述学分析层面,该对话大概拥有另外一种功能:它代表众多叙述节段中的**能力**阶段(这里具体为失败的能力)。——原注

最后，我们还想指出，修辞分析不仅可以扩展到非论证性文本，甚至可以扩展到文本以外的领域。图像的修辞分析是一个广阔的领域，其开发刚刚开始（尽管有巴特的贡献）；当今研究者们越来越青睐的视觉符号学，如果能同时利用传统修辞学可能供给它的服务工具，将会获益匪浅。例如，我们在教堂里看到的圣徒像（见下面图示）构成众多激励，激励我们去敬仰这些圣徒。圣徒像一般由两部分组成：圣徒的形象位于中间，正面看着我们，周围是一些有关他的经历的内容。中心人物在向我们发出动人的召唤，该召唤在文本中位于开始和结尾，具体出现在开场白和结束语中；相反，周围的叙述场景代表着论证：这是同样数量的**范例类型**(*lieux de l'exemple*)——它们告诉我们，具有如此经历且完成如此业绩的圣徒值得观众的敬仰。图像经常处于与文本同样的交际情境之中，因此，图像的修辞分析不是一种漂亮的类比推论：它从理论上是可能的。

Trani. S. 尼古拉·贝勒格里诺及其生平场景（14世纪）图

结论

对于有实用目的之文本的分析而言，修辞学的价值从来不曾被真正地怀疑过。但是对于文学文本，它的作用又如何呢？只要文学声称有目的，修辞分析就属于批评武库的组成部分，尽管有"隐性真相"一说：教材中引用的众多例子既有演说家，如博絮埃（Bossuet）或科珊

(Cochin),也有诗人,如拉封丹或拉辛(Racine)。但是在文艺复兴时期和 19 世纪之间,文学萎缩了,或者更准确地说,"文学"这个术语囊括愈来愈少的文本类型:布道、历史,还有其他体裁变成了独立的文类,而剩下的体裁亦越来越不顺从说服性修辞的要求。

然而,修辞学也在演变。一方面,尤其是在法国,它变得文学化、诗意化了:它忽视构思,在拉姆斯(Ramus)和笛卡儿(Descartes)的共同影响下,把构思推向逻辑明确和科学准确性强的领域,而偏重措辞——修辞学提供了一份风格辞格清单,它是那些希望建构描写华章的未来诗人和未来演说家的发蒙训练。① 另一方面,尤其是在苏格兰,修辞学变得"心理化"了,特别是坎贝尔(Campbell)极富独创性的尝试:在现代感觉主义心理学成果的基础上,建立修辞学、修辞学的语言表述与心理活动之间的关系。②

当然,修辞还继续存在,它甚至充满了雨果的作品,而雨果曾经要"拧断它的脖子";但是,当做家和诗人们与社会对立、与艺术应该有用的思想相对立之时,修辞分析是否还能一如既往地向我们揭示文学文本的生产程序呢?③ 为艺术而艺术的原则最终敲响了修辞学的丧钟。而该原则的痕迹在 20 世纪里比比皆是:俄国形式主义与巴特的不及物性概念一样,证明了它的顽固性。诗人拒绝我们所界定的交际活动,而自我表述性(l'auto-expressivité)是不甘心让论证修辞学的术语捕捉到的。

今天,我们注意到文学概念的危机性,结构主义者们已经指出了这一危机。为艺术而艺术的理论和艺术作品自主论似乎都已过时,但我们却不能因此而说,人们已决定性地回归思想共识,从实践方面回归修辞学。马莱伯与马拉美两个人的文本生产有着巨大的区别;然而,追求具有沟通价值之自然性与追求只能孤芳自赏的雕琢性要求作出同样的

---

① 我们特别想到了热拉尔·热奈特和结构主义批评 20 世纪 60 年代末重新发现的这种"缩小的"修辞学,其主要代表人物大概是皮埃尔·福尔塔尼耶(Pierre Fortanier)。——原注

② 参阅坎贝尔著作再版时利洛伊·F. 比策(Lioyd F. Bitzer)写的出色的导读(1963)。——原注

③ 关于这一主题,参阅米歇尔·博儒尔(Michel Beaujour)的中肯思考[《修辞学与文学》,收入米歇尔·梅耶(Michel Meyer)主编:《从形而上学到修辞学》(De la métaphysique à la rhétorique),布鲁塞尔:布鲁塞尔大学出版社,1986,第 157~174 页]。——原注

牺牲。多样化的方法背后是否有着同样的努力呢？修辞学理应完善其工具，以期与作为分析方法的叙述学和作为阐释方法的心理批评建立具体的联系；文本的生产和阐释大概是在这三个领域的交会中进行的。谁文思喷涌，谁叙事，谁就有胜算。

14. "主体的比较":主体在话语中的影响

乌·克利辛斯基

主体:词与概念

> 我,亚库伯·爱尔-曼苏尔的臣民,能像玫瑰和亚里士多德那样死去吗?
>
> ——J. L. 布尔金斯(J. L. Borges)

让我们首先做一点澄清。从词源上看,主体可以上溯到拉丁语的"subjectus",它是动词"subjicere"的过去分词,其各种意思归结为服从、从属和束缚。主体因而是由一个外在的,他必须服从的行动来确定的。

"Subjicere"是个多义动词,表示诸如置于……之下、展示、交付、合并等动作,例如下面这些词组:"subjicere cervices securi"[把脑袋放在(执行斩刑用的)木砧上]、"subjicere partes generibus"(分门别类)。为了使具有臣服和束缚意义的"subjectus"变成完整的人的形态等级,变成哲学、法律、社会学等范畴,就需要使它承受一些言语和意识形态方面的处理,把它从被动者的角色提升到施动者的角色。研究自笛卡儿和休谟(Hume)直到海德格尔和莱维纳斯(Levinas),中经一大批哲学家的这类处理行为,将是一个庞大的任务。这项研究将会揭示主体意识形态的某种考古学。这不是我们的目的。但是,在把主体纳入比较和文本阅读的范围之前,我们应该重新认识从词到概念(*Begriff*)的这些意味深长的衍变,它们标志着某种观念的解放和语义的复杂化。主体—施动者获得了一个比较大的环境的自主性,但它的语义地位却无限扩大,因为它所支配的不同类型的言语从多种参数思考它。举例来说,我们发现,倘若不是被迫,那么至少也是因为认识和经验的必要性而进入其语义范畴的,就有自我、意识、人称、潜意识、内在性、身份、意识形态和相异性的符号意义。我们将深入挖掘指涉的这种多样性以及文本与主体交融时脱胎而出的各种批评视野。毫无疑问,主体是作品的首要施动者,被作品再现,是作品的基本成分之一。我们下面将展示它所遵循的方式和作为动因的背景转移的情况。

主体在文学理论中的命运

> 文艺批评的辩证机枢中,一端有着文学嗜好的整个认可,而另一端则有着那些嗜好潜在价值的整个认可。
> ——诺思罗普·弗莱

主体不是文学理论的一个系统性成分。尽管它在哲学、精神分析学和解释学中是一个重要概念,但它只是通过侧旁领域的这些知识的输入才进入文学批评的,因此而标志了文学理论的不确定性,甚至开放性。凭借雅克·拉康(Jacques Lacan)60年代宣称要重新回到弗洛伊德的东风,亦承蒙海德格尔和阿多尔诺的思想,主体涌入了众多的研究成果,而米歇尔·福柯又重拾这个问题。

让我们简单回顾一下从英加顿(Ingarden)直到诺思罗普·弗莱不同的文学理论赋予主体的命运。受现象学、多少有点结构化的形式主义或新批评推崇的细读法的启示,文学作品的科学解读法仅向主体保证一个"有灵气的"、"有才华的"或"独特的"创作者地位,他只是作品的制作者,时而以自己的名字出现[莎士比亚、斯特恩(Sterne)、巴尔扎克、歌德、里尔克……],时而以作者的名义出现。自然,作为主体的人是作品的根源,他是作品的创造者,但他的角色只限于那个"构思"、"建构"或者"创作"作品的人。真正重要的是结果:在作品众多的层面(英加顿),在形式、素材、题材、独特化和功能方面[什克洛夫斯基(Chklovski)、托马舍夫斯基(Tomachevski)、普洛普、雅各布森],在诸如反讽、反论等手法中[布鲁克斯(Cleanth Brooks)]。最新一套全面的文学理论——诺思罗普·弗莱的《批评的解剖》(*Anatomy of Criticism*),对作品的躯体,或者确切地说,对文学的同素异形现象进行了剖析。文学是个整体,但它体现在不同的形式和机制之中。解剖批评者对作品的生理学不感兴趣。他列举了创作者、诗人、长篇小说家或短篇小说家以及作品的不同轮廓。创作者或作者是一个用自己的主体性问题域隐性地投资作品的主体。然而没有任何思潮或者批评家对作品的主体性根基感兴趣。通过作者主体具化在文本中的作品的主体性问题没有被提出来。

我们不妨圈定维克多·维诺格拉多夫(Victor Vinogradov)(1930)的风格学研究。对他而言,"作者的形象"成为捕捉作品风格的"公分母"和会聚点。我们亦圈定让·穆卡罗夫斯基的尝试。他于1944年专门研究了个性在艺术中的作用。穆卡罗夫斯基(1977,第150～168页)不认为创作者的个性和主体性消融在作品中。他更强调它们的必要变化,因为作品是一个社会事实、一种交际行为和一种符号。在信息发送者和接受者之间必然表现出一种辩证性,它要求创作者必须遵守接受者的规约。这样,创作者的主体性就变成了接受者应当能够破解的符号。穆卡罗夫斯基似乎想最大程度地把作品的内容、形式和信息客观化,而忘记了电话号码簿或列车时刻表意义上的具有绝对社会意义的内容、形式和信息是没有的。写作文字与信息的辩证关系意味着主体们与意识形态之间存在一种对话性和言语间性(interdiscursivité)。主体那部分可以是决定性的并被接受者所捕捉,创作者不必刻意赋予其信息某种绝对的社会性。

让我们从众多理论原理的角度重新提出主体问题,使社会的天平向作品及其言语倾斜。

从人类学到哲学人类学

自我正如一个客体一样,主要是一个社会性的结构,它是在社会经验中产生的。在一个自我产生之后,它在某种意义上便为自身提供了社会经验,所以我们可以设想一种绝对孤立的自我。

——乔治·H. 麦德(George H. Mead)

主体范畴处于不同学科的交叉口,它横穿所有学科,产生出不同的知识效应。人类学、心理学、精神分析学、人种学、社会学、语言学,历史以及近来出现的符号学把主体及其相应的建制(ses instances corrélatives)纳入各种批评领域,后者的共同点时而是经验性的观察,时而是试图构成真正的主体科学的分析言语。在人类学的领域里,倘若个性是主体的相应建制之一,根据经验材料的观察者把其置于符合某些标准的某种价值体系的情况,它可以获得不同的意指和功能。爱德华·萨皮尔(Edward Sapir)注意到:

> 文化和个性方面的语词所产生的兴趣促使智识和实践的发展,因为每个语词都建立在观察者与围绕他的生活之间的参与方式的基础上。观察者如果想保持他在权威领域或非个性化的社会必要性领域中的地位,就可以以真实或想象的方式,根据一套价值观、一种超越自我而他应该适应的某种意识,把他所记录的行为戏剧化。(1967,第78~79页)

"人"、"人性"、"个人"、"个人性"从经验上是可观察的并进入人类学、社会学或美学的不同的阐释领域中。主体也是这样。尽管源自哲学,但主体是一个有着不同解释的跨言语范畴。进入文学批评或文学理论领域的主体,很难获得一个"文本的"或"文学的"自主地位。它的跨言语地位间接地产生一些感官效应,后者常常使批评言语的意义失调,使精神分析学或哲学获益,但却有损于主体在叙事、诗或小说中的文本表现。这种状况不必惋惜,因为主体的矛盾性要求它在经验、社会、哲学等不同形式下拥有一个多价的甚至暧昧的存在方式。这种状况也无法避免下述这类解释:其参数证实观察者与主体之间的关系是不稳定的,不管主体是某种个性、自我、内在性还是潜意识。

从人类学到文学理论的路径通向一些交会场域,那里主体观念的多样化更突出。尽管如此,人类学仍然可以教我们如何从主体参与社会的客观资料出发去捕捉它,甚至教我们根据人类经验的基础模式重新思考文学。文化在人类学领域的凸现意味着从身体和身体所面对的事情出发建构某种意义。玛格丽特·麦德(Margaret Mead)有理由指出:

> 我们可以把文化理解为一个传统体系,其中来自身体的基本感觉,如脉搏速度的加快、咽喉肌肉的紧缩、手心的湿润等,或者源于身体以外的感觉,如月亮的逐渐上升或电灯的突然闪亮,一棵树或一个铁塔在冬天天空下的侧影,一只鸟的叫声或一辆收垃圾卡车的捣碎机制等,所有这些感觉都接受某种意义。(1964,214页)

主体是一个媒介者,他以感觉的结构兼接受者以及它们的反馈者的身份处于世界上,其处境的第一层面已经是意义的创造者。作为文化活动,文学的根源在于主体的身体。思考和升华在主体与世界充满活力的关系中并通过这种关系而产生。

当主体成为人的一种哲学代名词时,人类学的哲学精髓提高了主体的地位。确实,当人变为**本质**、**本性**或**条件**,且学术界将其"首先视为分析对象"[夏特莱(Châtelet),1974,第610页]时,康德和梅纳·德·比朗(Maine de Biran)的人类学哲学建构了主体的自省和批评领域。康德的革命把人建构为认知主体:

> 康德式的批评指出,为了理解真实的秩序,理应把人这个抽象的认知主体建构成形而上学称之曰*存在*的支柱。这样一来,一切就动摇了:存在、上帝、自然就被作为次要的幻想式概念搁在一边。知和已知的构成主体就成了中心。(613)

梅纳·德·比朗重建了作为自我和作为社会直接经验的主体存在的条件和形式:

> 梅纳·德·比朗有勇气把事情重新引向他的经验土壤:如果我们置身笛卡儿《第一形而上学沉思录》所提供的明确论证的直线上,思考的主体—客体就是也只能是体现为与物质性斗争的意识的人。"我"不是造物范畴或逻辑范畴赋予的:他是在实际经历过的战斗中建立起来的。(616)

梅纳·德·比朗提出了建立大写"我"的必要性,并对主体性的活动给予了非常主观的关注。他的心理哲学建立了主体性和心理学的问题场域。主体进入了科学的自我认知阶段。

主体的哲学义素

总之,难道我们不能在这里解决自我的问题,从而给休谟的希望赋予某种意义吗?我们现在可以说出主体性的含义。主体不是一种品质,而是对一个思想系列的定性。说想象力受原则影响意味着某任意整体被视为一个有失偏颇的、现实的主体。自此,主体性思想即是偏爱在想象中的反映,**这就是普遍规律本身。**
　　　　　　　　　　　　　——吉尔·德勒兹(Gilles Deleuze)

　　哲学家们眼里的主体并非一概都是独立的、单一的。这是一个综合网络,包括意识形态的或自省的投资,包括根据不同哲学义素而作出的概念性推论,不同的哲学义素如笛卡儿的"我思故我在"、莱布尼茨(Leibniz)关于"不可分辨物质的身份"、黑格尔的"自我意识"、康德的"绝对命令"、海德格尔的"存在"、萨特的"自为"和"自在"或者福柯的"人的死亡"等。主体在《单子论》(*Monadologie*)、《精神现象学》(*Phénoménologie de l'esprit*)、《存在与虚无》(*L'être et le néant*)、《词与物》(*Les mots et les choses*)中被概念化了,它们肯定了其"单子"、"以经验感知方式具体存在的概念"(*der daseiende Begriff*)、"无益的激情"和甚至已经死亡的地位。显然,关于存在的种种哲学构成主体的概念和题材仓库,使学术界得以以黑格尔、克尔恺郭尔(Kierkegaard)、海德格尔或萨特的方式来阐释文学作品。这些阐释大部分情况下是抽象概念体系的推论,其价值淹没了被分析的文本。由于文学作品是真实的二级模态化,哲学理论只能部分地从中捕捉真实。哲学或精神分析学只能在以近似方式而且大大改变作品材料的情况下,分析文学作品的四类成分(修辞、题材、社会文化和符号)。主体可以同样有效地进入布局、措辞或叙述,但作为作者,他是意义的生产者。为进入这个角色,面对文学创作的种种约束,他必须自我消失,文学创作要遵循艺术规约和社会交际的必要条件。对于观察者而言,主体是理论与经验之间问题重重的中继。以此身份,他可以用其哲学、精神分析学或社会学方面的二级决定因素解释文学作品。但不要因此而忘记,这些批评方面的二级决定因素会削弱文本的活力,文本是一个多元关系网络,蕴涵着密度极大的互文性、修辞性以及意识形态类和对话类符号。自此,克尔恺郭尔式的主体性、海德格尔的"原在"或"现在"以及胡塞尔的"超验自我"就会中和作为生产、体系和进程的文本的复杂性。哲学主体性与二级或 N 级模态化真实(叙事和话语在其中拥有决定功能)之间显露出阐释上的冲突。浪漫主义以来现代文学事实的发展和文学批评的贡献(巴赫金)动摇了某些哲学范畴,服务于某种程度上融化到文本规则之游戏的主体观。内在性、自我、身份、潜意识抵抗不了我们所说的文本对主体的模式化。应当承认,主体需要从认识论批评空间以及清醒认识自己的文学空间予以重构。

从主体理论到文本理论

> 一旦从潜意识中发现了言语的结构,我们能够为它设想出何种主体呢?
>
> 从方法角度考虑,我们在此可以尝试从"我"作为能指的纯语言学定义出发:在那里它只不过是陈述文中的主体的**转换词**或指示词,指的是现在正在讲话的主体。
>
> ——雅克·拉康

关于主体的某些现代理论很好地勾勒了主体特征符号的不稳定性和多样性。这些理论相互补充,从主体与言语、他人和写作文字的关系界定主体的位置。它们动摇了主体的整体观念,支持界定主体的"囫囵物"观念。应当强调指出尼采、弗洛伊德、巴赫金、拉康、里科尔和德里达等人立场的相似性和互补性,倘若我们可以用下面这个矛盾修饰法表达他们是如何用不同的方式突出主体所表现出的不稳定性和复杂的、生物意识形态方面的活力,那么在他们看来,主体不啻某种确定的不确定物。

尼采提出了主体多元性的观点($Das\ Subjekt\ als\ Vielheit$),取存在意愿和世界上不同意偶然聚合的意思。多元性破坏了所谓主体的根本统一性的观念。正如世界是由不定数量的意指组成一样($sie\ hat\ keinen\ Sinn\ hinter\ sich,sondern\ unzählige\ Sinne$),主体亦承受多重视角的游戏。多样性不是存在的缺陷,它注定存在于世界和文化之中。尼采由此甚至颠覆了主体一直代表自我的某种原初思想。

精神分析法把主体视为应该发生的某种个性和某种本能平衡的方案。它把主体纳入一个理想的逐步发展的论题的辩证法之中,这个辩证法实际上却很难把握,在其论题里本我、自我和超我以及前意识、潜意识和意识是一些决定性的因素,它们以缺乏、分离和冲动的实质形态包围着主体。弗洛伊德的格言"$Wo\ es\ war,soll\ Ich\ werden$"对称地把一个本我及其过去与一个自我及其未来相对立。这种修辞上的对称反映了一个复杂而矛盾的现实,其冲突的极点和焦点非常多。有必要追踪这个提法的认识论历程,它从雅克·拉康到伊利亚·布里高吉纳(Ilya Prigogine)获得了种种独特的含义,而且以一些悖论形式重新界定弗洛伊德的沉重使命。

拉康声称,弗洛伊德没有写"这个我"(Das Ich),而是"我"(Ich)。因此,这个人称代词只是一个关联词(替代词)而已。它不能向自我保证任何自主权,拉康因而建议用下面的译法:"曾经是哪里,我就应该出现在哪里。"正如卡特琳娜·克莱芒(Catherine Clément)指出的那样,拉康同时指出了主体的绝对主观性和本我的非思考世界:

>　　这里使用了句法上的倒置"soll Ich"(应该我),而"我"因此更明显地成了某种工作的产品,即分析的产品。自我的力量缩小了,受词序的限制;弗洛伊德的设想变成了一种"主体的解构"。(1978,第175页)

　　由拉康开始并由其追随者们继续的对主体的这种解构变成了一种迷宫式的设想,其中某些概念近乎固执地一再出现,把主体置于其缺失和幻想的常态。拉康的精神分析法应该是一种"海市蜃楼的科学",它知道它是一种无穷小量的方案,不会创造出奇迹来。据拉康说,"潜意识就是**他者**的言语"。他者和他人变成了幽灵符号,变成了主体囚禁其同类的地下室。相异性就这样决定着自我的未卜前途,自我在主体中占据着幻想的地位。这个地位被界定为"想象"功能。拉康所描绘的主体的结构就是著名的"曲折图"(Z字图),其术语确定了主体的非存在形态,或者说它的否定式存在形态。请注意,"Z"是字母表中的最后一个字母,从a到z的路程甚至不经意地道出了主体在世界上从头到尾的失败历史。拉康是这样排列下面的结构的:

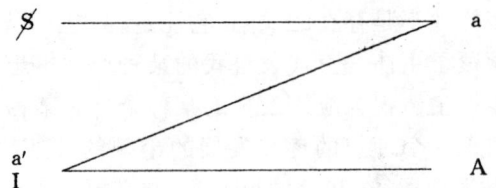

　　"$"是由一个竖杠穿过的主体,竖杠意味着主体的分离(Ichspaltung);"a"是欲望的对象,一个部分的、不断运动着的对象,是"内外分离的支柱,是主体完整结构中的空虚部分"(克莱芒,1978,第174页);"A"是"强大的他者",代表着具有象征意义的不同形象——父权法则、群体法则、禁忌、父亲,还有潜意识,确切地说就是异己力量;"a′"是"自我的位置",是"a和A点的决定性因素亦即欲望的对象和象征范畴"的投射地点;"I"即想象中的人,是自我的理想和童年的象征,

即那个"不讲话的,其未来由一个不可捉摸的爱恋对象和一套约束法则——父母的形象——来决定的孩子"(第174页)。

不管文学文本采用了何种结构,这个图例都是其种种批评路径的一个可能范式。我们可以把它看做一种元叙事,产生、概括并反映文学文本之题材投资的症结。我们大概应该把文学文本的概念区分为诗歌、小说、叙事、自传、日记、戏剧,提出更有利、更**自然**适合接受拉康图例所模式化和预设的题材投资的存在形式。那么抒情诗将是最典型的主观形式,是自我在主体中占据的想象地位的理想的文本模式。同样,日记和自传符合这些半叙述半自省的形式,其间的自我叙述者主体将一任精神分析法则游戏的自由施展。根据拉康范式,归结为主体宿命原则的限制,是70年代流行的批评方法之一,产生了一系列研究成果,它们均受弗洛伊德或拉康的启示,较少关注形式和内容,更多地把文学文本的意义生成作为问题域。主体概念在那里获得了一个既特殊又普遍的意义,它被提升到元范畴的行列,囊括众多情节、题材力量和施动力量类型以及不同的言语形式。① 另外,镜子的隐喻似乎也支配着深受弗洛伊德或拉康式结构主义影响的文本分析。文学在那里成了拥有多重实践的言语空间,其间主体的不同镜像从其欲望、潜意识、冲动、排斥,自然还有俄狄浦斯情结的精神分析轮廓中捕捉他。卡特琳娜·克莱芒很好地界定了这种捕捉主体的镜像模式:

主体的镜像:我之所以选择了这个暧昧的标题——从中看不大清是主体本人照镜子或者他看到了自己之外的其他东西——那是因为镜子这个词在其构成和保护性功能中,表示象征、想象与真实之关系的最初模式;因此它使人联想到幻想,它是后者的支柱和神话。人生必须通过才能继续前进的理论阶段即雅克·拉康自1932年起就界定的"镜像阶段"。(1975,第17页)

---

① 我们想到了J. 克里斯特瓦[J. Kristeva:《诗歌言语的革命》(*La révolution du langage poétique*)]、C. 克莱芒[《主体的镜像》(*Mimoirs du sujet*)]、Sh. 费尔曼[Sh. Felman:《疯癫与文学事物》(*La folie et la chose littéraire*)]、F. 奥尔兰多[F. Orlando:《论弗洛伊德的文学理论》(*Per una teoria freudiana della letteratura*)]、M. 拉瓦盖多[M. Lavaggeto:《弗洛伊德、文学与其他》(*Freud, la letteratura e altro*)]、S. 阿戈蒂[S. Agosti:《诗作的五篇分析和两种检验》(*Cinque analisi, Il testo della poesia*)]和H. 芬特[H. Finter:《先锋派文本的符号学》(*Semiotik des Avantgardetextes*)]等人的著作。——原注

精神分析法的目录显得相对有些局促和重复。然而,它毋庸置疑的力量在于,能够从理解文学文本之一般题材决定论足够普遍的范畴出发,把主体作为一个可圈定的客体提出来。但是,如果文本反射主体,如果主体是文本的目标,作为写作主体,后者就变成了镜子的某种玩弄者。文学言语使它自身的精神分析意义相对化,因为它是对话性的、互文性的、审美性的和颇具知识间性特征的,就是说它与不同的知识都有联系。从这个意义上说,文学作品脱离了稳定的一般性规则,无论是精神分析方面的还是哲学或社会学方面的一般性规则。

针对弗洛伊德的提法"*Wo es war, soll Ich werden*"以及拉康对它的重新表述,我们可以回敬下面这句话:"曾经在哪里,哪里就来了若干人。"如同伊利亚·布里高吉纳和伊莎贝尔·斯滕格尔(Isabelle Stengers)强调他们与"结构主义文化浪潮的不同流派和自我分解命题"(1979,第269页)保持一致时提醒的那样,主体是一种最典型的分散性结构。秩序与"浪费"在此相结合。主观纯洁性之"面目"(le *quid*)必然受到社会性的、主体间性的、历史的和语言方面的深层噪音的干扰。更何况这就是文学文本的主题。巴赫金的思想会直接或间接地帮助我们从主体性和社会性上升到主体的文学性。

社会性的张力与文学的路径

> 从某种意义上说,艺术构成通过不同手段传达个人世界观某些方面的种种努力。
> ——弗朗索瓦·雅戈布(François Jacob)

对巴赫金而言,文学的言语和内容有着根深蒂固的社会来源。在一个社会里,人们生活在一个多元话语的环境之中,即他们不断面对和生产的多种话语的环境。社会性体现为主体性、唯我性能量的损失,否则社会就会放弃它存在的理由。因此,主体性的社会决定论首先是言语性的和对话性的。主体在一个空间里变成某种符号,其他符号亦出现在这个空间并受到尊重。即使我们可以怀疑巴赫金的"大对话"(理想地实现于社会)思想,也应该承认对话范式的有效性,它界定了主体的地位和目的性,包括艺术言语的主体。主体所传达的内容进入意识形态与主体性之间的媒介轨迹,而主体性只是他人言语交会处形成的某种语言轮廓。巴赫金纳入其分析陀思妥耶夫斯基和拉伯雷小说或言

14. "主体的比较": 主体在话语中的影响

语创作范畴的主体是一个依赖他者的符号。他瞄准他者的言语。在巴赫金看来,艺术创作的规律是集体性质的。

巴赫金的批评论著是对陀思妥耶夫斯基小说创作的全面理论化。这位俄罗斯批评家从一个特殊的视角观察上述创作,概括了其形式和内容结构的一般特点。他把托尔斯泰的独白主义与陀思妥耶夫斯基的对话主义相对立,而托氏的作品不进入他的价值范畴。当巴赫金发现,托尔斯泰笔下的主人公"被纳入浑然一体的独白式小说结构,此种结构永远不会像在陀思妥耶夫斯基那里一样成为(……)'一种大对话'"(1970 b,第113页)时,他标举陀思妥耶夫斯基的写作和美学价值,与托尔斯泰的同类价值相比较,暗示后者比较低下。复调小说与独白小说的对立概括为:前者包含一种"(……)所有语词固有的对话目的"(第306页),且"对话关系存在于小说的所有结构元素之间(第77页)",而在后者中,叙事既非"复调式的也非对位式的",只有"唯一的一个主体有认识能力,所有其他主体只是他的认识对象"(第112页)。托尔斯泰的这个技巧特点似乎意味着,真正的知识是对话性的,而个人主体,无论他是作家、叙述者或者人物,如果陷入独白主义,没有对话媒介,就处于知识和艺术创作的低级层次。这个原则意见只能通过某种理想化的对话关系来解释,在巴赫金的分析中,这种理想化抹去了小说文本中的其他成分,尤其是叙述和叙述性。我们所说的叙述是通过一种叙述声音来展示叙事的言语方式。叙述性可定义为事件(或叙事)线索在其时空连续性或非连续性上的价值体现。巴赫金的泛对话主义不知道,独白主义不仅是一种方法、一种创作态度(他将托尔斯泰归入这一类),而且还是一种叙述模式。它因此而使主体参与一个微观语义世界的建构,该世界以其视野为基点,并把对话主义降到次要的地位。当然,这个微观语义世界以其他人为媒介:他们属于与主体相关联、主体参与其中的人类世界,但主体并不因此而放弃它的主体性。在巴赫金看来,现实的冲突或暴力程度不足以在主体那里造成混乱和特异反应。然而,正如文学道路所证实的那样,主体在作品中扮演着现实接受者和信息发送者的角色。这些由现实产生的、侵犯性和暴力性大于对话性的信息,被与现实发生冲突的主体赋予特异反应类内容。从这种意义上说,主体的社会性实现位于巴赫金建立的对话规范之间的断裂,而巴赫金想把对话标准作为小说作品的绝对典范。我们不能认为巴赫金的下述观点言之有理:"置身地下的人(……)尤其关心其他人如何想他或会怎么想他",他"试图提前知道其他人关于他的每个意识、每个想法、每种意见"(第89页)。凭我们的感觉,地下人之叙事的论争性和好斗性远大于巴赫金所理解的对话性。地下人传达他的迷茫和不满、他的幻想和怪癖,还有他那属于与世界之元对话关系的言语:它是面向所有人和任何人,面向他者也面向地下人意识本身的某种世界观的主观性传达。《地下》(le Sous-sol)结构的基础虚构对话(滔滔不绝地向哑巴"先生们"和隐性"先生们"说话)更强化了其言语的主体性地位,而非主体间性地位。

因此,真实不是对话性的。它是不和谐的噪音,是主体把它改造成言语,主体自身就是言语的原因和效果。从这个意义上说,在我们看来,文学言语的效果主体至关重要,因为,虽然文学创作发生在意识形态的、政治的、美学的、宗教的、伦理的等言语的交会处,但它仍是主体性参与信息社会所产生的一项个人行为。由于同样的理由,言语的原因主体具有决定性的意义,因为他支配着作品的内容、形式和各种独特性(*differentia specifica*)。

文学中主体的中肯性

> 审美行为从一个新的角度创造了世界价值的存在:一个新人和一个新的价值背景——人对世界的思想的一种新层面诞生了。
> ——巴赫金

主体范畴是文学分析的中心问题,但应当重新放到作品独特的背景视野中去。为此,应该重视我们称之为主体的对应建制(instances corrélatives du sujet)如主体性、潜意识、自我、内在性和身份等的文学题材化,还应该考虑到主体的文学性。这些因素涉及一些复杂的、历史悠久的组合关系。为其启动理论参照系,让它们接受哲学、社会学、精神分析学的任意检验,我们理应把这些理论场与文学言语关联起来。应当承认,诗歌或小说文本中的主体-自我-身份-内在性-意识的本体论存在只能是某种哲学的虚构,而哲学对文学文本没有司法效力。文学文本之可理解性的原则主要是虚构性、叙述性、叙事、叙述者和抒情的自我。主体及其对应建制应当与这些原则关联起来,以便在作品的种种言语中获得主体功能的最佳效应。此外,很明显的是,这种效应实现的条件是承认文学的认识维度与其他言语相关,承认其文学性的实现(具体化)不是孤立的。在巴赫金式分析之外,我们提到了叙述和叙述性,意在展示哪些是文学独特的、能发挥形式化作用的范畴以及它们是如何使人们看到作为个性化表现的主体的。

叙述者是作者的一个声音,作者这个主体在现实世界中占据一个有争议的甚至冲突性的位置。他将自己的观点传达给读者。该观点呼唤某种认识意义上的对话,因为瞄准读者时,作者依靠的是自己信息的主观特殊性,该信息有待于客观化。从这个意义上说,果戈理(Gogol)和陀思妥耶夫斯基,普鲁斯特和乔伊斯、穆齐尔和布罗赫(Broch),乌纳穆诺(Unamuno)和皮兰德娄(Pirandello)、伽达(Gadda)和福克纳,卡尔维诺(Calvino)和贝恩哈特(Bernhard),都采用了不同的叙述技巧,但他们也是一些主体,其自我意识、主体性和意向性都介入了审美创造的复杂程序之中。叙述是主体的言语。这是一个复杂的语言机制,它要对叙述性、话语性和对话性的陈述进行加工,并标示主体在社会和文学整体中的位置。主体性作为一种视野的施动者和接受者发挥作用。阿多尔诺(Adorno,1965,第71页)就是从这个意义上谈论叙述者在现代小说中的地位(*Standort*)的。在现代,该地位尤其启动了某种主体性,并使小说成为某种事物状态(*eines Zustands*)的见证(*Zeugnis*),在这种状态下,个人对自己负责,还要面对个人的前意识(*in dem das Individuum sich selbst liquidiert und der sich begegnet mit dem vorindividuellen*)。因此,创作主体不是一个集体性的主体,他承载着一个或若干个可能与之有联系的集体的信息。

文本的叙述性涉及叙事的结构、故事及其主体,取俄罗斯形式主义者赋予这些术语的意思;涉及叙述意群或叙述程序和施动轮廓;它还涉及主体的建构和活力,不管主体被视为人物、叙述者还是作者。因此,现代文本符号学的认识论过程从施动性向模态化和情感发展并不令人吃惊。在叙事的某语义和体系旅程中,六个施动者(信息发送者/接受者,主体/客体,辅助者/反对者)的不同轮廓揭示了发挥作用的题材力量。在模态化和情感中,上述施动轮廓还增添了一些支撑主体的模式特征和情感特征。它们属于主体们的多元心理、言语和社会文化。主体们根据伴随并支撑他们的模式和情感,获得了不同的特殊化、模态化和情感化的特征。让-克洛德·科凯(1984)和埃尔曼·巴莱(Herman Parret)(1986)曾经展示,模态和情感在它们各自的领域里又相互结合。巴莱把情感区分为交错配置型(*chiasmiques*,主体的结构化情感和关系化情感,共16种,从好奇心直到举棋不定,中经焦虑和无聊)、情欲型(人际性的,有12种,如渴望、蔑视和爱情)和兴奋型("激情的不同表现",共8种,如热情、心醉神迷、欣赏和希望)。这些情感与意愿、知识、权力和责任模态聚合为主体的某种符号类型学,其类别是以模态或情感组合为基础而确定的。例如,不同的主体(自主的、个人的、现实的、潜在的、建设性的、探索性的或平等性的)有其相同的模态与情感布局,它们构成每个主体的独特性。

上面我们从模态和情感角度阐述了主体的价值表现。此外,还有两方面的想法使我们依稀看到了一种比较文学型分析的视野。首先,不同类型的主体以及模态和情感轮廓与关于存在的哲学言语相呼应。主体的形式是多样的,但也是复现性的,它们与海德格尔所说的"人的确定性"相吻合。海德格尔从人与变异、表象、思维和责任的四种相关性出发解释了他的上述论点。这样,人就被定义为持久性、身份、生存和前在意识①(projacence,1967,第205页)的统一体。对主体并进而对海德格尔的四个范畴进行的严谨、独特的符号化,丰富了有点抽象的哲学思考。

我们可以根据一种体裁、一种世界观或一种文体对一系列文学作品进行不同的结构分类,在这个系列中,言语的多样性首先属于主体的模态结构和情感结构的范围。这些结构是陈述行为的根源。巴莱发现,"正是主体作为一种激情在言语中得以陈述"(第7页)。科凯也指出,"主体穿越一个多维和多同位素的空间(……)它或者以一个复杂术语(主体与非主体)的形式出现,或者以一个简单术语(主体或非主体)的形式出现"(第206页)。这些论点为文学分析开辟了一条道路,它可以使我们把文本作为一个过程和体系来理解,使我们把文本中的言语视为"在对话和群体背景下产生的陈述行为的联结"(巴莱,1986,第7页)。与巴赫金的观点相反,这样一种分析大概可以告诉我们,对话建构了主体,而非主体从他者的话语中得到反映。

比较研究的前景:主体性的系列文本

> 个性与他设计的纯粹相对抗,与承继他的形式相对抗,他以个性化之身与交替而来的一般相对抗。
>
> ——荷尔德林(Hölderlin)

---

① 大约是对自己前世存在的意识,即我们所说的迷信观念。——译注

14. "主体的比较"：主体在话语中的影响

主体是文学分析的一个有启发性的基本的运作者。文学分析不能完全满足于哲学路径或精神分析学路径，也不能满足于诸如意识形态或对话主义，复调或独白这样的宏观范畴。主体在言语中的旅程迫使我们重视文学文本之言语的多样性和活力，同时承认，主体是由多元因素决定的，其投资是在群体背景中实现的。

批评参数的重新平衡要考虑到诸如主体、身份、主体性、自我、叙述者、作者和陈述行为这些范畴的某种弹性，它要求承认主体作为写作主体和写作产品的主体在作品言语中的影响。这种区分可以使我们从两个方面考虑系列文本比较的旅程：主体的问题域和题材化。在前一种情况下，主体是一个作者－创作者，它与作品的关系使其成为一个符号性的叙述者[克利辛斯基(Krysinski)，1981，第117页]，是一个和谐的价值世界的组织者，该世界可能以某种问题重重、处于认识扩张中的主体性为参照系。那么，我们就可以考虑把模态和情感范畴与下列作品的价值世界关联起来：《堂吉诃德》、《特里斯特兰·香代》(*Tristram Shandy*)、《拉摩的侄儿》(*Le neveu de Rameau*)、《包法利夫人》、《人间喜剧》、《追忆逝水年华》、《尤利西斯》、《没有个性的人》、《菲尔迪达尔克》(*Ferdydurke*)、《恶心》(*La nausé*)、《我是至上者》(*Moi, le Suprême*)或者《伟大的塞尔道：维尔达斯的小路》(*Grande Serão: Verdas*)等。这样建立起来的关联性将展示这些作品中审美主体、意识形态主体、价值主体、讥讽主体、论辩主体等的份额。主体的题材化是通过审美规约、文化规约和文学规约的操作和媒介而实现的。第二种情况：主体的同位性(isotopie)在最著名的一些诗歌或者叙述文本中变得举足轻重，如圣·奥古斯丁(Saint Augustin)、彼特拉克、莱奥帕尔迪(Leopardi)、荷尔德林、波德莱尔、佩索阿(Pessoa)、阿尔托(Artaud)、策兰(Celan)、克拉丽丝·里斯佩克特(Clarice Lispector)的作品。处于上升地位的主体把其身份之探求、自我、内在性及潜意识都题材化了。文本中的主体性并非文本的主体性。它建立在模态轮廓的基础上，在那里，意志、权力和知识富有活力的整体构成主体的种种形式，我们可以把这些形式界定为欲望的主体，缺失的主体，幻想、沉思、战斗或享受的主体。这些主体形式体现在一种言语之中，它把宇宙、逻各斯、人类三项的关系戏剧化、媒介化或讽喻化。

在文学空间里，主体及其不同身份的题材化与自我的修辞性是分不开的，于勒·拉福格(Jules Laforgue)、瓦尔特·惠特曼(Walt Whitman)或菲尔南多·佩索阿(Pessoa)作品中的"我"和"自我"的头语重复就是例证。然而,文本的身份依赖于主体的形式化。[施蒂尔勒(Stierle),1977]在演变的空间即贯时空间里,文本的身份标志着对某种体裁标准的许多可识别的偏离。文学言语的主体把文学的绝对性相对化。我们由此可以说:不存在诗歌或小说,存在的是小说或诗歌中的主体的言语。文学总是在主体的影响之下成长,后者的言语每次都重新界定文学。

15. 文学的接受

埃尔吕德·伊布希

一

今天,文学科学在"接受"这个术语下所涵盖的意思远非某种单一的认识论基础或某一种相同的科学伦理。在德语国家,现象学、解释学、审美社会学或读者的经验研究都对接受理论的发展作出了贡献——而且这种贡献还在继续,然而它们在某些方面极不相容,以至于我们很难把它们统统归入同一个流派。但是,如果不排除发现某种共同因素的可能性,它允许我们在涉及这些不同的研究方法时仍然可以谈论"接受学"的话,我建议暂时接受下述意见:所有受惠于接受理论的研究方法都开辟了一个以(文学)文本和文本读者为对象的领域。不过,眼下还是让"读者"概念的意义处于开放状态为好:赋予这个词某种单一意义只能凸现上述不同方法可能拥有的共同对象的问题特征。

我不想把影响研究列入真正意义上的接受研究,影响研究在比较研究中拥有悠久的传统,占有一种特殊地位。"影响"或"财富"概念在比较文学流派内部曾经发挥过巨大的作用,例如在比较文学的法国学派与美国学派的争论当中。应该把"影响"理解为建立在可验证的实际接触("事实关系")基础上的文学联系呢,或者这个概念也可以应用于没有任何实际接触,但我们发现了一些共同特征的情况呢? 我们可以在有关比较文学的著作[例如,维斯坦(Weisstein),1968;凯泽(Kaiser),1980]中找到这一讨论的主要阶段。我们还会记得,这些影响研究的实证主义版本在强调事实接触的同时,首先寻求面对时代之实体化概念的自立。然而,随着结构主义的出现,这种防御性态度便失去了存在的理由,结构主义的原则排斥任何概念性实体。自此,影响研究回到了一个战略性的退却位置,它们继续存在并构成文学史的一个特殊领域,很少再受到质疑。对于卡尔·罗伯特·曼德尔科(Karl Robert Mandelkow)(1974)而言,影响研究代表了——尤其在德国——文学史的"悲剧性"一面,其情节在于"找出并指明以作者为对象的不知和无知"(第91页)。我们可以反驳说,类似《歌德在法国》[Goethe en France,巴尔当斯佩尔热(Baldensperger)]或《尼采在法国》[Nietzsche en France,比昂吉(Bianquis)],或者还有《莎士比亚与德国精神》[Shakespeare und der deutsche Geist,贡道尔夫(Gundolf)]和《歌德与世界文学》[Goethe und die Weltliteratur,斯特里希(Strich)]这样的研究,其宗旨全然不是修补某种不义之举,更多的是从文学中分离出一些经典。概而言之,可以说,影响研究的科学伦理把研究引向一种价值化的活动,由此产生了某种文学等级,它既可以反映一个国家的文学政策,也可以反映一些世界性的文学倾向。最后,投向作品的视野过于单向性似乎是影响研究的弱点之一:它们根据曾经产生过影响的来源、作品或作者来描述影响。就这一点而言,杜利辛(Durišin,1972)关于比较文学的理论反思带来了某种变化。当他把接受主体而非影响主体变成确定影响类型的因素时,已经站在了接受研究的阵地上,在这里他的观点尤其与穆卡罗夫斯基所捍卫的论点(我们后面很快就要谈到)相吻合。这时,文学科学便选择了一个新的方向,它在其对象的确定方面及其认识论地位方面,都不是没有结果。从这个意义上说,我们反驳韦勒克(Wellek,1973)和迪泽林克(Dyserinck,1980)的观点:他们声称接受从来都是文学科学的对象,它只是表示某种古老实践的时尚方式而已。迪泽林克对尧斯建立自己的接受范式时没有采用"法国比较文学的成果"表示遗憾(迪泽林克,第137页);韦勒克把接受史变成了"趣味史和批评史的一种新版本"(韦勒克,第515页)。这些判断源于一些完全不同的反思和传统。迪泽林克的形象学与韦勒克的唯美论之间并没有直接的兼容性。根据韦勒克的观点,接受历史的弱点在于它也不能避免下面的疑难:"审美产品的历史脱离了因果关系和发展变化的范畴。"(第517页)这一断定昭明了韦勒克的文学观与接受理论之间的鸿沟。其实,在接受理论那里,因果关系和发展变化再次变成了完全核心的问题,而被视为某种普遍范畴或某种本质的"审美性",无论是从历史角度还是从认识论角度,都引发了严重的保留意见。

严格意义上的接受理论拒绝文本理论和文本分析所宣称的客观

性。该设想包括：

1. 现象学方案，它自胡塞尔以来一直拒斥客观性；
2. 阐释学方案，它预设了理解过程中意义的生产主体和阐释主体的统一性；
3. 以约定俗成之社会形成为基础的穆卡罗夫斯基的研究起点；
4. 最后是经验论者的方案，建立在行为理论、心理学和社会学基础上。

但是，否定文本对客观性的要求远非意味着人们对读者一极的界定或对表达和描述文本与读者关系的方式达成共识。

因此，让我们试着首先阐述德语国家接受理论的四种主要类型的预设，以便第一步显示出这些类型的广度；然后我们将发现，怀疑这些不同的方法属于同一范式是有道理的；最后，我们将考察这些不同方向之间未来合作的可能性。

关于"这里所涉及的读者是谁"这个问题，沃尔夫冈·伊泽尔的现象学观点引出下面的见解：根据现象学认识论的兴趣，这里不可能是一个具体的、历史的或当代的读者。接受理论所涉及的读者必然是一个抽象、虚假的对象，其特点的构成是先验的，不依赖于任何真实存在。伊泽尔有意排除了"理想"读者这个由英加顿使用的概念（伊泽尔，1976，第 50 页及其延伸），因为他拒绝这个概念所包含的"相应具体化"的思想。伊泽尔在《阅读行为》(Der Akt des Lesens)中是这样阐明他的读者概念的："因此，当拙作下面各节涉及读者时，应当理解为纳入文本的隐性读者的结构(……)。隐性读者没有真实的存在性，因为他体现一个虚构文本向其可能读者所建议的预设方向的整体，它们也是文本接受的条件。因此，隐性读者不是建立在经验性的基础上，而是根植于文本的自身结构中。"(第 60 页)由于伊泽尔把隐性读者变成了某种先决的文本方向和接受条件，他作为接受理论家的头衔受到质疑。有些学者想把他的观念重新纳入阐释范式之中，理由是读者在他那里仅涵盖某些文本策略。[例如，巴尔诺瓦(Barnouw)，1980；玛尤(Mailloux)，1982；莱伊(Ray)，1984]伊泽尔的理论在英美学者中引起的兴趣，是把他视为接近新批评的另一原因。我们认为，这种反应并不成熟，它没有得到《阅读行为》之论证的确认。伊泽尔的阅读现象学建立在某种隐性读者理论和可能读者理论的基础上。这个区分多少限制了人们归之于伊泽尔的读者的纯文本内角色，并使我们考虑到真实读者。关于读者的作用，伊泽尔说："文本读者的作用，根据个人读者赋予阅读的存在布局以及对文本的事先理解,接受不同的历史事实和个人事实(……)。读者的作用包含一系列的潜在性,它们在每种具体情况下都是确定的,因而仅仅是'当时的'现实化的对象。"(第65页)然而,应该承认,根据他的现象学指导思想,伊泽尔不会发展到具体描述这些"当时的现实化"。

假定伊泽尔那里的读者是种抽象建构——尽管他强调隐性读者的概念——的另一理由在于他根据互动理论(théorie de l'interaction)所建立的读者模式。在"文本与读者的不对称性"这一章里(第257页及以下各页),他提到了埃德华·E. 琼斯(Edward E. Jones)和哈罗德·B. 杰勒德(Harold B. Gerard)的互动理论。他们两人从社会互动的偶然事件中归纳出一种类型学。伊泽尔把交际伙伴之间关系的不确定程度和难以估量的因素从社会行为的范畴转移到文本与读者的交际范畴:"其对应物是文本与读者之间根本的不对称性,这种不对称性的根源是缺少一个事先建立的共同的参照情境或环境。"(第262页及以下各页)"交际"假定交际伙伴准备在交际的互动过程中发生变化,意味着上述空缺的缩减:"当交际伙伴的相互投射不发生变化时,或者,当读者的投射入侵没有抵抗力的文本时,互动就失败了。所以失败总是意味着用自己的投射填充全部空缺。"(第263页)伊泽尔在交际范围还求助于精神分析学研究。下面的引言也涉及交际的失败——但这次是精神分析学的解释:"意义也许仅存在于由经验确认的观察之中,根据观察,当交际伙伴借助源自本能想象的投射**多少独自**填补经验空白时,人际关系便获得某些病态特征。"(第261页)这段引言颇有启示意义:它显示出伊泽尔对现象学的承袭没有导致他对经验性观察的排斥。根据我们的两个主要范畴——认识论前提和读者概念——简要并图解式地概括他的观点,我们作出下面的总结:根据他的现象学宗旨,伊泽尔没有作出有待检验的只能是临时性解释事实式的假设。他也没有区分具有描述价值的陈述与评价性陈述(后者关涉赋予文学的效应以及诸如"失败"这样的概念),但在其论著中始终坚持了一种半描述性半规范性的陈述方式。他的读者,正如我们已经说过的那样,是一种建构。涉及潜在读者的进程分析可以轻易地转换为可验证性的经验性假设,因为伊泽尔并不否认经验性研究的价值,此项转换可以做得更好。从经验视角看,他的阅读现象学具有宝贵的启发意义。[也可参阅施拉姆(Schram),1985;米勒(Müller),1981]

汉斯·罗伯尔·尧斯对接受理论的贡献来源于解释学对联结不同

历史时期不同期待视野之关系的质疑。在他对佩罗(Perrault)《古今之争》(la *Querelle des Anciens et des Modernes*)的序言一开始(1964),尧斯即关注后来加入艺术进程的参与者对过去艺术的占有问题——他们受其时代的历史意识的浸染。这个问题涉及作品的价值判断和某种艺术规范的承认或构成。其实,问题较少是对过去艺术形式和社会的重构,更多的是展示超越过去之理解与今天之理解间的历史距离何以可能。继伽达默尔(Gadamer)之后,尧斯以批评方式所阐发的占有解释学,旨在重建一个不曾中断的文化传统,用尧斯的话说就是:"他人享受中的自我享受。"(1977,第59页)

重建可客观化的期待视野本身["在可客观化的期待体系中(……),对于每部在特定历史时刻出现的作品而言,期待视野体系源自对以前已知作品的体裁、形式以及题材的预先理解和文学言语与实用言语之间的对立"(尧斯,1970 a,第173~174页)]并非目的,相反,它帮助建立了一种属于否定性美学的作品传统。应当指出,尧斯是以下面的假设作为出发点的,即对规范的破坏是伟大艺术最重要的成分。审美差距触犯并改变期待视野。换言之,一部伟大的作品触犯其时代的期待视野,在打碎它的同时,它导致了该视野的持久性改造。

让我们通过几个例子看看价值判断在尧斯的研究实践中所扮演的角色:60年代有个研究表明,即将参加中学毕业会考的德国中学生不再阅读歌德的《伊菲格尼娅》(l'*Iphigénie*)。尧斯对这种疏远古典戏剧的解释是,在其接受过程中,《伊菲格尼娅》变成了一个和谐范式,其中,永恒的女性用某种平和和安详的力量与专横暴虐相对立。不过,认为该范式来自作品的接受而非其结构的尧斯,想解放《伊菲格尼娅》的意义,这个意义属于矛盾传统。

在重建作为否定性作品的《伊菲格尼娅》的期待视野时,尧斯恢复了传统的连续性(尧斯,1975 a)。尧斯以相似的方式——但没有预先擦去和谐接受的涂盖层——昭明了福楼拜的否定美学如何与当时诸如由费多(Feydeau)之轻松喜剧所形成的期待视野形成对比(尧斯,1970 a),并强调波德莱尔的《恶之花》在愉悦诗歌变成一种合法社会模式(尧斯,1975 b)的背景下打破成规所表现出的力量。我们应该重新思考尧斯接受美学中的认识论价值和读者概念。

这里我们看到了一个认识论矛盾:尧斯在理论上要求并在实践中完成的期待视野的重建,服从于一种以经验性的资料研究为基础的史学方法的假设。然而,令人惊奇的是,尧斯把这种重建的下限定在他认为具有决定性意义的作品即摧毁规范的作品的出现年代（例如1857年,这一年《包法利夫人》和《恶之花》面世）。这个在资源建立中的时间限制可能有其实际原因。然而,切莫低估该方法所产生的更加深远的后果。超越"叛逆作品"的出现日期继续期待视野的重建活动,可使我们更贴近尧斯事后假设的效应的实际。这样就导致我们对波德莱尔可能开创并传给后人一个新的期待视野这个论点大打折扣。[伊布希(Ibsch),1981]

我们承认尧斯可以通过他的方法来建构作品的"革新价值",但实际实现的革新超出了他力所能及的范围。应该通过对历史读者接受作品的方式进行研究而继续下去。"革新价值"（借自俄罗斯形式主义,代表一种内在文学的概念）在关于接受的探讨中只能表明某种潜在效应,并因此而需要具体的验证。

我们发现,尧斯是以历史的和经验的方式来建构期待视野的。然而,一旦他要阐释革新化作品时,这种建构观点就被放弃。这时他又回到了解释学方法,后者偏爱个人意义的生产超过其他读者可客观化的理解。尧斯所要求的文学史要"借助某种工具挖掘接受进程",该工具"在意义的理解方面,以'实验与错误'性模式,即以读者与文本之间的问答游戏,代替观察式的经验模式"。（尧斯,1975c）但是这里涉及的读者并非历史的真实读者,而是一个理想化的读者,一个与陈述行为的主体基本一致的读者,更确切地说,这就是阐释者尧斯本人。

与认识论的矛盾（从期待视野的历史性经验性重建跳跃到主观解释学阐释）相对应的是读者概念中的矛盾:尧斯研究历史读者的接受实践,直到他本人对某年代之革新作品提出某种阐释,并因此放弃了"客观性"立场,倒向主客体的混淆。由于他的阐释未以可验证的假设形式提出,我们难免得出这样的结论:他只是部分回应了他本人所要求的可客观化的期待视野,他的另一部分则依赖于解释学范式。他对解释学理论的依附是得到明确肯定的,与经验性的探询也是坚决对立的:他曾对后者的任意性提出批评。（尧斯,1975c）

最近,在与一些法学家和神学家的一次跨学科的讨论会上,尧斯试图阐明方法上的共同点。他把历史性的重建置于:1.作品之感知所承载的理解之后;2.阐释之后,并把它界定为解释学阐释的第三阶段。历史性重建服务于勾勒和确定作品的相异性,此举并非支持历史主义,恰恰相反,而是为了引出下述问题:"文本告诉了我什么?而我对文本有什么要说的?"（尧斯,1981）有意义的是,我们发现,当尧斯引述模拟方法时,他似乎想论证他的阐释者位置:"假如我把自己放在一个带有我们时代文化视野的读者角色之中……"(第476~477页)

尧斯的继承者们享有一个明显的优势,因为他们不必像他那样对文化传播进行解释学的阐释,也不必重拾他的革新论点。他们可以专心建立有关历史读者的原始资料,建构包含文化性和社会性决定因素的多姿多彩的期待视野。应当赋予尧斯以更大的独特性及其所蕴涵的风险性。我们可以引述许多论著,其中两部很有代表性[尼斯(Nies),1972;克勒柯(Kloek),1985]。

接受理论的第三种类型与让·穆卡罗夫斯基的名字联系在一起,他不属于接受理论家的圈子。他的主要著作先于康斯坦茨学派的方案30年。但是,他的观点与接受理论家的观点之间的亲缘性,以及他被尧斯、朱里·施特里特(Jurij Striedter)、埃尔达·施密德(Herta Schmid)和吕波米尔·多莱茨尔(Lubomir Dolezel)作为先驱而接受这一事实,充分论证了他在这里被介绍的必要性。穆卡罗夫斯基继承了俄国形式主义和结构语言学[它与胡塞尔和卡纳普(Carnap)有联系]以及赫巴特(Herbart)的形式美学和布罗德尔·克里斯蒂安森(Broder Christiansen)的新康德主义传统。反黑格尔的倾向是这些传统的共同点。

穆卡罗夫斯基的主要愿望就是同时超越唯心主义、审美形而上学和创作的个人心理学。实现这个目标就要承认艺术的约定俗成价值和功能价值,他在其论文《作为社会事实的审美功能、审美规范及价值》(*Fonction esthétique, norme et valeur esthétique en tant que faits sociaux*,1970;1935年在杂志上发表,1936年出书)中对此作了阐述。他放弃了英加顿的本体论反思"什么是艺术作品的本质,如何能够认识它?"并把确定一部文本或一个物品艺术地位的任务交给了社会或某个社会团体:"一物品承担审美功能的正面能力并非该物品的真实特性,即使它以该功能为宗旨。反之,这种能力仅出现在某些情境下,出现在某种确定的社会背景中:某现象在一定时代或某具体国家里曾是某种美学功能得天独厚的承载者,在另一时代或另一国度可能却显得不适合这种功能。"(穆卡罗夫斯基,1970,第13~14页)穆卡罗夫斯基赋予美学领域某种实用性的定义,使审美场得以接受某些现象,而直到某个时期人们从不承认这些现象有任何美学功能。下面略举几例:技术上早已过时,以前只有实用价值的咖啡磨,当它与枯萎的花束和一个同样过时的熨斗组合在一起时,即被赋予了某种审美功能(这里尚未涉及它的审美价值);生锈的自行车,一旦成为孤品并被转移到另外一个空间,就可能成为现代艺术博物馆的座上客;《圣经》被作为"文学"来解释,而克洛斯·曼(Klaus Mann)的《梅菲斯多》(le Méphisto,魔鬼)掀起了一场司法大战,因为居斯塔夫·格林德根斯家庭把历史资料和传记资料的纪实功能归于小说。穆卡罗夫斯基关注审美经验中的人类学稳定因素,并认为有些文本比其他文本更容易进入审美领域;尽管有上述个人爱好,他仍然赋予读者-接受者决定审美功能和审美价值的自由。该决定不是个人的和主观的,而是社会性的:"审美功能的稳定性是集体的事情。"(1970,第129页)

与功能概念一样,价值概念也获得某种约定俗成型的意指。相对于一个绝对和内在的价值概念——它假定客体或文本中镌刻着种种"永恒"价值——穆卡罗夫斯基对之以一个工具性和关系性的价值概念,后者由"一事物服务于某确定目标的能力"来确定,他使"目标的确定和该目标实现的方向依赖于一个确定的主体"。(第36~37页)

穆卡罗夫斯基认定,艺术作品背离主导文化准则之处,其审美价值最高。准则与价值之间的这种关系是审美领域的一个特征,而在非审美领域,符合准则被视为一种正面价值。关于这一点,应该指出,穆卡罗夫斯基的立场与尧斯的观点相吻合,受到了后浪漫主义艺术生产的影响,并将该生产的一部分提升到准则的行列。当穆卡罗夫斯基提出下面的观点时,显得有点一概而论:"如果我们从审美准则的角度来审视艺术史,它就是一部起而反对占统治地位之准则的历史。"(第46页)穆卡罗夫斯基本人似乎看到了这一点,因为他带来了下面的保留意见:"但是,即使在极端情况下,它(艺术作品)应同时遵循准则:在艺术发展的过程中甚至有一些时期,遵循准则明显要比破坏它更占优势。"(第48页)然而,穆卡罗夫斯基总体上坚持他的准则观。这引导他做出了"伟大的艺术"与"烹饪艺术"的二分法。后者丝毫也不阻扼或很少背离主导型审美准则,它与伟大的艺术同步发展,并确保艺术领域中不同准则体系的共存。这些思考围绕某种社会学范式而组织,后者把审美准则与社会形态关联起来:"有必要认为,审美准则的等级与社会阶层的等级之间存在着直接的关系:位于顶峰的最新准则似乎与最高的社会阶层相对应,两种等级似乎分享着同样的中间层次,因此,与最低社会阶层相对应的是地位类似的准则体系。"(第58~59页)我们可以批评穆卡罗夫斯基的社会学范式:在我们这个技术决定着国家和超国家实体的经济、政治和文化发展的社会里,它无疑不值得一驳。

这个社会学范式如果要变得更中肯,就应该更多地考虑个人在某些领域(比如文学)中的经验程度和能力水平,而不是他属于哪个社会阶层。我们确实以为,这些仅间接反映社会等级(例如通过学校教育的途径)的因素,在准则的界定中却发挥某种决定性的作用。

穆卡罗夫斯基延续了俄罗斯形式主义,把它历史化,并赋予它以实用性色彩。我们因此可以认为,他的观点属于接受理论。(同时参阅佛克马/伊布希,1977)人工制品与审美客体的区别(借自布罗德尔·克里斯蒂安森,但穆卡罗夫斯基去掉了其中的新康德式的主观因素)证实了这一点:人工制品是不变化的文学文本,审美客体则是每次被具体化的作品。审美客体是变化的:它依赖于意识以及读者—接受者所实现的具体化运作。(第74页)用我们自己的术语来表达,文本的不变性就是我们可以用语言学和文本理论来描述的分析量和理论值。然而,如果我们把它与文本阐释相比较,分析就不能导致一种选择,而只能导致一套潜在的意指。意指的选择——由读者们作出——随后被作为资料或作为接受的见证来研究。

穆卡罗夫斯基那里的读者概念允许对历史读者和具体读者进行研究。他的学生沃蒂卡(Vodička)进行过这方面的研究。(沃蒂卡,1976)由于其非常明显的历史的和文化的相对主义,穆卡罗夫斯基的认识论立场建议主体与客体的分离,这对经验性的研究方法有利。但是我们在他那里还发现了明显的现象学遗产,事实之一就是,尽管论证是描述性的,但蕴涵着某些假设。

经验主义的接受理论是我们区分出的第四种类型。它放弃了认为那些属于人文科学的学科具有特殊地位的雄心。作为独特的研究领域,经验主义的接受理论位于自由化的批评理性主义[格勒本(Groeben)]或激进建构主义[施密特(Schmidt)]的科学传统之下。两种立场根据它们赋予主体性对"事实"影响的重要性的大小而有所区别。

在德语文学科学中,经验性研究是与诺贝特·格勒本(Norbert Groeben)和西格弗里德·J. 施密特(Siegfried J. Schmidt)的名字联系在一起的,他们是这种研究的创始人。1977年,《作为经验文学科学的接受研究》(*Rezeptionsforschung als empirische Literaturwissenschaft*)首先面世,在这部著作中,格勒本疏远了解释学的观念。他把研究主体与其客体的分离视为经验文学科学的绝对标准。正如我们开始已经申明的那样,客体不是文本,而是读者赋予文本的意指。格勒本想阻止研究者过分重视自己对文本的阐释。只有在这种条件下——摆脱主体与客体的混淆,因为这是解释学的特征——这门学科才可以成为一门科学。文学文本意指的确定只能来自接受者,而非阐释者。后者的责任就是通过实验性方式,把建立语义关系的不同方法[例如语义差(différentiel sémantique)、细读程序(cloze-procedure)、无卡分类体系(free-card-sorting-system)]应用于某文本并解释其结果,重现接受程序。接受者的具体行为最能验证关于文本意指的假设,而此类假设可能产生(相对)普遍化的雄心,即一定时刻拥有对一组文本的"适用性"。

这就是格勒本与其他研究者应用于罗伯特·穆齐尔《野兔的灾难》(Hasenkatastrophe)一书的阐释分析的理论背景。(格勒本,1981 a)格勒本曾要求不同阐释方法的代表(解释学、马克思主义分析法、精神分析法、形式法)各自对穆齐尔这部短篇小说作出一种阐释。阐释结果被提交到一些典型的研究者那里,他们负责借助三种经验方法[W. 福尔施蒂希(W. Faulstich)采用细读-程序法,R. 左贝尔(Zobel)采用语义差方法,H. 奥尔登布格尔(Oldenbürger)采用语义分类法]对它们进行验证。这里要回答两个主要问题:

1. 这四种阐释方案中的哪一种可以视为适用于具体化的文本意指(对其有效)?

2. 这三种用以昭明具体化程序的经验方法中,哪一种或哪几种可以最好地回答最适应阐释的问题?

我们不能在此介绍实验安排的所有程序和所有说明,仅对结果作一个粗略的概括:属于形式分析的阐释法被淘汰,因为全部引文达到了比例失调的程度。于是剩下了三种方法。精神分析阐释法在三种试验中作为不适应文本意义的具体化方法被排除。格勒本完全意识到实验结果的意义的有限性,用他的话说,"精神分析阐释法(……),至少对德意志联邦共和国和被咨询过的读者群体而言,可以说是无效的"(第237~238 页)。马克思主义的阐释假设"显示出与文本意指最大的一致性(尽管并不全面)"。解释学的假设再次表现出与实际接受的文学文本的巨大出入,然而这些差别尚不足以使其失去有效性。(第 238 页)实验的结果之一即引导研究者们对问题进行了重新表述:经验调查仅仅可以肯定哪种阐释设想不适用,而对适用性方法的确定却是不可能的。

在这里我们不研究涉及最佳方法的第二个问题,仅指出,细读程序法显得很不经济,所以也不适用。

格勒本提出的读者概念涉及具体的接受实验的读者,他的立场绝对不属于解释学。主体与客体的分离保证了他对主体间性的追求。格勒本的雄心是把文学科学"经验化"(实验化)。实验化概念的语法形式本身就明确意味着要把一个彻底的解释学问题域改造成一个经验性的问题域。格勒本指出,经验性的方法还可以——甚至更好地——回答解释学方面的问题。他因此而招致了解释学一侧对他的下述批评:涉及历史问题,这个方法毫无价值——历史上的读者确实不能充任一个实验主体的角色。格勒本当时承认,历史研究离不开"解释学的后遗症"(格勒本,第 198 页)。在经验主义者内部,尤其是施密特合作者的团体,人们指责格勒本的实验化方案过于侧重文本阐释的解释学问题,并因此而成为解释学思想的俘虏,尽管他所提倡的是一种经验性方法。关于赋予文本的意指的有效性或无效性问题本质上是一种典型的解释学方法,因为其目的正是要给文本指定唯一一种适用的意指。格勒本在他的回应中主要把人们的注意力引向下述事实:适用性概念的重要性在他的方案中是有区别的——该方案其实承认意指的多样性,因此多样性的幅度成为首要问题。我们不能不指出,格勒本是根据接受理论提供给他的依据提出这种经验化建议的。他最近这部论著的副标题便是证明:《作为接受理论的结果和批评的经验化》(*L'empirisation comme conséquence et critique de la théorie de la réceotion*)。

在施密特一侧,他与 NIKOL 研究小组的纲领要求获得新观念的地位。如果说格勒本首先关心的是方法(调整经验方法,以保证学科的科学效力),那么施密特在进行任何经验性研究之前首先感兴趣的是理论。阐释的经验化不是他的目标。他以为,首要问题是在经验文学理论(Empirische Theorie der Literatur,ETL)的范围内找到阐释的位置。

施密特把他的经验文学理论建立在行为理论(*Handlungstheorie*)的基础上。他从下述原则出发,即"文学现象"永远只是具体主体之行为的产物[豪普特迈尔(Hauptmeier)/施密特,1985],无论是生产、传播、接受行为还是论述行为(第 59 页)。在这个理论范围内,文学文本的阐释不是一种科学运作,它本身就处于文学体系之中。(第 130 页)因此,阐释者不在行为体系之外——科学家的使命即是对该体系进行经验性研究——而是在该体系内活动,无论他是接受者还是专家:"科学家分析文学体系,他们的活动服从于科学体系的准则。阐释者参与文学体系,是该体系的部分表演者。"(第 130 页)

豪普特迈尔和施密特指出，他们的阐释观与施泰因梅茨（H. Steinmetz）的阐释观接近，对后者而言，阐释远非展示某种可以从科学方面证明并有文本支持的和谐，它们只不过是"得到社会承认的与文学文本的对照产物"（第120页），这些对照中涌现出阐释者自己及其"需要、能力、知识和意图"等的信息（第128页）。与施泰因梅茨还有斯坦利·费什（Stanley Fish）的观点一致，他们拒绝找出文本的正确意指，经验性研究可以根据不同阐释的背景及其社会价值来发现它们。

批评家们也应该视为文学体系的表演者。他们除了提供信息的责任之外，还在关于文学体系准则的讨论中发挥决定性的作用，他们为捍卫或摒弃文学文本所涉及的某些行为范式或思想范式的可靠性而作出积极的贡献。（施密特，1982）

在理论层面，施密特对文学体系的不同方面（生产者、媒介者、接受者）都提出了一些问题，例如关于文学的功能和效应（文学的生产和接受）问题。对这些问题的不断更新可能产生一些假设，需要通过经验来检验。科学的准则是：明确性、系统性、主体间性证明的可能性。他的认识论基础不是发现"事实"，而是建构"事实"。[芬克（Finke），1982]

经验性研究不仅涉及读者，而且还涉及文学体系的其他表演者。例如，我们可以找到一份关于文学生产者的研究成果（施密特/左贝尔，1983）。关于参照性约定俗成与审美约定俗成之区分的假设在施密特的经验文学理论中具有特殊的重要性。审美约定支配参照约定的假设通过一项调查研究而检验并得到确证[这项调查是在整个德意志联邦共和国进行的，欣岑伯尔（Hintzenber）/施密特/左贝尔，1980]："问卷答案明确显示出，作为语义和参照范畴的真实性属于文学属性中最不重要的价值部分。"（第65页）为了有所区分，还应当补充下述内容，即文化层次越高，对约定的社会化程度的假设就越高。（第67页）此外，我们还可以提出下面的批评，即调查类型本身（根据分类的预设和准则提出一些笼统问题，而不是个人直接面对不同题材范围所选出的文学文本）就预示着假设被确认的可能性。为了发现审美约定与参照约定之间的张力（正如我们所知，这种张力一直存在于文学中），理应建构一些考虑到非常具体的抵制情况的假设[例如，某些题材中的情感蕴涵，某个方面的能力，对一些意外信息的反应（认识分离现象），个性的僵化结构（伊布希，1984和1985）]。我们的假设是，在许多情况下，参照约定的力量会大大限制审美约定的支配性。

对文学体系中不同表演者的经验研究，借助社会心理学的方法检视预设、反应和行为,这种研究因陈述句的某种结构脱颖而出,在这个结构中,描述性、解释性的断言或预测与种种假设或价值判断不同。

对假设进行经验性验证之后获得的结果建立在一批有效数据的基础上,它们可以使我们区分和修正解释学的思辨设想。在第一阶段,即我们根据一问题域设想一个研究计划的阶段,具有社会价值的反思空间——必要时甚至拒绝传统的空间——便展现出来。

迄今为止,经验性研究面对历史问题时显得相对无力。鲁施(Rusch)和施密特对特拉克勒(Trakl)的研究(1983)的巨大功绩在于明确了问题之所在。[关于这一命题,参阅帕斯特纳克(Pasternack),1985]还应该指出,解释学的历史研究迄今显得颇有说服力,尽管我们可以指责它没有对其提出问题的方式和其理论范畴给予足够的说明。

二

接受研究的言语并不统一。我们现在要谈到的这些倾向,例如美国的"读者反应理论"[la *reader's response theory*,布莱希(Bleich),霍兰(Holland)]或东德对这场讨论的贡献,赋予这个问题域以更大的力度。

我们首先介绍美国人关于读者的研究,它使我们有可能过渡到德国的经验研究。通过这两种方向的比较,我们发现,它们所依据的动机、认识论前提、文学概念以及目标都是不同的。

与在日耳曼空间占主导地位的科学和理论动机相对应的,是美国人的心理学甚至认识程序的精神分析范畴的动机。美国学者的认识论前提属于"主观性范式"(le *subjective paradigm*),甚至"互动性范式"(le *transactive paradigm*),而正如我们所展示的那样,德国的经验研究集中了批判理性主义和建构主义两个分支。

与源自形式主义和结构主义的德国的约定型文学概念相对应的,是某种没有任何特性的美国的文学概念。如果说在美国,研究的宗旨是对自我的认识以及对主体认识的扩大,那么在德国,人们关注解释学阐释的经验有效性以及对作为社会体系的文学的描述。

布莱希的《主观批评》(le *Subjective Criticism*,1978)中没有作者意图的位置,而文本结构不是引导阐释的建制。关于文本结构,让我们分析一下下面的引言:"在主观性范式中,这些约束的认识论作用无足轻重:它们像任何一个真实客体那样运作,因为它们可以被主体的行为所改变。"(第112页)在这种背景下,重要的是"真实客体"的概念。这个概念是客观性范式的绝对参照系,而在主观性范式中——布莱希以其代言人自居——该客体"被视为已被接纳",已不成为问题,因为意识立刻转向这些客体的象征操作["意识视真实客体已被接纳并把自己的努力或者投向真实客体的象征化操作,或者投向它所创造的象征客体的操作"(第88页)]。与其他言语表现和梦一样,文学隶属象征性客体的领域,其功能便是通过阐释服务于自我的认识:"因为文学是一个象征性客体,它的正常功能就是创造阐释机会:独立自主的文学作品这样的东西是不存在的。"(第159页)自我认识的进程,其主要刺激物即是象征性客体——梦或文学作品,基本上排除了了解作者意图的愿望。我们当然可以设想通过认识其他人——这可以把作者也包括在内——来认识自我的可能性。但这不是 E. D. 赫什(E. D. Hirsch)所说的通过认识作者意图而获得的"稳定意指"的含义:"正像梦的阐释一样,一个审美客体的阐释动因不在于了解艺术家意图的愿望(……),而在于凭借我们对艺术作品的主观经验,为我们自身及我们群体的利益,建构某种知识的愿望。"(第93页)

布莱希"主观批评"的方向即认识。他为知识和经验的积累保留了一个广阔的位置。这是他与诺尔曼·霍兰论战的原因之一。后者认为,身份主题导致自我的再生,它的确可以有治疗价值,但却妨碍新知识的获得,并因此而阻碍正常的社会和心理适应能力的发展:"但自我对新经验的日常投入没有这类治疗原因,它来自表达自我新义的本能性冲动,这个具有新义的自我更适应最新的生活形势。"(第122页)布莱希的目标主要集中在认识心理学上,它要经过自我认识、自我认识的扩大及其行为反应的不同阶段。该目标的实现有赖于阅读经验的概念化的不同形式以及中学生、大学生和老师们对上述经验的共同研究。因此,经验事实如下:阅读经验的报告,该经验的分析,必要时就同一作品对童年阅读经验和以后的阅读经验进行比较。确实,"尤其当童年阅读的记忆强烈时,这些记忆与某种新答案的比较就可能带来不同的,但具有同等重要性的认识要素"(第201页)。

为了使主观阅读经验有效地反映为主体间的共识,概念化的思考应该在群体辩论中进行,在这类辩论中,与霍兰不同的又一处是,老师不是简单的观察者,而是参与者。为了表示这种共同的思考,布莱希使用了"谈判协商"这个词:"在教学关系内,回答的陈述是根据共同达成的目标而商讨的。"(第151页;同时参阅威廉·雷,1984,第85页)

布莱希的主观批评没有把文学作为一个特殊的领域。作为阐释的根源,文学与所有陈述文、梦或人的行为具有同样的地位。不管是言语的独特性,还是价值判断,都不会在任何方面对自我认识的程序产生影响。相反,一种负面的评价反应对布莱希而言不啻于作茧自缚:"对一个象征性客体的摈弃是某种作茧自缚的行为,因为抛弃者事实上摈弃了自己的象征化行为,而非客体本身。"(第211页)对于刺激物,我们仅要求激发意识对内容"象征化"(话语化)的"阐释机遇"。"主观批评的假设是,主体最迫切的动机是自己认识自己,而此种认识的最简单途径就是他要意识到,他自己的语言体系是意识和自我导向的手段。"(第297~298页)

我们并不感到惊讶,即布莱希的方法及其认识论前提,没有使他接近德国的接受美学(参见他第101页的看法,其中提到的姓名表明他对该流派有非常总括的了解)。

诺尔曼·霍兰的纲领以读者为中心,在一些重要问题上,与大卫·布莱希的方案相一致。而基本选择的一致性似乎又使他们各自的立场相对立。

在研究对象的界定上相一致:它不是文学文本,而是读者的反应。他们在经验方法方面也取得了广泛的一致,这些方法更多的是内容分析(阐释实验报告和访谈报告)而非统计性研究。最后,他们都把文学看做一个非特殊化的概念。

然而,布莱希和霍兰在认识论和读者经验之功能层面相区别。霍兰的论文《新范式:主观性抑或互动性?》(*The New Paradigm: Subjective or Transactive?* 1976)以很有分寸的语气展示了分歧。霍兰首先批评了布莱希的主观性范式,并对之以自己的互动性范式。布莱希的主观唯心主义深受伯克利(Berkeley)的影响,霍兰认为其后果是不可接受的;事实上,宣称"观察者是一个主体,其感知手段决定客体的本质,甚至首先决定该客体的存在"(第339页)一事,便排除了任何区别和任何相互影响的可能性:"我们无法在独角兽与马之间,在麦克高文总统与福特总统之间作出任何区别。"(第339页)另外,布莱希的主观主义坚持主体与客体的二分法,据霍兰所说,无视最新知识的超前性,后者把"现实"理解为某种"互动"。霍兰从皮亚杰(Piaget)那里借用了一个互动的例子:"一个16个月的女婴通过张开自己的嘴巴,而理解了火柴盒打开时的形状。"(第340页)

霍兰还认为,布莱希的认识论的主观主义与其对读者的经验研究是互相矛盾的:"布莱希所列举的主观性答复的例子更符合互动范式,后者把基本的现实置于自我与非我的关系之中。"(第340页)他无法提供任何通过"谈判协商"而建立"感知"间共识的方法(第342页),因为自我与他人之间的互动被一揽子赋予主观主义以特权而阻止了。

在霍兰那里,一个人在与另一"现实"相遇时的"身份再造"(*identity-recreation*)处于互动的中心。霍兰的观点需要"另一现实"的存在,它使他创立一个能够重新思考身份的空间:"个人要理解现实的资源(包括言语、身体本身、空间、时间等),而他与这些资源维持的关系使得它们成了其身份的反映。"(第343页)个人"带着一系列特殊的期待与这个现实相遇,其中一个典型的例子就是相互关联的欲望和恐惧之间的平衡"。感知"他人"的目的即"满足上述欲望并尽量减少上述恐惧:感知主体根据文学或现实所提供的材料,重新建立了他特殊的适应和防御模式,它们属于其身份主题的形态"(第338页)。

身份被定义为"我们在一个人的行为中发现的统一性"(第343页)。霍兰的经验研究在于勾勒出一个人的身份(通过谈话、观察),并在与任何现实相遇之后重新发现身份主题。需知,正是这后一点使我们感兴趣:身份主题的挖掘并不意味着这"另一现实"的某个部分有什么特殊性。当霍兰谈到一个人与"另一现实"相遇时,他引述了一系列"现实",文学在它们中间并不占有某种特殊的地位。例如他这样说道:"主体感知到另一个人或任何其他现实"(第338页)、"文学或现实提供的材料"(第338页)、"现实的资源"(包括言语、身体本身、空间、时间……)(第343页)等。我们还可以举出更多的例子。

对于霍兰而言,研究人们对文学的反应不是一个必要的条件,而只是一个偶然的条件。"象征符号的场景"(le "*set of symbols*")——他把《哈姆雷特》视为与现实相遇的场所——与现实的任何其他片断的功能没有什么不同。我们不能对《哈姆雷特》作出任何陈述,而只能对某人与文本之间的互动作出陈述。既然在某种互动发生之前不可能对"现实"作出陈述,"现实"完全可以不具备任何独特性。

如果说,在布莱希那里,获取一种新知识的可能性不是来自客体(我们记得他是否认这个概念的),而是来自不同主体关于经验的谈判协商之中,霍兰的观念则无视任何新知识(我们已经引述了布莱希关于这一点的批评)。身份主题的基础是重新认识,而非"发现"。

我们不妨对这些美国类型在何种程度上真正属于经验性研究提出反问。它们难道不更是某种对话性的解释学吗?格勒本(1981b)在区别诺尔曼·霍兰的方法与独调式解释学时曾经使用了这个概念,它所启示下的阐释中,研究者同时也是接受者(与格勒本曾提到的精神分析法相同)。布莱希和霍兰保证主体与客体是分离的,但是,他们的方法以及研究者本人评价反应时的阐释介入很难得到检验的事实,威胁着该方法的经验性地位。甚至布莱希和霍兰的理论概念——他们声称这些概念可以普遍化——也不能完全补偿这些弱点。然而,毫无疑问,布莱希和霍兰放弃他们自己对文本的阐释,并研究具体的历史读者的案例,代表了接受理论的一种先进倾向。

在结束美国学者对接受理论的贡献这个话题时,有必要解释一下我们仅限于介绍布莱希和霍兰的原因。这两位心理学/精神分析学潮流的代表人物是在没有受到欧洲影响的情况下阐发他们的立场的,因此带来了美国的某种独立贡献,他们的贡献尤其昭示了与德国方案的明显的不同。接受研究的其他美国概念或者明确参照了德国的接受美学,或者从动机和宗旨方面融入欧洲的讨论。甚至费什(1980)的阐释群体概念也不例外。还有一些人,比如苏莱曼(Suleiman)和格罗斯曼(Grosman)(1980)、马尤(Mailloux)(1982)、雷(1984)和霍勒布(Holub,1984),研究了接受理论欧洲流派在美国的演变情况。

三

对接受理论的介绍如果不提德意志民主共和国的文学科学的反应和贡献将是不全面的。该类型之所以没有与其他德国流派放在一起来谈,那是因为接受研究在东德并不代表范式的某种变化或某种新方案。文本的自主性——接受理论应该与之相背离以重新界定其对象——无论如何在马克思主义文学科学中是缺失的。在这方面,人们也没有感到开拓新的认识论方向的需要,因为他们认为辩证的认识论这种既可靠又灵活的基础足够了。因此,东德关于接受理论的讨论应被视为以尧斯和伊泽尔为主要靶子的某种反应。

康斯坦茨学派提出的建议提供了与东德研究者对话的可能性,这种可能性在内在阐释占主导地位的时代是不存在的。接受理论使一度在西德湮灭的历史性问题重新出现,而这个问题在东德始终处于科学研究的中心位置。

我们将首先描述马克思主义对尧斯和伊泽尔的反应,然后描述东德读者研究的经验性类型。

东德代表对接受美学最常提出且最重要的批评之一涉及接受与生产和消费之间的辩证关系相分离的方式。[瑙曼(Naumann),1973;瓦尔纳肯(Warneken),1974;瑙曼,1974;魏曼(Weimann),1974]

接受美学重接受而轻生产,这就使它失去了建立范式的任何奢望。曼弗雷德·瑙曼(1976)说,"我既没有看出范式的某种变化,也没有看出天平的倾斜"(第455页),言外之意是,他更多地把尧斯的方案视为兴趣中心的肆意转移而非一种理论进步。

那些批评接受美学的人引述了卡尔·马克思的话[《政治经济学批评导论》(*Introduction à la critique de l'économie politique*)]:"生产产生了消费,因为它创造了:a.消费的对象物质;b.消费方式(因为消费对象总是一种特殊的对象);c.消费需求(……)。"与消费相比,生产代表着"总括性成分"。(瑙曼,1974,第217~218页)

对马克思主义观念的接受不可避免地导向某些重要的认识论基础。首先是客观性基础("因为消费对象总是特殊的对象"):"我们用预接受(*Rezeptionsvorgabe*)这个概念表示一部作品引导接受的能力(……),这是一种范畴,表示一作品从其特性出发可以承担的潜在功能。"(瑙曼,1974,第224页)艺术作品中所描述的客观现实也被这样给出:"作品是某种活动的产物,在这种活动中,作者不仅必然进入与现实的关系,后者客观地呈现在他面前,也必然进入与文学进程的关系(……)。"(瑙曼,1974,第224页)或者如罗伯特·魏曼的更加具体的说法:"文学的教育(*bildende*)功能与它的模仿(*abbildende*)功能是并行的,这两种功能通过生产力和阶级斗争而反映社会的历史运动。"(魏曼,1974,第239页)

客观性决定了马克思主义研究者对"读者自由"问题的答复,关于这种自由,瑙曼指出:"读者面对作品的自由受作品自身的客观特性的限制。"(瑙曼,1973,第85页)然而,为了避免人们怀疑他张扬客体对读者的机械性影响,瑙曼补充说,接受活动由作品和读者共同决定(第86页)。他的非马克思主义的对话者们可能会赞同这个观点,但他随后的补充说明使这种可能性成为泡影。瑙曼写道:"(……)作品是关系的客观面,读者是关系的主观面(最终还是由客观决定的)。"(第86页)

资产阶级式的阐释的相对主义从马克思主义式的文学发生理论那里找到了对手。魏曼指责接受美学掩盖了诗的真实性问题,他反驳说:"文学史家真正关键的任务,不在于证明所有阐释准则都是对无限的文学潜在内涵的同样合理的开发,而在于从客观性的历史根源出发,使受

历史制约的阐释相对化。"(魏曼,1974,第275页)

因为这些指责是针对尧斯和伊泽尔而发的,我们不妨重申我们就康斯坦茨学派的观点所说过的话:他们自己已经强烈地限制了阐释的随意性。伊泽尔以其隐性读者概念以及他关于交际失败的意见,尧斯通过引述他自己的阐释活动及其关于可客观化的期待视野的假设,(已经强烈地限制了阐释的随意性)。在关于《伊菲格尼娅》的论文中,尧斯从实践上完成了魏曼的要求。他在参照属于文学根源的背景时即把阐释相对化了,但确实没有标榜某种"历史一生成的客观性"。尧斯和魏曼在涉及具有历史差异性的经验视野之关系的解释学问题时相互接近。正如我们已经指出的那样,在尧斯那里,对比这些视野的目的即恢复主要属于否定美学的某种传统链。魏曼谈论过"把过去价值与现在评价相比照的清醒的程序"(魏曼,1974,第239页)。他讲的是现在与过去文学的关系,后者"只有通过这种关系的确立才能焕发活力"。他的抱负是把过去的文学变得现实化,"但并不因此而以粗俗的方式实现之"。应当尊重"通过尽可能仔细的历史重建而获得的客观性",只有在这个条件下,继承遗产的关系才能得以丰富,并且变得多姿多彩。(第239页)

我们现在可以想一想如此明显地受历史根源束缚的某种现实化的价值又何在。魏曼与马克思的回答是,它可以昭明自我意识的各个阶段。过去是从现在的历史发展观的角度被重新阐释的(第262页),阐释因此便具有一种社会价值:"文学史不会在对过去文本的研究中枯竭,这种研究是通过投射方式进行的,它包含着立足于现在、对公认价值的应用原则。历史研究的最终目的不在于'理解'(仅仅以理解为乐),而在于使有价值的东西变得有活力并实现它(从现在最超前的角度出发)。"(第265页)尧斯和魏曼都同意对过去和现在进行解释学方面的对比,目的在于使两者互为解释,但他们在准则问题上有分歧。尧斯阐释理论的动力源自通过艺术不断质疑任何性质的合理化方式。相反,魏曼的理论则奠基于对社会主义社会现在取得之进步的坚定信念,这种进步将来还可能提高,但思想和行动的准则始终如一。

瑙曼(1973)和里达·朔贝尔(Rita Schober)(1982)的思考加深了这些基本准则之间的不相容性。瑙曼以"正确感知"的名义起而反对"对事物的某种新的和令人担忧的感知"的假设。(瑙曼,1974,第74页)这里指的不是审美冲击或效应,而是"可理解性"。他批评尧斯的审美距离概念:"理想的读者现在是那个乐于通过'最新'文学不断破坏他的'文学期待视野'的读者(……),而任何真正的一致,例如一种革命文学与其作为历史的真实主体的读者们之间的一致,一旦出现,便会作为审美客体而失去价值。"(第139页)

在1976年《诗学》(*Poetica*)杂志上发表的一篇文章中,瑙曼以肯定的方式提到了尧斯就推翻期待视野主题多年来提出的不同看法,特别是在他题为《与主人公认同的互动范式》(*Le modèle interactif de l'identification avec le héros*)的论著中(尧斯,1977)。尧斯在书中赋予准则的合理化以及与主人公的净化型认同以一定的地位。瑙曼谈到了"接受美学中的某种净化型转折"(瑙曼,1976,第465页),甚至把这一点视为"美学的范式变化":"艺术再次有权力建立一种共识,遵循并建构准则,而继之以净化(陶冶)的简单的审美感知可以重新发挥某种认识功能。"(第464页)

另外,他还声称尧斯现在发现了"真实读者",而他起先曾指责后者拒绝接受公众的社会差别和历史差别。(瑙曼,1973,第138页)他引述了希尔曼(Hillmann)的研究,甚至还提到了尧斯对该研究所持的保留态度,不失时机地预言关于读者的这类研究会使他失望:"这种已经占主导地位的'效果美学'有意地适应了文学生产和接受的异质条件,显示出经验主义、实用主义和机会主义的特点,它有时亦穿着民众主义或修辞派的外衣。"(第465页)

瑙曼当时对读者的经验性研究的评判引导我们提出这样的问题:由魏曼、瑙曼、朔贝尔、施伦斯特德(Schlenstedt)等对接受美学作出反应的学者在东德发展起来的功能性概念:1.是否导致了文学交际的经验性研究在东德的发展?2.是否也可能导致了辩证解释学的上述代表与经验主义潮流的代表之间的内部辩论?

对于这个问题的前半部分,我们可以作出肯定的回答。迪特里希·佐默(Dietrich Sommer)以其著作《功能与效果》(*Fonction et effet*,1978)与其合作者们一起,代表着文学社会学领域经验性研究的一个团体。然而,该论著的任何地方,都没有显露出背离、反对或超越辩证解释学代表们的某种意愿。经验主义者的读者概念、认识论条件或伦理选择,似乎都没有提供一个近似于或"远似"于西德接受理论界以格勒本和施密特为一方、以西德接受美学为另一方的那样的辩论机会。我们倾向于正面评价这种研究的连续性,这种从历史解释学向问卷方法的近乎完美的过渡。(关于佐默对经验结果的使用,参阅施伦斯特德,1979,第88页及以下)但是,经验性视野在此引出了几个问题。

佐默研究的理论部分阐发了涉及艺术功能和效果的准则,这些准则与我们在马克思主义科学的解释学范式中见到的准则一样。关于这一点,要提出异议的地方不多,除了一点需要申明,即任何经验性研究都必须对功能性假设进行检验,我们可以严谨地预期看到后者的驳斥。然而,佐默及其合作者们没有积极寻求对功能性假设的检验,而更多地为人们设想艺术在一个发达社会主义社会中的社会功能的方式辩护。因此,人口调查的结果对理论机器没有任何影响,仅服务于评价读者的素质。为了衡量接近目标的程度,期待效果要与获得效果对应比较。在文化继承理论方面,两者相接近,过去艺术的所有进步倾向都被合理化了,而在当代文学范围内,两者亦接近,因为生产者和接受者都承认,"社会主义的现实主义的文学艺术能够使社会现实和自然现实的全部审美特性及其区别得以鲜明表达"(佐默,1978,第97页);他们还承认,"工人阶级不仅是绝对的统治阶级,而且它的世界观和实践活动还包含并创造了最丰富的实践关系和精神关系,它们对于一个发达的社会主义社会有着决定性的作用"(第96页)。

期待效果与获得效果之间之所以出现差别,那是因为它们基于下述事实:"在一个发达的社会主义社会,趋于利益一致和靠友谊结合起来的社会阶级和阶层的接近等这些倾向的内部,工作和生活的社会条件在教育、文化和精神追求以及最具体的生存经验和艺术经验方面,仍然存在着明显的差别(……)。"(Ⅲ)关于读者的期待、动机以及他们所喜爱的主题和素材而进行的人口调查有助于理解这些依然明显的差异。这样,读者便依据他们的需要是扩散型、不完全扩散但区分尚不明显型和区别明显型被分为不同的三种类型。第一类读者偏爱爱情和情感小说,反映外省和农民生活的小说、乡村故事。第二类选择游记、动物和狩猎故事、回忆录、儿童和青年文学,而第三类更喜欢反映当今社会主义社会发展、工人革命运动、抵抗法西斯主义、流放以及被压迫人民解放斗争的小说和叙事。(第271~272页)附录表(问卷未提供)允诺我们做出如下结论,即被问询对象没有可能提及建议之外的主题领域。

分类者极力避免给人以需要之间的差异与劳动者和知识分子的差异相重叠的印象。关于这两类人的行为的对比研究表明,"为扩展社会经验所做的努力在工人阶级和知识分子中同样强烈并显然方向一致"(第319页)。区别在于工人们"把他们通过文学获得之经验与自己实际生活相联系的方式上:他们自己的生活经验成了参照点"。知识分子则不同,他们没有同样坚定地与自己的实际生活联系起来:"这类人把文学客体(……)理解为受社会因素决定的范畴,同时又是审美表现。"(第320页)

显然,统计结果立刻按工人政权的准则方向被阐释,以至于这些确定调查之经验部分的准则同时也成了评估调查的准则。我们不妨举几个例子,根据经验调查结果(它只是一个受空间和时间限制的瞬间反映),家庭妇女和退休者对阅读的兴趣很小,这个结果被下述方式普遍化:"告别工作领域必然打乱原先与社会的关系。这些关系松散了,因为积极投身社会的活动(……)减少了。"(第330页)关于年龄因素,分类者确信,由于教育政策的缘故,他们的子孙后代将会作出截然不同的反应。

通过与资产阶级的经验文学社会学的明显对立——分类者指责它没有足够地研究受教育条件——通常归属于文化地位的关键作用被相对化了:"兴趣不是由某种抽象的文化水平决定的,而是由社会制度及社会为保证其所有成员受到高层次教育而做出的努力决定的。"(第342页)分类者以这样的方式突出了工科高等教育的成功。

哈雷(Halle)小组的经验性研究在《关于国际经验型文学科学胜利期刊》(le *Siegener Periodicum zur Internationalen Empirischen Literaturwissenschaft*,1984和1985)上引起了一场辩论。西德人指责佐默把社会差异性限制在脱离工作行业的年龄组里,从而抹杀了它的存在。[阿尔布雷希特(Albrecht),1984]确实,这场辩论的症结是所谓的"逃避主题",即借助阅读忘却日常生活的愿望。阿尔布雷希特从佐默的图表中推断出,在东德的文学社会里也存在对现今社会主义文学无动于衷的阅读动机和选择,它们确实相当于西方资本主义社会的消遣文学的需要。(阿尔布雷希特,1984,第113页)在佐默和阿希姆·瓦尔特(Achim Walter)(1984)反驳之后,这场辩论陷入僵局。他们指责阿尔布雷希特有选择地阐释调查结果,以期"不惜任何代价来验证一种新的早产的论点"(佐默/瓦尔特,1985,第201页)。

显然,不加解释的统计结果不说明任何问题,而缺乏理论前提就不会获得任何统计结果。然而,一个指导调查的概念机制与使调查麻木的诸概念的区别在于,在第一种情况下:1.我们接受反论;2.在经验性研究中提出新假设时避免作出草率结论(*jumping to conclusions*),一旦以为找到了对某问题的某种解释时(第一次检验没有对该问题预设出真正答案),我们就对上述新假设进行检验。具体地说,统计结果显示，家庭妇女和退休者对阅读的兴趣不大——这是对所提问题的答案。然而对这个事实的解释应该产生某种新的假设，而不是为了建构某种准则。

在对接受研究的环顾中，不可能对所有的研究类型及其所有分支作出公正的介绍。材料的幅度之广不允许这样做，更不必说对概念和实践成果进行批评描述和评价的研究者置身其中的视野。他的观察和判断方式决定着不会自己谈论自己的材料的结构。在该研究中判断理论言语坚实性所使用的标准——确定研究宗旨是否真的是研究其他读者的意义生产抑或该研究导向了研究者本人的阐释活动——并非与赋予各个流派的地位无关，流派地位从其与整体的关系方面考察。我们还有一个疑问，即每种研究设想何以能使我们对其他人所生产的意义进行描述和解释。从这些标准出发，关于接受的经验研究受到了某种偏爱。同样，解释学方案，因其概念可以进入实际操作并因此而可以与其他方法合作，也更多获得了肯定性评价。伊泽尔就属于这种情况，人们曾在其他地方不无道理地指责他对文本保留了过多的本体论基质。

把陈述言语区分为描述性、解释性和评价性三类的决定也是侧重某些成果而忽略其他成果的另一个原因，而另一个研究者也许会作出别样的取舍。

许多东西没有说。还有一些笔者保持了沉默，因为目前对它们进行定论尚为时过早。在当前的讨论中，并非所有的观点都已经明朗化。因此我们在提到经验派内部的辩论时没有进入细节。本文只能是瞬时之作，过些时候将有必要得到修正。接受研究不能声称它是文学和文学交际唯一的科学研究方法。然而，在其内部，它应该产生成果并致力于一种名副其实的读者研究。资料的历史研究，一如读者的经验和实验性研究，如果植根于更广泛的、被科学和社会所丰富的概念范围内，就会避免实证主义之嫌。

第四部分　批评的途径与方法

16. 阐 释 论

马里奥·瓦尔代斯

一、阐释的功能

　　根据我们今天的日常用法，阐释恰恰处在从客观性到主观性的发展带中段，发展带的两极是描述和评价。该中项不仅是阐释的理论基地，而且还是阐释在方法次序中的来源。因此，在我们看来，阐释的主观性大于描述但小于评价这种说法是老生常谈。此外，方法论的位置使该次序具有因果意义；推论是，因为描述且仅仅因为成功的描述，阐释才有可能；评价接替阐释，而且就其承载的判断的有效性而言依赖于阐释。换言之，在对一首诗进行了描述之后，我们便可以就它的意指提出一些假设，而根据这两个步骤，我们才能对这首诗的质量发表意见。

　　然而，常识和日常习惯，包括我个人的习惯，在文学批评中阐释的角色和功能面前无能为力，而常识对阐释的表述是根本错误的。我对描述、阐释和评价这种三分法的否定基于下述理论立场，它要求阐释的批评功能及其宗旨使上述进程失效。对于今天的大部分文学批评者而言，阐释构成文学批评的首要目的，它与描述和评价不处于研究的同一认识论层面上，因为阐释囊括了文本分析以及许多判断。当然，阐释由于其过大的主观性或过度的客观性的确遭到过某些学派的排斥。我在本文的第二部分要谈到这些理由。

　　阐释的功能是产生某种理解，然后与其他读者分享某些具体的意指。然而，我们应当想一想，理解的主体究竟是谁，他到底理解了什么。我们可能会回答说，被批评家兼阐释者视为拥有某种意义的文本的某些方面。我们不应该陷入常见的错误中去，那就是假设什么都有意义。

有许多事情没有意指,这并非由于它们晦涩难懂,而是因为赋予它们意义没有根据。那种坚持认为一切可被描述的事情因此就可以被阐释和评价的观点是一个逻辑错误,因为不是所有的事情都有意指。我可以对一个几何形状例如一个正方形或立方体进行描述,我甚至可以展开关于某特定正方形与我的描述一致程度的讨论,但这一切都缺乏意义,除非被描述对象拥有某种需要完成的功能。因此,我坚持认为,阐释所处的本体论层面与描述和评价的层面不同。

阐释作为有意识的、以明确或暗示方式进行的活动,昭现了解释和理解的基础活动。我们所关注的对象可以重新得以解释,但并非所有的解释都令人满意。解释就是去除研究对象的任何陌生性,使其变得更熟悉。解释的必要性并非产生于共知和熟悉,而仅仅产生于陌生和不熟悉,后两者在批评家兼阐释者的背景中没有直接功能。当这些客体进入我们的背景时,就带上了某种意义。

关于阐释性质这一调查的一个好起点即检视我们称为解释的正常活动。当我言说某事,我的听者不甚明了我的话并要求我予以解释时,我应答并描述我的观察背景以及我希望在该背景下通过自己之见解所引发的情境。在这样做的过程中,我尽力去除造成理解障碍的陌生性。当历史事件或自然现象被解释时,解说者试着把它们纳入已知背景或者放到一个更大的科学或哲学视野中去。个人物品一般不要求解释,只有当它们纳入某既定背景向我提出某种问题时解释活动才介入。因此解释所涉及的背景是意义的某种前提条件。正是由于这个原因,画家及其他艺术家经常无法解释他们的作品。这里所说的可理解性背景首先属于信息接受者而非生产者。如果一部艺术作品的解释与其历史背景相关,不同背景的问题便会提出,因为一部文本的历史背景是生产者的背景,而不是接受者的背景。如果这是一种个人背景,不同背景的问题又一次出现,因为我们所依靠的背景是批评家兼阐释者的背景,而不是一般意义上艺术作品接受者的背景。艺术作品的解释有可能建立在作品生产中所使用的传统技巧的基础上。在这种情况下,解释尝试的目的就是展示作品是如何构成的,这时的背景就是具体作品与广义作品的关系体系。这种解释方式确实有某种实际好处和一定程度的有效性,但因为它拒绝使作品成为艺术作品而不仅仅是某人的另一产品的内容,意义的隐喻效益问题没有提出。

在文学批评中,我们常常谈到注释(exégèse,诠释),以此指代解释。这是一种解释形式,但它适用于一个比较狭窄的范围,即书面文本的范围。这种解释方式有一些重要的限制,其中第一个就是该特定文本"应该"依附的文学背景。鉴于所有书面文本都是在某种它理应以这种或那种方式所喻示的社会背景中完成的,即使仅因为它所使用的语言打上了一个特定社会的烙印,文本解释的基本背景其实就是它所维系的写作规约(code,编码)。因此,阐释问题明显超出了文本宣称表述或没有表述的范围,而且确切地说,它更触及背景决定(表述内容之)阐释的方式。我们论证的关键点到了。假如解释本身还不够,假如我们应该掌握所研究作品的背景以便作出某种有效解释,我们就应该明确我们所依靠的背景属于谁,它是由谁来确定的。让我们试想一下,生产背景、批评家兼阐释者的背景和形式组织的背景都不符合任务的要求,因为它们与读者的背景不吻合。这种相符性的缺乏是批评家兼阐释者的一项优先任务,因为阐释的目的就在于鼓励讨论。这个观点与批评家兼阐释者的传统角色背道而驰,传统上他是很难理解的文本与广大读者之间的媒介。没有任何理由维持以掌握秘密的大教士自居的批评家兼阐释者的自满观念。批评家兼阐释者唯一站得住脚的功能,就是捧读一部自身完整因此相关语言群体的读者可以理解的文本,从中抽出其人文意指,但目的不是建立文本的某种确定的意义,而是开拓通向其他意义的路径。

如果说解释的基本根源和宗旨具有社会性的话,理解的基础方向却是个人的。然而正因为解释和理解之间的对照,源自它们的阐释才是主体间的。解释与理解的会合构成批评行为的现实。这里,阐释具有一种高度专业性的活动特征,其实现有益于读者群体并以批评者的阐明本身为宗旨,而非为了下面这种令人怀疑的思想,它要求阐释以主祭者的特殊权力的名义进行。历史上,这种思想源自宗教诠释,但在当代文学批评中肯定找错了自己的位置。阐释处于文本评论活动的核心,该活动是为了批评家兼阐释者和社会读者的共同利益而实现的。

描述与评价都是附属性活动,它们所符合的标准与我们赋予阐释的不同。描述不在阐释之前,不是我们刚才探讨的活动的组成部分。描述的一般任务是通过对相关对象或事件的清点来确保稳定性。其宗旨不是理解;实际上,在大部分情况下,它与艺术作品的理解背道而驰,因为描述必然把作品浓缩为一个条件和关系的整体,而理解则极力从其整体捕捉作品的意义。描述是文选编纂者的必要任务。

我们也不能支持评价是阐释之必然结果的思想。这种看问题的传统方式基于一个根本性的错误,即认为描述是客观的,阐释去除了意义方面的含糊性,而评价赋予意义某种价值。价值的判断表现在阐释的各个方面,从文本的选择直到阅读的结束,当然还表现在撰写阐释的整个过程。对文学作品的价值指定与阐释实践无关。每当一个批评家兼阐释者在作出一个详细的评论之后提及某个价值判断时,他或她只不过把评论过程中隐蔽的东西变得明朗化了。让评价在某种程度上跟随在阐释之后的意愿是把一个明显的错误延续下去。描述的位置在分类和其他内容清点或计量形式之旁,评价属于旨在建立市场上商品价值的社会经济程序。

阐释与上述活动离得很远,它依附于解释与理解的一般程序。当意义得到传达且理解似乎完整时,解释便告终结。问题在于,理解永远不可能真正完整。鉴于解释总是没法使文本的意义适应于满足特定视角的某种背景,随着时间的推移,某特定文本引起的阐释数量和种类将会没有限制。所获理解必然是暂时的和不全面的。因此,阐释一部文本就是在此地此刻抓住文本的意向性。解释就是揭示一部文本的结构,或者换言之,就是对我们称之为文学的文本整体背景下的内部组织进行评论;理解就是捕捉文本的统一性并回应它的要求;阐释一部文本,概而言之,就是追踪文本开辟的道路并传达这种经验。

在实践中,批评家兼阐释者们赋予阐释的方向不同,有的偏重于仅包含一些粗浅结论的长篇解释,有的则简单解释,然后进入深刻的思辨性理解。但任何情况下,解释与理解的互动产生了阐释。

既然我已经介绍了何谓阐释,现在我们可以探讨这种实践活动在理论上的是与非了。有一些理论家部分或几乎完全拒绝阐释程序。我没有责任裁决他们的争议,我在本节的角色限于尽可能清楚地说明赞成或反对阐释的论据的实质。

二、反对阐释

有两种明显不同的反对阐释的论据,二者都质疑不同阐释方法的有效性和批评家兼阐释者的评论价值,它们质疑的根据来自主—客体二元论的两个极端。大部分形式主义者质疑阐释程序的有效性是因其所谓的主观性,此种主观性在批评家兼阐释者对文本的理解中根深蒂固。后结构主义的解构的支持者们质疑隐性要求,根据这些要求,阐释不啻是批评家兼阐释者对文本的一次个人重写。这样,一方面,阐释的过度的主观性遭否定,而另一方面,它创造事实的潜在意图被否决。让我们较为详细地看看这两种论据。

形式主义的论据从语言学那里继承了对文本研究科学的追求，并因此而接受了19世纪之科学关于人类认识性质的一些哲学前提，尤其是标志着知识获得特征的主－客体二分法。认识主体应该接触到这些涉及相关客体的事实，客体独立于认识主体，这些事实是对客体的真实而又确切的描述。假如其他研究者对某研究者的发现进行检验是对该研究者发现的论证，那么，作为程序的阐释必然触及批评者的接受经验，永远不可能达到客观、真实、无我和独立的地位。该论据因此而试图在下述两种情况之间划出一条分界线：可以在科学基础上被证明的对客体的有效分析与依赖于批评家兼阐释者说服能力、不能作为事实孤立存在的论断。该论据认定第一种方法是一种科学，可以教授给人们，可以通过研究向前发展，而另一种方法是一种艺术，仅仅是也只能是具有某种天才的人们的个人探求，戏剧艺术中的情况即是这样。

A. J. 格雷马斯给我们提供了形式主义论据的最和谐、最完整的例子。他的《结构语义学》(*Sémantique structurale*)是一个复杂的功能性描述体系，试图创造一种叙述文本的运行逻辑。整个体系严格瞄准摆脱阐释建立某种文学科学的宗旨。作为一种阅读经验之获得的文本意义被悬空，尽管没有被否定。在科学客观性的追求中，读者的意义被下放给美文学，后者处于严肃的研究领域之外。唯一被接受的文本成分的意义即它在一个严谨"施动"模式中与其他成分以及整个文本发生关系的功能性能力；该模式自1966年推出之后就几乎不断地得到修改和加工。例如，叙述行为的逻辑是把一些行动核联系在一起，这些行动核从头到尾构成了有组织的叙述连续性。该体系专门研究叙述行为的功能层面、叙述的施动者（由人物充当的叙述角色）和叙述序列。这个形式主义的强势论据试图建立深层结构层面的语义功能的代数学，那些语义功能将在陈述行为的表面层面以不同的方式得以实现。因此，说该体系摈弃了不符合正宗理性研究的所有阐释形式并不夸张。

无疑，格雷马斯与其弟子们建立了一个重要的分析体系。一般来说，他们对批评者的严谨态度和责任心的要求是深受欢迎的。然而，他们的体系，正如所有想无视文学本体论基础的形式主义立场一样，呈现出几个理论性问题。格雷马斯《结构语义学》的主要问题是它未能成功地完全取消阐释程序并保留它所声称的客观性；该体系只是把接受和反应的阐释现象降到了某种推理程序的位置上，因为行动和施动者认证的基础本身处于隐蔽状态，即接受程序和文本读者对文本作出反应的能力。因此，形式主义者的论据不但没有解决文本分析中的客观性问题，反而使阐释任务变得更加迫切。换言之，阐释程序在中断实践时是不可能维持的；作为调研基础的被接受意义的问题不会消失。这个任务可能推迟，这正是大部分形式主义者所寻求的，但所有谈论文本意义的人总有一天必须面对它。还有，阐释程序是必要的，但不能像推理那样，而是有理有节的论证，因为没有它，形式主义的运行逻辑有可能变成毫无意义的文字游戏。

处于主一客体旅程另一端的是后结构主义解构对阐释的否定；这种对立基于不增添新意对文本意义发表意见之可能性的否定。根据该论据，作为根源的文本从来不曾被触及，任何围绕文本发表一通评论的读者未能道出文本的任何东西；评论是从原文本派生出来的另一文本；它只是它无数呱呱坠地的婴儿之一。

雅克·德里达的哲学论著往往被北美的解构主义者们误解，因为德里达哲学中的保守主义色彩很浓，其哲学在北美却被解释为一种激进立场。德里达设定每个符号都是差异的产物，因此符号永无休止地差动并背离它的意义。每个符号的性质就在于再次肯定，但这种能力包含着变化的推力。这种交替成义的重复性使任何符号都具有多义性。这种普遍的多义性使与符号相关的所有肯定成为差异游戏的组成部分，同时保持着同一的外表。但是我们应该承认，如果一切都是符号，我们把某物称为一个符号就没有任何意义；如果一切都是文本，那么说符号之外什么都不存在就纯属多余；如果所有符号都是多义的，那我们就是在伸手不见五指的黑夜里的最黑暗时刻寻找黑猫。换言之，德里达的哲学因主要缩小交际的可能性而引发了中世纪经院哲学以来最具束缚力的智力瘫痪。解构主义非但不是让我们摆脱逻各斯中心主义和在场哲学之约束的解放运动，反而是诱君沉默的邀请。把批评言语从参照和再现中解放出来的解构，其实是邀请您完全缺席。参照是交际最根本的功能，正是通过这个功能，我们建立与自己言语对象的关系以及与说写群体其他成员的关系。正是这个首要功能由于其逻各斯中心主义的限制而被否定，于是，阐释就参照所作的评论亦被摒弃。在最佳情况下，肯定阐释是局限性的，对它所评论的文本有封闭作用，这是解构主义者的心声。但这里我们只需指出，并非所有的阐释都封闭文本，甚至那些自诩终极性的评论实践中也没有封闭文本。显然，摒弃阐释的立场本身就处于阐释理论的历史之中。

三、阐释理论的发展

支持阐释的论据是元批评性的而不是力挺型的,这即是说,它一般讨论反对阐释派提出的重要问题,而不涉及阐释流派之藩篱的细节,如女权主义、精神分析学、马克思主义或任何其他阐释流派。

正如我们上面指出的那样,言语的描述分析曾经肯定,诗歌言语排除了外部指涉对象,诗歌言语基本上是自我参照的。阐释理论认定,这种观点只是部分地得到某种细致研究的认可。毫无疑问,诗歌言语展示了一个被中断描述性参照解放了的世界构想,但没有排除参照。假如所有的外部指涉都被排除的话,由此产生的言语只能是个人的语言,也因此对于作者以外的任何人都是无法理解的。反之,参照的中断可以使不确切的语义根据对被中断参照系的回忆而得以立足。该观点得到了保尔·里科尔(Paul Ricoeur)在《活的隐喻》(*La Métaphore vive*)中的有效辩护。我引述第七节"隐喻与指涉"中的一段:

> 诗歌语言的指涉观应该根植于隐喻陈述的分析之中,该观念要考虑取消常用语言的指涉现象,并根据二重指涉的概念来调整。……让我们从下述立论开始,即一个隐喻陈述的意义是由该陈述的逐字阐释的失败产生的;逐字直释使意义自行毁灭。须知,意义的这种自我毁灭又决定着原初指涉的崩溃。诗歌言语的整个策略即取决于这一点:它的目的是通过隐喻陈述之意义的自我毁灭而获取指涉的取消,有悖现实的逐字直释使自我毁灭变得明显。但这只是第一阶段,或者更确切地说,是一个积极策略的消极对应部分;在不中肯性语义的冲击下,意义的自我毁灭仅仅是整个隐喻陈述层面意义之某种革新的背面,该革新来自语词字面意思的"扭曲"……我们难道不能说,隐喻阐释通过在字面意义的废墟上推出某种新的可靠语义,也激发了一种新的参照指向,该指向甚至支持与陈述之逐字直释相应的指涉取消吗?(第289页)所以,我们应当明白的是三个主题之间的关联:在诗的隐喻言语中,指涉效力与日常指涉的消失相关;启发性虚构的创立是再描述的路径;语言载体的真实把显象与创造统一起来。
>
> (里科尔,1975,第301页)

我不完整地引述了这些段落,它们是对所有阐释的基本辩护。如果没有对行动世界的任何参照形式,就不会有任何有效的阐释方法。相反,如果里科尔所描述的二重指涉的活力方式被接受,我们就有了阐释方法的根基。

女权主义抑或精神分析等,这些方法的区别不在文本形式特征的分析方面,而在于它们赋予重新描述世界的重要性。例如,对维吉尼娅·伍尔芙《雅各的房间》(*La Chambre de Jacob*)的女权主义阐释会把女性特殊的世界观放在首位,她以戏剧叙述者的身份来自我表达,她不仅中断了缺席者雅各周围的某种生活方式,而且中断了他与女人相关的生活方式,包括与其母亲、情妇、女友、有知识或没知识的女人、浅薄的和深沉的女人相关的生活方式,她们在与雅各的关系中建构了人物极其突出的女性化成分;这些因素在某种男性的视野里将是不明显的。事实是,男性或女性读者,在对世界的重新描述中,进入了一个清一色的女性的世界视野,它是接受的审美取向。对同一文本进行精神分析型阐释会把重心放在个人的认识手段上,放在其他人如何看待它方面;马克思主义阐释者会把注意力集中在人物的社会动力以及书中大量描写的20世纪初英国社会结构中决定他们的因素上,以此类推。任何一种阐释方法都不会混淆行动世界与叙述世界,非但如此,还会捕捉一个能够回到读者世界,并引发再描述的"似真"世界。

为了能够描述当代阐释理论,有必要把我们关于阅读行为说过的话展开谈一谈,阅读行为本身就是阐释实践。读者可以充当一场无休止比赛中的参赛者角色,他被文本的内部结构所吸引,无限期地中断了文本对行动世界和活生生的主体公众的参照,他自己就是公众的一员。尽管这个角色来源于《圣经》翻译的研究,但亦被我们在上个章节谈到的形式主义方法所昭示。读者也可以超越指涉中断的阶段,并在一定语言的行动世界中实现文本。毫无疑问,这就是阅读的宗旨。形式主义视野中的指涉中断真正发挥中断的作用,因为它抑制了阅读运动走向意义的自然行程。但是该中断不可能无限制地阻拦阅读向意义的推进而不使运动转向另一重心,例如文字游戏的重心。因此,指涉中断可以在解释和发现内在关系的程序中运行,仅仅因为文本的明晰性,即因为它可以以交际的形式回到行动世界。阅读是可能的,因为文本没有自我封闭;它有某事要告诉某人。阅读就是实现读者的语言能力与文本言语的融合。这一行为使每次阅读都具有刷新文本的能力,并赋予文本某种多义的开放性,这一点我们在上一节已经谈过。

16. 阐释论

形式主义者向阐释提出的挑战只能通过对阐释之目的和方法的重新评估而撤除；阐释理论应该既满足形式主义解释的要求，又符合它自身的传统目标——理解。

由施莱尔马赫（Schleiermacher）、狄尔泰（Dilthey）和比尔特曼（Bultman）阐明的解释学传统把重点放在文本与读者的整合上。虽然这个概念还只是阐释理论的一个侧面，但它可能已被格雷马斯和洛特曼（Lotman）等形式主义者赋予分析性解释的地位所改变，因为形式解释显然可以在实现主体间交际中充当强有力的工具，使狭义的解释成为一个共同的起点。

保尔·里科尔在他的《阐释理论》（*Théorie de l'interprétation*，1976）中提出了一种新视野，它在解释学阐释内部也为形式分析保留了一席之地。但是，阐释理论也应该避免简单化的封闭倾向，解构主义者声称这是任何阐释都不可避免的结局。追求终极阐释和客观真理的抱负被捕捉自我对文本再描述之潜能的运动走向所取代。

里科尔对这种现象学解释学做了综述："文本的阐释在某主体的自我理解中达到高峰，该主体从此对自己更理解，对自己的理解不同于以往或开始真正地理解自己。文本理解之高峰实现于自我理解时是反省哲学类型的特征，我多次称之为具体反省。"（里科尔，1979，第 198 页）

汉斯-乔治·伽达默尔在他的《真理与方法》（*Wahreit und Methode*，1960）一书中把解释学极端化了。他否定了浪漫主义对作者天才或其意图的追求，而代之以彰显批评家兼阐释者与文本在评论传统中会合的价值。对解释学的这种改造解决了狄尔泰身陷其中的主—客体二元论的僵局。赋予存在以优先地位，高于主体和主体对客体的认识，这种做法是从海德格尔《存在与时间》（*L'être et le temps*，1927）的革命现象学那里借鉴来的。

当解释学在伽达默尔之后仅仅被表述为一种蔑视解释的理解追求时，遭受了特有的失败，被指控为自满和知识化的主观印象主义。在解释学看来，该方法的不合理是显而易见的，出现这种状况有两个主要原因。第一个原因在于，文本的理解本身不是目的，因为该方法可能抛弃伽达默尔本人建议的文本自主性。阐释的对象是文本与读者之间的媒介。因此，没有文本符号体系中介的解释学理解就把文本赋予读者的基本要求搁置一旁。我们已经强调过，没有意义的自省建构，形式主义的分析不音于独角韵；现象学解释学汇聚了两者。解释学既需要解释也需要理解的另一个原因在于，作为交际方式的批评的基本需要，就是建立一个与文本和评论的不同读者会合的场所。解释充当了这个角色。

阐释一部文本,对我来说,就是在此时此地回应文本的意向性。因此,解释学可以仰仗施莱尔马赫和狄尔泰的传统,但还要提出一些关键性问题:批评家兼阐释者是如何占有文本的?他在重新架构文本意义时的依据是什么?

伽达默尔和里科尔之后的现象学解释学摒弃了相互对立的论点,根据这些论点,一方面,文本的意义与作者的意图相关,即与作家的历史经验相关;另一方面,它还摒弃了文本中没有稳定意义的假设,评论是衍生于直接阅读的附加部分。当文本读者满足了文本的要求并为他们自己以及分享文本的其他人完善了文本的意义时,他们就变成了文本的批评家兼阐释者。在此我们应该承认,以前的阐释任务超越了19世纪的某些谬误,且解释使理解有所节制。正如我们在本节第一部分说的那样,解释一部文本即揭示其组织和构成的内部关系,而理解一部文本就是捕捉变文本为整体而非语词汇集的意向性。今天,批评家兼阐释者的任务就是利用形式分析的突破口去超越文本阅读和理解的主观性程序。无论是文本的形式静态,还是它的语言,都独立于阐释者,应该按照它们的本来面目去探讨它们。

符号体系使阐释成为可能,阐释不能只是一种逻辑推理,因为符号体系应该产生意义。阐释是一种评论,一种关于符号体系与认识主体关系的评注。

尽管这种更完善的阐释概念在哲学传统内部曾经出现在一些思想家的作品里,例如胡安·路易·维夫(Juan Luis Vives)、吉昂巴蒂斯塔·维柯(Giambattista Vico)、威廉·冯·洪堡(Wilhelm Von Humboldt)、贝纳德多·克罗齐(Benedetto Croce)及其他许多思想家的作品,但它总是与占统治地位的绝对主义相对立的某种不和谐的声音。我们还记得,亚里士多德认为,阐释首先是通过语言而实现的阐释,然后才成为对语言的阐释。这样,阐释便同样有效地避免了客观主义和怀疑主义的误区,它强调阐释本身即是一种象征性的表达方式,但其本体论身份不同于接受检视的文本的本体论身份。无论解释中使用何种方法,有一个事实是毋庸置疑的:阐释与文本的关系只有在该文本和其他类似文本之言说者、听者和评论者的群体内部才是可能的。阐释所实现的批评任务既不能局限为文本形式组织的解释,也不能仅归结为批评家兼阐释者精神的某种情感抒发。解释程序对批评家兼阐释者的个人理解具有某种必要约束的作用。在关系批评的传统中,阐释被描述为目的茫然和短促,然而,亦被描述为对群体认识事物的贡献并由群体所检验。没有共同根源和裁决的阐释,就会变成个人趣味的恣意推销,我们时而被迫去阅读它们。

诚然,阐释一部文学文本的方法永远不止一种,这并不意味着所有的阐释都是等同的,并不意味着它们的得与失相差无几。文学文本在某个特定历史点上展现的可能风貌的范围是有限的,因此阐释方法也不可能是无限的。此外,问题的一个重要方面就是有效逻辑性,在历史的任何时刻,它在言说者的群体内部构成某种共识,既可以避免教条主义又可以避免怀疑主义。捍卫或抨击某种阐释、比照若干种相互对立的阐释或充任媒介者并找到某种共识场,这些应该都是可能的。研究者的群体中即如此。

我们不妨得出这样的结论:无论解释文本风貌使用了何种方法,无论属于阐释者理解程序的意识形态和文化背景是什么,阐释就是阐释者理解的反映性表达,它是通过先于它并在评论过程中伴随着它的所有解释步骤而实现的。解释分离出某种富有活力的意义,阐释者如果想把它传达给某人就必须把它变成自己所有,这即是说,我(他、她)应该理解解释步骤所分离出的参照指示。解释和理解的辩证法构成阐释的强有力的揭示者。

分离出一部文本的意义是走向理解的第一阶段;把一部文本的意义传达给他人是解释道路上的第一步,而解释与理解之间的往复是阐释的第一个运动。当人类互动的这种共同活动关注对整个集体具有某种重要性的书面文本即宗教、法律、历史和文学文本时,它就变成了一门学科。我在本文中所描述的阐释性质起初是矛盾性的,随后变成了某种创造性辩证法,产生主体对文本占有一极的力量与传播一极的要求之间的适度平衡,在传播一极文本变成了他人的语象财产。

每个读者阅读文本时都要使用一些和谐范式,这些范式建立在一般生活经验的基础上,尤其建立在以前阅读经验的基础上。这些和谐范式常常受到文学文本之阅读的质疑,有时被后者打乱。因此,文学文本的阅读现象学起初是对和谐范式的应用,然后是对它们持续不断的发展和修正,最后是对它们的替换。批评家兼阐释者在这个程序中的作用不是中断它,而是把它从主观领域转移到主体间领域;换言之,就是继续文学文本的开放性,把关于文本的对话变成具有创造性、现时性和未来性的集体生活的一个组成部分。

17. 文 学 评 价

约·舒尔特-萨斯

一

20世纪五六十年代以及70年代初,在英国和美国、在讲德语的国家、在苏联、在波兰,甚至在法国,曾经发表了数百甚至数以千计的①[埃尔曼·舒林(H. Schüling),1971;约·舒尔特-萨斯(J. Schulte-Sasse),1976]关于文学评价的文章和书籍。当西方世界但也包括东德、波兰和苏联最著名的几位文学批评家发表了一系列关于文学评价的文章和著作时,对价值问题难以释怀的这种情结大概在1965至1969年间达到了高潮。仅就美国和西德而言,我数了一下,在这5年期间就有62部关于审美价值问题的重要出版物。当然,如果我们把那些亦经常涉及评价问题的关于文学批评普遍问题的出版物计算在内,这个数字还要大大增加,因为,事实上,任何文学批评的前提条件就是对艺术本质之构成的理解——对艺术在人生中的功能的理解。然而,关于艺术功能的任何前提都必然涉及某种得到认可的价值等级。大部分批评家自然都意识到批评实践潜在的价值前提。比如美国批评家兼诗人伊沃尔·温特斯(Yvor Winters)在一篇当时颇有影响,题为《一个现代文学批评者的问题》(*Problems for a Modern Critic of Literatur*,1956)的论文中宣称,我们应该对"文学的一般功能有一个清楚的了解,

---

① 一个仅包括1971年以前关于趣味(kitsch)的出版物的参考书目列举了819个书名,参见埃尔曼·舒林(1971)。我自己的选择性参考书目列出了1975年以前关于文学评价问题的317个书目。——原注

这是为了我们能够在这个最终原因的启示下评价形式"(温特斯,1957,第24页)。

乍看上去,我声称有关价值问题的出版物很丰富,该声明与巴尔巴拉·赫恩斯坦·史密斯(Barbara Herrnstein Smith)的一部重要近作《价值的偶然性》(les Contingences de la valeur)的头几行文字是相悖的。"美国文学研究中一个奇怪的现象是,在理论上最受人尊敬、最中心、最有意义,在实际中不可避免的有关文学的系列问题之一,50年以来没有成为认真研究的对象。我在此暗示下述事实:不仅文学评价的研究可以说被'忽视',而且有关评价价值的整个问题域都被文坛所回避并遭到明确的排斥。"①(B. H. 史密斯,1983,Ⅰ)确实,几乎与有关价值问题的著述潮同时,曾经出现过一些同样重要的批评运动,它们试图完全排斥评价问题。诺斯罗普·弗莱的《批评的解剖》(1957)就是最著名的一个例子,它呼吁学者们在研究实践中把价值问题搁置一旁,而去接受"建立在可靠信息基础上的优秀趣味直接的价值判断"。但赫恩斯坦·史密斯不认为他的声明仅限于这类坚决排斥的态度:该声明应该也包括某些与价值问题相关的著作。赫恩斯坦·史密斯从传统评价言语以前排斥的某种视野出发,重新描述了一个由来已久的回避态度的历程。有关价值的传统讨论总是以审美价值的存在和力量为前提;这些讨论是在某种已经建立或得到认可的价值体系(已经发生分化和变异的价值)范围内进行的,注意力集中在价值认识的微调上。鉴于它对价值在人类社会的文化再生产中所起的总体作用感兴趣,赫恩斯坦·史密斯反其道而行之,试图理解不同文化偏爱某些东西并因此而取消了所有价值的基本的偶然性的运作机制。这样在价值领域长期困扰传统思想的问题,即价值是相对的还是绝对的这个问题,便有可能变成历史和经济问题。如果说价值"既非客体的固有特性,亦非主体的随意投射,而是某种经济体制活力的产物"(赫·史密斯,1983,Ⅱ),那么,对导致这些体制之再现或不成功的运作机制的分析,便转移了关于永远已经预设的价值有效性的传统兴趣。正是在这个意义上,赫·史密斯完全有理由肯定大学界回避了价值问题。

在本论文中,我不沿用赫·史密斯的思路,我更愿意置身于价值领域已确立言语的范围之内,反思该言语是否包含这样的标志:允许我们

---

① 这是关于现代社会审美价值讨论的一个基本内容,至少从大卫·休谟的论著《论鉴赏标准》(*Of the Standard of Taste*,1757)检视起。——原注

违背其自身性质而阅读它并揭示其公开目的的直接表述中不存在的隐蔽动机的标志。然后,以我的评论为基础,探讨一种不同的批评实践是否可以脱颖而出,这种批评实践可以避免我将要分析的问题,并设想这样一种实践的研究方向应该是什么。为了给这个思路做点铺垫,我先概述一下关于价值的文学批评言语的一些基本要素。

关于**审美**价值的任何讨论都受非审美标准和文学中表现的价值的影响。布拉格结构主义者让·穆卡罗夫斯基在题为《作为社会事实的审美功能、标准和价值》(*Fonction, norme et valeur esthétiques*, 1970, 第 103 页)一文中,甚至把艺术作品定义为"一个十足的非审美价值(外在价值)的集合体,确切地说,它就是这个集合体,仅此而已"。一部艺术作品的审美价值产生于它对非审美价值的组织方式;审美价值"只不过是非审美价值之间相互关系的活力整体的一种粗略表达而已"。在足以讨论根据价值问题的已确立言语谈论作品外在价值的文本组织何以能转化为审美价值这个问题之前,我们应该先考虑一下"外在"标准和价值一般是如何在文学中再现的。

文学包括意识形态成分,其语义价值部分地继续由它们的社会历史和心理历史背景所决定。文学确立其规范性(意识形态性)的最重要的层面就是人物荟萃和情节结构层面。故事的叙述可描述为某种意识形态的交际过程,因为它与以间接、书写和非概念化方式亦即建构种种行为和行动之解释范式承传(médiatiser)意指的叙事能力不可分割,正是通过这些行为和行动范式读者才能捕捉或建立他们自己的经验。虚构作品可以扮演这种模式的角色,因为文学人物运作起来就像一些并列的意识形态范式。读者因此而走向对人物表现的评价,并进入人物角色。换言之,在叙述过程中,按照一种等级秩序,文学人物被赋予一系列标准和价值,此举有可能改变读者的反应。根据格雷马斯的结构语义学,这些标准和价值可用文本言语描述为语义标记(即意识形态标记)。这类标记不是用来表现作为个性的人物特征的,更多的是界定人物作为坚实意识形态建构的位置,这些建构可在文本总的意识形态建构内部承担种种功能。因此,一个特定文学人物的语义标记可以描述为一般比较和谐的标记束;在"高雅"文学中,它们可能会比在大众文学中更宏阔、更复杂,也更容易发生变化。然而,在任何情况下,它们都或明朗或不甚明朗地鉴定着人物。因为这些标记可能经常是来自社会历史背景的意识形态义素,所以文学不但具有建立语义标记或它们的支撑物之间、文学人物之间内在价值之对立的可能性,而且还能借助叙事所描述的上述对立容纳或重构社会背景的价值对立。文学就是这样，通过其人物群，能够以复杂或不太复杂的方式，重绘具有意识形态可靠性的社会现实（和心理现实）的价值对立。构成意识形态群的成分自然不会处于某种静止的平衡状态。在文学中，情节结构的展开以时间为轴线；它因此变成了一种情节逻辑，并使文本的语义群服从于一个内在的评价程序，而读者一般是意识不到该程序的。

　　截至现在，我的概述适应于两种文学叙述形式，一种是"高雅"文学形式，一种是"大众"文学形式。关于评价的传统言语在这一阶段引入一些等级，它们据称能够在高价值文本与低价值文本之间作出区分。复杂程度或暧昧程度（新批评）、"审美张力的丰富"程度［沃尔夫冈·凯泽尔（Wofgang Kayser）；瓦尔特·穆莱尔·塞伊代尔（Walter Müller-Seidel）］、模糊性、"多义性"或"阐释的丰富性"［韦勒克/瓦伦；马克斯·韦里尔（Max Wehrill）］等，据说能区分"好""坏"文本。极富审美特性的艺术的组织性或构造力，把一些外在因素整合进某种"创作秩序和语法秩序，使它们出自某种关系网络"，处于"摆脱了自身固有约束和单向性特点并产生多重意指的境地。这些多重性意指不能以完整终结的方式反映。被容入的要素为其他生活形式、其他时代以及其他表现形式生产了种种代表性的，甚至象征性的意指"［埃姆里奇（W. Emrich），1964，第983页］。具有"高雅"文学特点的文本结构方式据说缩减了艺术文本与社会背景的关联；它无视生活的需求，因而使我们摆脱社会的束缚而专注于反映艺术意义。

　　下面是使用这些准则的典型论证［我这里引述了随意选来的美国批评家穆雷·克里格（Murray Kriege）1969年写的一篇论文］：

　　　　（一部有价值的作品的）每个方面都能把我们俘获在它的象征世界里并阻止我们逃向参照对象的世界，并进而逃向行动的世界、外在关系的世界，在那里认识和/或伦理趋向于排斥纯审美的东西……一流的诗歌从它自身体系出发重建它的意指……任何批评行为，只要其对象是一首合适的诗……就是无法表达的象征结构即诗与批评者运用的更加通俗的象征之间的斗争和妥协。这些象征决定并限制了他的视野。因此，每个批评行为也是某独一无二作品的新视野与其读者的老视野之间的斗争和妥协，老视野力求得到加强。这里出现了一个看上去自相矛盾的双重活动，一方面，它使清醒自己身份的读者（这其实只是"批评者"一词的另一种表达方法)只通过他所带入的视野类型——就是说,仅通过把作品浓缩成先前之我所能允诺的方式——捕捉作品;然而,另一方面,导致读者扩大他的视野,以适应作品所拥有的新气象。在后一种情况下,读者有限视野的有限度减小了,他先前的视野得到了更新,货真价实地变成了某种更加完整的东西,直接性品质使它显得清新,以至于要接受一种新的定义。如果读者只投入这个双重活动的第一部分——如果他使用作品只是为了巩固他的视野并使作品适应他先前存在的体裁视野——那么,他当然就否决了文学以及我们与文学保持的交际关系,这是它们自身的功能,这个功能就是超越以前的自我,或把自己变成一个与以前不同的人,用文学视野的方式培养他……

在与文学客体碰撞之前,无论我们关于其本体论地位、其存在、其意指和价值作何决定,我们知道只能通过该碰撞的尘埃来谈论它们。我们重新站立起来,我们不再完全是以前的我们,我们试图准确地谈论震撼我们的东西,谈论如此承受的冲击的力量。对已经发生的事情和我们碰到的对手类型,也许我们会提供司空见惯的单向视野。那么谁来纠正我们的看法,如果不是那些有过类似遭遇、其描述同样片面和自私的其他人?任何人都不能否认相遇的作用,任何人都不能否认相遇给他带来的偌大变化;然而,每个人对此都会有自己的个人想法,都会就此作出自己的总结。

(M. 克里格,1969,第 301、304、308、309 页)

在我 1971 年写的一篇关于文学评价理论的论文中(1976 年拙作的第一稿),我表达了下面的观点——我们行业内对事物的社会历史形态感兴趣且政治态度鲜明的许多人都同意我的观点——我们这些试图拆除文化再生产中的意识形态机制的知识分子,我们的第一项任务甚至首要任务,就是批判类似上述文字的种种宣言的语义预设或本体论预设。引导我们的问题如下:一部艺术作品真的可以分解,即把它的语义材料、它所使用的符号轮廓、它的修辞策略与历史相分离吗?或者说,艺术难道不总是与一个特定社会中争取交际权力的斗争、与争取意指的竞争相类似的东西密切关联且成为其组成部分吗?答案太清楚不过了。一旦我们发现了文学文本与其社会历史背景之间的许多互联关系,我们就以为在社会历史的基础上不但建立了一种新的阐释方式,而且还建立了一种新的审美评价方式。我们的终极标准曾经是通过艺术作品承认或否定为被压迫群体或阶级的解放和创造有社会价值意义的审美形式而进行的斗争。由于我们不是艺术方面的无知者,而且我们不相信那种意图良好但却肤浅的艺术作品的优越性,诸如复杂性、暧昧性和讽喻这些准则又回到我们的言辞中。我们曾以为具有社会价值的意指的审美反映会对人们的立场和觉悟产生立竿见影的解放作用。我们很少把自己的兴趣扩展到关注艺术之地位和功能以及它们对现代社会人们对艺术内容的反应方式的批评分析。

从我们把艺术的功能作为现代社会之建制来分析的视角出发,下面两种倾向的共同点远比初看上去多:一是理想主义地相信艺术的语义自律性和审美自律性;二是与历史连续性——通常从历史哲学角度被视为具有结构性——相对应,对艺术进行某种社会批评性评价。两者都相信艺术展现审美价值并有能力组织意指。两者都包含某种信念,相信意指与审美价值之间存在一种根本的、不可或缺的关联,尽管两种方法之一比另一种更倾向于把意指与其背景分开。最后,两者还相信,普通交际从根本上说是一种论争性强烈的现象,无论如何,是某种隶属于身份逻辑的程序,通过后者我们可以发现"真理"。它们都同意下面的观点,即艺术能以这种或那种方式重新组织日常交际的成分,使艺术成为一种独特的东西。

E.D. 赫什为当时争论正酣的关于审美价值的讨论贡献了若干意见。我们引述他的下面这段话:"必然参与意指描述的价值是那些存在于意指与构成意指的主观态度之间的价值。换言之,文学评论中唯独不可避免的价值判断即必然隐含在阐释中的价值判断。对意指的阐释不可能避免与意指相关的价值判断,不可能再现本体论方面的某种不可能性。"(E.D. 赫什,1969,第329页)文学在这种情况下被视为一种意指结构,其结构原则来自决定我们世界观的价值态度。让我们再引述赫什的一段话:"一部文学作品的阐释(描述)必然与主体的特殊立场相关,主体的立场构成了它的意指……情感与价值判断必然存在于意指和与意指相关联的主观立场的关系之中。这些价值判断因而是文学描述必然具有的。"(E.D. 赫什,1969,第331页)

显然,只要对几个术语略加修改,这段引文就会变成我们在众多讨论价值问题并有社会历史倾向的出版物中所看到的那种声明,如"主观立场"变成某团体或某社会阶级或某历史时期的立场,等等。那些受社会历史倾向支配并使用唯物主义论据的批评者们也预设说,有价值的艺术作品是根据某种价值体系组织起来的一种意指结构。他们还坚持下面的前提条件,一般而言,艺术在某种程度上是一种模拟领域,其中价值、意指、身份相互竞争。这种立场与自由理想主义者的立场之间的差别肯定没有我们以为的那么大,对于自由理想主义者而言,有价值的艺术作品即是某种"自由公众领域"的象征;因此,它是某类批评者团体思考意指复杂性的手段,这种思考方式与公开辩论的理想概念保持着密切关系。在这种视野里,艺术可以使自由公众思考引导资产阶级社会之交际互动的价值。与此同时,公众也思考自己的存在方式。换言之,高雅艺术里意指的审美组织建立了读者与意指之间的游戏关系。但是,这种关系具有意义重大的实际效用。它使文学成为某种阐释对象,而与此同时,人们却暂时中止了把如此阐释的意指对实践的任何应用。鉴于文学阐释和评价仅关心能够**潜在地**对行动提供某种导向的意指,而其实际应用性在人们对其进行审美讨论时总是被中断,从这种视角看,艺术的阐释不能或不应该受到某种外在利益的支配;它甚至不应以摧毁作品所承传的准则和价值为目的,也不应以此保证审美范围以外的某种直接效果。

在某种"后现代"视野,即关于社会分化可能对相关联的种种言语(例如艺术)的功能分化产生影响的批评思考视野里,写于同一时期的马克思主义的评价理论与自由理想主义的评价理论显示了惊人的相似之处。视艺术为掌握现实之共相形式的马克思主义理论,自然强调个人艺术作品的历史特性。但它们也把艺术看做公众通过不断阐释意指结构而获取知识的一种手段。这里也一样,人们把审美结构从内在本质上视为是无限的(这样,它们便把阐释作为一种永无终结的任务),即使个人作品外部界限和形式界限的确定迫使批评者建立艺术与历史展现之间的相互关系,历史展现仍被视为某种解放进程。两种方法似乎都认为,在这些价值问题中,最重要的就是内容的形式(包括审美组织)和个人作品的价值。关于价值的讨论没有考虑结构行为的**建制性**原则(les principes *institutionnels*)所产生的某种构成能力的可能性,这些建制性原则从另一层面决定伦理内容和主体的价值态度。

正如我下面要支持的那样,在现代社会,审美的建制地位决定评价言语。然而,评价言语却未能把其批评的目光放在这个曾有能力改造它的建制地位上,由此导致了批评者们要常常注意不要混淆审美与非审美之间的界限。而这种担心只有当我们成功排除了建制与言语的功能分化(例如,假设艺术与生活的分离是件自然的事)问题之后,当我们接受了人的意识是一个单纯和统一、不受建制隔离约束的组织这个前提之后，才可能产生。对触及功能分化问题的系统排除自然在下面这类作者那里更明显一些：他们相信人类价值的有序宇宙是存在的，而且支持审美价值与非审美价值之间存在某种连续性的观点。例如，赫什即坚持"一篇技术论文、一个日常会话，或者一首诗等，都拥有自身的必要价值；当然，这些价值是不同的，但是支持它们存在的论据的结构是相同的。由此可见，没有任何有效理由把文学和艺术孤立在一个与其他文化现实相分离的、神秘莫测的本体论领域中……接受文学价值与人类文化中共享的所有其他价值构成某种连续性这一事实而不是为之哀鸣，不啻于最好地服务于人文科学"（E. D. 赫什，1969，第 331 页）。在这种视野里，艺术只能过分轻易地被视为社会化的某种工具，理应置于文化政策方面的权力仲裁者的掌控之下。

然而，绝大多数评价理论把审美交际与日常交际相提并论；前者摆脱了后者所服从的约束。这些理论预设了某种文本、阅读概念和相对于其他功能而审视的审美功能概念。评价言语一般不打破艺术的建制界限，即它不把自己的批评目标对准这些界限，而且接受并肯定现代社会特有的建制分化这个事实本身，就构成了一个值得研究的对象。下面，我不打算讨论文学评价的可能性或审美价值的存在问题，宁肯更多地谈谈讨论评价问题、以知识分子精英为对象的一套大学言语在发达社会里的（审美）功能①。该言语反映了审美总体上在现代化进程中日益承担的功能。

二

自评价理论引入一些把审美与日常生活相分离为目的的准则时起，审美在功能分化的现代社会里所扮演的非审美角色就变得明显起来。这类准则——这是我的观点——指明了艺术在现代社会受到特殊赏识的真正理由。在 M. 克里格的引文中，这一点在作者坚持下面的看法时便脱颖而出："诸如讽喻、暧昧性、悖论和张力等准则接受某种价值，作为阻止我们逃向参照对象的世界，并进而逃向行动的世界、外在

---

① 这绝不是说，当前出现在第三世界内的评价言语有不同的功能。相反，现代化的压力似乎把第三世界的知识分子推向同一个方向。参见埃德加·赖特（Edgar Wright, 1973）和朗德·比肖普（Rand Bishop, 1975）及其他人的著作。——原注

关系的世界"的手段,在外在关系的世界里,认识和/或伦理趋向于排斥纯审美的东西。"(克里格,第301页)道德和认识是社会再生产的两个受现代化进程改造最大的领域。社会的物质和技术的再生产,这里用了一个不同的语词表示知识以及政治或道德的再生产,两者都取决于某种同一性逻辑,后者的哲学基础是在从笛卡儿到康德时期的西方哲学史的进程中建立起来的。涉及范围包括真理或修正等内容的同一性逻辑的准则,构成了现代社会中引导征服和开发大自然的种种尝试的方法论的力量。支撑现代社会物质和文化再生产方式的同一性逻辑,在其穿越历史的辉煌绽放中,把质变纳入同一性思想的约束之下,从而排除了质变。在某种心理层面,同一性逻辑的胜利绽放导致了某种主观性方式的建立并使其成为一种支配方式,该主观性方式产生了"自我"的众多以我为中心的同类。现代化意味着质变被量变征服并淘汰,无论是人与人之间、相同语义之间、文化之间或其他什么东西之间的变异。有关的论据尽人皆知,无需在此对其加以评论。

还有一件事源自现代化的著名效应,从艺术在现代世界享有的特殊地位来观照,它更加重要。如果我们意识到同一性**即异化**——无论我们是从方法论意义上、心理学意义上或社会意义上谈论同一性和异化——那么,很清楚,对异化的排除总是包含同一性的某种至少是部分意义上的分解。某种更高程度的同一性和差异性在现代社会之心理、认识和社会组织中的出现,诱发了对先前存在方式的伴随性怀念,这些存在方式能够战胜或者暂时瓦解社会分化,即异化或差距。瓦解现代社会建构在同一性周围的界限的补充愿望——它是社会压力的补充,后者迫使我们像理性人那样行事,迫使我们投身理性任务——是现代社会艺术之特殊功能和特殊魅力的根基。

当我们从这个视野去审视审美评价的理论与实践时,就会发现两者都受一种隐性艺术观的引导,它梦想成为同一性和分解之间的媒介或调和,还梦想超越异化或同一性与相异性。当克里格谈到艺术的模糊性、讽喻或复杂性的价值时,他参与了——仅仅增加了现代术语的使用——康德为人类想象开辟一个不由同一性和合理性约束决定的领域的设想。自由主义对意指的某种无比照讨论的梦想是其艺术作品与读者"贴合"(la "collision")的定义所固有的;它反映了充当界定与分解中介的同样愿望。我的意见是,这是评价理论一个无处不有的理想,这些理论,总而言之,只能从社会历史和心理历史的双重视野去理解。例如当罗曼·英加顿谈论艺术的"复调和谐"或者当尼古莱·哈特曼梦想某种主体间的"价值普遍性"时——据他所说,这"仅仅意味着那些态度合宜(adäquat Eingestellien)的人们的统一性"(N. 哈特曼,1953,第 322 页)——他们表达了现代性所特有的某种愿望:远离社会的某个群体、某处圣地的愿望,那里废除了异化和隔离,同时,"真理"可以取决于超越支离破碎之意指的不相容性和对立性的审美追求。同样,当另一批评者宣称"每部作品都是取之不竭的。当我们思考它时,犹如长出了翅膀"[特伦茨(E. Trunz)]时,飞翔的形象在这里明显表达了某种违背日常行为中应该一直被承认的分类的愿望。此外,翅膀隐喻的性内涵只是太过明显。[弗洛伊德在他《释梦》(Traumdeutung)中指出,"最经常的现象是,梦见飞行或翱翔的重心是性渴望"。]这个文学评价言语中最通用的隐喻之一(舒尔特·萨斯,1976,第 65 页),表达了社会灌输的抛弃现实和逻辑约束的梦想。

重新浮出评价言语之修辞学水面的同一性与分解之间的区别,可以把精神分析学中原发程序与继发程序之间的区别引为内涵。在个体发生学层面与种系发生学层面一样,这种区别明显很重要。例如,它可以使我们理解个人的策略需要,借助这些策略他可以建构种种象征和准则的整体或信息,以期掌握环境并克服原发程序的未分化性。它还能使我们从心理方面理解人们的系统化、等级化和极化策略的体现;最后,它还能使我们从精神发生学方面理解分解经验的潜在欲望,理解旨在把主体与客体相分离的现象和对非逻辑性联想的兴趣普遍化的种种对策。但是,当这种区别重新出现在一文学批评的背景下并决定评价理论的修辞言语时,它就变成了现代主体性两个互补方面之间的某种**静态**辩证法。在这里它参照了某种本能:设法以象征和想象方式调和笛卡儿式的划界需要——文明进程迫使人类愈来愈采纳它——与浪漫主义的分解愿望。正是在这里,有关现代主体性之浮现的社会发生学和心理发生学信息,以某种在场愿望、永恒满足的愿望的形式重新出现,这种愿望改变了我们对审美形式及其价值的理解。例如,现代社会中重新认识神话的审美追求总是包含着某种摧毁人与人之间、主体与客体之间、人类与大自然之间的种种障碍的愿望。

当然,艺术——尤其是两百年以来——曾多次描绘了这样一种神秘愿望。当我们想到文学上的分解经验或中心偏移经验的描述时,我们通常所想到的小说是中世纪意义上的小说,即爱情故事,或广义上的情感故事。在"高雅"文学中,它们似乎被限制在浪漫主义传统内。自然,这显然过于简单化了。在一部恰好涉及英美小说中该神秘维度的很吸引人的著作中,加布里埃尔·施瓦布(Gabriele Schwab,1987)展示了众多现代小说如何且为何执意追求偏离经验或调和主体性二元倾向的经验方式。我仅举一个例子,《莫比·狄克》(Moby Dick)就是这样的一个现代神话,在那里,浩瀚的大西洋给了伊希梅尔重新发现被文明进程埋葬了的现代主体性各个不同层面的机会。疾病或疯狂与情欲分解的形式一样,可以构成某种同样适合描写这类欲望的材料。理查德·欧曼(Richard Ohmann)在分析索尔·贝洛(Saul Bellow)、西尔维亚·普拉斯(Sylvia Plath)、塞林格(J. D. Salinger)、菲力普·罗斯(Philip Roth)、约翰·厄普代克(John. Updike)等作者的小说时,提出了下述论点:表达某种对分解的补偿性愿望的六七十年代的典型小说,都以疾病和童年回忆为中心——"紧紧抓住童年时代并把它作为反对资本主义和家长制社会关系的唯一堡垒的人,大部分情况下,是个已经进入成年人角色的男人或女人,只是装做社会的一员,一个有生产能力的、完全适应社会的人"。甚至社会批评小说亦如此,由某种分解愿望来界定:"这些视野展示了一条更好的路径,它们几乎千篇一律地把我们引向过去,更经常引向个人的童年,在那个年代,自我沉浸在家庭的温暖之中,社会显得很遥远,超出了视线的范围……在这些小说的几乎任何一部中,都找不到一个摆脱了伪善社会关系的、活泼的情欲领域,一个可以重新找到孩提时肉体与精神统一的领域。"(R. 欧曼,1983,第215页)

无论这些个人作品的成分在现代艺术中多么重要、多么普遍,更重要的是同一愿望在功能分化的现代社会中决定艺术建制地位的方式。据评价言语说,艺术给人类提供了一种经验方式,后者不仅是单向补充性或补偿性的:它不仅仅提供了一种想象的分解经验,通过该经验它暂时中断了依据同一性方式思考和行动的心理和认识上的必要性。而且,它还被认为表现了一种调和同一性与分解之对立关系的经验方式,并因此而克服了现代性所引发的结构分化的进程本身。

具有讽刺意味的是,我们可以发现,人们赋予艺术的救世重任导致了——尤其是从19世纪下半叶到20世纪的70年代——艺术价值概念的某种实体化和物化,此种价值概念让艺术屈从于据说它已超越的同一性逻辑本身。赫伦斯坦·史密斯正确地指出:"在整个形式审美的价值哲学中,人们的倾向曾经是借助客体的固有品质和/或对普遍特征整体的假设来解释恒定性和一致性,通过个人主体的谬误、缺陷和偏见来解释变化性和不一致性。"①(B. H. 史密斯,第 15 页)这种价值物化的倾向与我的论点没有任何矛盾,我的论点是:评价言语由某种想象的分解经验的愿望决定。因为,把其同一性固定在一个超验的实体或一个普遍概念的稳定性中的愿望与自我对另一自我的屈从是一致的。自我对另一自我的这种服从等于从情感上冲破了同一性的"绝缘体",因此它也从超越同一性与分解之对立的愿望中找到了其根源。另外,认定审美经验能够调和同一性与分解性这种观点并不影响调和本身由某种偏离经验的渴求所决定;审美经验提供了某种二级分解。我的观点是:文化精英们对所谓劣品惯有的蔑视由于艺术与劣品在它们各自公众眼里具有相近的功能而加深。劣品以线性而非折射方式提供种种补偿性经验——与同一性和分解的任何调和想象毫无关系。它毫不犹豫地随意再现一些情感景象,一般认为读者有可能以最直接的方式认同这些情景。因此,批评家们把劣品称为某种"在劣质物品刺激下的自娱自乐"、"纯粹的自娱者(他既没有审美动机也没有游戏动机)的自我陶醉型自娱自乐"[L. 吉叶斯(L. Giesz),1971,第 40、48 页],是有道理的。

不管拙劣作品的自恋经验与文化精英渴望的比较理智的享乐有多大区别,现代社会的任何审美经验都受某种对偏离经验的根本愿望的再决定。这种再决定的理由存在于下述事实:作为建制的艺术被纳入一个由同一性逻辑支配的社会。在一个功能分化的社会中,艺术的地位因而总会受制于同一性逻辑,即使它在提供审美经验的过程中有助于抵消后者的功能。从精神分析的角度看,可以说,艺术领域的价值概念,被实证主义僵化并标志着评价言语特征的概念,既能够给人们带来焦虑也能够转移它。审美价值的僵化及其向神秘主义的改造,反映了某种"集体倚赖无可争议的事实和原初现象即'原型'、全都不可改变的人类学或本体论'基本类型'的历史趋向"[H. 基利恩(H. Kilian),1971,第 101、102 页]。这种倾向可以"假设性地阐释为忧患意识或预防忧患意识的某种征兆。当一种历史意识失去了构成其传统护卫的稳静和绝对的参照体系时,自觉受到了部分失去现实的威胁"。(H. 基利恩,同上)不管这种变价值为神秘的倾向与偏离经验的某种愿望乍看上去多么水火不容,它们都具有同样的心理功能。

现代社会中,架构种种评价理论的审美的悖论状态是因为现代艺

---

① 见本书第 283 页注释①。——原注

术首先接受了康德所描绘的现代性方案。这些理论坚持用同一性原则思考问题,坚持用斗争原则审视艺术之外的交际活动,并把艺术视为社会必不可少的某种建制,因为它给人类提供了一个同一性法则同时受到保护和悬置的环境,后者因而使人类的思想免遭语义衰竭的损害。

三

我要为揭示叙述轮廓固有的意指结构的尝试辩护。这是一种基本的、不可缺少的批评活动,尤其当叙述轮廓遮蔽了它们内蕴的社会团体的意识形态利益时,而这种情况很常见。无论我们关于这种意识形态批评的前提条件和可能性及其建制化之可能性的思考会在多大程度上改变该批评的有效性,投入这种批评活动是根本的,尽管同一性逻辑的论辩法则决定着它的实践。揭示叙述轮廓和情节评价策略所承载的意识形态蕴涵这样的知识活动应该在社会内部占有一定的地位。"评价"这个术语本身至少完成了一件事:它把重心从一个实体化的客体——例如价值——转向某种批评程序,从某种价值实体转向一种功能、一种实践,在这种实践中,相对于某价值客体,重心更放在主体所实现的评价行为上。

但是今天我要声明,此前,上述批评活动已经变成了某种很随意的批评活动,至少在我们称之为"后现代"的社会里如此。这种批评活动的地位可以确定,但其重要性受到了当代社会文化再生产方式变化的改变,当代社会使传统的文学评价实践——假定后者真正试图具有批评性——变得无力实现它自身的目标。该评价概念可以上溯到康德所表述的现代性构想,下面我将评论这个概念的过时性。正如阐释问题一样,评价问题同时也是一些与主体性自我构成的可能性相关的问题。埃里克·埃里克森(Erik Erikson)在分析1900年代的德国青年运动时指出,该运动的特点是试图从小资产阶级社会的准则和价值中解放出来,这种反叛运动最终注定要失败,因为它仅关心准则的内容,而忽视了质疑下面这种潜意识的、潜在的默许态度,即认同并臣服于某种专断性他者的默许态度:它因此而允许客体支配主体以及主体支配客体的固定和静止的关系未受触动。埃里克森的论证对文学评价的理论与实践很有意义,因为它涉及传统文学评价以及建立在意识形态基础上的批评性评价实践的一种缺陷,以意识形态为基础的批评性评价活动是在60年代发展起来的,并且步法兰克福学派批评理论的后尘,盛行于

70年代。正如人们所理解的那样,这种实践活动建立在道德优越性的基础上,主要是把一种立场与另一立场相对质,如同埃里克森分析的青年运动的做法一样,而没有质疑其操作理论中潜在的具有目的性和居于支配地位的主体的前提条件。换言之,一种目的论中的主体性对全权全能的恣意幻想和自恋性的自我满足,如同一些叙事通过好莱坞式英雄所体现的那样——人们期待我们发现我们与这些主人公的联系,期待着我们义务性地把他们作为判断任何行为的准则来使用——在结构和心理方面,与我们自身之理想对道德优越性的理想主义信仰相关。以意识形态为基础的批评太经常地显示了自己的不足,因为"它仅仅试图挣脱资产阶级思想的意识内容,却继续认同资产阶级意识的同一性的潜在结构"(H.基利恩,第60页)。

还有,自18世纪中期到最近以前所实践的评价和阐释活动,没有反映出社会互动刻印在人们身上的意指的意识结构与潜意识结构的区别。作为这种实践基础的阅读方式预设了能够掌控其交际意指的主体们的存在,即使这种意指是"不可穷尽的"。这种预设仅片面地考虑到了主体构成之发生"犹如邀请你以象征符号和象征形象的手段认同父辈和其他人"以及客体结构"通过种种系列应用"而再生产(H.基利恩)的意义。主体们的构成仅仅是从意指的有意识交流角度考虑的,该意指不管其内在复杂性程度多么高,归根结底服从于某种同一性逻辑。倘若发现,这类系列应用亦发生在意识之外的其他交际层面,那么,一个新的任务便摆在了文化批评者(正如文学批评一样)的面前:它只能不恰当地称为评价。正如我们已经看到的那样,已确立的评价实践提出了下面的基础预设,即文学上所表达的内在化的语义轮廓只能由**新的神秘轮廓或叙述轮廓**来代替或转移。评价是与这类叙述置换相关的批评活动。只要评价继续其由同一性逻辑前提和理想主义的意识哲学(*Bewusstseinsphilosophie*)引导的批评活动性质,就完全没有可能建立可以逃避同一性逻辑圈套的某种批评程序,即一种改变我们世界观和我们的潜意识结构性质的程序。一种批评实践问题不可避免地与这类性质变化的可能性相关联。传统评价是在启蒙运动中实行起来的,并一直排除了研究某部潜意识文本的必要性。

四

正如我们已经谈到的那样,艺术在现代性中的独特建制化对其接受方式产生了根本性的影响。它趋向于把审美接受与人类实践的其他领域相隔离,并因此而阻断了作为意指之政治经济领域的艺术对该经济其他领域可能产生的任何效果。艺术的内容服从于某种抽象程序,后者的根源存在于社会的功能分化之中。讨论评价的已确立言语因张扬对个人作品进行独立沉思的某种审美思考形式而参与了上述发展进程并使其稳定化。一种没有预先服从现代社会功能结构化原则的批评实践,应该反映摧毁分离艺术与生活的建制性障碍并因而使艺术走出抽象功能化区域的可能性。以我之见,这种可能性只能通过下面的途径来实现:首先利用文学的修辞特性,其次利用人们为实现其物质经验而体现的对使用纯正修辞格的需要。如果我们想要艺术永远脱离现在所处的抽象功能化区域,艺术意指的政治经济和铭刻在我们身心中的物质经验就应该短路。

为了阐明这个问题,我希望为此并就这一具体点做点简单的历史回顾。我们可以把这个如今被广泛接受的主体思想,即主体是社会化进程中镌刻在他身上的程序化结构之产物的思想,追溯到哪些历史变化呢?在我看来,最容易的回答就是来看一看初期的德国浪漫主义,它把批评活动的整个复杂性放在了它理论兴趣的中心,这不大会是巧合。早期的浪漫主义者把他们所面对的社会进程描述为导致交换价值的统治性越来越普及的进程。但同时,他们承认,随着社会逐渐呈现出一种集中化和集权化的结构形式,主体性成了一个问题。在现代社会内部,认识主体们不再可能与一个社会整体平等相处,如同他们以笛卡儿式的模式作为自由的、中心的认识域,或至少被认定是这样,与一个他们希望对其进行研究的客体平行相处那样。结果是,浪漫主义思想面对着一个根本性问题:如果狭窄化的社会背景不可避免地深入主体,那么主体性还能不受任何支配力量的影响而自我构成吗?由于浪漫主义者的回答的重点集中在文学批评的理论论证上,我想概括勾勒一下这个回答。

浪漫主义思想的哲学起点是费希特(Fichte)的《科学认识论基础》(*Wissenschaftslehre*)。在这部著作中,费希特承认下面的假设:提出"非我"概念(即提出一些精神客体)的行为先于任何个人思维,提供了同一性的基础,具有前意识的性质。具体地说,这就意味着感知主体与其客体的分离不会被排除或超越,而"自我"只能作为某种总是事先充满感觉的东西而存在。我们不可能追溯到感觉自身的来源,我们只能按照逻辑规则比较不同的感觉,支持一种而伤害另一种。对于文学批评的理论而言,这就会意味着,我们可以在一个无期限的讨论中批评、肯定或否定文学中所描绘的准则和价值,然而最好情况下,我们的结论也只能通过它们的内在逻辑来论证。这正是评价理论和实践潜在的认识论范式,这里指的是五六十年代和70年代初发展起来的理论和实践,无论是自由理想主义的理论,还是意识形态批评抑或正统马克思主义理论。早期的浪漫主义者某种程度上承认,这种方法不仅不可能排除社会整体在"自我"中的记录,反而把逻各斯中心主义思想建立为唯一可能的思想。但是,浪漫主义思想的目的,借用诺瓦利斯(Novalis)的话说,恰恰就是清除"已僵化的僵化理性"。浪漫主义者以为他们可以通过一种批评实践的形式达到这个目的,这种形式把个人作品作为无限思考的起点。反思的无限性不应该是线性性质的,其发展方式不应该是从意指的某个单一成分过渡到另一成分,而应该建立在历史背景和整个历史的复杂基础之上。如同瓦尔特·本雅明(Walter Benjamin)所分析的那样,浪漫主义批评观的目的是"把思维置于所有的社会约束之上",直至主体性自我构成的可能性"依靠对社会约束之谵妄的洞察神奇般地"出现。(本雅明)艺术总体上是思维的沐浴场所,这类思考尝试着主体性的自我构成。

从当前的视点看,用这种思想的理想主义前提转过来反对该思想自身太容易不过了。的确,浪漫主义者的出发点是下述假设:没有任何镌刻到"自我"中的东西不能通过反思的力量而分离。同样,他们还假定,作为"有价值"的艺术的纯粹积极肯定的反映,批评能够产生解放性的效果。由此可见,他们并不认为他们称之为论战的东西,即对大众文化产品的批评,对批评实践有丝毫的重要性。换言之,浪漫主义者还没有意识到,某种不再可能被理解之整体在个人心身中的物质渗透已经具化入大众文化中,落入社会整体这类渗透之陷阱中的"自我"只能通过深入研究这类渗透才能摆脱它们,这种深入研究的批评实践可能需要组织为集体实践的形式。但是,浪漫主义的批评观包含着一些现代社会中任何批评实践都应赞同的思想。例如诺瓦利斯认为,艺术的社会意义在于它是激励批评活动的一种手段,"仅此而已"(诺瓦利斯,1960～1975,卷2,第142页)。弗里德里希·施莱格尔(Friedrich Schlegel)毅然决然地反对费希特——意味深长的是,后者是哈贝马斯(Habermas)交际理论的主要参考对象,就其本质而言,交际理论似乎属于同一性逻辑——他这样写道:重要的不是"非我,而是反我,是你"。早期的浪漫主义者关心的不是揭示固定在**内容**层面的准则和价值,而是把某种对话原则引导的批评实践建制化,对话原则的基础是:相异性的质变以及不满足于发明而服膺于语言的异化事件的必要性。这些事件可能导致新的、能够开拓出新的感知方式的语言形式。诺瓦利斯说,"我的存在不在于我能自我陈述,而是因为我能自我超越"(诺瓦利斯,卷2,第196页)——这种超越只能通过语言来发生。然而,这种超越过程不但需要一种能够激发活动的语言工具,还需要诺瓦利斯称之为种种"反我"的东西,后者随时准备支撑群体性活动。因此,再次借用诺瓦利斯的话说,文学可以成为"最高友善和共同活动"的手段(诺瓦利斯,卷2,第533页)。

由早期浪漫主义者建立的这个传统——视批评和评价为能够瓦解社会整体在主体性中的种种渗透的某种社会程序——曾经得到了更大的发展并在诸如W.本雅明、B.布莱希特以及O.奈格特(Oskar Negt)和A.克卢格(Alexander Kluge)等作家那里接受了一种唯物主义的变化。

德国诗人和批评家卡尔·爱因斯坦(Carl Einstein)也许是术语出现前最早的激进后现代主义者之一,直到最近的一个时期似乎仍被人们所遗忘。根据他的观点,艺术应当使个人能够"与僵死的普遍性观念,与社会的彻底贫困化相对立,使他能够砸碎因果关系的锁链和世界的意指网络"[彭克特(Penkert),1970,第91页]。爱因斯坦把幻觉、幻想或想象界定为这种艺术在风格方面的支配性原则。他把人幻想的能力归于潜意识。根据他的观点,这是"一种处于永远积极变化状态的创造力"[厄姆(Oehm),1976,第19页],它在文风上表现为"矛盾的功能性符号的自由结合";它超越了"因果关系和逻辑联结"(彭克特,第28页)。"在幻觉中,近来的、被分化的'自我'死亡了;新近获得的种种意识层面坍塌了,所有的记忆,获得的还是习惯的,都被淹没。观察者失去了历史性;有序的变化、从属的外表消失;然而,相对于传统和历史,观察者现在获得了一种非凡的自由。"(厄姆,第60页)

在爱因斯坦关于文化革命的构想中,未来的知识分子应该设法帮助大众"建构他们自己的适应现实的约定"(C.爱因斯坦,1973,第315页),并因此而复活前现代时期艺术拥有的社会功能,亦即用形象和诗来组织一社会群体的"共同印象和经验"(C.爱因斯坦,1973,第81页)。由于所有"理想的语象化形式",无论是封闭的审美形式抑或概念体系,"归根结底"都以"权力问题"为内容,(C.爱因斯坦 1973,第213、218页)在爱因斯坦看来,不管是概念上的洞察力还是属于审美范畴的洞察力,它们都不可能是终极性的。"例如,革命的洞察力只是我们对现实理解的一个过时的阶段与一个新阶段之间的有效联系。这样一种认识,从艺术上讲,从来都不可能脱离其具体的先决条件……只有从这个意义上说,思想才可以有生产力的。"(C.爱因斯坦,1973,第192及下页)爱因斯坦经常强调一切知识所具有的矛盾的两面性,他还强调:任何个人洞察力都意味着"功能的某种停止"、"某种停顿点"、正在进行的事件的某种稳定化。因此,艺术永远都不可能是模仿性的。当它达到自己的目的时,它使我们意识到了具体的历史经验,然而同时,当它自身化解于这个实际功效的过程中时,便死亡了。

学术界正应该用这种视野观照 W.本雅明把叙事作为未来一个重要的社会事实来拯救的尝试,这些尝试常常不被人们理解;他认为,只有叙事建构的环境可以使镌刻在我们身上的经验得到深入的研究,并使它们获得某种透明度,尽管这种透明度只是相对的。也应从这种视野考量布莱希特所谓的"大教育",它不仅是一种戏剧理论,还是一种批评实践的理论。如果不是从这种理论的实践过程考察,而是从其理论外貌审视,布莱希特关于这种实践的观念在形式上走得最远。

布莱希特的史诗剧使他声名远播。他把史诗剧一直构想为一种过渡的戏剧实践形式,后者仍然接受下述事实,即它应当在资产阶级艺术建制的有限范围中排演。他把史诗剧所具有的社会目标称为"小教育",并与未来剧的社会目标明显地相区别,他以"大教育"的概念阐发了关于未来剧的观念:"'大教育'彻底改变了演员的角色。它取消了演员与观众分离的体系……根据'当个人利益与国家利益吻合时,对"动作"的理解决定个人的活动方式'的原则,'大教育'只有直接学习的演员。这里,演员的模仿成了教育的主要组成部分。相比之下,小教育只能在第一次革命的过渡阶段达致戏剧的民主化。(在小教育的戏剧中),舞台和大厅的二元性保持不变。"[1][施泰因韦格(R. Steinweg),1976,第51页]

---

[1] 在一系列出版物中,几乎只有施泰因韦格发现并阐释了《戏剧教育理论》(Lehrstücktheorie)并激活了这种理论的实践。同时参阅施泰因韦格的《戏剧教育,布莱希特的政治美学教育理论》(*Das Lehrstück. Brechts Theorie einer politisch-ästhetischen Erziehung*,斯图加特,1972)和布莱希特的《措施。附艺术指导的批评版本》(*Die Massnahme. Kritische Ausgabe mit einer Spielanleitung*,施泰因韦格版,法兰克福,1972)。

在去掉大厅与舞台双重性意图的基础上,布莱希特坚信:首先,任何重要的、成功的学习程序的基础必然应该存在于各种态度或社会行动的具体的或形体的经验之中;其次,只有不看好的,在"模仿游戏"中相互排斥的态度或行动的连续经验才能拥有某种持久的效果。这就是说,他想要演员们在同一场演出中扮演不同的、互不相容的角色,以便他们学习(即承受经验)某种特殊社会行为的形体效应。换言之,演员从此为自己而演出,他们应当在自己的身体上,在经常变换角色的同时,体验二重态度具有的意识形态差别。

由于自演的问题性质,由于表演和真实存在的双重性,布莱希特把"大教育"构想为一种能开辟一条无限自演路径的手段,在那里,我们才能走近对自我存在的理解。这类演出的构想不以观照型认识为目的,而是更以某种社会实践为目的。

布莱希特如今被视为他的经典作品中所使用的异化或距离化技巧,瞄准孤立的观众的精神。这些观众被假定直面剧作的意指,基本上宛若传统评价理论所界定的读者设定碰到并评价一部有价值的艺术作品一样。在布莱希特为未来构想的戏剧中,观众不复存在,只有演员为他们自己表演。这些演员在他们自己身上,在不断变化角色的过程中,体验双重态度所承载的意识形态差别。布莱希特设定,把社会实践镌刻在我们身上的结构,不仅决定我们的思想形式和内容,还决定着我们的整个身体,即记录在我们身体上的动作和行为方式。对布莱希特而言,我们反对霸权的斗争——而批评实践不是其他事情——从来都不仅是为获得独特意指而进行的斗争。

由于我所喻示的布莱希特构想与早期浪漫主义之间的相似性,似乎颇有意义的是,试图通过角色转换来转移固定的同一性并中介不同的同一性的"大教育"从浪漫主义创作的角色交换素材中找到了某种范式。与布莱希特一样,浪漫主义者们也使用了这种方法以阻止"自我"在排斥"他者"或者相对于他者而自我排斥的同时找到自己的同一性。

五

我的论点是,关于价值问题的传统关注曾经以及现在依然建立在涉及阅读、读者、意指和作为社会媒介的主体的某种独特概念(和实践)的基础上。我的第二个论点是,评价概念,即讨论和评估值得研究的意指结构,受到了历史变化特别是当代社会文化再生产方式之变化的侵蚀（约·舒尔特·萨斯，1988）。后现代条件似乎使某种不同的批评实践变得必不可少，该实践把其重心从关于意指结构的讨论转向一些排除现存结构并让人从已定同一性结构之外窥见种种意指的创造性实践活动。康德关于艺术的"普遍的主观有效性"的幻想是以下述预设为基础的——正如 E.D. 赫什指出的那样——"一部文学作品的意指只有当我们接受了构成该意指的独特的精神轮廓时才可能被认识"（赫什，第 327 页）。我暂且把这种接受是否可能的问题搁置一旁，我坚持认为，即便上述接受是可能的，但却不是我们希望的。由于社会的变化，颠覆这类接受比成就它们是更受批评实践欢迎的目标。

恰当评价当代社会某种批评实践的种种可能性，自然意味着分析真正支配着当今西方社会的力量。这里权且举几个中肯的重要因素。首先，处于首要地位的是在当代社会中影响人们欲望构成——"超我"要驱散这些欲望，"本我"要以不同的方式去组织它们——以及控制反映这些欲望之形象的资本的能量。意识形态也在组织"超我"。但种种"情感形态"（sentimentologies）越来越多，如果我们可以创造一个新词的话，它们是本我的组织者。国家曾经以及现在依然受益于意识形态对"超我"的管理，即意识形态上的种种同一性，然而资本总是越来越对"自我"的情感形态组织感兴趣。因此，在一个有限的程度上，资本与国家的利益是对立的。对于国家而言，我重申，社会意识形态再生产的顺利运作——该运作的中心是"超我"——总是至关重要的。文学评价的已建构言语与这种国家利益是一致的。

我们可以说，国家是现代性的决定性建制。现代国家组织方式在心理上的对应物是某种强大的"超我"，而在审美上的对应物是非常有序的叙述文本——意识形态方面井然有序的"超我"可以通过某种鉴定行为（认同行为）插入该文本的人物群中。资本及资本化形象的流通破坏了整个程序并决定性地改变了现代社会中的文化再生产方式。

居伊·德博尔（Guy Debord）曾揭示了形象、肖像、叙述片段或整体甚至相貌是如何在资本主义晚期转变成资本的，它们是如何形成一个形象流的；这些形象可以通过某些有利位置予以控制。封闭叙述在意识形态方面的复杂轮廓不再是介绍意识形态的特有形式，如资本主义胜利时期那样；我们现在面对的是含有价值的、商品化的形象，是直接透明的视觉景象。拥有这样的形象，就是拥有资本，而形象所代表的资本反映了它们身上的投资额。

我们应该提出这样的问题：似应称为工业化的西方世界社会内部

的变化,我们是这些变化的当代见证人,是否需要某种可以描述为语言政策实践的批评实践?正是在这一点上,当代社会范围内一种不同的实践活动的轮廓开始喷薄而出。与传统评价实践相反,这里所孕育的批评实践是人类经验的某种语义组织:它的存在是必要的,然而亦是无止境的,它永远只能是某种近似,而且在某种程度上永远落后于人类经验。这种组织活动依赖于语言内部的异化事件。

18. 文学与表现

让·贝西埃

　　文学作品中显示出的表现(再现)能力,不管何种类型,也不管何种形式,总是把作品等同于一种混合型形象——这种形象既是现实的形象,也是行为、象征和信仰的形象。此即18世纪开始形成的各种文学现实主义和自然主义的圣经。然而,当代文学理论却对表现理论提出了质疑。在文学批评的坐标表[R.麦克塞(R. Macksey),1974]上,表现意味着按照真实与艺术真实的美学常规以及它们的相关主张——和谐、普遍性或典型等,参照社会现实和历史真实,表现与联系现实不可分割。返归现实还与下述现象密不可分,即表现与作品建立同外界客体及个性的对应关系的进程(参照、参照系)同一。参照系的获得可以从外部、内部或转移等方式去界定。表现理论由此具有二重性:表现外部世界、作品的内部表现或者表现的缺失。由于这种二重性,同时出现了突出表现和突出作品自律性的观念,后者的对象存在于作品之内,显示着分辨、生成等方面的内在特征。自律性与自论性相一致,即作品的本质在于自我论述,并非以论说世界为目的。表现与自我表现两种蕴涵的分野决定着作品的创作方法和习惯,决定着表现所包含的认知内容;这种分野密集地反映在创作和接受轴线上,依据表现或自我表现分别占上风的不同情况,分析重点亦不同,前者分析表达与现实的关系,后者则关注"源泉"主体的空缺与语用建构及期望的消逝的关系。

　　表现和自我表现的理论现状与批评现状不可能脱离当代的文学创作潮流,不可能脱离认识论方面的主导思想以及人们对文学能力的怀疑。最准确、最卓越地肯定过表现观的文学体裁小说,自二次世界大战以来,竟以自我表现为宗旨:从作品中挖掘客体,以作品论作品,否定任何反映论和反映性,重新肯定审美价值的裁决作用。肯定美的文字即不及物文字的"文字"观念占了上风,摆脱与客体的关系,摆脱现实交际的束缚,把原本属于诗歌的某种特征普及到所有文学创作之中,并且为文学理论注入了一个关键性的语言学论点,即文学创作追求语言的诗学功能,把信息的重心放在语言自身(R.雅各布森,1963),诗学功能是文学创作的主导功能,参照功能从属于诗学功能。关于表现的讨论和参照系问题因此而变得无的放矢;如果真实应该供人观照,那么只能在诗学功能的前景下供人观照。表现与自我表现或反表现的分野与现代艺术的分野相辅相成,现代艺术中出现了结束表象,排除感性以及观念、形式与直觉、材料无法和谐统一的思潮与现象。(阿多诺,1970)表现理论的分化既标志着有关作品的认识能力的匮乏,也标志着源于现实并超越现实的文学创作论的失败:作品再也不可能成为客观世界的观照。与历史的关系也成为一种假设。当表现至上的观念主导着反映论时——这种思想在马克思主义美学中尤为强烈,摹仿说的贬值要求分析作品自律性的客观特征和历史特征;这种颇具批判锋芒的自律性粉碎了历史决定论,完全从历史的束缚中挣脱出来(法兰克福学派);这是一种十足的物化和异化现象,它使作品成为某种偶像(卢卡契,1955);即使在现实主义内部,这种自律性无疑也意味着反现实,意味着作品和作家与历史及意识形态的关系是模糊不清的——非现实化反映了正统意识形态的回归,是摆脱物化现象的一种方式(萨特,1971～1972)。

当代文艺美学和文学理论提出了第三种论点,以期否定表现与反表现的二元对立局面。文学作品是"纯粹的符号",跳出了及物结构和不及物结构的轮回:文学作品是"我说"的连续现实,而不必展示出这种陈述方式。任何复制说、模拟说、自主说和内在说等,都落得破灭的下场。"纯符号"作品似乎摆脱了参照说与非参照说二元对立的神话,摆脱了语言实证性的神话,保留了语言的透明度;语言自行发展,作家则深入语言内部。(福柯,1986)巴特(1984)通过突出"语言的响声"而接过了这种纯符号理论——"响声外延着一种有限的声音,一种不可思议的声音,完美运转的语言机制的声音最终没有声音"(巴特,第94页)——把语言等同于一种无此岸亦无彼岸的自然方式。它排除了任何观照运动,不管是观照作品外部,还是观照作品内部;它提供了表述表现与反表现的共性的可能性。两者皆以反思语言惯性和作品惯性的特点为条件。

语言哲学区分符号与参照,说明参照受意义的制约[G.弗雷格(G.

Frege)，K. 多内朗（K. Donnellan）]，而这种制约关系必然产生老生常谈的俗套[H. 普特南（H. Putnam），1975]。自1921年起，罗曼·雅各布森即指出，甚至诗学功能中，习惯仍然占据支配地位；他把参照功能等同于对约定俗成的参照——这种功能可以出现或不出现在作品中。上述论点的后果是明显的：作为循规蹈矩的现实主义言语，"掩盖了任何规律并给予我们以假象，似乎言语本身已经非常透明，因而也就不存在了"（托多罗夫，1982，第8页）；有必要接受摹仿说的狭隘定义，即指叙事言语和间接形式的转化言语（热奈特，1972）。谈论现实主义无异于展示作品中保证的"参照协约"——保证"真实效应"（巴特，1968）、"权威效应"的程序和效果。叙事文中的聚焦和陈述问题等于确立了下述观点：言语中的参照和参照协约只能通过规范、规约和规则的使用来实现。痕迹美学[德里达（Derrida），1967 b]跳出文学这一唯一领域来考察模仿功能，主张语言只能模仿语言（引语和复制概念代替了参照概念）；精神分析学（拉康）则认为真实即"结构事实的构成缺陷"——文本建立在未曾言传之物的基础上，未曾言传之物即真实。真实属于语言。语言的这种无限的二重性表现为物质上的一元论[H. 梅绍尼克（H. Meschonnic）：参照是文字不可分割的组成部分]，表现在巴赫金对文本间性的阐释之中——文本中的互文性表示语言的社会性（巴特，1984），表现在所有表现美学的媒介理论之中，如L. 洛特曼的反映论和生成结构主义（作品以某团体的世界观为媒介，把这种世界观组织在一个和谐的整体之中，1956）。更有甚者，文学性的退缩被断定为表现实践的特征。在文字的自律性以及由文本组成的文字组合论中，作品被定义为所有已表达、叙述和传达的内容。文本的持续性大概属于一种不可思议的方式：文字和规矩的毗连和亲缘关系。奇怪的是，这样一种文本，在它所描绘的文本共同体中，竟然扮演着所叙事件之和的角色，亦即对可叙事件的表现，还意味着对历史和真实的表现。文本参与社会的象征及其演变：通过自己的自律性和对以前文本的参照，文本文字亦进入表现领域。表现不是对现实的认知，而是对"现实层次"的展示[卡尔维诺（Calvino），1980]：文本中隐蔽的或明显的"我写"等于现实的第一层次，这一层次肩负组织其他层次的使命。文字对文字的任何引用，导致文字的不同地位，导致文字与习惯和信仰的关系的不同地位：表现之所以存在，概因为一系列文字及其先前的特征的重新整合。

　　亚里士多德在《诗学》中曾经这样界定他的摹仿说：通过情节的安排和故事的表现认识世界。重新阐释摹仿说，一方面演绎出摹仿说的言语记载形式:模仿首先意味着发现原有结构,发现已叙述已表现的内容并把它纳入反映运动之中;被表现内容成为表现手段,回归原有结构、辨认原有结构是可能的。另一方面[L.詹尼(L. Jenny),1982],显示出表现内部的双重性:相似性与不可名状或难以描述有一定的联系,它呼唤作者或观众,通过模仿,辨认不可名状的内容,后者常常混迹于同一性与他性的显型联姻之中,混迹于形态的矛盾双方的显型联姻之中。保尔·里科尔(Paul Ricoeur)指出,摹仿说要求拥有辨别总体情节与其象征形式的能力——模仿一出情节,"既要理解炮制情节的语言,还要理解赖以建立情节类型学的文化传统"(里科尔,第91页)——明白情节是一系列事件的轮廓,因而也是时间的轮廓。这些阐释排除把摹仿说和表现与某种真实联系起来的可能性;它们没有把摹仿说和表现与虚构分开,因为虚构并不像书信中真情之外的前言后语那么虚伪,虚构满足于作品的自给自足式"经济",用以表达缺失与存在,因为关键始终在于文化能力和象征能力。凯特·汉伯格就曾指出(1968),不以陈述现实为基础、不展示这类陈述的语言学标志的虚构,正是对现实的模仿。文学的自律性并不意味着与客体的关系的必然缺失,这种关系以转移形式和媒介形式而出现。

  作品不可能完全自我重复,也不可能完全模仿现实。它所包含的反映运动同时揭示了现实主义和封闭性言语的荒诞性。现实主义宣称要建立与对象的明显关系并找到准确的语言。只有承认对象的语言才是准确的语言。由于自命为准确语言,这种语言因而也成为终极语言,承认一切都已言过,超验性地追求所有表象的有机联系:极端的表现论者肯定文字的魔力,现实世界如何,全看是否能找到准确的言辞。须知,现实主义不等于现实,而是作者的期望;他的整个模仿型作品,其实只是编织着准确言辞之间的关系,而非任何人和物的叙事文——无个性是现实主义作品的特征。相反,自律性和无参照关系的作品,设定它的目的是生产意义而非参照关系,将会出现各种惯例的不连贯现象。语言的习惯性规矩和美学的习惯性规矩是共同的规矩。米·利法泰尔(M. Riffaterre,1979)为他的文本生产理论注入了基本的二重性特征——例如,诗没有参照目的,参照幻觉完全建立在言语陈规的语法游戏和违反语法规则的游戏基础上,对外部世界的参照被排除在外;以这种方式解读《幽谷百合》(*Le Lys dans la vallée*,1983),其文本投入了表现活动,因为从中看到了它的互文性文本,换言之,即同时属于文本范围的全部习惯性材料,语言学、文学和文化方面的习惯性材料,文本反射到这些材料,读者则分享这些习惯性材料。阅读习惯和思维习惯也是一种共同的习惯,因此,H.普特南曾指出陈规俗套的不可避免性。围绕这一点,表现与介绍的争论取代了表现与反表现的争论。诚然,由于习惯性规矩及其文化影响的缘故,重新使用和参照是不可避免的,这并不意味着"在场"美学的必然性。根据海德格尔推荐的荷尔德林(Hölderlin)的解释,在场意味着世界是作品打开的参照系之总和,而世界的真正图像和观照则是一种综合。现象学因此而把作品看做意识与世界碰撞的见证(H.G.伽达默尔,1960)以及对主体和客体共同在场并描绘的时空类型的分析[乔治·布莱(G. Poulet),1949~1968]。言语永远赋予形象(语象)以权力。文字的主导地位后来把罗兰·巴特引向摄影现象学,由此引出一种表现真实的论点(巴特,1980),无疑是一件卓越的事件。在指出参照观和反参照观的模糊观念之后,还有必要说明,表现与反表现的分野一方面涉及认识上的假设与言语进程和形式进程的关系,另一方面涉及这种关系与普遍摹仿说和社会之象征的联系。

现实主义的动机

作品的明显的现实主义动机——模仿大自然和突出共相与此尚有区别——设定认识主体是独立的个性:真实即他当时的所见和所感,他能够反映这种所见和所感。只有一时一地由一个人反映他与该时该地的物质的关系,才能称得上表现。[I. 瓦特(I. Watt),1957]因果关系以及作品参照能力的反复论证主导着叙事文——作为透明言语标志和知识标志的描述占有优越地位。然而,现实主义的二重性自18世纪起即明显存在:对真实充满信心,因为相信认识主体的能力。当认识还局限于个人的认识时,这种二重性还不明显,或者还未暴露出来。一旦认识行为和知识来自若干个性时,现实主义便无缘摆脱客观化问题。客观化指对现实多样性的客观认识。很难做到客观认识,因为现实激发人的行为和感情,只有通过不断调整的表现体系,才有可能做到客观化。假自传构成表现的第一体系,即叙述、知识和表现全部由叙述者兼角色一人完成。叙述引入作品的多重机制,如同源故事叙述者、异源故事叙述者、视点、聚焦等手段,无疑破坏了现实主义思路的首要的统一性,后者与知识和个性之间相互支持相互依存以保证知识和个性的恰当性、增加知识的可信程度是密不可分的。其实,现实主义与多元叙事是相背离的,或者说,现实主义只能叙述单一情节。现实主义作品要求建立表现修辞学。[W. 布思(W. Booth),1961]除了这一见解的形式蕴涵,这里应当这样理解:表现体系描绘了表现的多种变化形式,并视作品为它们的注解和继续。于是,客观化完全落到了文学色彩方面,作品介入了关系与通过人为的叙述策略以及语义学的限制体系表示关系的游戏之中,语义学体系必须确定各种施动者、行为及种种描述。亨利·詹姆斯的小说美学堪为当代虚构理论、小说理论和现实主义理论的精华,注意到上述手段与死胡同——视点的重要性、描述作为征服客体的征象等——并强调了与绘画的特殊关系:现实主义始终念念不忘视觉效果;绘画即是通过画家艺术而达到的这种视觉效果,而且能够立即产生直接影响。这种媒介与直接的联姻超越了可视性与视觉的安全感:在观者看的同时,绘画以展望的方式告诉观者他的观点的合理性。[W.J.T. 米切尔(W.J.T. Mitchell),1984]当现实主义作品试图摆脱现实主义的局限时,这正是它的理想之所在,也是它的限位星:作品叙述自己的习惯性以及根据这种习惯性叙述虚构作品的作者的表现能力。

自此,解读现实主义的假设有四种。1. 跳出关于现实主义的所谓欺骗性幻觉(如果作品与真实的形象浑然一体,其文字和解读本身都带上了幻觉色彩)和某种现实学说的分野(在没有物质痕迹的前提下叙述真实是一种理想主义的认识练习)。[A. 德·拉特尔(A. de Lattre),1979]虚构包括表现,但不能分解后者,因为真实有自己的地位,有反抗表现,不可随意简约。这里,模仿性作品可以定义为象征性融汇客体的手段,只要作品不把对客体的参照转移到叙述体系内并因此而使这种参照得以与其他参照现象相组合时,就不能展示该客体。2. 事实上,现实主义是主体的言语,是一种主观性言语,这种主观性言语认定外部与主观性等值,并把全部叙事变成一种隐喻游戏,等值即建立在这种游戏的基础之上。现实主义作品承认受黑格尔的影响。外部是内部的一种功能,而表现仅仅是主体能力范围内的参照行为。[萨斯曼(Sussman),1982]3. 现实主义永远是一种"界线行为":作品的叙述行为长于自我定位,长于描绘自我空间,占据他人空间而不拥有它。[R. 钱伯斯(R. Chambers),1984]4. 现实主义作品公开玩虚构的"疏远"牌,以达到按照自身规律被解读的目的——叙事程序和言语手段不再是客观化的产物,不再是辨认作品及虚构规律的程序和手段:现实主义虚构是一种无参照对象的虚构。

最后一点演绎为：作品没有对象，作品的叙述及其产生的情感即是它的对象。现实主义的迷乱有双重意义：作者不可能把涌入眼帘和脑际的东西全部写进作品，这些东西没有主动闯进作者视野的能力；现实主义作品的言语似乎已经"把话说完"——不可能还残存着真实——并给人以"先天具有完整结构"的感觉。于是矛盾产生了：无对象而期望对象，此即现实主义"制造真实性"的根源。客观化使客观性成了视点之间的简单协调——现实主义作品是自身各种习惯性规则的比较体系。如果作品没有参照对象，客观化的措施（如叙述、叙述者、视点等）和时空安排（时间和空间的双重区域不断物化和变化）表述时间形态、物质形态和媒介形态的延续；叙事文成了叙述施动者及其对象的地点转换、条件变化而形态不变的文体。认识主体的形象消失了，代之以心理患者或精神患者的病态。[A.梅迪纳（A. Medina），1980]这里，现实主义作品的结构宛若反现实主义作品：以主体的空缺与表现的空缺相对称。

因袭型作品及其语义结构

对表现与反表现、现实主义与反现实主义之间这种接近性的发现，转移了认识与作品的关系重心。作品本身不可能是认识的手段和结果。但是按这种思路而触及因袭主义论点之极端，导致表现问题的重新思考。因袭主义裁决论断定自然、现实与语句的真实之间无任何关系——作为对上一语句的回应，只有语句的和谐最重要。一个故事无需考虑它的完整意义，它永远都是引出其他语句的桥梁。这种思路并未得出作品拥有无条件自由、作品只能由上述系列语句界定的结论。最好把这种言语技巧和作品技巧看做方法论的起点。于是，由于习惯性规则和言语的裁决——人们总是可以表达其他内容的——语言变成若干世界，而虚构则反映多重世界的多元性。作品是某一世界的语义建构，服从一种体系规则和一种空白规则。表现没有了，代之以展示。习惯性规则与展示的系统联系使作品与以前作品，与作品外部（其他有可能的世界、读者）的关系问题取代了参照和参照系问题。（L.多尔泽尔，1979）由于联系的系统性，相对于所有语言习俗和文化习俗，任何作品本身都是背景建构。不能把它当做独立的语言行为，它不能表现这样的语言行为。[S.佩特里（S. Petrey），1984]在因袭主义的裁决下，它拥有自己的"内部参照"场，后者程度不同地与外部参照场相连接，并主导着表现的变化。[B. 赫鲁斯绍弗斯基(B. Hrushovski),1985]这种变化既决定着作品与语言及习俗的距离,也决定作品回归语言及习俗的程度。在因袭主义的裁决下,作品受信仰和舆论的制约,不可能言所欲言。真实效应和自然效应来自习惯性规则与信仰不可分割的联系。[布林克尔(Brinker),1983]

在当代文学理论和文艺美学中,反表现的论点与文字及文本的概念密不可分。一反因袭主义的结论,反表现的论点一方面指出文本没有实际的和行之有效的参照性,另一方面指出,对文学和诗的成义过程的认识只能与其他文本联系起来方有可能。作品只是"文学化的形象",因此,永远只能是虚构之虚构的方式。在理论领域,反表现的论点部分地与文本生产——生殖、自我生殖[J. 里卡尔杜(J. Ricardou),1978]——理论的崛起以及把语行行为(performatif,以言行事行为)与诗学相混淆的论点之极端相关联;后者宣称,呈现为非言辞行为的文本的现状,就是永远自我参照的现实(德里达,1972)。罗兰·巴特把文本、绘画和影片中三个意义层次——即信息和交际层次,象征和意义层次,成义层次包括迟钝意义、即时意义和多余意义的层面——混为一谈时,指出了反表现与成义过程的怪诞性:没有信息和象征层面的明显资料,没有属于习惯性规则和参照范围的资料,成义过程不可能实现;成义过程显而易见却无法捕捉。在区分电影与电影性、小说与小说性、绘画与美术性等概念时——电影性、小说性和美术性属于隐晦意义——罗兰·巴特没有界定反表现的意义,却提出"无法表现的表现"(représentation qui ne peut être représentée)之说;表现远离结构清晰的言语和元言语(1982)。作品中的反表现与自我表现——"纹络结构"(la mise en abyme,套式结构)是它们的完整方式——与表现的单一面目不可同日而语。它们蕴涵的双重性——无法表现之表现——说明,只能在"涉及事物"的表达程式的基础上,在参照幻觉的基础上,方可感知意指,而这种感知与明显的摹仿说的感知相对抗,否定后者,以期达到部分与显性相关联的明显性。在《活的隐喻》(La métaphore vive)一书中,保尔·里科尔把这种二重性叫做"被分离的参照"的二重性。文本中确实存在取消初始外延的现象。从这个意义上讲,任何描述只对自己有效。描述的外延为零。同样,任何作品的外延为零,现实主义作品当然也不能例外。但是,我们还可以说,从隐喻角度看,《堂吉诃德》描述了我们当中许多人与风车斗争的故事[N. 古德曼(N. Goodman),1968],作品是有关这类人的故事。它无法报告任何事情,而是指定这类故事为真实故事,通常这类故事可以被视为真实故事。零外延并不排除参照形式,正如无法表现之表现仍然是表现一样。这种二类参照的对象是作品中的重新描述工作:重新描述——任何描述都是重新描述——意味着新的组合,组成新谓语等等,然而这一活动即使使用了外延符号,却未能导入外延活动的领域。反表现和自我表现最终属于启发性隐喻(里科尔,1975);相似性的主导地位被排除,代之以语言的无限性,即语言可以无限制地描述,而不必受参照和技巧至上的约束。更重要的是,作品中表现与反表现或自我表现的分野,反照了一系列二元对立的现象,如及物语言与不及物语言、客体关系的在场与缺失、虚构世界的表达与先于这种表达而存在的逻辑、直接与媒介等。即使是现实主义的虚构,也不服从陈述现实的约束;虚构的习惯性裁定它是一种媒介手段;虚构假定习惯性规则——首先是语言——会受到普遍尊重。上述系列对立现象以作品与其方案的足以使人觉察到的距离来界定表现及其所衍生的反表现和自我表现等概念;但是,这种距离应该是微小的,以便作品从自以为获得素材的参照幻觉中,或者从作品采用的习惯性规则中,获得某种自信。

因此,表现的客观中肯性是存在的,正如反表现或自我表现的客观中肯性存在一样,因为作品拥有它的材料所不拥有的特征:现实主义不可能回到现实中去,因为它不是现实的复制品;反表现也不是纯粹的反现实,因为言语的任性总要回归习惯性规则的功能。所有情况下,形象(语象)与参照系的区别被废除。(F.詹姆森,1981b)作品既不可能在其参照运动中物化,也不可能在其反参照运动中物化。(卢卡契,1958)这种见解的意义超越了取消表现与反表现二者对立之疑义的意义。它把作品作为与社会机制——社会机制以象征的方式存在于意义机制之中——以及文字的历史发展密不可分的意义机制来解读。这里的有关论点经常极端而又自相矛盾,如从目的论方面确定的文学与历史的关系以及由此而引发的叙事文与这种决定论的关系、历史概念的分解与时间无用论以及与此相关的表现取消论等。现实主义或被指责为理性思维能力的练习,理性过分膨胀(阿多诺、霍克海默),或被视为理性过剩物质的微观历史的描述,等同于没有技术专利的实践活动的检阅(塞尔托,1980)——这无疑是对理性饥渴症的指控。形象和参照系同一的观念从双重角度重新界定了作品中表现的能量,并通过这种二重性,引导读者把文学作品中的表现与反表现以及社会的自我表现——社会的象征化——联系起来解读。

模拟概念

与表现和反表现阐释方面的暧昧相反,模拟(simulation)概念有助于表示某种展示能力以及由模拟产生的形象的独立性。(P. 凯奥,1986)可表达性和已表述内容总是间接的。专断言语是推论的结果。形象的自律性则是荒诞不经的。自我参照体系只能通过描述,通过表现自己的媒介形式间接地反照自己,因此,它是一个封闭的和分裂的体系。自我表现的这种改造——米歇尔·布托尔的《改变》和《梦的素材》(*Matière de rêves*)是这种改造的典范——根据反射作用、催化作用和相互作用的游戏来界定符号特征:同一物质产生变化效果。作品与聚合符号、组织符号的能力相混合,通过这种混合运动,永远生产意义。她与外部的关系不再从相似性或拒绝相似性的角度去检视,而是从众多真实中的某种真实角度去界定:它们之间的关系变成了"传递"(传神)关系。(M. 塞尔,1968)作品成了真实类型学的催化剂、场所和潮流。及物性与不及物性的对立——即表现与反表现的分野——变成了工具性与反工具性的对立,这种对立还分解在文本性的概念之中。语言是一种模型,是言语和记忆的模型。书面文字也是一种模型、一种工具,但是它不再表述言语和记忆的起源,它既是统一文本又是多变文本,其一般规律不是现成的,解读中永远出现分歧:它是符号互相传递性能(intertraductibilité,简称"互传性")的工具,是记忆和言语的浏览运动,而浏览运动并未变成记忆、言语以及符号的及物关系——与过去,与知识以及与客体的关系——中的截留行为。作品即文本,作品是统一和多变文本中的文本,亦即记忆的汇集、有关客体的汇集、个人的习惯文本与统一文本关系中的独特文本。巴赫金的对话原则和文本间性从总体上赋予文字以表现能力——在书面文字的相异性中,还有不属于文字的东西的相异性——除了这些总的表现能力以外,它们将表现置于记忆和自律性的这种游戏之中,在伪装和社会的象征化的藩篱之外,作品正是通过上述游戏展示时间和历史的。如同模拟作品是真实中的真实一样,作品文本是普遍文本中的文本、文字中的文字对话和时间中的时间形态。问题不再是表现与设想中的参照对象的关系,也不再是象征媒介形式范围内的历史标志问题或根据媒介形式可能出现的决裂现象考察历史的问题。在模拟论和一般文本性论点中,作品大概还是一种盲动力量,不拥有表达现实的陈述文体,盲动力量使它与书

18. 文学与表现

面文字的特征密不可分。

　　这里的实质问题是把表现能力与作品的某种中性和一个特殊的公用空间组合起来。表现与反表现或自我表现与自省言语的概念相关，自省言语的概念是荒诞的：从逻辑上讲，谈论某事的谈论者应该是某事以外的实体。然而，一旦作品走出现实的陈述文的藩篱，它所谈论的事情就是它本身。它是以自己为目的的建构程序，在谈论其他题材的同时谈论自己。换言之，它超越了主导参照和讲述行为、观察与经验关系以及客观化进程的规律，通过它的自省性，赋予自己有关真实和艺术真实的生产规则。在这一点上，没有必要区别表现和反表现或自我表现概念：前者在假设展示外部世界的前提下界定上述规则，后者则在指示内部世界的设定范围内。这种自省行为描绘中性，中和陈述现实的程序以及这类陈述文的功能。虚构把运作能力之外的所有陈述文纳入违反交际活动实用功能的范畴。通过把书面文字等同于这种额外功能，德里达把反表现与这种补充功能联系起来，这种额外功能或补充功能意味着潜在的相异性。虚构发现了它的特性并呼吁把这种额外功能引入阐释[Cl. 勒福尔(Cl. Lefort)，1978]：这种额外功能意味着什么？它的目的性是什么？即使是在语言交际和象征交流内部，也存在着弦外之音和某种可能性。虚构是这种弦外之音和可能性的表现；它不是非现实化，不是纯粹的想象行为，而是对语言交际和象征交流所包含的种种可能性的展示。表现与反表现之间的对立和选择，以及批判现实主义（卢卡契，1958）与破坏性虚构（巴特，1953）之间的选择，都失去了意义，因为在语言交际和社会的象征媒介形式内部，虚构的中性发挥着作用，这是它的历史性特征：即使在陈述语言交际和象征形式的条件时，虚构仍然描绘了时间流动过程中的相异性。

社 会 的 象 征 化

　　人们最终把表现、反表现或自我表现与因袭主义等同起来；因袭主义的习惯性规则概念主张主体们能够就规则取得一致意见。语言的主体间性不仅因为它的信息交际功能，还因为它拥有约定俗成的习惯性规定。正如瓦尔特·邦雅曼指出的那样(1955)，翻译的可能性证明了建构习惯性规定的可能性，因而也证明了主体间性的普遍性。虚构的文本性和中性——文本性指书面文字的内容及其内部的转移性，中性则与虚构的跨历史特征联系起来——即属于这种普遍性。虚构象征着某种公共空间。按照这一思路,相对于真实而言,相对于历史性和社会的象征形式,表现具有一定的自律性和封闭性;表现以其文本的普遍性以及象征化和虚构所描绘的空间分别继承了历史性并展示了社会的象征形式。这里不可能是严格的现实主义,也不可能是纯粹的虚构技巧:虚构意味着接过并改造某社会自我象征、象征自己的历史或通过其媒介和行为象征自己的能力的方式[L. 凯雷(L. Quéré),1982]。如果作品不再做批评历史的一面镜子或从意识形态的制约下解放出来,那么它应该扮演各种交际形势和文化象征的客观化的角色,并在中性游戏中恢复客观化。一方面,表现永远是一种文化自我表现方式的阐释;另一方面,表现的文字特征使它永远成为上述文化表现的隐喻化形式。所谓纯粹的客观化或单一意识形态应该排除在外。作品是由象征构成的体系,应该放在一种文化和历史的社会整体和认识整体中去解读,它提出解读该文化和历史的一种范式。作品的真实是对历史的叙说和催化。虚构因此而永远保持其媒介形式,即表现和反表现。

作为历史之反映和镜子的作品,其矛盾之处可以概括如下:文学在表现一种形态、一种社会进程的同时,却超验性地继承了文学生产的条件,它是自我谈论的场所,因而也是进入历史的一条优越渠道。反映论首先且最经常地把作品的认识价值等同于对某社会意识形态领域的矛盾的揭示;当代反映论的发展标志着现实主义与世界观同一论的过时,标志着两者的分离,而突出了交际功能的重要性。在这种发展前景中,布莱希特(Brecht)的距离论告诫说,但凡表现皆引发令人担忧的奇特逻辑,皆削弱反映功能。在历史的叙事式阐释中,背离世界观的突出地位的作法,一方面导致作家把历史叙事纳入文字的体制之中(M. 德·塞尔托,1975),另一方面改变了从系列事件和目的论方式中认识历史的方式,改由从鉴别历史的认识实践和叙述实践的整体中考察历史。文学叙事文即是这样一种鉴别活动。[Fr. 杰姆逊(Fr. Jameson),1981 b]

文学只有被纳入社会的总的象征化范畴才具有表现意义,在总的象征化范畴内,文学继承并修正它。这一论点其实具有两面性:它肯定了文学表现性的历史,又没有把文学表现的演变史与"公共环境"变化的演变史相脱离,两种演变史意味着社会的象征化的改革和表现媒介形式的消失。哈贝马斯(J. Habermas)特别阐明了这一论点。(J. 哈贝马斯,1962)社会文化环境是交际和象征化的环境:用象征化的语言来说,它能够生产神话或悲剧。神话中没有真正的表现功能,因为这种象征化不是反映式的,而是实践式的——神话及其言语永远具有现实性。

悲剧中有表现，其含义指悲剧剧情摧毁了意义的邻近感和直观感——这种意义是反映出来的。文学的表现特征及功能，尤其是它的现实主义版本和描述版本——描述是对表现、表现与真实的距离的承认，并因此而承认了描述的技巧性和功底——与生产自己象征的社会相关，通过象征化，该社会成了自己的对象——它在自己的自主体制中，在对自己的起源与目的的把握中，自我观照，通过这种象征化自我塑造自己的公众形象。及物与不及物的矛盾在此迎刃而解：社会的象征化是不及物的，它所展示的是一个服从自身规律的社会空间的封闭性——这种剧目没有外部世界；而且由于它是一个社会的象征化，因此保持了客观的中肯性。从这个意义上说，文学表现是一个社会赋予自身的表现，因此它要求现实主义，现实主义既是真实的展示，也与真实保持距离。文学表现的经络与社会表现的经络之间存在着相似性。文学中从表现到自我表现或反表现的过渡可以解释为参照系的丢失：虚构本身即是符号生产的调节——符号的自我生殖体系，罗伯-格里耶（Robbe-Grillet）等作家曾经从美学角度阐明了这一体系。作品并非因此而变成完全的任意行为：她依然是观照世界的一种方式，因为参照系的丢失——虚构是幻影和假象的陈列［鲍德里亚（Baudrillard），1972］——反馈着社会的象征化的调节（社会实体的象征化产生媒体语言中的符号、真实的片断、叙事和展示内容）。哈贝马斯、尧斯、鲍德里亚等人的一贯论点是，参照系的丢失与认识的丢失混杂在一起。世界观成了一个空壳，当代社会就是供人们从现实的经验结构去观照的。文学表现的发展犹如社会剧目的自身发展一样。作品的不及物性还是作品保持客观性特征的佐证。

中性、虚构的文本性、世界观、阶级意识的反映或社会的象征化的反映等概念，说明及物性和不及物性的二元对立是成立的，并展示了表现和反表现与交际情势密切相关的具体内容，历史长河中的交际情势导致了表现和反表现。但是，这种观念无疑把中性与文本性的关系完全归于社会的象征化演变以及文学表现地位的演变范畴。虚构的中性和文本性使它具有自律性、瞬息性和历史性的特征：它是一种虚构性叙事方式、追忆和预叙、本质上与社会的象征化过程中变化多端的表现不同的一种表现。虚构的这种残余性表现可以有双重解释。一方面，一系列虚构作品证明过去和现在都存在着这种交际共同体，虚构中的表现残余是一个象征共同体的持久表现。我们从瓦尔特·邦雅曼作品中的怀旧感、对救世主降临的期待以及可转译性文字的共性中，正应该读出这种继承性和表现性。(G. 哈特曼,1980)应该强烈指出,西方人视自己的文学史为继承史并叙述这一历史的事实说明,他们把文学看做这类表现并视这种表现为对话的场所。文学经典的释义学即建立在这些观念为前提的基础上,并把胡塞尔(Husserl)的下述论点带入表现问题:语言即构成历史中人们的视域。历史中的文学以及它所体现出的表现具有超越交际形势和象征化形势的历史限制而使形态同化和转移的功能。另一方面,恰恰相反,通过巴赫金的对话原则批评和文本间性批评,文学作品的这种继承性和外向性能力可能遭到否决,因为这种能力可以被视为通过作品对作品自身及言语的普遍反映。反摹仿说、反表现论的相关论点之一,就是把表现等同于表现者面对表现内容的能力,认定任何文字和任何虚构作品缺乏上述能力,缺乏展示任何完整结构的能力和主导力量。自此,文学作品的继承性不应解释为表现特征的连续性,而应理解为绝对不可能找到关联对象,本身不可能提供清晰性的言语链条。叙事文及其虚构失去了表现的可靠性。杰弗里·H. 哈特曼重申(1975),文学和艺术中的表现必然导致直接的宗教色彩或直接推出对象的能力,因为它试图把所有象征变成符号;能够避免上述两种表现手段的表现,是对死亡的表现;侦破小说经常把死亡引入视觉场,这种小说现象意味着表现什么也没表现。文学作品之间能够相容的原因正在于它们各自的空虚感。

由此得出这样的结论:文学作品并不描绘交际共同体,文学言语的体制是"差异性"(*différend*)体制:再也没有叙事大作把叙述和表现自我作为一个交际空间。正如让-弗朗索瓦·利奥塔(Jean-François Lyotard)指出的那样(1983),叙事文被两种倾向分割,一种是独裁主义——任何叙事文都要显示自己的权威性,另一种是"无政府主义"——用奇闻轶事塞满叙事空间,而言语和叙事的各种体例互相矛盾。这种现象的实质,无异于以此重新界定表现和反表现的二重性。有必要区别现实和参照系:我们对现实的先决因素毫无发言权——任何言语都有自己的世界;但是,这种先决因素和世界都不等于参照系。任何虚构作品都对它的异质材料的本质分外关注,大做文章,而它本身又是另一虚构作品的异质材料。当代表现理论回到异质性的发现问题,异质性有双重解释:文学见证之间的异质性,真实相对于文学作品的异质性。这无疑是说,对文学中表现性的考察等于发现摹仿说的贬值并对这种贬值现象作出解释。

因此,诺思罗普·弗莱(Northrop Frye)在《大规约》(*Le grand*

code)一书中断定现代文学是民俗文学、群众文学,因而也是描述性文学:对现当代文学的这种解读是以《圣经》为楷模的,《圣经》是言语和表现的混合体。《批评解剖学》(*Anatomie de la critique*)没有专门探讨表现问题,但是提出一套文学以及文学形象与能力象征的关系史。各种文学体裁可以根据主人公和人物的行为能力来分类:主要人物的界定根据他完成人们期待和要求他完成的任务的能力。这种规范原则主导着人物的个性化并从文学层面——即摹仿说的技巧层面——反映一定社会影响人的力量及实践的局限性的主导思想。体裁类型学和历史发展的脉络显示着行为能力的下降趋势。于是,出现了摹仿说的弱化现象,这里摹仿说的首要含义是指百科全书式地表现现实。对已有结构的重复即意味着该结构的蜕化。奥埃巴赫以为,摹仿说的历史与反崇高化的历史混淆在一起。从半人半神和英雄人物的言语到当代小说,从崇高包含的尺度对等〔这种尺度对等保证模仿的完美;在高尚和崇高价值的范畴内,物质平等,个性平等,每个人和物自身拥有价值,描述即是这种价值的描述(如阿喀琉斯的盾牌)〕到当代的对等——当代的对等已经失去了尺度观念——可靠的模仿、不依赖意义的模仿——因为模仿本身产生意义,模仿与对象是一致的——消失了。从某种意义上说,模仿即是这种沉沦的技巧,即是象征化消失的技巧,而象征化才使模仿有可能实现。文学创作将通过个性化的渠道,而个性化不可避免地成为批判式的个性化。模仿作为一种要求残余不停地自我分解——恰似某种文学与虚构领域的熵定律。摹仿说的历史与反摹仿说的思想相交错。对摹仿说的突出仍然阻碍这种交汇。批评家们明显地把模仿与能力的不足、奥秘解说符号的缺失和证明等值的愿望联系在一起。在勒内·基拉尔(René Girard)那里,摹仿说及其媒介形式说明,表现的一般性来自媒介者的平等,解体形象证明了任何表现的双重性——偏向它所依赖的符号媒介形式。应该把马尔泰·罗贝尔(Marthe Robert)的《关于起源的小说和小说的起源》(*Roman des origines et origine du roman*)解读为摹仿说贬值游戏的另一种类型:现实主义、反现实主义或形式现实主义都跳出了奥秘解说符号的范畴,两种都是技巧的实践,失去自己的根是它们的先决条件。除非脱离了文学作品,否则,表现和反表现的程度建立在对模仿紧缩情况的评价的基础上。在摹仿说的历史上已经可以看到这种退化现象,表意手段与表意内容二分法的语言学理论的使用、本应应运而生的共同体的缺失的证明,使模仿的退化现象显得更加明显:反摹仿说的思想否认共同体

建立在表现能力的基础上。如今,所有关于虚构、修辞学、解读和读者的文字,从修辞学和语言学的常用观点出发,谈论这种没有读者规则及书籍规则的共同体。文学作品不以某种有关世界的知识为参照,它展示现时以及系列个性和系列等价存在。它是关于现时和这一共同体的知识——而不是表现这一共同体——在证实符号的平等性、所有主体和所有真实的平等性的同时,对言语的"差异性"作出了回答。

文学性的地位

表现、反表现、自我表现等所揭示的问题的实质,是文学性的地位和能力。如今,这几个术语是不可取消的,它们确实是几个互相对应的概念,其中的反表现或自我表现,喻示着言语人为的技巧性可以聚集无穷的可表达意义,而另一概念表现则揭示了现实主义的"帝制"倾向——准确的语言不留任何残余。在文学与其他表达方式的关系中——文学与绘画的关系特别典型,从历史和理论的角度提出了文本如何塑造形象的问题——关于表现和反表现的有关论点也提出了根本性的问题。不同基础的符号体系可以互相转换的基本内容是什么?〔E. 本弗尼斯特(E. Benveniste),1974〕或者说,文学可以从哪些方面成为泛社会学和泛符号学的实现体系?而这正是表现和反表现的目的。似乎有必要停止按二元对立的理论思路继续走下去。表现的转换对象不是反表现,而是摹仿说和反摹仿说两者的异质现象:无法展示标志着主体与对象关系的完全缺失;被对方排斥的主体不得不采用面对自己和任何事物的恐怖言语。〔克里斯特瓦(J. Kristeva),1981〕关于真实的任何言语都是无法界定的,任何追求真实的方法皆被视为危险之举。至此,任何叙事文甚至虚构概念也已经过时,因为有规律地玩弄内部与外部界限的场所不再存在。按照严格对立的游戏谈论表现和反表现、谈论参照能力和作品的自律性,无异于把真实和语言材料都看做静止的完成形态,因为前者是这种参照能力的场所,后者是这种自律性的场所。除非以神话语言或真正的象征语言出现,否则表现永远不可能完结。表现是一种暂时现象,是根据语言能力和事物能力的瞬间捕捉,它代表着重复性和多样性,表示语言词不尽意和事物的不曾穷尽现象是存在的。除非把自己看做语言本身的综合,否则,反表现也只能是部分掌握和有限性掌握,与语言相比,它恰恰处于次要的地位。不曾穷尽的虚构对象形成面对语言和真实的某种倾斜,它是语言规律和真实规律未完成的标志。作品以及模仿的任意性、表现相对于反映理论的某种解放程度,明显地把表现纳入媒介形式的体系。远不要把这种现象解读为常见的表现与反表现的对立,发现作品本身吸引语言,而语言的繁盛正是表现,这种见解似乎更恰当一些。作品之所以成为模仿性作品,恰恰因为它从语言中接受了综合原则,因为它使自己的存在成为交际的可靠场所,交际被置于交际对象即作品之中。不可妄谈作品本身的形态,也不可妄谈作品从语言中或从外部世界中吸纳的成分。不可论定作为反对强迫性程式的作品建构中没有雷同之处。这样认定作品无异于把作品理想化,无异于不正常地理解创作时刻,信赖语言的作者有可能在某一言语中超越语言,因为言语有能力自己谈论自己。作品既是自律的,也是表现的,既是媒介形式,也是直接形式,它期待客观性,这种客观性只能取自语言,它只能通过自己的自律性游戏赋予这种客观性。(T. W. 阿多诺,1974)这种二重性的意义来自作品的处境:在媒介形式具有普遍性的世界里,作品伪装直接性成功的可能性是不存在的,但是它无疑拥有否决媒介形式提供的种种形态的权力。模仿与反模仿的分野较少相当于作品的创作逻辑与定义逻辑的分野,更符合作品的悖论特征。由作品构成的综合是在反对逻各斯和媒介统治地位的过程中完成的;它既没有建立自己的逻各斯,也没有建立自己的神话;它以暂时的统一体出现在这些媒介形式和这种逻各斯内部,并因此而有能力展示某种客观性的方式。

19. 认识论问题

杜沃·佛克马

自从赫什的著作《阐释的有效性》(1967)出版以来,有关文学命题的论证问题变得更加迫切。根据美国韦伯斯特词典(Webster),有效性"应该依靠某种客观真实或某种得到普遍承认的权威性"①。但如今人们很少提到客观真实,且还有什么样的权威得到普遍承认呢?关于文学命题有效性的问题很难找到一个答案,这一点并不令人吃惊。

迄今为止,关于这个问题的讨论主要朝两个方向展开。首先,文学研究的对象从对孤立文本的阐释转向对独特社会背景下文学交际活动的检视。然而,这个方向的转移并没有立刻导致意见一致的假设。因此,还需要其他东西:我们没有寻求某种绝对的有效性,而是学习区分可靠性的不同程度,学习研究某独特命题的正确性所依据的规则。

如果某论据的规则未被置疑,我们就把这些规则称为意识形态性规则。所以意识形态批评(*Ideologiekritik*)的流行是认识论危机的某种征兆。

文学研究中主体与客体的区分

然而,文学研究对象的确定不能简单地归结为文本阐释或文学交际研究的平庸选择,而是要引入其他因素。选取这种或那种可能性的主要准则之一,就是看看这些活动的主体是否有别于研究客体。在德国最近的辩论中,诺贝特·格勒本(Norbert Groeben,1977)明确提出

---

① 译自《韦伯斯特第九版新学生词典》(*Webster's Ninth New Collegiate Dictionary*,1986)。

了主体与客体分离的必要性,而西格弗里德·J.施密特(Siegfried J. Schmidt,1980,1982)则提出了区分参加者与观察者的必要性。在本书的一个篇章中,埃尔吕德·伊布希为他们的观点辩护。然而,与解释学传统更接近的其他学者,如保尔·里科尔(1969)、汉斯·罗伯特·尧斯(1970 a)、勒内·韦勒克(1960)、克劳迪奥·吉耶纳(1985)以及本书中的马里奥·瓦尔代斯,则反而坚持文学研究中主体与客体的完全分离是幻想,甚至是不受欢迎的。据他们说,分析与阐释、阐释与评价是并行发展的。他们的论据之一即断言,选用此文本而没有选用另一文本进行研究这个事实即赋予文本某种价值。第二,他们认定文学研究的对象本身拥有价值(韦勒克,1960,第 15 页)。第三,他们多次提请人们注意,文学研究工作者有责任指出传统留给我们的文学文本的价值(例如尧斯,1977)。

这些论据或者是错误的,或者是无法应用的,或者两者皆是。选择一个客体并赋予它以某种价值这种论据显然不能否定,但是选择一客体作为研究对象没有任何理由妨碍选择之后应用于实践的研究规则。尽管选择可以赋予价值,但客体的选择与客体的研究之间、主观兴趣与科学方法之间可以作出区别。实践中,研究客体的选择有可能是由后来的实际研究者以外的另一人来考虑或操作的(我们不妨想想教授者与被教授者的关系,或者集体研究,或者由出版社或任何其他部门所约请的研究情况)。换言之,一定时期选择某客体为研究对象并不因此而导致文学研究中主体与客体的区分不能发生。

第二个论据既错误又不可靠。文学文本并没有充满价值。认为文学体现价值这种观点来自下述理论,它使价值成为客体的某种组成部分,独立于潜在观察者。我们至少可以介绍两种反对这种内在价值理论的意见。首先,该理论既不能解释长时期内评价发生的重大变化,也不能解释当代知识分子之间重要的评价差异。其次,正如尼古拉斯·雷斯切尔(Nicolas Rescher,1969)指出的那样,没有任何方法可以抛开人的观察来建立某特定客体中的价值存在。怎么可能知道黎明是美丽的,如果没有任何人看见它的话?内在价值理论的解释能力很弱,此外,又无法被批评。它大大地让位于相对价值理论,就是说,主体对客体的价值赋予既取决于客体的品质又取决于主体的准则、知识、兴趣及处境。因此,文学文本充满价值的概念应予摒弃,并被下述观念所代替,即文学文本"引领"其不同的接受者对它们赋予一定的价值。尽管视文学文本为价值存放处的论据是错误的,但可以重新表述如下:文学文本被某些读者,也被(但不一定)研究这些文本的研究者视为有价值的文本。但是,没有任何理由使赋予客体的价值得以影响科学方法的原则。如果我们看看其他的科学行业,同样的情况也会出现:研究花的植物学家或为其妻子动手术的外科医生没有任何理由让他们的感情干预他们的活动。反之,如果研究对象具有价值的话,研究者一般会把严格遵守科学方法的原则视为荣誉点。换言之,赋予文学文本的价值阻碍了主体与客体之分离这个论断是无效的。

反对区别主体与客体的第三个论据说服力也很弱。不存在任何能把文学家自动变成批评家的必然性。分析和批评在理论和实践上都可以分开。一般情况下,有些人更倾向于服从科学规则的分析,而另一些人则更喜欢阐释、评价和批评。英美文学研究中没有理论与批评之分,这便导致了"批评理论"这个混合词的产生,这种现象构成一种严重的障碍。不可否认,实践中经常存在长时段性的大学文学研究和文学期刊与新闻中的当代作品批评之间的分工。如果有人把对文学理论的兴趣与文学批评的实践结合起来,此人一般会意识到这样的事实,即大学的研究规则与文学批评的规则不同,前者排除主观性,而后者则要求主观性的介入。

然而,还有一些大学教员不接受主体与客体分离的原则,个中情况可能比我们料想的更复杂。当尧斯(1977,第9页)谈论批评的可能性,谈论文学传统的评价和再评价的可能性时,其论证与施密特的论证相似,后者承认应用文学研究领域(*angewandte Literaturwissenschaft*)的存在。然而,尧斯否认参加者与观察者的分离,而施密特则支持它。文学研究中把主体与客体混合起来的诱惑有可能来源于客体的明显的语言性质,即客体应该从语言方面得以讨论。另外,如果有人坚持这种文学讨论以某种文学风格进行,或者这里涉及的是一种艺术,正如埃米尔·斯泰格(Emil Staiger)在其《阐释艺术》(*Die Kunst der Interpretation*,1955)中谈到的那样,客体言语对主体言语的感染是不可避免的。

但是,问题的一部分不属于文学研究客体的语言特性,而属于一种更普遍的范围。看看其他学科中有关价值和价值客体、问题的选择和结果的应用的情况,可能更容易一些。问题似乎具有普遍性,从物理和医学到心理学和社会学都一样。文学研究中关于这些问题的普遍混乱现象大概来自不了解其他学科解决这一认识论问题的种种办法的信息。一般来说,科学活动可以理解为一幅三折画,中间部分表现了严格按照科学规则进行的科学研究的场景,左边部分表现问题选择的场景,而右边部分显现成果的应用,包括发表。每个场景都拥有自身的规则。一个问题从科学规则(中间部分)角度看可能是有意义的,但无社会效应。科学价值的确定一方面取决于某研究类型可能有助于解决某些科学问题的尺度,另一方面取决于它在同一领域或相似领域与其他研究的关系。[波珀(Popper),1972,第113～114页]用以确定社会价值的准则来自评价者的社会观——实际上经常来自他对社会未来发展的看法。在民主国家里,研究的社会价值的评价交给了每个教授或每个大学生,他们在由决定预算的从立法议会直至学院委员会等普选机构确定的范围之内决定对某具体问题的研究。在其他等级化更明显的国家,社会价值由国家意识形态决定。很明显,社会价值的准则与科学价值的准则更趋于不同。有些社会问题从科学的角度而言没有任何意义,而有些科学问题的解决可能没有社会效益。引导一特定问题选择的不同准则应予明确。而一旦某个特定问题被选上——不管选取的理由是什么——研究者便进入了科学研究规则压倒一切的场域。可能获得之发现的社会影响只有在科研成果获得之后才能考虑。这时就出现了成果是否应该利用和如何利用的问题;这是一个时机问题,经常也是一个经济效益问题;是有关机构和政府,而不是大学成员,为其找到答案的问题。

维持科学活动三个场景相分离的目的是保护应用科学规则的中间场景。如果中间场景的规则被一些社会的或乌托邦式的关注所感染,就不可能达到可靠的结果,这种情况在具有种种社会目标的研究中可能发生。从那些管理者和统治者的利益本身出发,亦应在社会中保留一块圣地,让那里的活动以诸如客观性、可靠性和有效性等科学准则为基础。

当然,应该承认,科学研究的圣地并非总以我们希望看到的思想纯粹为特征。卡尔·波珀(1972)极其清楚,研究者也是一些可能犯错误的人,他们有时会出于利益的考虑想方设法使他们的理论逃避批评。托马斯·库恩(1970)揭示了这样的事实:属于同一范式的研究者团体为了维护他们的观点会求助于不同的、并非都是科学的手段。法伊尔阿本德(Feyerabend,1975)走得更远,甚至声称科学研究的发展本质上是非理性的。

为了防止任何赋予理论某种豁免权的企图发生,科学方法的首要准则之一就是要求陈述要以原则上它们可能受到批评,甚至被否定的方式构成。这就是波珀(1934,1959)所说的科学结果的可伪造性。他还要求批评在实践中成为可能,亦即在科学论文和论著中要有交流和批评的机会;此外,他支持新闻自由和社会开放。更深刻的是他的信念,即科学成果应该永远或者作为假设介绍,或者作为仅得到暂时证明的陈述文字而介绍。任何"真理"都是暂时的,并且有可能被修正。这就是"真理"这个词越来越被排除在认识论讨论之外的原因之一,当它出现时总是打上引号的。

同样的思路也可以适用于"客观化"概念。无论付出了何等努力,研究者们很难超脱他们的主观动机并忘记他们的科学利益甚至物质利益。我们可以力求主体与客体的分离,但分离不会物质化。有些科学家认定,研究的对象应当被视为主体的某种建构[施密特,1985 b;克里茨(Kriz),1985],这就会阻碍两者之间的截然分离。至少在实践中——如果理论上不是这样——主体和客体之间可能会相互影响,但是在所有学科中,主体与客体相分离的原则都应被视为规范。如果该规范不再被执行的情况出现,对主客体混淆的批评便不再可能,那将意味着一种可能使我们获得明确和可靠结果的关键性战略从此告终。

主体与客体之间的关系问题极其复杂,尤其是文学研究的客体的情况。我们发现问题不单纯是在文本阐释与交际研究之间作出选择,更应该这样考虑,即研究领域包括从对具体文本的同化性阅读到文学交际及其代码和约定的客观研究的广阔范围。在文本的解释学阅读和文学体系的公正研究这两极之间,存在着文学史、文学批评和文学教学,它们亦属于文学研究的大学科。这些不同的分支表现了主客体不同程度上的相互影响,我们应该提出这样的问题,即这些不同领域是否各自拥有自己建立陈述可靠性的规则。为了回答这个问题,我们首先研究一下一般情况下科学陈述怎样获得自己的证明。然后,我们就曾经进行过或可能进行的经验研究、其结果可以通过这种或那种方式得到检验的经验研究勾勒一个略图。最后,我们将转向文学史领域——那里经验性验证的可能性很有限甚或不存在——并以概略评论文学批评和文学教学的规则结束本文。

科学假设的证明

包括文学领域的任何研究都可以从一些模糊的直觉或思辨开始,然后通过一个概念化阶段,最后产生一些可以得到验证的陈述结果,如果它们经受住了有效批评的考验,暂时可以被视为是真实可信的。正是从这个意义上说,波珀断定科学研究原则上只有一种方法的话可以支持。"科学的"这个词,当它在英语中被用于人文科学的领域时,可能会有些问题(然而法语、德语、俄语、汉语、希伯来语以及其他众多语言中没有这种情况),但是与科学假设可能得以验证的方式这个更严肃的问题相比,这只是个细节。验证方式等于提出了所谓科学假设或命题的准确性或有效性的判断的合理性问题。

当然,我们并非不熟悉认识社会学或如利奥塔(Lyotard,1979)等后现代哲学家的论据所展示的问题域,但是,如果我们想超越民族和文化界限讨论问题,就需要拥有能够区分正确与错误、有效陈述与无效陈述的共同准则。问题在于:什么是我们的科学有效性的准则?如果我们想让人文科学之内和之外的同事严肃对待我们,就应该解决这个认识论问题。如果我们不能找到这个问题的解决办法,就有可能受每种新时尚的摆布。我们确实尴尬地发现,在十至二十年的时间内,我们的学科似乎进入了一个全新的范式;在实证主义之后,我们看到了新批评主义和结构主义的兴起,步它们后尘的是后结构主义和解构主义,尤其是在法国和美国;后两种潮流似乎又让位于某种新历史主义。除了传记和百科全书中一些微不足道的史实积累,文学研究缺乏连续性是个严重的缺陷。每一代新人似乎都感觉需要生产新的文学观念、新的文学理论。对过去研究成果的批评显然是必要的,但有必要每次都从零开始吗?

似乎有三种主要的准则可以用来评价科学陈述。首先是众所周知的一条原则,即一个命题如果符合它所描述的经验事实就是正确的和有效的。与事实**相符性**使陈述具有合理性。其次,一个命题如果与那些被认为成立的理论相一致则可以视为有效。在这种情况下,陈述的合理性基于它与当前有效理论的**兼容性**。最后,一个命题可以根据它在一特定研究团体内部获得的接受性而被视为有效。因此,陈述的合理性建立在某种**共识**的基础上。(参阅雷斯切尔,1973;克里茨,1985,第8页)

然而,当我们意识到这些准则中的任何一个通常都不能独自满足科学陈述合理化的要求时,事情就变得复杂了。它们一起发挥作用,尽管其中之一经常起主导作用。在很长时间内,相符性(与事实一致)准则被视为足以建立科学命题的有效性。但是,在我们这个时代,若干作者[波珀,1973,第341~361页;冈布里奇(Gombrich),1977,第23页;

芬克,1982,第 111 页]对不受感知者期望和利益影响的中性感知的存在提出了质疑。即使我们反对心理学的观察,坚持有可能脱离其背景孤立地感知各个事实,亦应该看到,一旦事实之间有联系,便引入了一个建立在因果关系概念和一定集体中被接受的立场基础上的阐释因素。尼采 1873 年在《论道德以外意义上的真理与谎言》(*Über Wahrheit und Lüge im aussermoralischen Sinn*)中已经声称,我们关于"自然规律"所知道的一切都是我们向自然的投射:时间与空间概念,承接关系和数字关系。(尼采,1960,卷三,第 318 页)现代认识论似乎采取了这种观察方式,它的座右铭也一样:"没有事实,只有阐释。"(尼采,1960,卷三,第 903 页)学术界正是通过某种悖论得出下面的结论:对事实的认识从属于我们对一个事实所拥有的理论观念;更具体的是,事实的中肯性从属于某种关于中肯和非中肯的理论。

这种观念把我们带到了下述困境:理论的任何验证都应该依据本身从属于相关理论或另一理论的事实。在感知是由某种理论范畴或精神范畴来引导的思想和断定事实如与预先存在的精神范畴不相符时亦应得到承认的思想之间,存在着明显的冲突。

在最近的出版物中,精神范畴或理论观念作为指导的重要性被突出,损害了直接观察的价值。这样,以经验性理论著称的西格弗里德·J.施密特没有从对事实的直接观察中寻求支持,更多的是从一批研究者支持的理论观念的兼容性中寻找支撑,自此人们把这些理论观念视为"主体间的"理论观念。(施密特,1980,第 6~7 页;参阅芬克,1982,第 108~116 页)实际上,施密特既强调兼容性也强调认识的一致性,视它们为准则。

几年前,莫伊(J. J. A. Mooij,1979)借助由某种理论范畴引导的经验观察方法探讨理论验证方面的困扰,他得出的结论是:人文科学的理论很难成为检验的对象,因此,它们只有启发性功能。它们可以充任"灯塔"的作用;这个观点首先是由卡尔·波珀在一个稍有不同的背景下提出来的(波珀,1973,第 341~361 页)。

然而,囿于主体间性和与既成理论相一致的准则是不可以的。由于利益、偷懒或政治偏见方面的原因,一个研究集体可能设法使自己免遭批评。如果我们要进步,批评理应得到实施,而新事实理应得到研究。最近,冯·格拉泽尔斯费尔德(Von Glasersfeld,1985)使我们依稀看到了通过理论指导的观察方法来解决理论验证难题的办法,他在参照皮亚杰(1937)观点的同时指出,在任何学习过程中,一精神范畴可以

19. 认识论问题

通过与其不相容的经验得到修正。事实上，如果我们对世界的看法不能通过非正常经验得到修正，我们就不可能从我们的错误中吸取教训。

三种主要的认证形式——与事实相符，理论上一致，共识——各自似乎部分有效。它们中间的一种或两种可以处于首位，但我们可以肯定，只有当这三种认证类型同时应用时，我们才能接近最佳认可性。这样一种论断可能会在社会实践中寻求支持；在探求可靠性时，我们尤其重视对事实的依据，亦依靠兼容性和共识。

关于科学陈述有效性赖以固守的三维认证形式还有很多话要说。在某些学科，如果三种认证形式之一更适合，我们就把优先权赋予它。在实验物理中，与被观察事实相符合的准则无疑很重要。反之，理论物理在很大程度上依赖与有效理论（相一致）的和谐准则。在人文科学中，主体间性或一研究集体的共识统一性经常被视为足够的认证准则。然而，正如我们已经指出的那样，其他准则不容忽视。实验物理不能排除理论和谐准则，而理论物理也不能对成功的实验结果视而不见。同样，文学研究者不能只相信共识；新批评和结构主义就因为仅满足于它而不知不觉地陷入了某种绝境。显而易见，科学陈述如果同时依靠三种认证形式，就更强大，其继续生存的机会就更多。

如果关于文学和文学交际的科学假设不仅仅依靠共识方式，也依靠与经验的相符性以及与所接受理论的和谐性，文学研究家们的发现就会变得更可靠，而文学研究亦会因此而获益于连续性。倘若这类目标不能马上实现，我们命题的相对有效性可以从这些不同准则的满足程度来确定。我们在文学研究领域的陈述的有效性是通过相当程度的经验证明、相当程度的理论一致性和某研究者集体相当程度的接受性而表达的。

为了避免对科学假设的不能接受的保护——它们原则上是暂时性的和假设性的——隔离人文科学与社会科学的壁垒应该推倒。主体间性不应该与某文艺团体中的众口一词相混淆，更何况，为了防止主体间信仰的特权，科学陈述的检验还应当拥有某种跨学科的维度。（施密特，1980，第2~3页）一个文学研究者对风格学、审美经验或作家们和读者们之间的社会关系的观察，应该能分别得到语言学家、心理学家和社会学家的批评。当这些观察卓有成就地接受了来自其他学科的批评，它们便可以服务于这些学科的研究者，并因此而丰富我们对人和社会的一般知识。主体间检验将使文学研究摆脱建立在个人信念基础上的名声。跨学科检验走得更远；它从此将有助于从不同角度使可信结果区别于其他结果,并使可信结果为更广泛的公众所利用。这样,它就扩展了主体间的认证范围,并使文学研究脱离它们的精英型象牙塔。最后,跨文化检验——长期赋予单一文化的成果的检验扩展到世界范围——将为科学假设的普遍有效性的宏愿提供某种基础。跨文化检验将把文学研究从其种族中心主义的桎梏中解放出来。反过来,主体间性的局限性可能也会有全球的维度。

主体间可靠性的这些扩展的可能性略带乐观主义的色彩。确实,历史条件的发展之后——如社会科学的来临,与日俱增的现代信息存储和系统搜索的手段,不同文化之间不断增加的交往和接触等——进步的可能性就在眼前,尽管我们不能确信文学研究者们会抓住它。我们也可以介绍一种不那么乐观的视界。同样的历史变化之后,文学研究的地位由于传统认证形式的价值的下降也受到威胁。共识和理论的一致性不再是文学假设唯一的和最重要的证明方式。在现代社会科学发展的影响下,人们大概越来越要求主体间的共识得到经验检验的支持。与实证主义时代不同,现代经验研究不再盲目地相信事实,更依靠理论与观察之间的微妙游戏。文学交际不同层面接受经验研究的成就不同,下节将讨论这个问题。

经验研究和文学交际

认为对事实的观察已经充满了理论见解的观点可以阐释如下。一方面,被观察的现象可以被视为经验事实,如果它们是通过理论指导的观察而发现的,例如明确的分析方法的使用;这样的事实符合一个预先存在的社会范式(精神范畴、理论观念),后者提供了第一时间的分析工具。另一方面,被观察的现象也可以被视为经验事实,如果它们似乎不符合预先存在的社会范式(精神范畴、理论观念)并与指导观察的理论相矛盾。因而,理论指导下的观察可以导致两种结果,或者对引导研究的理论的肯定,或否定。波珀(1934,1959)和皮亚杰(1937)两人都曾强调过修正日常社会范式的可能性。

作为下述讨论对象的经验事实是从理论概念指导下的观察中抽出来的,例如我们可以在沃迪卡(1942)和雅各布森(1960)的论著中找到的理论概念,尤其是关于文本生产和接受以及文学交际六要素的概念。这六个要素是:信息发送者、信息接受者、接触、信息(文本)、社会背景和代码。我们将简要地论及:a. 拥有某种文学意图的文本生产;b. 文本的接受,无论指导文本生产的意图是什么;c. 以文学接受为目的的文本传播;d. 被某些读者群体作为文学作品接受的文本的分析(包括这些文本与它们的社会背景所保持的关系);e. 为解释被一定读者群体作为文学而接受的文本理解的可能性而可能建立的代码。

a. 拥有某种文学意图的文本生产

原则上,关于文本生产的资料性研究和实验性研究两者都是可能的,但这两种研究方式所产生的事实却大相径庭。实验的设计应该从期待结果的可预见角度去考虑;实验本身意味着对假设的检验。如果实验获得圆满成功,它即具有某种解释性功能,特别是当它可重复时。在实验性研究的所谓标准范式中,存在着预见与解释之间的对称。

文学生产的某些层面的检验可以采用作家访谈的方式,或者通过作品观察作家的方式。对文本生产的这类实验性研究当然限于活着的作者,一般来说他们不是很容易被支配的信息提供者。根据施密特和左贝尔(1983)对先锋派作家的智力和个性的实验调查,对他们实验有利的物质条件尚不具备。迄今为止,关于具有文学意图的文本生产的经验研究还是一个落后的领域。方法论方面的障碍很严重。

另外一种审视创作时刻的方式是分析作者们在他们的信件、日记、宣言、文学批评也许还有他们的创作中提供的信息。这种资料性研究涉及的文本是独一无二的,因为它们是由一个特定的人在一个特定时间和一个特定地点生产的。与实验性研究不同,经验事实的生产不能重复。在资料性研究中,经验事实应该根据很具体的方法规则从一些特定的源泉中选取。事实的产生源自在理论指导下对可支配材料的某种分析。其他研究者对结果的验证取决于他们是否承认同样的方法规则,假如他们承认这些规则,还取决于这些规则是否被正确地理解并执行。

b. 文本的文学接受,不管这些文本是否在某种文学意图下生产

如同文本生产的情况一样,我们也可以区分为资料性研究和实验研究。接受方面的资料多种多样,从多少忠实于原著的复制品(如翻译、戏剧创作、改编)到自由变化和顺便参照(如滑稽模仿、文学批评、引述)。如果关于接受的资料性研究可以成为认证对象,研究的经验性特征就可以得到保证。分析结果如果是通过某种(理论上成立)可重复性方法产生的,它们将接受经验事实的地位。自然,它们作为经验事实的

价值受发现方法以及支持该方法的理论的有效性和可靠性的限制。正如我们上边指出的那样，在这种背景下，"经验的"一词的意指与研究者有能力判断一具体材料是否符合预先存在的理论范式的某种情境相关。我们因此可以说某种"经验情境"和某种"经验判断"，它们**产生**了"经验事实"。

对接受的研究应该从一个需要解决的问题开始，即要提出一个解决该问题的方案，把后者建立在一种或若干种理论的基础上。例如，乔伊斯《都柏林人》(Gens de Dublin)的早期读者在把这些叙事作为代表作接受之前曾经必须克服的障碍类型问题，可以通过某种假设的审美理论来探讨，提出审美乐趣的可能因素，并找出羁绊其效果的障碍。(参见佛ма，1984)对接受的研究也可以帮助解释当今读者何以在欣赏《都柏林人》方面很少有困难。而1914～1915年代读者的接受与当今读者的接受之间的区别可以通过经验方法来确定。如果我们拥有能够解释《都柏林人》之接受的历史演变的某种临时性的变化理论，我们对上面这个问题的观察就会更加准确。

关于读者反应的实验性研究使用问卷和其他能够记录读者反应的方法。这种研究方法很大程度上归功于贝利纳(Berlyne，1971，1974)，得以实践并获得了有效结果。这里也一样，这类研究也要首先提出一个问题，设想一种解决办法并提出检验这种设想的方法。如果关于接受的实验性研究使用了某些心理学和社会学概念〔珀维斯(Purves)，1973；泽格斯(Segers)，1978；波尔金兹-普朗克(Berginz-Plank)，1981；格勒本，1982；伊布希，1984；斯克拉姆(Schram)，1985〕，这在跨学科研究中可能发挥关键作用。

接受研究的一个很有意义的领域自然是戏剧观众的反应。这里也一样，我们当然也可以采用问卷调查的方法，但也可以记录非语言性反应，如笑和鼓掌等。〔范·登·贝格(Van den Bergh)，1972；舍马克(Schoenmakers)，1982〕

关于文本接受的经验性研究的增长潜力，我们在此只能顺便提一下，我们可以想象，这种潜力是巨大的。

C. 以文学接受为目的的文本传播

不同交际手段的使用，特别是文本传播的方式，完全可以成为某种使用经验方法的研究的对象。这一点既适用于书籍的传播和使用，也适用于戏剧和视听表演的频率的组织。这些研究成果只有与文学交际相关联时,才会对文学研究者有意义。[参阅欣岑贝格(Hintzenberg)、施密特和左贝尔,1980;我们会发现一些有关图书市场的参考书目信息,第24~25页]某些文本的流通是作家和读者所用代码的知识的某种传播成分。文本印刷的选取或否决——"经典化"问题和审查问题——可以归到传播栏下,尽管它也包含接受方面的问题。文学翻译拥有某种传播维度,而且与"经典化"和审查一样,它也涉及代码知识的传播;我们可以关心代码的传播,以建立它们的革新价值或者它们抵抗其他代码的力量。

正如J.朗贝尔在本书中指出的那样,众多研究是以翻译文本的印刷和流传为基础而完成的,但它们并非都关涉文学交际研究所特有的问题。我们仍然想对某些文本的占有情况和与之相应的代码的认识有更多的了解,无论是过去的还是当前的。文本传播中的经验性研究成果可以为我们提供关于影响和接受问题、互文性问题以及更广泛的阐释疑难问题等方面的答案。

d. 被某些读者群体作为文学作品接受的文本的分析

与沃迪卡谈到的情况(1942,第34页)不同,"文学系列"(被作为文学作品而接受的文本的文学系列)的建构问题很多。一套文学文本范围的界定只能根据历史、地理和社会条件来进行。如果一定读者群体在一定时期一定地区作为文学而接受的文本的分析应对文学研究产生一些有效结果,该分析就必须与相关时期相关区域之文学文本范围或者还与该特定读者群体之期待和知识范围之外的文本信息联系起来。

事情之所以应该如此的原因来自一种突出文学文本审美功能的文学观念。一种强势的假设认为,文本的审美效应来自文本里被描述世界与读者所熟悉的真实世界的某种独特关系。文本的审美效应只有当这两个世界之间既存在共性又存在区别的情况下才能得以实现。区别的必要性曾是许多文学研究者研究的对象——尤其是俄国形式主义者、H.R.尧斯(1970)和洛特曼(1977)。但是为区别经验提供基础的共性也是重要的。读者们视为异常的成分属于一些他们认为中肯的东西。文本手段的革新应该与一些对读者生活而言非常重要的题材相关联,才能有效。(佛克马/伊布希,1988,第5~7页)这一点就解释了所有文化中传统文学题材的持久性:爱情与死亡、个人与社会以及人类其他的永恒主题。布赖恩·麦克黑尔(Brian McHale,1987)在其著作《后现代小说》(*Postmodernist Fiction*)的一章中非常恰当地谈到了"后现代小说中的爱情与死亡"。知识社会学总结了考察个人参与认识之某些区域以及这些认识对于个人的中肯性的一些描述方法。[贝格尔（Berger）和卢克曼（Luckmann），1967]

正是某种文学理论应该提出文本分析的种种方法，尤其是一特定时期的文学文本所描述的语义世界之中肯性的理论以及同一时期可能存在的革新形式的理论。被视为文学文本的语义和句法——文本的分析结果应该与其他文本的规律性相比较，以观察哪些差异从文学（美学）角度而言可能是重要的。

下边的说明大概并不多余，即计算机辅助分析，例如词汇频率的研究，只有当它与文学研究中某个特定问题及该问题临时解决方法的认可相关时才可能有用。如果频率分析与文学研究中的某问题无关，就很容易转向滑稽，正如伊塔洛·卡尔维诺（Italo Calvino）在他的小说《如果一个冬天的夜晚，一个旅行者……》（*Se una notte d'inverno un viaggiatore*，1979）中所做的那样。在实践中，这意味着应该在语言学分析与文学分析之间，在语言学的符号概念与文学的符号概念之间建立种种区别。继洛特曼之后，我们可以把文学符号视为语言学符号的叠加。文学符号处于一系列语言学上可能的建构之中（及有时在某种非文学背景下不可能的建构之中），该系列以这种或那种方式与其他不被作为文学而接受的文本所选择的建构形成鲜明对照。文学符号受一定背景的制约，其效力局限于这个背景，文学符号依靠其他的文学符号和非文学符号。

这就解释了为什么就文学符号总结出一些具有普遍意义的规律很难。事实上，人们已经做了一些有关一致性和频率性的分析[见布尔霍夫（Bulhof），1976]，但迄今为止，没有人声称他从某具体文本中分离出了文学符号。文学性的古老问题似乎不可能抽象地解决，而只能根据具体读者具体解决，读者对文学的感知应该提供某种具体符号之理论的基础，这些具体符号引导读者们把某些文本确定为文学文本。

e. 为解释被一定读者群体作为文学而接受的文本理解的可能性而可能建立的代码

与马泰伊卡（Matejka）和蒂图尼克（Titunik）(1976，第283～284页)对结构概念的讨论类似，我们可以提出一个代码是某种科学抽象还是一种社会或心理事实。如果我们想确定代码的经验性质，这个问题就要找到一个答案。洛特曼的代码定义是"意指单位和支配意指单位组合的规则的封闭整体,它们一起使某些信息的传达成为可能"(译自洛特曼,1977,第20页),他的代码定义给我们提供了一个可以在文学研究中使用(并实际使用)的概念。应该注意洛特曼定义中"规则"和"封闭整体"这两个词的使用,它们重申,承载意义的成分是经过严格组织的,且数量有限。一个如此抽象和严谨的体系会以经验为基础吗?

人们常常认定,所有的语言都是代码。确实,洛特曼的定义被介绍为语言的定义(他所说的语言是广义的语言)。然而,最好把"语言"这个词的使用限制在以话语为手段的人类交际范围之内,并把种种语言视为所有可能用来传达信息的符号体系即代码的某种子体系。自然,在作品中,在一文本内部可能有好几种使用语言的代码。

我们的语言知识向我们提供了可以澄清代码特性的某种类比法。强调下面的事实是重要的,即我们对一种语言之所知,一种说者和听者根据他们的共同知识所使用的语言之所知,呈现为一种抽象范式,后者包括一些固定规则,我们称之为语法。该抽象范式明显有别于讲话者实际拥有的知识。[关于对语言规则之作用持怀疑态度的观点,参阅保罗·齐夫(Paul Ziff),1960]有些说者比另外一些说者对他们所讲的语言有着更准确和更广泛的了解,且不谈同一种语言不同类型之间的方言性或社会学方面的差异。从经验角度看,任何一个说者都不可能拥有与另一个讲同一种语言的人同样的语言知识(能力)。简言之,我们可以借助一种规范语言的抽象范式把作为体系的某种语言的不同程度的知识与该知识的不同体现作出区分。讲同一种语言的一个主体群体在不同程度上共享的知识是可以通过直接调查或对他们的陈述句的分析而从经验上获得的。用于描述和分析这些知识的抽象范式只能得到间接的检验和修正。对规则的一些简单偏离不会使它受到危害;人们经常使用一种统计准则来确定一条语言规则是否应该改变,尽管有时不仅仅涉及统计问题,而是例如根据一种规范否定某些方言性质或外来语性质的偏离并接受另外一些偏离的某种决定。

同时,当我们谈到代码时,应该区分一种代码的抽象描述与用于一定人群交际目的的意指体系之认识的代码。后者可以通过经验而获得,但一种代码的抽象范式只能以间接的方式验证。即使使用一定代码的群体界定问题得以解决——与区别一种语言与其方言变种或社会学变种的语言学问题类似——还存在着一群体对一种包括若干微小变种的代码的认识与该代码的抽象范式之间的区别。一种代码的抽象范式与经验验证所选定的种种情境的差距超过它宣称描述的实际情况。

不管范式的检验多么间接,它都应该通过对习惯上使用代码的群体交际实践的研究而完成。

建构并保持与其试图描述之能力没有任何关系的抽象的符号范式毫无意义。因此,作为固定规则和封闭整体的抽象范式,一种代码无论如何应该反映某种约定俗成所维持的共同实践。这里,规则与规律的区别在认识论方面似乎也是成立的。文本显示了某些规律性,而为探索和描述这些规律性而设计的范式却是由规则组成的。规律性可以从言语(言说、言述)层面去发现,而规则属于语言体系层面,我们在理论上就是这样构想的。根据埃布尔(Eibl,1976,第78页)的观点,我们可以得出下面的结论:反映了文本规律性的规则,正如由这些规则体系构成的代码一样,是一些精神建构,因此不能成为言语实践中的观察对象。它们拥有某种经验基础,因为它们系统描述了通过经验方法建立起来的规律性并解释了这些规律性在交际实践中的符号功能。

文学研究的可靠性可以通过明晰的概念和经验验证而得以提高。概念的明晰可以通过区别生产和接受的检视与文本传播和分析的检视以及文学交际中所用代码的研究而获得。有关经验检验可能具有的规模问题也应该搞清楚。例如,代码的研究由于我们在文学交际的作品中对代码的再现两倍远离应该保障其经验合理性的规律性层面而变得复杂化。(在代码的抽象范式与规律性之间,存在着一个群体一定程度上共享的符号能力,它可以解释文学交际中也有这么多人相互理解这一事实)显然,一种代码的抽象范式只能是一定时期作为共同知识在文学交际中深入作品的语义宝库和句法规则的某种近似值。无论如何,这样的近似远非随意的。

历史研究的可靠性

正如伊娃·库什纳在本书中指出的那样,历史研究中的绝对可靠是例外的。例如,我们可以肯定,《斯万之家》(*Du côté de chez Swann*)的第一次发表时间是1913年,但这对普鲁斯特作品的历史意义没有多大价值。毫不奇怪的是,时间上越是往前上溯,我们的知识就越不可靠。历史研究在很大程度上建立在近似的基础上,而历史学家唯一可以拥有的慰藉,便是确定这些近似值的近似程度——换言之,即建立某种递增的可靠性。历史研究承受着同样威胁着文学文本阐释之论辩的尴尬,意思是说,面对若干不同的假设(若干不同的"历史解释")架构,

19. 认识论问题

我们经常处于无法以足够的信念区别疲软假设与过硬假设的境地。简言之,我们缺少排除疲软假设的手段。这种状况的原因在于我们对历史研究的期望值的错误观念很顽固。历史学家在不同的时期曾经受到过民族主义、实证主义、"现时主义"、史实主义以及其他许多兴趣的支配,经常是不同兴趣和矛盾兴趣的混合。

当格维努斯(G. G. Gervinus)撰写其《德国民族文学史》(*Geschichte der poetischen National-Literatur des Deutschen*,1835～1845)时,他的目的是让人们看到世界上存在一个德国人可以为之自豪的德国文学;他的德国文学史从文化角度促进了政治上的统一。伊波利特·泰纳(Hyppolyte Taine)在其《英国文学史》(*Histoire de la littérature anglaise*,1863～1864)中试图发现文学作品的生成条件;他的实证主义方法以作家及其环境为中心,同样忽略了读者和评价问题。汉斯·罗贝尔·尧斯展示了实证主义历史风貌的局限性,指责其全景式再现、准确确定开端和结尾以及客观性等宗旨的幻想性质。(尧斯,1970,第218～220页)尧斯对接受美学的强调,即对文学文本的领会和审美处理的强调,使他从今天读者的视角提出了历史意指的种种问题:"文学传统是问题与回答之间的某种辩证法,它总是由当前的某种立场所支配。"(尧斯,译文,1970,第235页)他对某些职业读者趋于摒弃他们对艺术作品的个人经验而感到遗憾。(尧斯,1977,第9、59页)如果说,尧斯以乌利希(Uhlig,1982,第16页)为榜样,其方法应该被称为"现时主义"方法(对于此时此地的我,历史上的艺术作品的意义是什么?),E. D. 赫什(1967)则把重心放在对作品原义即作者本人意图表达之意义的"历史主义"的(并非极端的)探讨上。

尽管赫什的观点曾在文学研究领域受到欢迎,并得到艺术史学家冈布里奇(1975,第4页)的支持,但是很难确定历史主义者或"现时主义者"谁是谁非。正如赫什本人曾指出的那样,"阐释的对象不是一个自然现成的东西,而是阐释者本人赋予自己的一种任务"(赫什,译文,1967,第25页)。历史学家的观点和兴趣似乎以非科学性的价值为特征。格维努斯和泰纳的情况则分别以民族主义和决定论为特征。尧斯的动机似乎是希望把文学传统变得让现代读者可以接近;然而,赫什则依靠某种道德准则为他的观点辩护(赫什,1967,第26页),该准则在阐释的有效性研究中体现为某种实际决定,但事实上基于尊重作者意图的情感。

这些不同的观点——还有许多其他观点——的动因来自科学研究

领域之外的种种兴趣。某些起点和先前存在的东西(如信仰、价值观、意识形态)影响着研究,但是它们没有成为经验检验的对象,既未得到认可也没有遭到摒弃。

我并不是说唯心主义者与决定论者之间或"现时主义者"与历史主义者之间的辩论是不可能的。"现时论"和历史论之间的争论迄今已经持续了一段时间,结果是:一般总是一方指责另一方有悖逻辑。"现时论者"认定我们受制于我们之所知,我们不可能走出当今的条件去承认过去的准则和价值。在《文学理论,批评与历史》(*Théorie littéraire, critique et histoire*,1960)一书中,勒内·韦勒克摒弃了埃里希·奥尔巴赫(Erich Auerbach)的历史主义的观点,他认为后者注定要失败,因为我们永远不能肯定重新建构了当时的价值判断,另外,这种建构的意义也不大。历史论者则反驳道,"现时论"有可能从历史资料出发而生产当前条件的复制品,有可能支起镜子来学习认识我们自己,而史学家的目的应该是展示"如何有可能不像我们这样去思维和感觉"[坎宁安(Cunningham),译文,1960,第141页]。迄今为止,没有人能够证明我们不能或不应该对过去本身感兴趣(历史论者的观点),不能或不应该对现代读者对过去经验的吸收感兴趣(现时论者的观点)。现时论者强调我们不可能从过去事件中认识我们,我们要用现时的观念和语言手段去挖掘过去的观点似乎是有道理的。然而呼请人们对不同的和遥远的文化作出公正评价而不把它们化做我们的思维方式的观点也不无道理。历史主义的哲学也在文化相对主义中得到发展,后者与前者一样,不是一种研究方法,更不是一种理论,确切地说更是一种道德立场(它自然会影响研究者对研究手段和方法的选择)。

这里可能让我们担心的是不同历史研究观念并存的困境,它们都有作茧自缚的倾向。如果"现时论"与历史论或者其他互不相容的观念之间的纷争得不到解决,我们就会面对库恩所说的某种反常现象(1970,第52页),后者可能要求某种更极端的解决办法。

言语决定论或语言决定论概念是处于不同历史研究观之间的批评的又一障碍。我们也许无法证明米歇尔·福柯以历史性占主导地位的方法断然有效还是无效,但是我们可以说,他对言语决定论的默认与某种科学讨论的要求相矛盾。这至少是马泰·卡里奈斯库(Matei Calinescu,1986)等学者的看法。

在《词与物》(*Les mots et les choses*,1966)中,福柯区分了西方文化中的三种言语实践(第四种渐显端倪),他称之为知识阶。一种言语实践限制着我们对事物的理解,特别是当这些事物属于另一知识阶时。这种采纳语言决定论的倾向导致他得出了下述结论:"疯癫"更是一种判断,而非事实。尽管在这一点上他的论据颇有说服力,但他借助语言而非语言的指涉对象使人们无法就他的用法开展批评。他难道不是迫使我们向自己提出这样的问题,即如果原则上,从我们自己的知识阶的视角看,那些更古老的知识阶是无从理解的,那么它们何以又能够得到比较和讨论呢?卡里奈斯库因此断言,"语言决定论无法产生某种变化范式,它只能设想一些共时的结构或建构"(卡里奈斯库,译文,1986,第243页)。富有揭示意义的事情是,福柯逐渐抛弃了能指/所指的区别[武特诺(Wuthnow),1984,第140页],但是这种决定就使我们无法用一种言语里的术语来讨论另一种言语;它最终甚至剥夺了我们批评、认可或反驳福柯观点的手段。

同样性质的另一论据可以用来反驳聚集在叙述主义旗帜下的历史文献论学派。单单它的名称就表明了历史研究与文学理论之间的某种联系,后者不能不使人想到60年代把文学研究与语言学维系在一起的纽带。当时,在罗曼·雅各布森和诺姆·乔姆斯基的影响下,语言学被视为可以向文学研究提供某种范式的学科。结构主义和生成转换语法曾是诗歌分析和叙述学研究的灵感来源,我们仅提最知名的几位学者:雅各布森和列维-施特劳斯,1962;托多洛夫,1969。一旦文学研究者们否定了这种承续关系并把注意力集中在符号再现尤其是参照系和背景问题时,他们的研究为史学研究的理论家们提供了某种兴趣来源。海登·怀特(Hayden White,1973,1978,1984)和多米尼克·拉卡普拉(Dominique Lacapra,1983)之所以承认文学理论提出的观点,部分原因在于文学理论中认识论问题的重要性。

相反,在历史学家中,叙述效应得到了不同的阐释。海登·怀特在分析历史文献学与文学之间的区别时,继续把"真实"事件与"想象"事件相区别,把它们置于富有意义的引号内。当"真实"事件在叙事中进入编码(怀特语)时,读者可以看到"一个二级参照对象,它本质上不同于构成原初参照对象的事件,此即一定文化中开发出来的不同叙述体裁的'叙述结构'"(怀特,译文,1984,第20页)。叙述选择的重担似乎落在了事件的编码上。据怀特说,意指的分配与一定叙述结构的选择相对应,并不源于事件或它们的联结,"因为任何一个事件或特定的事件系列内在本质上都不是'悲剧的'、'喜剧的'或'滑稽的'"(同上;亦可参阅怀特,1978,第84页)。尽管上面这句引文的语气似乎表达了一个原则问题,而且为阐释留有一定的空间,根据阐释,某些事件系列比其他系列更适合悲剧性(或喜剧性、或滑稽性)处理①,但这里有一个基本的自由的概念问题,它使历史文献论中叙述功能的支持者们在批评面前变得很脆弱,有批评指责他们从根本上把叙述体裁以及该体裁在事件中的应用视为随意性的。这里,海登·怀特没有提出当时见证人对事件的最初描述与后来的艺术再现之间、促使行为者参与事件的动因与历史学家后来的解释之间的对应问题。

安克尔密特(F. R. Ankersmit)又进一步削弱了叙述与事件联结之间的关系。尽管他认为,个人的描述性叙事从对应性意义上说可能是真的或假的,但是,历史学家们借以赋予他们的叙事以某种形式的任何另外一个更加普遍的概念,诸如"国家"、"宗教"和"革命"等,据他说,都与我们每天使用的概念不同,并且不指涉任何真实。安克尔密特断定,"过去是通过不属于它的实体概念来表现的,这些实体甚至不参照真实现象或这类现象的形态"[安克尔密特,译文,1983,第87页;参阅麦卡拉(McCullagh),1984,398页]。

巴赫金和德里达的共同影响在拉卡普拉的论著《对知识历史的反思》(*Rethinking Intellectual History*)中是明显的。该书建议把过去与过去的不同可能性的探索视为一种对话关系。据拉卡普拉说,"过去不只是一个应该被讲述的历史,而是与每个具体历史学家的叙述时间相关的某种进程。一言以蔽之,历史学家们投入了某种双向的理解努力:理解当时某件事所要表达的意义;理解它今天对我们来说可能产生的意义。阐释最有意义,甚至最动人心魄的维度处于边缘,在这里,上述两种意义不仅仅相互分离,因为,正是在这个起始地方历史学家与过去的对话才内在化了"(拉卡普拉,译文,1983,第18页)。很清楚,拉卡普拉的侧重点与对话变得内在化的那一点相接,这使其他研究者的批评无法接近他。这应该是对那些首先关心科学方法的人的一个警告。但拉卡普拉对科学批评不感兴趣,他把自己的工作视为"借助过去的意指文本与过去的某种对话"(1983,第21页)。拉卡普拉本人谈到了"文本帝国主义"的危险性却未能避免这种危险性,他甚至谨慎地建议把屠杀犹太人的事件当做一部"文本"来读(1983,第19~20页)。正是在这

---

① 在《言语的喻义》(*Tropics of Discourse*)中,海登·怀特确实写道:"我不能想象有人可以接受把肯尼迪总统的生平以喜剧的形式叙述出来,但我们无疑可以考虑它是否应该以正剧、悲剧或讽刺的形式得以表现。"(怀特,1978,第84页)

里他把事件(res gestae)与事件叙事(historia rerum gestarum)之间的传统区分远远地抛在了身后,而克劳斯·乌利希(Claus Uhlig,1982、1985)坚持这种传统,海登·怀特和安克尔密特在不同程度上阐述了它的细微差别。

尽管部分由文学理论产生的这些问题一般来说与历史学家之间的争论相关,它们肯定也适应于文学史。对于海登·怀特和安克尔密特,《斯万之家》的出版日期是一个真实事件。然而作为象征主义化身或现代主义英雄的普鲁斯特的历史源自一种叙述结构的选择(怀特)或强加给过去的某种建构(安克尔密特)。但是,正如麦卡拉(1984,第400页)指出的那样,该结构或建构的选取和使用不是"在不考虑证据的情况下投射到过去的"。其实,关于普鲁斯特在文学史上的作用,埃尔卢德·伊布希(佛克马、伊布希,1988,第169~171页)提供了一些赞成现代主义建构而反对象征主义阐释的论据。当然,可以提出相反的论据,但是在我们寻求拟定针对文学史的不同建构的批评方法的理性活动中,我们可以希望,有关普鲁斯特作品的叙事的膨胀受到研究者们的抑制,他们将从这些叙事中找到比另一些叙事更多的价值,就是说他们将会判断出某些叙事与我们对普鲁斯特的了解更一致——从对应与和谐两个意义上相一致。

在对历史建构的批评性评价中,我们得以把历史建构与它所关涉的事件相区别。自然,正如历史建构一样,事件也可能全部或部分地由语言材料构成——虚构故事、有关接受的资料、信札——但这并不妨碍把历史资料看做历史学家建构以外的另一范畴。这个区分可以使历史学家从历史资料中发现他或她在寻求支持所选择的叙述结构的论据中所关涉的东西。尽管我们在此承认历史资料(事件)可能大部分或全部都是文本的形式,但是我们应该记住,文学史的对象完全可以是文学交际活动(而非文学文本),这就涉及活人的事件。这给我们摒弃文本帝国主义提供了又一个理由,文本帝国主义是那些过分突出叙述和文本作用的历史研究的特征。

言语决定论和叙述主义的极端形式剥夺了我们对言语和所用叙事的批评手段。假如批评不再可能,我们的科学事业就会完结:在听别人讲话时,我们就只有在欣喜和装聋作哑两者之间作出选择,对别人说的话一概不能讨论或评价。然而,科学批评试图维持连续性的论辩,后者瞄准建立在根据共同经验进行的和谐解释基础上的共识。现在让我们来看看变文学史为某种问题这种视野的种种可能性,该问题即吁请人们讨论为什么某些解释被认为优于其他解释。

首先应该强调我们拥有对史学家的言语进行批评的手段这一事实。其中,部分手段是我们所用语言的组成部分。鉴于语词与概念或与它们所指涉的事物之间没有任何对称性,或者借用语言学的术语,鉴于同义词、近义词、下位词和上位词的存在,对作为不同实体的所指进行探讨是可能的。当然,还存在着一些非语言的符号手段,它们可以对某具体言语表示出一种批评性的反应。(例如笑、打耳光或无动于衷)

其次,对史学家言语的批评可以依靠任何语言都有简洁性特征这一事实:借助于有限的词汇和句法规则,我们可以谈论无限的事物。自然,某些区别和细微差异会在这个过程中失去,正如一些互不相干的哲学家如亨利·柏格森(Henri Bergson,1889)和雅克·德里达(1968)所指出的那样,但原则上,这个问题是无法解决的。我们可以从诗歌丰富多彩的表达方式和渐次分配意义的哲学命题中找到一些安慰,但是,如果我们想以这样或那样的方式进行交际,就应该接受语言的层次效应。因为,我们永远不可能对每个具体事物、每个不同的感觉和每个不同的事件而创造并使用新词。

接受语言的层次功能意味着接受构想新词或新术语的可能性,这些新词或新术语具有同样的层次功能,可以为斑驳陆离的历史资料得以利用而充当范式。简言之,语言的性质本身保证能向我们提供创立某种元语言并对其论证的手段。我们行将构设的元语言可以帮助我们解决什么应该被视为文学史实或事件或变化或连续性的争论。一种元语言可以界定并提供区分主体与客体、分析与阐释、解释学理解与经验研究的可能性。

一种元语言可以在文学研究中起试金石的作用。如果建构一种元语言的可能性被接受,这就意味着我们亦赞同主客体的分离,赞同伪造性和科学批评的概念。如果某种元语言的可能性被摒弃,如德里达[卡尼(Kearney),1984,第125页]或德里达之后拉卡普拉所做的那样,主客体的对立以及科学批评的概念将会同时变得不可能。本文作者认为,元语言的建立不仅有用,而且势在必行。其实,元语言的建构没有任何特殊之处。一种元语言的构设和学习与学习一门外语并完全掌握其规则没有太大的区别。我们的知识面的扩展既取决于对语言本身的学习,也取决于对使用它的场合和使用它的方式的学习,这就相当于对元语言规则的学习。

曾经真正建构了某种元语言并因此超越了语言决定论之疑难的最

重要的历史学家之一是赖因哈特·科泽勒克（Reinhart Koselleck）。他指出,狄尔泰（Dilthey）的解释学理解方法（*geisteswissenschaftliche Methode*）归根结底建立在连续的人类本性的思想基础上,且该本性原则上在任何地方永远相同。("Eine solche Theorie der Geisteswissenschaften gründet letztlich auf eine hintergründig sich gleichbleibende menschlich Natur",科泽勒克,1979,第177页)不顾历史时间差异的视界融合的思想对描述和解释变化不利。

作为历史学家,科泽勒克不得不放弃解释学而换取由一些经过认真选择的概念性工具引导的某种分析方法。据科泽勒克说（他的论据也适用于文学史家）,历史学家应该拷问其源泉以期发现每个个人源泉的外在关系。（科泽勒克,1979,第205页）

这似乎是对尼采的回应,我们前面在谈到"自然规律"时引用过尼采的话,尼采说"自然规律"存在于我们自身：如时间和空间概念、承继关系和数字等。我们应该意识到这些概念起着分析工具的作用,其特性不应与它们允许实现的观察结果相混淆。换言之,这些充任分析工具的概念可以打磨和提高,如果它们运行不佳,也可以被抛弃；然而却不能以与它们产生之观察结果在重复分析中受检验的同样方式被检验。如果有人坚持分析工具的质量也要受到检测,那么无论如何,其检测不能与所获观察结果的有效性的检验同时进行。观察结果的检验应该使用相同的工具,而分析工具的检测需要对相同的受检内容使用不同的工具。

历史研究中,不能同时检验分析方法和该方法之结果的思想经常被忽视,这就产生了某种误会,即在历史研究的重大问题中,任何检验都是不可能的,如此断然。让我们来阐明这个重要问题与文学史的历史分期问题以及不同文学流派的区分或群体代码的关系。

文学史的不同分期似乎源于其确定都带有极大自由度的两种因素的组合,一方面是对暧昧文本和暧昧事件的不同阐释,另一方面就是某领域精神建构中的相对自由性,而该领域的经验检验或无法实施或非常复杂。其实,不管是真正的文学文本,还是文学生活中的事件,都不能对文学史上不同流派或群体代码之建构的检验提供坚实的基础。

然而,文学流派或群体代码的构设仍然受到某些制约。正如我们在谈到普鲁斯特时所坚持的那样,它们的构设不是随意的,一般都有论据支撑,这些论据可能与某些在非历史研究中已经得到证实的理论以及借助这些理论应予承认的事实相关联①。继赖因哈特·科泽勒克之后,我们认为,任何建构都是可能的,它可以得到不同论据的支持,但我们不接受下面的观点,即任意论据可以支持任意建构,或者如科泽勒克(1978,第374页)所说的那样:"任何东西都可以被证明,但不是用任何东西去证明。"("Alles läst sich begründen, aber nicht alles durch jedes")原因自然是:人的行为和社会组织在动机与期望的关联方面抵制过度的随意性。同样,过去的建构应该遵守某些规则才值得去做,即应该产生某种能够得以讨论和传达的知识。这些规则之一把我们方法的评价与出自这些方法的观察结果的检验区分开来。

我们所偏爱的方法和我们对分析工具的选择可能取决于某种兴趣或某种特定假设,并从各种各样的理论中得到确认。对20世纪不同文学流派感兴趣的文学史家们通过参照艺术方法循环革新的种种理论可以论证他们的工作,这种革新的动因是确保有效交际的必要性[维克多·什克洛夫斯基(Victor Chklovski),其观点后来得到心理学家贝利纳(D. E. Bezlyne)的肯定],例如关于文学体系承继性的理论[尤里·蒂尼亚诺夫(Youri Tynianov)]和符号集体性的分层理论(伊恩·穆卡罗夫斯基,费利克斯·沃迪卡)。然而,文学史家们提出的建构也会受到关于现代史中哪些东西应被视为具有中肯价值的模糊观念的影响,而中肯思想还可以源自关于人类命运或社会乌托邦组织的更加模糊的概念。所有这些理论和这些假设共同构成我们的历史研究的环境,当然,历史研究可以从不同角度成为反思的对象。

对历史学家描述(甚至解释)20世纪文学之尝试的一种批评方式,就是反驳构成其文学史观并指导了源泉发掘和阐释工作的理论和假设。批评当然也可以瞄准部分决定我们历史视野的潜在信仰或意识形态立场。

对现代文学史之描述的另一种批评方式是在一定时间内接受其理论和假设以及它们赖以成立的意识形态观念和立场,并应用上述描述中所使用的分析工具尝试着使其失去有效性。用同样的参照背景和同样的方法可以检验相关描述所介绍之事实的发现和阐释。

---

① 这样的事实是否应该被说成是经验性事实这个问题属于一个定义问题,但是这个问题没有我们的历史观察之可靠性的问题重要。我们可能会犹豫是否把15世纪欧洲印刷术的发明称作"经验事实",但我们可以确信它大约是在那个时期发明的。——原注

然而,从逻辑上讲,同时对假设、理论、历史视野的潜在信仰以及历史事实的发掘和阐释进行批评是行不通的,因为后者一定程度上是由前者决定的。或者历史视野的批评,或者源泉的发掘和阐释批评,或者两者一先一后,都是中肯的,而且原则上这样一种批评对20世纪以前的时代也是适用的。

自此,历史描述似乎可以部分地成为确认的对象。如果史学家们自己谈到其参照背景的构成,既包括比较明确的理论也包括比较模糊的信仰,如果他们指明其历史视野的哪些成分可以得到检验并通过何种方法,那么检验的可能性就会大大增加。理论的明确性与信仰的潜在性之间总会存在某种明显的区别,另外还要加上明确的理论、解释性的概念和分析工具与研究结果之间的区别。

另外一个例子可以表明我们研究中所使用的概念抽象的地位。在历史文献方面,相合和因果关系概念至关重要。蒂尼亚诺夫在其论著《文学事实》(*Le fait littéraire*,1924)中解释了文学体系的承继,特别是新的建构原则如何代替已经为人们所熟悉的旧原则。新的建构性原则"本身是根据'附属的'结果、'附属的'差距、错误而自我呈现的"("zeichnet sich ab auf der Grundlage 'zufälliger' Resultate und 'zufälliger' Verstösse, Fehler",蒂尼亚诺夫,1924,第413页)。当然,"相合"并非最佳的历史解释,但把它作为解释彻底排除掉也许是错误的。科泽勒克(1979,第175页)提出,对所有相合形式的排除对历史学家的解释尝试可能是一个过于沉重的限制。唯一事件因为根植于一特定地点和时间而得名,属于在有关背景下有可能发生的可能事件类别。历史解释总是与过去一些唯一事件中经常观察到的一般形态相关联。这些事件的其他形态可能会有某种独特性或附属性,且可能被忽视。如果"相合"从历史学家的词汇中被排除,关注更加普通的形态的可能性也将消失。接受相合和"独特性"概念要求我们根据更加普通的形态来审视因果关系。

该论据在很大程度上受科泽勒克的启示,它亦可以应用于个人文本之间的关系,当关涉一个文学史家所提出之解释的确认或反驳时,更弥显珍贵。一种普遍性的观察结果,例如"相似性"的看法,依赖于赋予那些在其历史环境下独一无二的文本的品质。一般而言,这些品质的赋予不全是随意的,而是依靠种种论据。与具体文本相关的一般观察结果可以起概念的作用,文学史家们可以在其同行们允许的情况下借以架构他们的世界。确实,诸如相似性或因果关系这样的概念在很大程度上依赖于某种共识。

　　只要我们谈论过去,研究者们的共识和稍低程度上理论解释的和谐就是承认过程的重要形式。另外,历史编纂不排除认可事实的承认行为。但是一般说来,事件或历史事实很难确定,除非像某书的出版日期这样的平庸情况或稍微不太平庸的情况如印刷机的发明、出版社的成立、杂志的创办、宣言的发表、文学批评的诞生、自由诗的出现等。其实,事实的界定根据这些事实之可然性的某种理论观念而实现的这个规则也适用于历史研究。不同的文学理论产生不同的文学事实。对E.D.赫什(1967,第68~126页)和阿拉斯泰尔·福勒(Alastair Fowler,1982,第22页)而言,一部文本属于一具体体裁是一个很有意义的事实,但对克罗齐(1964,第449页)并非如此。如果事先未就裁决问题的理论达成一致,那么关于"文学史上的事实是什么"这场争论就无韵可对。

　　关于要采取何种理论视野的讨论极其复杂,并取决于一定数量的变数,例如唤醒历史学家兴趣的特殊问题。解释文学交际的某些理论以人类行为领域或广义交际领域已经确立的种种理论为基础。建立在社会科学有效理论基础之上的某种文学交际理论自然应该比一种缺少这些资源的理论更受青睐。[参见鲁施(Rusch),1987,第443页]但是,这里有必要提出下面的问题:一种关于文学交际**史**的理论应该考虑到社会科学中的现代研究成果吗?人类没有随着时间的流逝而改变吗?今天的合理性也是过去时代的合理性吗?

　　卡尔·艾布勒(Karl Eibl)研究了这个问题并提出了一种可以接受的解决办法,他引入了"外来合理性"概念(艾布勒,1976)。没有任何理由认为我们关于人类行为的思想自然与文艺复兴或中世纪的主导思想相一致。但是,作为唯理主义者,艾布勒假定,当人们有个问题要解决时,他把自己的期望建立在过去人们观察到的规律性上。人们关于规律性而建构的假设(*Regelmässigkeitsannahmen*)可能随着时间而演变。事实上,行为的规律性在演变这一事实属于我们的经验并已成为一个平凡思想,这使我们有可能在另一种文化或一个不同时代的若干集体的合理性中寻找差异。在这种背景下,艾布勒提出了解释与理解之间的区别:"解释(*erklären*)是以我们对规律性的假设建立'事实'之间的关系。理解(*verstehen*)则是**重构**另一个人为解决某一问题根据他对规律性的假设建立或已经建立的某些'事实'之间的关系。"(艾布勒,译文,1976,第60页)由我们重建的另一人的合理性还可以接受我们的更深入的检视,以解释何处且为何他人的合理性不同于我们的合理性。①

这个方法在历史研究的介绍中特别重要;历史研究当然不能像海登·怀特所提议的那样,局限于某种叙述结构的选择。艾布勒的方法使我们能够充分考虑到事件当时的见证人对这些事件的描述和解释。他指出怎样可以摆脱修辞学和叙述学的束缚而检视以前的历史报告。

结论

鉴于语言决定论的不同形式所产生的疑难,我们提出了一些论据,支持元语言概念,支持某些术语和概念的界定,并倾向于把我们的论点区分为可检验性假设和暂时处于批评之外的命题(这使它们失去了科学性)两类。任何时候,跨主体和跨学科检验都理应很受欢迎。对能否永远找到"真理"的怀疑主义不应该阻碍我们去寻找一些有效的假设和解释,无论它们的可靠程度有多大。

我们也要求把研究主体与被研究对象区分开来。这是文科领域特别是人文科学中最复杂的问题。也许我们应该想到把主体划分为两个部分:一个试图与其他认知主体分享其感知的社会部分和一个独自吸取适合他心理的经验和印象的个人部分。在我们这个时代,对主体进行这类划分的意见经常提出;弗洛伊德提出的意识与潜意识的划分大概是解释人类行为的最著名尝试。涉及所研究领域的界定时,这样的区分大概是有用的。

如果说文学史家的工作里已经存在着某种强烈的主观兴趣,文学批评和文学教学中的这种兴趣似乎更强烈。这些子学科的理性批评一定程度上是可能的,尤其当它针对准则与价值判断、价值判断与文本和情境分析之间的内在关系时。文学文本和文学交际之认识在批评和教学中发挥的作用——如果该认识能够真正独立于价值判断和教育目标——自然可以成为检验的对象。价值判断或教育目标避开了科学认证,尽管它们可以成为某种理性批评的对象。在此我们谨请读者阅读有关评价的一章。

---

① 关于解释与理解关系的详细讨论,参阅伊布希和施拉姆,1987。——原注

超越当前束缚我们学科今后发展的困境肯定是可以的。为了给我们在这里提出的不同问题找到一个可行的解决办法,就必须建立一些明确的区分,其中主体与客体的分离和元语言的建构至关重要。

附录:文学史的撰写

《欧洲语言文学比较史》之介绍：
原则与组织工作

让·韦斯格尔伯

1967年，国际比较文学学会启动了全貌式工程《比较史》(l'*Histoire comparée*)的组织撰写工作，如今已出版了下述八卷：《一种国际文学现象：表现主义》(*Expressionism as an International Literary Phenomenon*), 1973；《欧洲语言文学中的象征主义运动》(*The Symbolist Movement in the Literature of European Languages*), 1982, 1984；《启蒙时代的转折期（1760～1820）（诗歌体裁）》[*Le Tournant du siècle des Lumières* (1760～1820)(*Les genres en vers*)], 1982；《20世纪的先锋文学》(*Les avant-gardes littéraires au XXe siècle*), 两卷, 1984, 1986；《非属撒哈拉用欧洲文字写成的作品》(*European-Language Writing in Sub-Saharan*), 两卷, 1986；《新观念的来临（1400～1480）》(*L'avènement de l'esprit nouveau*)等。这套文学史共约三十余卷，每卷约600～700页，用法语或英语写成，旨在再现中世纪末直至20世纪欧洲语言文学中所发生的重大变化。这套大型著述不同于以粗线条为主体的教科书，也不同于专著或专项调查，而是尽可能地占有材料，进行细致的分析，显得详尽而又庞大。其论述提供了百科全书式的信息，所论主题带有普遍性。这套著述限于欧洲语言的文学，其调查范围包括非洲人或亚洲人用欧洲语言写成的作品。计划抛弃了欧洲中心主义，但是仍然以欧洲传统作为它的特长领域。

不断地提出问题

开创性作为这一尝试的基本特征应该予以强调：这是比较史学领域的第一次，是跨学科、以提问为特点的一次国际的集体合作。《比较史》不断对自己的方法论及实施方式提出反问,然后作出回答,其回答又不断衍生新的问题,一言一蔽之,整套著述可以构成一条知识的链条。

《比较史》各卷均开宗明义,阐述了自己的理论选择和方法论选择,关于各种观点的选择完全以对话的姿态出现,可以成为未来研究人员的跳板,并激发各界读者的批评精神,鼓励他们提出各种问题。

面对民族文学史的比较研究

亨利·雷马克(Henry Remak)在"前言"中精彩地阐述了这套丛书的指导思想,首先是它的国际性:

> 各国人民、各个民族或各种语言的文学史应该通过旨在从国际眼光比较和梳理表面现象的种种调查而予以补充。

所谓传统的民族文学史从意义或对象以及从组织结构两个方面互相区别或者说互相分裂。仅以德语文学、法语文学或瑞士文学为例,民族文学以(政治和)语言标准为由,把它们从世界文学这一整体中分离出来。比较研究正是要用整体的目光代替这种个体观、裂变观。比较研究旨在恢复融各个孤立客体在内的总体背景,瞄准能够超越语言差异、国家和民族差异,足以满足具有国际性和统一性的科学愿望的知识库。

甚至民族文学的结构也呈现了同样的破碎现象,有关各个作家生平和作品的专著比肩而立,组合在一起,而后又被加上时代、潮流或体裁的标签,这种形式司空见惯。一部好的德国文学史可能会在表现主义的抒情文学的栏目下,逐一推出埃尔斯·拉斯克尔-许勒尔(Else Lasker-Schüler)、欧内斯特·斯塔德勒(Ernst Stadler)、乔治·海姆(Georg Heym)等人的面孔。相反,《一种国际文学现象:表现主义》(《比较史》第一卷)只可能把这些作家的这种或那种现象作为展示整个发展历程的资料一提而过,例如提出这样的问题:表现主义是一种风格还是一种世界观?或者交代运动的哲学背景、鸟瞰外国文学对德国的影响、概述表现主义与美术的关系等。因此,这套丛书并非根据作家的个人史分割文学史料,而是寻求文本之间的类似点,一般来说,即通过影响或者美学、形式、题材、哲学、社会学等方面的类似性来整理可比较史料，拒绝孤立地看待作家或语言，准确把握作家之间以及语言之间的相似性和差异性，把握他们（它们）之间的现实联系，恢复一种基本规模的本来面目，即各个部分之间的沟通、纽结甚至继承关系。

不妨这样说，这套丛书补充而并非取代了民族文学史。两种选择互相丰富。作为文学的材料，语言制约着文学史，否认语言方面的差异性是荒诞不经的。因此，《比较史》有力地支持了民族文学史的论述，并且不断地从民族文学史中撷取资料，特别是在那些尚待开垦的领域里。整体的理解与部分的理解密不可分，这次尝试渴望达到的总体比较要求对于各个民族传统有着深刻的了解。

国际主义与集体合作

国际性的总体目光并不意味着合作者们可以脱离自己的根、脱离自己所接受的教育和环境。组织者们仅仅要求他们同自己的思维习惯，同从传统继承而来、未经讨论、有些强加于人的地方图解模式保持距离，特别要对于人人皆承认有可能无意识地钟情于一种（或两到三种）文学而有损于传播较少的其他文学的现象以及调查中使用概念时的同类现象采取相对化的态度。在德国、意大利、佛兰德地区和拉丁美洲传播较广的"魔幻现实主义"在巴黎和伦敦却几乎无人知晓，即可作为一例。在这类思想中，国际主义可以扩大知识视野，增加或完善批评论据，即有利于集体协作下的个人努力：

> ……可以说，任何研究者个人都不可能总揽全部史实，今后，我们呼唤来自不同国家的合作者集体合作，形成若干组织有方的研究集体。（"前言"）

组织研究集体并不等于研究个体的简单相加，而是要预先对于目标以及达到这些目标所采取的手段取得真正的共识，即与长期以来统治文学研究领域的个人主义决裂，提倡对话哲学。《比较史》的全部提纲都经过多次学术会议或预备性讨论、问卷、表格等形式逐渐完善，最终形成一份十分开放的提纲和共同的工作设想，并且可以调整和修改。Neohelicon、《综合刊物》(*Synthsis*)、《布鲁塞尔大学学报》(la *Revue de l'Université de Bruxelles*)以及诸如《比较文学史手册》(les *Cahiers d'histoire littéraire comparée*)、《总体文学与比较文学论文汇编》(les

Utrecht Publications in General and Comparative Literature)等丛书中的大量文章是庞大的准备工作的见证。这些文章的目的之一即检验新思想,从而对于我们这一学科的扩展作出了巨大的贡献。

显然,最大的困难在于编写一份紧凑的、囊括二十余种文学在内,并且被一个庞大的跨国专家团体认为可行的提纲。这里似乎有两种基本的选择,一种是把整个提纲按主题分割为若干段,那么有可能重陷民族文学史那样的裂变主义;或者从重点调查入手,涉及所考察的每种民族文学,然后从比较学者的观点出发,重新组合所得信息,并进行微妙的重写工作。实践中,两种方法经常互相结合;主题调查要求我们以跨民族的总结和联结予以补充;然而,恰恰相反,此举并不掩饰民族文学材料的外露。

文学史以及文学批评的实践足以证明,在上述领域以及其他许多领域里,没有普遍适用的灵丹妙药。如今,肯定任何调查都依赖于研究人员的个性及其所采用的方法,已经是老生常谈了。因此,在大部分科学领域发挥着决定作用而被比较科学的"多元思想"所呼唤的集体研究形式,又使我们面对另一关键问题,即跨学科性问题,尤其是多元化的方法论问题。

多元论与互补性

伊塔马尔·埃文-佐阿尔提出的"多元体系"概念恰如其分地概括了第二次世界大战以来关于文学定义的种种理论。简而言之,文学是一个呈多元形态的整体,由互相关联互相配合的众多体系组成,形成一个复杂变化的统一体。如果我们已经窥见了文学机体的统一性特征,这种统一性依然处于理想的境界,因为我们总是企求了解上述各种体系是如何联结为整体的。同时,人们经常感到束手无策,不知道如何调配各种工具,以期到达统一体的彼岸。这两种情况迫使我们暂时接受部分性的解决办法,把各种调查结果联系起来。因此,我们的研究还处于多学科的状态。

那么,如果并列导致矛盾现象后怎么办呢?如果同一著述中出现某些学者以为原则上互不相容的技术怎么办呢?例如作品的内在分析与社会学、类型学与史学、共时与贯时等。遇到这种情况时,我们首先可以考虑这种理论矛盾的真实程度有多大;其实辩证地讲,我们完全可以把共时与贯时的矛盾状态引导到互补性的思想上去,即以互相联系的思想理解这两种时间状态。此外,经常有这样的情况,乍看无法调和的冲突,一旦我们进入实践阶段,即自行平息。意识形态方面的冲突并不排除有效合作的机遇。如此而言,抽象意义上与史学方法针锋相对的类型学方法,完全有可能在实践中与史学方法结盟,只要两者都符合一个共同的目标:从不同的角度,昭示同一多元体系。文学作为研究对象,其多元性寓于统一性之中的特征,似乎也论证了手段的多样性。然而我们还必须承认,目前,联结某些描述和阐释方法的观念还不如联结各种文学交际体系的观念清晰而又牢固。我们发现,事实上,方法论方面的某些联盟尚处于理论论证之前的实验阶段。我们不妨再强调一遍,《比较史》的首要目的在于正确评价文学本身,也曾根据各种方法的有效性及其结果对方法作出自己的评价,然而,检验各种方法或关注各种方法论之间的互容性,并非它的目的所在。

多元论首先产生丰富。如今,我们大概拥有众多前所未有的批评工具,这套著述即是见证,每个学者都可以根据自己的特长、材料的性质以及自己的目标自由选择自己的方法,如符号学、修辞学、社会学、接受美学、精神批评等等。琳琅满目的财富带来了选择的困惑。某种方法此处不灵,却可能在彼处创造奇迹。应用何种方法是个"是否贴切"的直觉问题。原则上,《比较史》绝不预先排除任何经过检验的技巧,不管是现代技巧,还是传统技巧,不管该技巧是否流行,而满足于采纳最符合自己需要的种种方法。多元论的第二个优点如下:读者面对众多切入渠道和多种多样的成果,不必接受或拒绝某种单一的论点。他所面临的多种可能性激励他继续调查。合作者的主观性可以互为矫正剂。然而,所有这些优点还是难以驱除理论上互不相容而产生的尴尬。

区划

丛书的分期也成为一个讨论的话题。一种特殊的观点占了上风,因为各个民族文学的标准互不吻合,有的甚至采用了与研究对象不相适应的非文学价值。在德国脉络清晰的"巴罗克"运动,长期以来在法国和大英帝国却被漠然置之;从前,英国的教科书一直是按政治上的曲折历程来分期的,如"伊丽莎白时期","复辟时期"等。此外,仅仅按照"时期"概念来分割文学史的时空是否那么合理,丛书对此也进行了反思。在这些文学分期中,数种潮流共存,它们基本上处于同一时期,其中一种或几种居于主导地位,赋予该时期以独特性。例如,《启蒙时代的转折期(1760～1820)》各卷展示了启蒙思想的延续、变迁,直至与新兴的浪漫主义思想水乳交融的历程,从一开始就同时关注贯时和共时两个方向。或者,是否应该把共时弃置一旁,孤立地看待一种潮流、倾向或运动(如浪漫主义、现实主义、自然主义、象征主义等),通过变化描述(依照什么标准呢?)它们的体系或规约呢? 按照第一种选择办事,各个潮流的轮廓和脉络则不很清楚。依照第二种选择,我们则很可能以抽象的、内部的、作为讨论和描述对象的单一潮流的时间概念来取代文学生活中真实的时间概念,而且通常是以诞生、成长、成熟、衰落、死亡的生物规律作为描述模式的。更有甚者,一国的文学运动与另一国家的文学运动的各种生物期远非互相吻合。这里也一样,还是互补性的概念解决了左右为难的问题:一般情况下,合作者们都把两种观念结合起来,即使两种观念有先后之分。如果不把种种先锋运动与波德莱尔(Baudelaire)开创的现代文学、与象征主义运动、与同时代的现代派文学运动相比照,何以谈论先锋运动呢?

世界文学的统一体始终是合作者们的战略目标。既然地理环境也影响着文学的变化,丛书中若干专集分别以黑非洲的欧语文学、拉丁美洲以及安德列斯群岛的欧语文学为主题,于是便提出了与分期问题同样复杂的地理区域问题……最后,编撰者们也为文学翻译以及颇具特征的表达"方式"如"浪漫主义的讽刺"等保留了位置。各卷的提纲亦考虑到了这里逐一考察的全部批评倾向。

多元论和互补性的解决方法大概不如放之四海而皆准的模式那样雅观,然而,它们至少保证了这类研究的祥和气氛。

参考书目

Aaron, R. I., 1967, *The Theory of Universals*, Oxford, Clarendon Press.

Achiriga, J. J., 1973, *La révolte des romanciers noirs de langue française*, Sherbrooke, Naaman.

Adam, J.-M., 1985, *Le texte narratif. Précis d'analyse textuelle des récits avec des travaux pratiques et leurs corrigés*, Paris, Nathan.

Adelung, J. C., 1785, *Uber den deutschen Styl*, Berlin, C. F. Voss.

Adorno, T. W., 1947, Voir M. Horkheimer.

Adorno, T. W., 1965, Standor des Erzählers im zeitgenössischen Roman, *Noten zur Literetur I*, Frankfurt, Suhrkamp.

Adorno, T. W., 1970, 1973, *Asthetische Therie*, Frankfurt, Suhrkamp.

Adorno, T. W., 1974, *Noten zur Literatur*, Frankfurt, Suhrkamp (*Notes sur la littarature*, Paris, Flammarion, 1984).

Adorno, T. W., et al., 1974, *Der Positivismusstreit in der deutschen Soziologie*, 3e éd., Darmstadt / Neuwied, Luchterhand; 1re éd., 1972.

Albrecht, M., 1956, Does Literature Reflect Common Values?, *American Sociological Review*, 21 (6), 722~729.

Albrecht, R., 1984, 《Leseland》 und 《Literaturgesellschaft》 DDR: Systematischer Uberblick zu Leseverhalten, Lektüreinteressen und Leseerfahrung in der Deutschen Demokratischen Republik, *SPIEL*, 3, 99~118.

L'analyse structurale du récit, *Communications*, 8 (1966).

Angenot, M., 1982, *La parole pamphlétaire. Typologie des discours modernes*, Paris, Payot.

Angenot, M., 1983, L'《intertextualité》: enquête sur l'émergence et la diffusion d'un champ notionnel, *Revue des Sciences humaines*, 189, 121~135.

Angenot, M., 1985. Voir R. Robin.

Ankersmit, F. R., 1983, *Narrative Logic: A Semantic Analysis of the Historian's Language*, The Hague, M. Nijhff.

Aristote, 1961, 1973, *Rhétorique*, Paris, Les Belles-Lettres.

Aristote (Aristotès), 1938, *The Organon*, vol. Ⅰ: *The Categories: On Interpretation*, London / Cambridge, Mass., W. Heinemann / Harvard University Press.

Aristote (Aristotle), 1963, *Poetics*, dans K. Beckson, éd., *Great Theories in Literary Criticism*, New York, The Noonday Press, p. 29~61.

Arrivé, M., et Cooquet, J.-C., éd., 1987, *Sémiotique en jeu, à partir et autour de l'oeuvre de A. J. Greimas*, Paris / Amsterdam / Philadelphia, Hadès-Benjamins.

Auerbach, E., 1946, *Mimesis: dargestellte Wirklichkeit in der abendländischen Literatur*, Bern, Francke (*Mimésis. La représentation de la réalité dans la littérature occidentale*, Paris, Gallimard, 1969).

Auerbach, E., 1958, *Literatursprache und Publikum in der lateinischen Spätantike und im Mittelater*, Bern, Francke (*Lenguaje literario y publico en la Baja Latinidad y en la Edad Media*, Barcelona, Seix Barral, 1969).

Auerbach, N., 1982, *Woman and the Demon: The Life of a Victorian Myth*, Cambridge, Mass., Harvard University Press.

Austin, J. L., 1976, *Philosophical Papers*, London / Oxford / New York, Oxford University Press.

Austin, J. L., 1977, Performative-Constative, dans J. R. Searle, éd., *The Philosophy of Language*, Oxford, Oxford University Press, p. 1~13.

Austin, J. L., 1978, *How to Do Things with Words*, Oxford / London / New York, Oxford University Press.

Babits, M., 1949, *Geschichte der europäischen Literatur*, Zurich / Wien, Europa.

Badiou, A., 1982, *Théorie du sujet*, Paris, Seuil.

Baker, G. P., et Hacker, P. M. S., 1984, *Language, Sense and Nonsens: A Critical Investigation into Modern Theories of Language*, Oxford, B. Blackwell.

Bakhtine (Bakhtin), M. M., 1970 a, *L'oeuvre de François Rabelais et la culture populaire au Moyen Age et sous la Renaissance*, Paris, Gallimard.

Bakhtine, M. M., 1970 b, *La poétique de Dostoïevski*, Paris, Seuil.

Bakhtine, M. M., 1975, *Voprosy literary i estetiki: Issledovaniya raznykh let*, Moskva, Khudozhestvennaya literatura.

Bakhtine, M. M., 1978, *Esthétique et théorie du roman*, Paris, Gallimard.

Bakhtine, M. M., 1979, *Estetika slovesnogo tvorchestva*, Moskva, Iskusstvo.

Bakhtine (Bakhtin), M. M., 1981, *The Dialogic Imagination: Four Essays*, Austin, University of Texas Press.

Bakhtine, M. M., 1984, *Esthétique de la création verbale*, Paris, Gallimard.

Bakhtine (Bakhtin), M. M., et Medvedev, P. N., 1985, *The Formal Method in Literary Scholarship: A Critical Introduction to Sociological Poetics*, Cambridge, Mass., Harvard University Press.

Bal, M., 1985, *Narratology: Introduction to the Theory of Narrative*, Toronto, University of Toronto Press.

Bal, M., 1986, *Femmes imaginaires: l'Ancien Testament au risque d'une narratologie critique*, Montréal, HMH.

Balibar, E., et Macherey, P., 1981, On Literature as an Ideological Form, dans R. Young, éd., 1981, p. 79~99.

Balibar, R., 1974, *Les Français fictifs: le rapport des styles littéraires au français national*, Paris, Hachette.

Balibar, R., et Laporte, D., 1974, *Le français national : politique et pratique de la langue nationale sous la Révolution française*, Paris, Hachette.

Ballard, E. G., 1957, *Art and analysis : An Essay Toward a Theory in Aesthetics*, The Hague, M. Nijhoff.

Banfield, A., 1982, *Unspeakable Sentences : Narration and representation in the Languege of Fiction*, Boston / London, Routledge & Kegan Paul.

Barba, E., et Savarese, N., 1986, *L'anatomie de l'acteur*, Cazilhac, Bouffonneries.

Barnouw, D., 1980, Is There Anything Left to Read for Iser's Reader?, *Proceedings of the Ixth Congress of the International Comparative Literature Association*, vol. II : *Literary Communication and Reception*, Innsbruck, Verlag des Instituts für Sprachwissenschaft, p. 45~50.

Barthes, R., 1953, 1972, *Le degré zéro de l'écriture*, suivi de *Nouveaux essais critiques*, Paris, Seuil.

Barthes, R., 1968, L'effet de réel, *Communications*, 11, 84~89.

Barthes, R., 1970, S / Z, Paris, Seuil.

Barthes, R., 1973, *Le plaisir du texte*, Paris, Seuil.

Barthes, R., 1980, *La chambre claire*, *Note sur la photographie*, Paris, Gallimard-Le Seuil.

Barthes, R., 1982, *Essais critiques*, 3 : *L'obvie et l'obtus*, Paris, Seuil.

Barthes, R., 1984, *Essais critiques*, 5 : *Le bruissement de la langue*, Paris, Seuil.

Barthes, R., 1985, Texte (théorie du), *Encyclopaedia universalis*, vol. 17, p. 996~1000.

Barthes, R. Bersani, L., Hamon, PH., Riffaterre, M., et Watt, I., 1982, *Littérature et réalité*, Paris, Seuil.

Baudrillard, J., 1972, *Pour une critique del'économie politique du signe*, Paris, Gallimard.

Beardsley, M. C., 1954. Voir W. K. Wimsatt.

Beardsley, M. C., 1958, *Problems in the Philosophy of Criticism*,

New York, Harcourt, Brace & World.

Beaugrande, R. A. de, et Dressler, W. U., 1981, *Introduction to Text Linguistics*, London / New York, Longman.

Beaujour, M., 1980 a, Genus Universum, *Glyph*, 7, 15~31.

Beaujour, M., 1980 b, *Miroirs d'encre. Rhétorique de l'autoportrait*, Paris, Seuil.

Beaujour, M., 1986, Rhétorique et littérature, dans M. Meyer, éd., 1986, p. 157~174.

Behrens, I., 1940, *Die Lehre von der Einteilung der Dichtkunst, vornehmlich vom 16. bis 19. Jahrhundert; Studien zur Geschichte der poetischen Gattungen*, Halle/Saale, M. Niemeyer.

Behrens, R., 1982, *Problematischen Rhetorik: Studien zur französischen Theoriebildung der Affektrhetorik zwischen Cartesianismus und Frühaufklärung*, München, Fink.

Bellemin-Noël, J., 1978, *Psychanalyse et littérature*, Paris, PUF, coll. 《Que sais-je?》.

Ben-Amos, D., éd., 1976 a, *Folklore Genres*, Austin/London, University of Texas Press.

Ben-Amos, D., 1976 b, Analytical Categories and Ethnic Genres, dans D. Ben-Amos, éd., 1976, p. 215~242.

Benjamin, W., 1955, *Schriften*, Frankfurt, Suhrkamp (*Essais*, I, 1922~1934; II, 1935~1940, Paris, Denoël-Gonthier, 1983).

Benjamin, W., 1961, *Illumination; ausgewählte Schriften*, Frankfurt, Suhrkamp.

Benjamin, W., 1983, tra. franç., L'oeuvre d'art au temps des techniques de reproduction, dans *Essais*, II, p. 27~126.

Benn, G., 1975, Probleme der Lyrik, *Gesammelte Werke*, Band 4, München, Deutscher Transchenbuch Verlag, p. 1058~1096.

Benveniste, E., 1965, Language and Human Experience, *Diogenes*, 51, 1~12.

Benveniste, E., 1966, 1974, *Problèmes de linguistique générale*, t. I ~ II, Paris, Gallimard.

Berelson, B., et Salter, P. J., 1946, Majority and Minority

Americans: An Analysis of Magazine Fiction, *Public Opinion Quarterly*, X, 168~241.

Berg, W. J., Grimaud, M., et Moskos, G., 1982, *Saint Oedipus: Psychocritical Approaches to Flaubert's Art*, Ithaca, Cornell University Press.

Berger, P. L., et Luckmann, T., 1967, *The Social Construction of Reality*, London, Allen Lane, The Penguin Press.

Berginz-Plank, G., 1981, *Literaturrezeption in einer Kleinstadt: Leseverhalten und Mediennutzung. Eine empirische Untersuchung*, Stuttgart, Hans-Dieter Heinz.

Bergson, H., 1889, *Essai sur les données immédiates de la conscience*, Paris, Félix Alcan.

Berlyne, D. E., 1971, *Aesthetics and Psychobiology*, New York, Appleton-Century-Crofts.

Berlyne, D. E., éd., 1974, *Studies in the New Experimental Aesthetics: Steps Toward an Objective Psychology of Aesthetic Appreciation*, Washington, DC, Hemisphere Publishing Corporation, et New York, Wiley.

Bernard, M., 1976, *L'expressivité du corps*, Paris, J.-P. Delarge.

Bernard, M., 1988, Ecriture et thé âtralité, *Actions et Recherches sociales*, Ed. ERES, juin 1988, n° 2.

Bessière, I., 1974, *Le récit fantastique, la poétique de l'incertain*, Paris, Larousse.

Bessière, J., éd., 1986, *Signes du roman, signes de la transition*, Paris, PUF.

Bessière, J., éd., 1988, *L'ordre du descriptif*, Paris, PUF.

Bessière, J., 1989, *Dire le littéraire*, Bruxelles, Mardaga.

Bishop, R., 1975, On the Critical Evaluation of African Literature, *World Literature Written in English*, 14, 497~505.

Blair, H., 1788, *Lectures on Rhetoric and Belles-Lettres*, 2 vol., Paris, Pissot.

Blanché, R., 1969, *Structures intellectuelles. Essai sur l'organisation systématique des concepts*, Paris, Vrin.

Blanchot, M., 1955, *L'espace littéraire*, Paris, Gallimard.

Bleich, D. , 1967, The Determination of Literary Value, *Literature and Psychology*, 17, 19~30.

Bleich, D. , 1978, *Subjective Criticism*, Baltimore, Johns Hopkins University Press.

Bloom, H. , 1973, *The Anxiety of Influence: A Theory of Poetry*, London/New York, Oxford University Press.

Bloom, H. , Man, P. de, Hartman, G. , Derrida, J. , et Miller, J. H. , 1979, *Deconstruction and Criticism*, New York, Seabury.

Boerner, P. , Riesz, J. et Scholz, B. , éd. , 1986, *Sensus Communis: Contemporary Trends in Comparative Literature. Panorama de la situation actuelle en littérature comparée*, Festschrift für Henry Remak, Tübingen, Narr.

Booth, W. C. , 1961, *The Rhetoric of Fiction*, Chicago, University of Chicago Press.

Booth, W. C. , 1969, Distance and Point of view: An Essay in Classification, dans R. M. Davis, éd. , *The Novel: Modern Essays in Criticism*, Englewood Cliffs, Prentice-Hall, Inc. , p. 172~189.

Booth, W. C. , 1982, Freedom of Interpretation: Bakhtin and the Challenge of Feminist Criticism, *Critical Inquiry*, 9 (1), 45~76.

Bouazis, C. , 1977, *Essais de la sémiotique du sujet*, Bruxelles, Complexe.

Boulais, V. , 1974, Samuel Beckett: une écriture en mal de je, *Poétique*, 17, 114~132.

Bourdieu, P. , 1971, Le marché des biens symboliques, *L'Année sociologique*, 22, 49~126.

Bourdieu, P. , 1977, La production de la croyance. Contribution à une économie des biens symboliques, *Actes de la recherche en sciences sociales*, 13, 4~43.

Bourdieu, P. , 1979, *La distinction. Critique sociale du jugement*, Paris, Minuit.

Bourdieu, P. , 1980, *Le sens pratique*, Paris, Minuit.

Bourdieu, P. , 1982, *Ce que parler veut dire. L'économie des* échanges linguistiques, Paris, Fayard.

Bowra, C. M., 1962, *Primitive Song*, London, Weidenfeld & Nicolson.

Boyd, J. D., 1980, *The Dunction of Mimesis and its Decline*, New York, Fordham University Press.

Braet, A. C., 1984, *De klassieke statusleer in modern perspectief: een historisch-systematisch bijdrage tot de argumentatieleer*, Groningen, Wolters-Noordhoff.

Brettschneider, G., 1985. Voir H. Seiler.

Breuer, D., et Schanze, H., éd., 1981, *Topik. Beiträge zur interdisziplinären Diskussion*, München, Fink.

Brinker, M., 1983, Verisimilitude, Conventions and Beliefs, *New Literary History*, XI V (2), 253~267.

Broeck, R. van den, 1978. Voir J. S. Holmes.

Brooke-Rose, C., 1958, *A Grammar of Metaphor*, London, Secker & Warburg.

Brooke-Rose, C., 1981, *A Rhetoric of the Unreal: Studies in Narrative and Structure. Especially of the Fantastic*, Cambridge, Cambridge University Press.

Brooks, C., 1947, *The Well Wrought Urn: Studies in the Structure of Poetry*, New York, Harcourt, Brace & World.

Brunetière, F., 1890, *L'évolution des genres dans l'histoire de la littérature*, Paris, Hachette.

Bühler, K., 1978, *Sprachtheori: die Darstellungsfunktion der sprache*, Frankfurt / Berlin / Wien, Ullstein (*Semiotic Foundations of Language Theory*, New York, Plenum, 1983).

Bulhof, F., 1976, *Wortindex zu Thomas Mann: Der Zauberberg*, Ann Arbor, Xerox University Microfilms.

Burgess, T. C., 1902, Epideictic Literature, *Studies in Classical Philology*, III, 89~261.

Cahn, M., 1986, *Kunst der Uberlistung. Studien zur Wissenschaftsgeschichte der Rhetorik*, München, Fink.

Calinescu, M., 1986, Postmodernism and Some Paradoxes of Periodization. Voir Fokkema et Bertens, 1986, p. 239~255.

Calvino, I., 1980, *Une pietra sopra: Discorsi di letteratura e societa*, Torino, Einaudi.

Campbell, G., 1963, *The Philosophy of Rhetoric*, Carbondale, Southern Illinois University Press.

Carroll, D., 1982, *The Subject in Question: The Languages of Theory and the Strategies of Fiction*, Chicago, The University of Chicago Press.

Celan, P., 1971, *Strette*, Paris, Mercure de France.

Certeau, M. de, 1980, *L'invention du quotidien*, I: *Arts de faire*, Paris, UGE, coll. 《10/18》.

Chambers, R., 1984, *Story and Situation: Narrative Seduction and the Power of Fiction*, Minneapolis, University of Minnesota Press.

Chamfrault-Duchet, M. F. (à paraitre), Le récit de vie: donnée ou texte?, *Cahiers de recherche sociologique*.

Charle, C., 1977, Situation spatiale et position sociale. Essai de géographie sociale du champ littéraire à la fin du XI Xe siècle, *Actes de la recherche en sciences sociales*, 13, 45~59.

Charle, C., 1979, *La crise littéraire à l'époque du naturalisme. Roman, thé âtre et politique*, Paris, PENS.

Charpa, U., 1985, Das poetische Ich-persona per quam, *Poetica*, 17 (1~2), 149~169.

Châtelet, F., 1974, Réflexion sur l'anthropologie: pour une science de l'homme, *Anthropologie*, Verviers, Editions Marabout, p. 609~638.

Chatman, S., 1978, *Story and Discourse: Narrative Structure in Fiction and Film*, Ithaca, Cornell University Press.

Chatman, S., 1981 *a*, What Novels Can Do That Films Can't / and Vice Versa, dans W. J. T. Mitchell, éd., 1981, *On Narrative*, Chicago, University of Chicago Press, p. 117~136.

Chatman, S., 1981 *b*, Reply to Barbara Hernstein Smith, dans W. J. T. Mitchell, éd., 1981, *Critical Inquiry*, 7, 802~809 (Special Issue).

Chénique, F., 1975, *Eléments de logique classique*, t. I: *L'art de penser et de juger*, Paris, Dunod.

Cherry, C., 1970, *On Human Communication: A Review, A Survey and a Criticism*, 2ᵉ éd., Cambridge, Mass., MIT Press.

Chklovski, V. B., 1919, *Poetika: Sborniki po Teorii Poeticheskogo Jazyka*, Petrograd.

Cixous, H., 1974, *Prénoms de personne*, Paris, Seuil.

Cixous, H., 1976, The Laugh of the Medusa, *Signs*, I, 875~893.

Clément, C., 1975, *Miroirs du sujet*, Paris, Union générale d'édition, coll. 《10/18》.

Clément, C., 1978, Le moi et la 《déconstruction》 du sujet, *Encyclopaedia Universalis*, vol. II, p. 172~175.

Cohen, J., 1966, *Structure du langage poétique*, Paris, Flammarion.

Cohen, R., éd., 1974, *New Directions in Literary History*, Baltimore, Johns Hopkins University Press.

Cohen, R., 1986, History and Genre, *New Literary History*, XVII (2), 203~232.

Cohn, D. C., 1978, *Transparent Minds: Narrative Modes for Presenting Consciousness in Fiction*, Princeton, Preceton University Press (*La Transparence intérieure. Modes de représentation de la vie psychique dans le roman*, Paris, Seuil, 1981).

Colie, R. L., 1973, *The Resources of Kind: Genre-theory in the Renaissance*, Berkeley, University of Galifornia Press.

Collingwood, R. G., 1938, *The Principles of Art*, Oxford, Clarendon Press.

Collingwood, R. G., 1946, *The Idea of History*, Oxford, Clarendon Press.

Cometti, J.-P., éd., 1986, *Robert Musil* (colloque), Royaumont, Ed. Royaumont.

Comrie, B., 1981, *Language Universals and Linguistic Typology: Syntax and morphology*, Chicago, University of Chicago Press.

Coquet, J.-C., éd., 1982, *Sémiotique: l'Ecole de Paris*, Paris, Hachette.

Coquet, J.-C., 1984, *Le discous et son sujet*, t. Ⅰ: *Essai de grammaire modale*, Paris, Klincksieck.

Coquet, J.-C., 1987. Voir M. Arrivé.

Corbett, E. P. J., 1971, *Classical Rhetoric for the Modern Student*, 2ᵉ éd., New York, Oxford University Press.

Corti, M., 1978, *An Introduction to literary Semiotics*, Bloomington/London, Indiana University Press.

Coste, D., 1983, Reheasal: An Alternative to Production/Reproduction in french Feminist Discourse, dans I. Hassan et S. Hassan, éd., 1983, p. 243~262.

Courtès, J., 1979, 1986. Voir A.-J. Greimas.

Cowan, W., et Rakusan, J., 1985, *Source Book for Linguistics*, Amsterdam/Philadelphia, J. Benjamins.

Crane, R. S., 1967, *Critical and Historical Principles of Literary History*, 2 vol., Chicago, University of Chicago Press.

Crevier, J.-B.-L., 1765, *Rhétorique française*, 2 vol., Paris, Saillant.

Croce, B., 1964, *Aesthetic as a Science of Expression and General Linguistic*, trad. Douglas Ainslie, New York, Farrar, Strauss, & Co., Noonday Press, Ⅰʳᵉ éd. anglaise, 1909.

Cros, E., 1983, *Théorie et pratique sociocritiques*, Paris/Montpellier, Editions Sociales / CERS.

Cros, E., 1985 *a*, The Values of liberalism, in *El Periquillo Sarniento*, *Sociocriticism*, 2, 85~109.

Cros, E., 1985 *b*, Social Practices and Intratextual Mediation. Towards a Typology of Idéosèmes, *Sociocriticism*, 2, 129~148.

Crosman, I., 1980. Voir S. Suleiman.

Culler, J., 1975, *Structuralist poetics: Structuralism, Linguistics and the Study of Literature*, Ithaca, Cornell University Press.

Culler, J., 1981, *The Pursuit of Signs: Semiotics, Literature, Deconstruction*, Ithaca, Cornell University Press.

Culler, J., 1982, *On Deconstruction: Theory and Criticism after Structuralism*, Ithaca, Cornell University Press.

Cunningham, J. V., 1960, *Tradition and Poetic Structure: Essays in Literary History and Criticism*, Denver, Alan Swallow.

Curtius, E. R., 1954, *Europäische Literatur und lateinisches Mittelalter*, Bern, Francke.

Dällenbach, L., 1977, *Le récit spéculaire: essai sur la mise en abyme*, Paris, Seuil.

Dascal, M., éd., 1985, *Dialogue: An Interdisciplinary Approach*, Amsterdam / Philadelphia, Benjamins.

Debord, G., 1971, *La société de spectacle*, Paris, G. Lebovici.

Decottignies, J., éd., 1981, *Les sujets de l'écriture*, Lille, PUL.

Deledalle, G., 1978. Voir C. S. Peirce.

Deleuze, G., 1964, 1976, *Proust et les signes*, Paris, PUF.

Delfau, G., et Roche, A., 1977, *Histoire. Littérature. Histoire et interprétation du fait littéraire*, Paris, Seuil.

Demougin, J., éd., 1985～1986, *Dictionnaire historique, thématique et technique des littératures: littératures française et étrangères; anciennes et modernes*, 2 vol., Paris, Larousse.

Derrida, J., 1967 a, *De la grammatologie*, Paris, Minuit (*Of Grammatology*, Baltimore, Johns Hopkins University Press, 1976).

Derrida, J., 1967 b, *L'écriture et la différence*, Paris, Seuil (*Writing and Difference*, Chicago, University of Chicago Press, 1978).

Derrida, J., 1967 c, *La voix et le phénomène*, Paris, PUF.

Derrida, J., 1968, La différence, dans *Théorie d'ensemble*, Paris, Seuil, p. 41～46.

Derrida, J., 1972 a, *La dissémination*, Paris, Seuil.

Derrida, J., 1972 b, *Marges de la philosophie*, Paris, Minuit.

Derrida, J., 1972 c, *Positions*, Paris, Minuit.

Derrida, J., 1973, *Speech and Phenomena, and other Essays on Husserl's Theory of Signs*, Evanston, Northwestern University Press (trad. de Derrida, 1967 c).

Derrida, J., 1981, *Dissemination*, Chicago, University of Chicago Press (trad. de Derrida, 1972 a).

Desanti, J.-T., 1975, *La philosophie silencieuse ou critique des philosophies de la science*, Paris, Seuil.

Descombes, V. , 1987, *Proust. Philosophie du roman*, Paris, Minuit.

Didier, B. , 1981, *L'écriture-femme*, Paris, PUF.

Dijk, T. A. van, 1977, *Text and Context: Explorations in the Semantics and Pragmatics of Discourse*, London / New York, Longman.

Dispaux, G. , 1984, *La logique et le quotidien: une analyse dialogique des mécanismes de l'argumentation*, Paris, Minuit.

Docherty, T. , 1983, *Reading / Absent / Character: Towards a Theory of Characterization in Fiction*, Oxford, Clarendon Press.

Dolezel, L. , 1967, The Typology of the Narrator: point of View in Fiction, dans *To Honor Roman Jakobson*, vol. Ⅱ, p. 541~552.

Dolezel, L. , 1973, *Narrative Modes in Czech Literature*, Toronto, University of Toronto Press.

Dolezel, L. , 1979, Extensional and Intensional Narrative Worlds, dans J. Woods et T. G. Pavel, éd. , 1979, p. 193~211.

Dolezel, L. , 1980, Truth and Authenticity in Narrative, *Poetics Today*, Ⅰ (3), 7~25.

Denovan, J. , éd. , 1975, *Feminist Literary Criticism: Explorations in Theory*, Lexington, University Press of Kentucky.

Dressler, W. U. , 1981. Voir R. de Beaugrande.

Dryden, J. , 1962, *Of Dramatic Poesy and other Critical Essays*, 2 vol. , London/New York, J. M. Dent/Dutton.

Dubois, J. , Edeline, F. , Klinkenberg, J.-M. , et Minguet, P. , 1977, *Rhétorique de la poésie: lecture linéaire, lecture tabulaire*, Bruxelles, Editions Complexe.

Dubois, J. , 1978, 1983, *L'institution de la littérature. Introduction à une sociologie*, Bruxelles/Paris, Labor/Nathan.

Dubois, J. , et al. , 1970, 1976, *Rhétorique générale*, Paris, Larousse.

Dubois, J. , et al. , 1972, *Analyse de la périodisation littéraire*,

Paris, Editions Universitaires.

Duchet, C., éd., 1979, *Sociocritique*, Paris, Nathan.

Duchet, C. (à paraître), *La socialité du roman*.

Dufrenne, M., 1953, *Phénoménologie de l'expérience esthétique*, 2 vol., Paris, PUF.

Dumarsais, C., et Fontanier, P., 1967, *Les tropes*, t. Ⅰ~Ⅱ, Genève, Slatkine reprints.

Dupriez, B., 1980, *Gradus. Les procédés littéraires (Dictionnaire)*, Paris, UGE, coll. 《10/18》.

Durand, G., 1969, 1985, *Les structures anthropologiques de l'imaginaire*, Paris, Bordas, Dunod.

Durisin, D., 1972, *Vergleichende Literaturforschung. Versuch eines methodisch-theoretischen Grundrisses*, Berlin, Akademie Verlag.

Durisin, D., 1974, *Sources and Systematics of Comparative Literature*, Bratislava, Univerzita Komenského.

Durisin, D., 1975, *Téoria literdrnej komparatistiky*, Bratislava, Slovensky spisovatel.

Durisin, D., 1984, *Theory of Literary Comparatistics*, Bratislava, Veda Publishing House of the Slovak Academy of Sciences (trad. de Durisin, 1975).

Duvignaud, J., 1965, *Les ombres collectives: sociologie du théâtre*, Paris, PUF.

Duvignaud, J., 1971, *Spectacle et société*, Paris, Denoël-Gonthier.

Dyserinck, H., 1980, Der Beitrag der Komparatistik zur Rezeptionsforschung und die Möglichkeiten einer fachspezifischen Rezeptionsforschung innerhalb der Komparatistik, *Proceedings of the Ixth Congress of the International Comparative Literature Association*, vol. Ⅱ: *Literary Communication and Reception*, Innsbruck, Verlag des Instituts für Sprachwissenschaft, p. 135~140.

Eagleton, T., 1976, *Marxism and Literary Criticism*, London, Methuen.

Eagleton, T., 1981, *Walter Benjamin, or, Towards a Revolutionary Criticism*, London, NLB.

Eagleton, T., 1983, *Literary Theory: An Introduction*, Oxford, B.

Blackwell.

Eco, U., 1976, *A Theory of Semiotics*, Bloomington, Indiana University Press.

Eco, U., 1979, *The Role of the Reader: Explorations in the Semiotics of Texts*, Bloomington, Indiana University Press.

Egudu, R. N., 1982, Criticism of Modern African Literature: The Questions of Evaluation, *World Literature Written in English*, 21, 54~67.

Ehninger, D., éd., 1972, *Contemporary Rhetoric: A Reader's Coursebook*, Glenview / London, Scott, Foresman & Co.

Ehninger, J., 1972, Le dedans et le dehors, *Poétique*, 9, 31~40.

Eibl, K., 1976, *Kritisch-rationale Literaturwissenschaft: Grundlagen zur erklärenden Literaturgeschichte*, München, Fink.

Eikhenbaum, B., 1927, La théorie de la méthode formelle, dans T. Todorov, éd., 1965, p. 31~75.

Einstein, C., 1973, *Die Fabrikation der Fiktionen*, S. Penkert, éd. Reinbek bei Hamburg, Rowohlt.

Einstein, C., 1980~1985, *Werke*, t. 1~3, Berlin, Medusa.

Ellis, J. M., 1974, *The Theory of Literary Criticism: A Logical Analysis*, Berkeley, University of California Press.

Ellrodt, R., éd., 1983, *Genèse de la conscience moderne. Etudes sur le développement de la conscience de soi dans les littératures du monde occidental*, Paris, PUF.

Emrich, W., 1964, Wortung und Rangordnung literarischer Werke, *Sprache im Technischen Zeitalter*, 12, 974~991.

Escarpit, R., 1963, Histoire de l'histoire de la littérature, dans R. Queneau, éd., 1963, p. 1737~1744.

Escarpit, R., éd., 1970, *Le littéraire et le social: éléments pour une sociologie de la littérature*, Paris, Flammarion.

Etiemble, R., 1974, *Essais de littérature (vraiment) générale*, Paris, Gallimard.

Even-Zohar, I., 1978 a, *Papers in Historical Poetics*, Tel Aviv, Porter Institute for Poetics & Semiotics, Tel Aviv University.

Even-Zohar, I., 1978 b, The Position of Translated Literature within the Literary Polysystem, dans J. S. Holmes, J. Lambert et R. Van den Broeck, éd., 1978, p. 117~127.

Faral, E., 1924, *Les arts poétiques du XIIe et du XIIIe siècle*, Paris, Champion.

Felman, S., 1973, 《Tu as bien fait de partir, Artjur Rimbaud》. Poésie et modernité, *Littérature*, II, 3~21.

Felman, S., éd., 1982, *Literature and Psychoanalysis: The Question of Reading Otherwise*, Baltimore, Johns Hopkins University Press.

Feyerabend, P. K., 1975, *Against Method: Outline of an Anarchistic Theory of Knowledge*, London, NLB.

Feyerabend, P. K., 1978, *Ausgewählte Schriften*, vol. I: *Der wissenschftstheoretische Realismus und die Autorität der Wissenschaften*, Brunschweig / Wiesbaden, Vieweg.

Finke, P., 1982, *Konstruktiver Funktionalismus. Die wissenschaftstheoretische Basis einer empirischen Theorie der Literatur*, Braunschweig / Wiesbaden, Vieweg.

Finke, P., 1985, Empirizität allein genügt nicht. Kritische Uberlegungen zu Konzeptionen empirischer Wissenschaft, *SPIEL*, 4, 71~79.

Finnegan, R., 1977, *Oral Poetry: Its Nature, Significance and Social Context*, Cambridge, Cambridge University Press.

Fish, S., 1980, *Is There a Text in this Class? The Authority of Interpretative Communities*, Cambridge, Mass. / London, Harvard University Press.

Fodor, I., et Hagège, C., éd., 1983, 1984, *Language Reform: History and Future*, 3 vol., Hamburg, H. Buske Verlag.

Fokkema, D. W., 1984, The Portrait of the Artist as a Young Man, a Dog and an Ape: Some Observations on Reception Theory, voir Strelka, 1984, I, p. 185~202.

Fokkema, D., 1984, Cultural Relativism Reconsidered: Comparative Literature and Inter-cultural Relations, dans *Douze cas d'interaction culturelle dans l'Europe ancienne et l'Orient proche ou lointain*, Paris, Unesco, p. 239~258.

Fokkema, D. W. , 1985, Literary History, *Tamkang Review*, XVI (1), 1~15.

Fokkema, D. W. , et Ibsch, E. , 1977, *Theories of Literature in the Twentieth Century: Structuralism, Marxism, Aesthetics of Reception, Semiotics*, London, C. Hurst.

Fokkema, D. W. , et Bertens, H. , éd. , 1986, *Approaching Postmodernism*, Amsterdam / Philadelphia, Benjamins.

Fokkema, D. W. , et Ibsch, E. , 1988, *Modernist Conjectures: A Mainstream in European Literature*, 1910~1940, London, C. Hurst, et New York, St. Martin's Press.

Fontanier, P. , 1968, *Les figures du discours*, Paris, Flammarion.

Forster, E. M. , 1927, *Aspects of the Novel*, New York, Harcourt, Brace & World.

Foucault, M. , 1966, *Les mots et les choses: une archéologie des sciences humaines*, Paris, Gallimard.

Foucault, M. , 1968, Réponse au cercle d'épistémologie, *Cahiers pour l'analyse*, 9, 9~40.

Foucault, M. , 1969, *L'archéologie du savoir*, Paris, Gallimard.

Foucault, M. , 1971, *L'ordre du discours*, Paris, Gallimard.

Foucault, M. , 1986, *La pensée du dehors*, Montpellier, Fata Morgana.

Fowler, A. , 1982, *Kinds of Literature: An Introduction to the Theory of Genres and Modes*, Oxford, Clarendon Press.

France, P. , 1981, New Rhetorics for Old, *Comparative Criticism*, 3, 269~277.

Frank, M. , 1986, Vieldeutigkeit und Ungleichzeitigkeit, *Sprach und Literatur*, 57, 20~30.

Franz, M. L. von, 1980, Analytical Psychology and Literary Criticism, *New Literary History*, XII, 119~126.

Frege, G. , 1892, Uber Sinn und Bedeutung, *Zeitschrift für Philosophie und philosophische Kritik*, C, 25~50.

Frye, N. , 1957, 1966, *Anatomy of Criticism: Four Essays*, Princeton, Princeton University Press (*Anatomie de la critique*,

Paris, Gallimard, 1968).

Frye, N., 1982, *The Great Code: The Bible and Literature*, New York, Harcourt Brace Jovanovich (*Le grand code: la Bible et la littérature*, Paris, Seuil, 1984).

Fügen, H. N., 1964, *Die Hauptrichtungen der Literatursoziologie und ihre Methoden; ein Beitrag zur literatursoziologischen Theorie*, Bonne, H. Bouvier.

Fuhrmann, M., Jauss, H. R., et Pannenberg, W., éd., 1981, *Text und Applikation. Theologie, Jurisprudenz und Literaturwissenschaft im hermeneutischen Gespräch*, München, Fink.

Gadamer, H. G., 1960, 1972, *Wahrheit und Methode: Grundzuge einer philosophischen Hermeneutik*, Tübingen, J. B. C. Mohr (*Vérité et méthode. Les grandes lignes d'une herméneutique philosophique*, Paris, Seuil, 1976; *Truth and Method*, New York, The Seabury Press, 1975, et New York, Crossroad, 1982).

Gadamer, H. G., 1983, *Heideggers Wege: Studien zum Spatwerk*, Tübingen, J. G. B. Mohr / Paul Siebeck.

Gadamer, H. G., et Boehm, G., éd., 1978, *Die Hermeneutik und die Wissenschaften*, Frankfurt, Suhrkamp.

Gans, E., 1981, Naissance du Moi lyrique. Du féminin au masculin, *Poétique*, 46, 129~139.

Gasché, R., 1986, *The Tain of the Mirror: Derrida and the Philosophy of Reflection*, Cambridge, Mass. Harvard University Press.

Gauther, Y., 1982, *Théorétiques. Pour une philosophie constructiviste des sciences*, Longueuil (Québec), Le Préambule.

Gelley, A., 1979, The Represented World: Toward a Phenomenological Theory of Description in the Novel, *Journal of Aesthetics and Art Criticism*, 37, 415~422.

Genette, G., 1966, 1969, 1972, *Figures I, II, III*, Paris, Seuil.

Genette, G., 1972, Discours du récit: essai de méthode, dans *Figures III*, Paris, Seuil, p. 65~267 (*Narrative Discourse: An*

Essay in Method, Ithaca, Cornell University Press, 1980).

Genette, G., 1979, *Introduction à l'architexte*, Paris, Seuil.

Genette, G., 1982 a, *Figures of Literary Discourse*, New York, Columbia University Press (trad. de Genette, 1969).

Genette, G., 1982 b, *Palimpsestes. La littérature au second degré*, Paris, Seuil.

Genette, G., 1983, *Nouveau discours du récit*, Paris, Seuil.

Genette, G., 1987, *Seuils*, Paris, Seuil.

Ghesquière, R., 1981. Voir H. Van Gorp.

Gide, A., 1965, *Journal 1889~1939*, Paris, Gallimard, Pléiade.

Giesz, L., 1971, *Phänomenologie des Kitsches*, 2e éd., München, Fink.

Gilbert, S. M., et Gubar, S., 1979, *The Madwoman in the Attic; the Woman Writer and the Nineteeth-Century Literary Imagination*, New Haven, Yale University Press.

Girard, R., 1961, *Mensonge romantique et vérité romanesque*, Paris, Grasset.

Glowinski, M., 1969, Gatunek literacki: problemy poetyki historycznej, *Powiesc mlodopolska. Studium z poetyki historyznej*, Wroclaw, Ossilineum (Die literarische Gattung und die Probleme der historischen poetik, dans A. Flaker et V. Zmegac, éd., *Formalismus, Strukturalismus und Geschichte. Zur Literaturtheorie und Methodologie in der Sowjetunion, CSSR, Polen und Jugoslawien*, Kronberg (Taunus), Scriptor verlag, 1974).

Glowinski, M., 1973, Narracja jako monolog wypowiedziany, dans *Gry powiesciowe*, Warszawa, PWN, p. 106~148.

Gobard, H., 1976, *L'aliénation linguistique. Analyse tétraglossique*, Paris, Flammation.

Goldstein, J.-P., 1976. Voir J.-M. Adam.

Goldmann, L., 1956, *Le Dieu caché*, Paris, Gallimard.

Goldmann, L., 1959, *Recherches dialectiques*, Paris, Gallimard.

Goldmann, L., 1964, *Pour une sociologie du roman*, Paris, Gallimard (*Towards a Sociology of the Novel*, London,

Tavistock Publications, 1975).

Goldmann, L., éd., 1967, *Littérature et société. Problèmes de méthodologie en sociologie de la littérature*, Bruxelles, Université libre de Bruxelles.

Gombocz, Z., 1926, *Jelentestan*, Pecs, Danubia.

Gombrich, E. H., 1975, *Symbolic Images: Studies in the Art of the Renaissance*, London, Phaidon.

Gombrich, E. H., 1977, *Art and Illusion: A Study in the Psychology of Pictorial Representation*, 5e éd., Oxfor, Phaidon, 1re éd., 1960.

Gomez-Moriana, A., 1985, *La subversion du discours rituel*, Montréal, Le Préambule.

Goodman, N., 1968, *Languages of Art: An Approach to a Theory of Symbols*, Indianapolis, Bobbs Merrill.

Goodman, N., 1978, 1984, *Ways of Worldmaking*, Indianapolis, Hackett Pub. Co.

Gorp, H. van, Ghesquière, R., et Segers, R. T., éd., 1981, *Receptie-onderzoek. Mogelijkheden en grenzen*, Leuven, Acco.

Gorp, H. van, 1985. Voir J. Lambert.

Gouhier, H., 1958, *L'oeuvre thé âtrale*, Paris, Flammarion.

Graevenitz, G. von, 1973, *Die Setzung des Subjekts: Untersuchungen zur Romantheorie*, Tübingen, M. Niemeyer.

Green, A., 1980, The Unbinding Process, *New Literary History*, XII(I), 11~39.

Greenberg, J. H., 1974, *Language Typology: A Historical and Analytic Overview*, The Hague, Mouton.

Greimas, A.-J., 1966, *Sémantique structurale, recherche de méthode*, Paris, Larousse. 1986, rééd., PUF.

Greimas, A.-J., 1970~1983, *Du sens. Essais sémiotiques*, t. I~II, Paris, Seuil.

Greimas, A.-J., 1976 a, *Maupassant, la sémiotique du texte: exercices pratiques*, Paris, Seuil.

Greimas, A.-J., 1976 b, *Sémiotique et sciences sociales*, Paris, Seuil.

Greimas, A.-J., et Courtès, J., 1979, 1986, *Sémiotique. Dictionnaire raisonné de la théorie du langage*, t. Ⅰ～Ⅱ, Paris, Hachette.

Greimas, A.-J., et Landowski, E., 1979, *Introduction à l'analyse du discours en sciences sociales*, Paris, Hachette.

Grimaud, M., 1982. Voir W. J. Berg.

Grivel, C., 1973, *Production de l'intérêt romanesque. Un état du texte* (1870～1880), *un essai de constitution de sa théorie*, Paris, La Haye, Mouton.

Grivel, C., 1978, Les universaux de texte, *Littérature*, 30, 25～50.

Groeben, N., éd., 1981 a, *Rezeption und Interpretation. Ein interdisziplinärer Versuch am Beispiel der《Hasenkatastrophe》von Robert Musil*, Tübingen, Narr.

Groeben, N., 1981 b, Kontemporäre Rezeptionsforschung: Empirisierung als Konsequenz und Kritik der Rezeptionsästhetik, dans H. Van Gorp, R. Ghesquière et R. T. Segers, éd., 1981, p. 103～136.

Groeben, N., 1982, *Leserpsychologie: Textverständnis— Textverständlichkeit*, Münster, Aschendorff.

Groeben, N., 1985, Empirisierung der Literaturwissenschaft: Theorie-oder methodenzentriert?, *SPIEL*, 4, 117～133.

Grotowski, J., 1971, *Vers un thé âtre pauvre*, Lausanne, La Cité.

Groupe Mu, 1970, *Rhétorique générale*, Paris, Larousse.

Gubar, G., 1979. Voir S. Gilbert.

Guentcheva-Desclés, Z., 1976, Le système casuel du modèle applicationnel de S. K. Saumjan, *L'enseignement du russe*, 22, 85～95.

Guespin, L., et Marcellesi, J.-B., 1986, Pour la géopolitique, *Langages*, 83, 5～34.

Guillaume, G., 1969, *Langage et science du langage*, Paris, Nizet.

Guillen, C., 1971, *Literature as System: Essays toward the Theory of Literary History*, Princeton, Princeton University Press.

Guillen, C., 1985, *Entre lo unr y lo diverso: Introduction a la literatura comparada*, Barcelona, Editorial Critica.

Gundersen, D., 1983, On the Development of Modern Norwegian, dans I. Fodor et C. Hagège, éd., 1983~1984, vol. II, p. 157~173.

Gurvitch, G., éd., 1967, *Traité de sociologie*, 3ᵉ éd., Paris, PUF.

Gutzen, D., Oellers, N. P., et Petersen, J. H., 1981, *Einführung in die neuere deutsche Literaturwissenschaft : Ein Arbeitsbuch*, 4ᵉ éd. revue, Berlin, Erich Schmidt Verlag.

Habermas, J., 1962, *Strukturwandel der Offentlichkeit ; Untersuchungen zu einer Kategorie der bürgerlichen Gesellschaft*, Neuwied / Berlin, Luchterhand (*L'espace public ; archéologie de la publicité comme dimension constitutive de la société bourgeoise*, Paris, Payot, 1986).

Hacher, P. M. S., 1984. Voir G. P. Baker.

Hagège, C., 1982, *La structure des langues*, Paris, PUF, coll. 《Que sais-je?》.

Hagège, C., 1983~1984. Voir I. Fodor.

Hagège, C., 1985, *L'homme de paroles : contribution linguistique aux sciences humaines*, Paris, Fayard.

Halliday, M. A. K., 1978, *Language as Social Semiotic : The Social Interpretation of Language and Meaning*, london, E. Arnold.

Halliday, M. A. K., et Hasan, R., 1976, *Cohesion in English*, London, Longman.

Hamburger, K., 1957, 1968, *Die Logik der Dichtung*, Stuttgart, E. Klett (*La logique des genres littéraires*, Paris, Seuil, 1986 ; *The Logic of Literature*, Bloomington, Indiana University Press, 1973).

Hamon, P., 1977 a, Pour un statut sémiologique du personnage, dans R. Barthes, W. Kayser, W. Booth et P. Hamon, *Poétique du récit*, Paris, Seuil, p. 115~180.

Hamon, P., 1977 b, Texte littéraire et métalangage, *Poétique*, 31, 261~284.

Hamon, P., 1984, *Texte et idéologie : valeurs, hiérarchies et évaluations dans l'oeuvre littéraire*, Paris, PUF.

Harding, D. W., 1962, Psychological Processes in the Reading of Fiction, *British Journal of Aesthetics*, Ⅱ(2), 133~147.

Harriott, R., 1969, *Poetry and Criticism before Plato*, London, Methuen.

Harshav (Hrushovski), B., 1984, Fictionality and Fields of Reference: Remarks on a Theoretical Framework, *Poetics Today*, 5, 227~251.

Hartman, C., 1986, *Han Yü and T'ang Search for Unity*, Princeton, Princeton University Press.

Hartman, G. H., 1975, *The Fate of Reading and other Essays*, Chicago, University of Chicago Press.

Hartman, G. H., éd., 1978, *Psychoanalysis and the Question of the Text*, Baltimore, Johns Hopkins University Press.

Hartman, G. H., 1980, *Criticism in the Wilderness: The Study of Literature Today*, New Haven, Yale University Press.

Hartman, G. H., 1981, *Saving the Text: Literature, Derrida, Philosophy*, Baltimore, Johns Hopkins University Press.

Hasan, R., 1976. Voir M. A. K. Halliday.

Hassan, I., et Hassan, S., 1983, *Innovation / Renovation: New Perspectives on the Humanities*, Madison; University of Wisconsin Press.

Hatzfeld, H., 1968, Comparative Literature as a Necessary Method, dans P. Demetz, T. Greene et L. Nelson Jr., *The Disciplines of Criticism*, New Haven / Londres, Yale University Press, p. 79~92.

Hauptmeier, H., et Schmidt, S. J., 1985, *Einführung in die Empirische Literaturwissenschaft*, Braunschweig / Wiesbaden, Vieweg.

Haverkamp, A., 1982, 《Saving the Subject》: Randbemerkungen zur Veränderung der Lyrik, *Poetica*, 14 (1~2), 70~91.

Hazlitt, W., 1914, *Lecture on the English Poets and the Spirit of the Age; or, Contemporary Portraits*, London / Toronto /New York, Dutton & Co.

Heidegger, M., 1967, La limitation de l'être, *Introduction à la métaphysique*, Paris, Gallimard, p. 102~209.

Heidegger, M., 1976, *Sein und Zeit*, Tübingen, Max Niemeyer.

Heilbrun, C. G., 1979, *Reinventing Womanhood*, New York, W. W. Norton.

Heinrich, D., 1979, 《Identität》— Begriffe, Probleme, Grrnzen, dans O. Marquand et K. Stierle, éd., 1979, p. 133~186.

Helbo, André, Johansen, J. D., Pavis, P., et Ubersfeld, A., 1987, *Théâtre. Modes d'approche*, Bruxelles, Editions Labor.

Hempfer, K. W., 1973, *Gattungstheorie. Information und Synthese*, München, Fink.

Henry, P., et Moscovici, S., 1968, Problèmes de l'analyse de contenu, *Langages*, Ⅱ, 36~60.

Hermans, T., éd., 1985 a, *Second Hand: Papers on the Theory and Historical Study of Literary Translation*, Antwerpen, Vlaamse Vereniging voor Vergelijkende en Algemene Literatuurwetenschap (ALW, cahier n° 3).

Hermans, T., éd., 1985 b, *The Manipulation of Literature: Studies in Literary Translation*, New York, St. Martin's.

Hernadi, P., 1972, *Beyond Genre: New Directions in Literary Classification*, Ithaca/London, Cornell University Press.

Hess Lüttich, E. W. B., éd., 1982, *Multimedial Communication*, Ⅱ: *Theatre Semiotics*, Tübingen, Narr.

Hildick, W., 1968, *Thirteen Types of Narrative*, London / Melbourne / Toronto, Macmillan.

Hillerand, B., 1978, *Zur Struktur des Romans*, Darmstadt, Wissenschaftliche Buchgesellschaft.

Hintzenberg, D., Schmidt, S. J., et Zobel, R., 1980, *Zum Literaturbegriff in der Bundesrepublik Deutschland*, Braunschweig / Wiesbaden, Vieweg.

Hirsch, Jr., E. D., 1960, Objective Interpretation, *PMLA*, LXXV(3), 463~479.

Hirsch, Jr., E. D., 1967, *Validity in Interpretation*, New Havan, Yale University Press.

Hirsch, Jr., E. D., 1969, Literary Evaluation as Knowledge,

Contemporary Literature, 9, 319～331.

Hirsch, Jr., E. D., 1976, *The Aims of Interpretation*, Chicago, University of Chicago Press.

Histoire littéraire / Historiens littéraires, *Cahiers roumains d'Etudes littéraires*, 2 (1987).

Hjelmslev, L., 1968, 1969, 1971, *Prolégomènes à une théorie du langage*, suivi de *La structure fondamentale du langage*, Paris, Minuit.

Hohendahl, P. U., éd., 1974, *Sozialgeschichte und Wirkungsästhetik. Dokumente zur empirischen und marxistischen Rezeptionsforschung*, Frankfur, Athenäum / Fisher Taschenbuch Verlag.

Holland, N., 1976, The New Paradigm: Subjective or Transactive?, *New Literary History*, 7, 335～346.

Holly, M., 1975, Consciousness and Authenticity. Toward a Feminist Aesthtic, dans J. Donovan, éd., 1975, p. 38～47.

Holmes, J. S., 1975, *The Name and Nature of Translation Studies*, Amsterdam, Dept. of General Literary Studies.

Holmes, J. S., Lambert, J., et Broeck, R. van den, éd., 1978, *Literature and Translation: New Perspectives in Literary Studies*, Louvain, ACCO.

Holub, R. C., 1984, *Reception Theory. A Critical Introduction*, London / New York, Methuen.

Horkheimer, M., et Adorno, T. W., 1947, *Dialektik der Aufklärung: philosophisch Fragmente*, Amsterdam, Querido (*La dialectique de la raison. Fragments philosophiques*, Paris, Gallimard, 1974).

Hovland, C. I., Janis, I. L., et Kelley, H. H., 1953, *Communication and Persuasion: Psychological Studies of Opinion Change*, New Haven, Yale University Press.

Howard, R. J., 1982, *Three Faces of Hermeneutics: An Introduction to Current Theories of Understanding*, Berkeley, University of California Press.

Hoy, D. C., 1978, *The Critical Circle: Literature, History and Philosophical Hermeneutics*, Berkeley, University of California

Press.

Hrushovski, B., 1985, présentation et représentation dans la fiction littéraire, *Littérature*, 57, 6～16.

Husserl, E., 1976, *La crise des sciences européennes et la phénoménologie transcendentale*, Paris, Gallimard.

Humphrey, R., 1965, *Stream of Consciousness in the Modern Novel*, Berkeley and Los Angeles, University of California Press.

Hutcheon, L., 1985, *A Theory of Parody: The Teachings of Twentieth-Century Art Forms*, New York / London, Methuen.

Hutcheon, L., 1986, Subject in/of/to History and his Story, *Diacritics*, 16, 78～91.

Ibsch, E., 1981, Receptie-onderzoeck en literatuurgeschiedenis, dans H. van Gorp, R. Ghesquière et R. T. Segers, éd., 1981, p. 31～52.

Ibsch, E., 1984, Asthetische Innovation und Alltagswelt, *SPIEL*, 3, 1～26.

Ibsch, E., 1985, Asthetische Konvention oder die Systematik der Entschärfung. Zu A. Barsch,《Literatur vor dem Richter》, *SPIEL*, 4, 205～208.

Ibsch, E., 1977. Voir D. W. Fokkema.

Ibsch, E., et Schram, D., éd., 1987, *Rezeptionsforschung Hermeneutik und Empirik*, Amsterdamer Beiträge zur neuren Germanistik, 23, Amsterdam, Rodopi.

L'Identité, Séminaire interdisciplinaire dirigé par Claude Lévi-Strauss, professeur au Collège de France (1974～1975), 1977, Paris, Grasset.

Ingarden, R., 1931, *Das literarische Kunstwerk: eine Untersuchung aus dem Grenzgebiet der Ontologie, Logik und Literaturwissenschaft*, Halle / Saale, M. Niemeyer (*The Literary Work of Art: An Investigation on the Borderlines of Ontology, Logic and Theory of Literature*, Evanston, Northwestern University Press, 1973).

Ingarden, R., 1973, *The Cognition of the Literary Work of Art*,

Evanston, Northwestern University Press.

Irele, A., 1981, *The African Experience in Literature and Ideology*, London / Exeter, Heinemann.

Iser, W., 1972, *Der implied Leser; Kommunikationsformen des Romans von Bunyan bis Beckett*, München, Fink (*The Implied Reader; Patterns of Communication in Prose Fiction from Bunyan to Beckett*, Baltimore, Johns Hopkins University Press, 1974).

Iser, W., 1975, The Reality of Fiction: A Functionalist Approach to Literature, *New Literary History*, Ⅶ(1), 7~38.

Iser, W., 1976, *Der Akt des Lesens. Theorie ästhetischer Wirkung*, München, Fink (*L'acte de lecture: théorie de l'effet esthétique*, Bruxelles, P. Mardaga, 1985; *The Art of Reading: A Theory of Aesthetic Response*, Baltimore, Johns Hopkins University Press, 1978).

Iser, W., 1979, Ist der Identitätsbegriff ein Paradigma für die Funktion der Fiktion, dans O. Marquand et K. Stierle, éd., 1979, p. 725~729.

Jacques, F., 1979, *Dialogiques. Recherches logiques sur le dialogue*, Paris, PUF.

Jacques, F., 1985, Du dialogisme à la forme dialoguée: sur les fondements de la pragmatique, dans M. Dascal, éd., 1985, p. 27~56.

Jakobson, R., 1921, *Noveishaia russkaia poeziia. Nabrosok pervyi*, Praha, Tip. Politica.

Jakobson, R., 1935, The Dominant, dans L. Matejka et K. Pomorska, éd., 1971, p. 82~87.

Jakobson, R., 1957, *Shifters, Verbal Categories and the Russian Verb*, Cambridge, Mass., Harvard University Press.

Jakobson, R., 1960, Linguistics and Poetics, dans T. Sebeok, éd., 1960, p. 350~377.

Jakobson, R., 1963, *Essais de linguistique générale*, t. Ⅰ: Les Fonctions du langage, Paris, Minuit.

Jakobson, R., 1973, *Questions de poétique*, Paris, Seuil.

Jakobson, R., et Lévi-Strauss, C., 1962, *Les Chats* de Baudelaire, *L'Homme*, 2, 5~21.

James, H., 1962, *The Art of the Novel: Critical Prefaces*, New York / London, Charles Scribner's Sons.

Jameson, F., 1972, *The Prison-House of Language: A Critical Account of Structuralism and Russian Formalism*, Princeton, Princeton University Press.

Jameson, F., 1981 a, From Criticism to History, *New Literary History*, XII (2), 367~375.

Jameson, F., 1981 b, *The Political Unconscious: Narrative as a Socially Symbolic Act*, Ithaca, Cornell University Press.

Jauss, H. R., 1970 a, *Literaturgeschichte als Provokation*, Frankfurt, Suhrkamp.

Jauss, H. R., 1970 b, Littérature médiévale et théorie des genres, *Poétique*, I, 79~101.

Jauss, H. R., 1970 c, Literary History as a Challenge to Literary Theory, *New Literary History*, II (I), 7~37.

Jauss, H. R., 1975 a, Racine und Goethes *Iphigenie*. Mit einem Nachwort über die Partialität der rezeptionsästhetischen Methode, dans R. Warning, éd., 1975, p. 353~400.

Jauss, H. R., 1975 b, La douceur du foyer—Lyrik des Jahres 1857 als Muster der Vermittlung sozialer Normen, dans R. Warning, éd., 1975, p. 401~434.

Jauss, H. R., 1975 c, Der Leser als Instanz einer neuen Geschichte der Literatur, *poetica*, 7 (3~4), 325~344.

Jauss, H. R., 1977, *Asthetische Erfahrung und literarische Hermeneutik*, München, Fink (*Aesthetic Experience and Literary Hermeneutics*, Minneapolis, University of Minnesota Press, 1982).

Jauss, H. R., 1978, *Pour une esthétique de la réception*, Paris, Gallimard (*Toward an Aesthetic of Reception*, Minneapolis, University of Minnesota Press, 1982).

Jauss, H. R., 1981, Zur Abgrenzung und Bestimmung einer literarischen Hermeneutik, dans M. Fuhrmann, H. R. Jauss et

W. Pannenberg, éd., 1981, p. 459~481.

Jenny, L., 1982, *La terreur et les signes: poétiques de rupture*, Paris, Gallimard.

Jespersen, O., 1922, *Language: Its Nature, Development and Origin*, London, Allen & Unwin.

Johnson, B., 1980, *The Critical Difference: Essays in the Contemporary Rhetoric of Reading*, Baltimore, Johns Hopkins University Press.

Johnson, B., 1984, Rigorous Unreliability, *Critical Inquiry*, Ⅱ, 278~285.

Jolles, A., 1930, *Einfache Formen: Legende, Sage, Mythe, Ratsel, Spruch, Kasus, Memorabile, Märchen, Witz*, Halle, Max Niemeyer (*Les formes simples*, Paris, Seuil, 1972).

Jones, S., 1985, Language in Crisis: Ogyu Sorai's philosophical Thought and Hiraga Gennai's Creative Practice, dans E. Miner, éd., 1985, p. 209~256.

Jozsa, P., 1983. Voir J. Leehardt.

Jurt, J., 1980, *La réception de la littérature par la critique journalistique. Lectures de Bernanos, 1926 ~ 1936*, Paris, J.-M. Place.

Jurt, J., 1983, 《L'esthétique de la réception》. Une nouvelle approche de la littérature?, *Les Lettres romanes*, ⅩⅩⅩⅦ(3), 199~220.

Kahn, C., 1981. Voir M. M. Schwartz.

Kaiser, G. R., 1980, *Einführung in die Vergleichende Literaturwissenschaft. Forschungsstand, Kritik, Aufgaben*, Darmstadt, Wissenschaftliche Buchgesellschaft.

Kamuf, P., 1982, *Fictions of Feminine Desire: Disclosures of Heloïse*, Lincoln, University of Nebraska Press.

Kant, I., 1790, *Critik der Urteilskraft*, Berlin und Libau, Lagarde und Friederich.

Kant, I., n. d., *Werke in acht Büchern*, Berlin, A. Weichert.

Kearney, R., éd., 1984, *Dialogues with Contemporary Continental Thinkers. The Phenomenological Heritage: Paul Ricoeur, Emmanuel Levinas, Herbert Marcuse, Stanislas Breton,*

Jacques Derrida, Manchester, Manchester University Press.

Kellogg, R., 1966. Voir R. Scholes.

Kennedy, G. A., 1980, *Classical Rhetoric and its Christian and Secular Tradition from Ancien to modern Times*, Chapel Hill, University of north Carolina Press.

Kerbrat-Orecchioni, C., 1980, *L'énonciation. De la subjectivité dans le langage*, Paris, A. Colin.

Kermode, F., 1967, *The Sense of an Ending: Studies in the Theory of Fiction*, New York, Oxford University Press.

Kessler, E., 1981, Das rhetorische Modell der Historiographie, dans R. Koselleck *et al.*, 1981, p. 37~85.

Kibédi Varga, A., 1979, Texte: discours et récit, *Revue d'Esthétique*, 32 (1~2), 374~381.

Kibédi Varga, A., éd., 1981, *Théorie de la littérature*, Paris, Picard.

Kibédi, Varga, A., 1983, Rhetoric, a Story or a System? A Challenge to Historians of Renaissance Rhetoric, dans J. J. Murphy, éd., p. 67~83.

Kibédi Varga, A., 1987, La rhétorique des passions et les genres, dans *Rhetorik. Ein internationales Jahrbuch*, 6, Tübingen, Max Niemeyer, p. 67~83.

Kibédi Varga, A. (à paraître), Some Questions about the Rhetorical Analysis of Literary Texts, *Actes du Congrès international sur l'Argumentation*, University d'Amsterdam, 1986.

Kilian, H., 1971, *Das enteignete Bewusstein. Zur dialektischen Soziapsychologie*, Neuwied / Berlin.

Kittel, H., éd., 1988, *Die literarische Uebersetzung. Stand und Perspektiven ihrer Erforschung*. Einleitung von Armin Paul Frank, Berlin, Erich Schmidt.

Klein, W., 1982. Voir Weissenborn.

Kloek, J. J., 1985, *Over Werther geschreven... Nederlandse reacties op Goethes Werther 1775 ~ 1800; proeve van historisch receptie-onderzoek*, 2 vol., Utrecht, Hes.

Kloss, H., et McConnell, G. D., éd., 1974, *Linguistic*

Composition of the Nations of the World /Composition linguistique des nations du monde, 5 vol., Québec, Presses de l'Université de Laval.

Knapp, B. L., *A Jungian Approach to Literature*, Carbondale, Southern Illinois University Press.

Knapp, M. L., 1980, *Essentials of Nonverbal Communication*, New York, Holt, Rinehart & Winston.

Köhler, E., et Krauss, H., éd., 1977, Gattungssystem und Gesellschaftssystem, *Cahiers d'Histoire des Littératures romanes*, p. 7~22.

Kohut, H., 1985, Self-Psychology and the Sciences of Man, *Self-Psychology and the Humanities: Reflections on a New Psychoanalytic Approch*, New York, W. W. Norton & Co., p. 73~94.

König, R., éd., 1969, *Fisher-Lexikon《Soziologie》*, Frankfurt/Hamburg, Fisher Bücherei.

Konishi, J., 1984, *A History of Japonese Literature*, vol. I, princeton, Princeton University Press.

Koselleck, R., et Stempel, W. D., éd., 1973, *Geschichte: Ereignis und Erzählung*, München, Fink.

Koselleck, R., 1978, Uber die Theoriebedürftigkeit der Geschichtswissenschaft, dans Gadamer et Boehm, 1978, p. 362~380.

Koselleck, R., Mommsen, W. J., Rüsen, J., et Lutz, H., éd., 1981, *Theorie der Geschichte*, vol. 4: *Formen der Geschichtsschreibung*, München, DTV.

Krieger, M., 1974, *La révolution du langage poétique. L'avantgarde à la fin du XIXe siècle: Lautréamont et Mallarmé*, Paris, Seuil.

Kristeva, J., 1977 a, *Polylogue*, Paris, Seuil.

Kristeva, J., 1977 b, Féminité et écriture. En réponse à deux questions sur *Polylogue*, *Revue des Sciences humaines*, 168, 495~501.

Kristeva, J., 1980, *Pouvoirs de l'horreur. Essai sur l'abjection*,

Paris, Seuil.

Kriz, J., 1985, Wie empirisch ist die Empirie, *SPIEL*, 4, p. 7~40.

Krysinski, W., 1981, *Carrefours de signes: essais sur le roman moderne*, La Haye, Mouton.

Krysinski, W., 1987, L'énonciation et la question du récit, dans M. Arrivé et J.-C. Coquet, éd., 1987, p. 179~192.

Kuhn, T. S., 1962, 1970, *The Structure of Scientific Revolutions*, Chicago, University of Chicago Press.

Kushner, E., 1979, Chute ou renouvellement de l'histoire littéraire?, *Actes du VIIIe Congrès de l'Association internationale de Littérature comparée*, vol. II, Stuttgart, Bieber, p. 475~484.

Kushner, E., éd., 1984, *Renouvellements dans la théorie de l'histoire littéraire: Actes du colloque international, 1982, 18~20 août, Montréal, Université McGill*, Ottawa, Société royale du Canada / Association internationale de Littérature comparée.

Kushner, E. (à paraître), Déconstruction et reconstruction de l'histoire littéraire, *Actes du colloque sur l'histoire littéraire*, Québec, Université Laval, 1987.

Lacan, J., 1966, *Ecrits*, Paris, Seuil.

Lacan, J., 1968, *The Language of the Self: The Function of Language in Psychoanalysis*, Baltimore, Johns Hopkins University Press (trad. de Lacan, 1966).

LaCapra, D., 1983, *Rethinking Intellectual History: Texts, Contexts, Language*, Ithaca / London, Cornell University Press.

Lacoue-Labarthe, P., 1979, *Le sujet de la philosophie*, Paris, Aubier-Flammarion.

Lambert, J., 1980, Production, tradition et importation: une clef pour l'étude de la littérature et de la littérature en traduction, *Revue canadienne de Littérature comparée*, VII (2), 246~252.

Lambert, J., 1975. Voir J. S. Holmes.

Lambert, J., 1978. Voir J. S. Holmes.

Lambert, J., 1985, La traduction, les genres et l'évolution de la littérature. Propositions méthodologiques, *Actes du Xe Congrès de l'Association internationale de Littérature comparée*, vol. I, New York, Garland, p. 127~131.

Lambert, J., 1986, Les relations littéraires internationales comme problème de réception, dans P. Boerner, J. Riesz et B. Scholz, éd., 1986.

Lambert, J., et Gorp, H. van, 1985, Towards Research Programmes: The Function of Translated Literature within European Literatures, dans T. Hermans, éd., 1985 a, p. 183~197.

Lambert, J. 1988, Twenty Years Research on Literary Translation, dans H. Kittel, éd., 1988.

Landowski, E., 1979. Voir A.-J. Greimas.

Langer, S. K., 1971, *Philosophy in a New Key: A Study in the Symbolism of Reason, Rite, and Art*, Cambridge, Mass., Harvard University Press.

Lanser, S. S., 1981, *The Narrative Act: Point of View in Prose Fiction*, Princeton, Princeton University Press.

Lanson, G., 1910, La méthode de l'histoire littéraire, *Essais de méthode, de critique et d'histoire littéraire*, textes rassemblés et présentés par H. Peyre, Paris, Hachette, 1965, p. 31~56.

Laporte, D., 1974. Voir R. Balibar.

Lattre, A. de, 1979, 1981, *La doctrine de la réalité chez Proust*, vol. 1~2, Paris, J. Corti.

Lausberg, H., 1960, *Handbuch der literarischen Rhetorik; eine Grundlegung der Literaturwissenschaft*, München, M. Hueber.

Leach, E., 1976, *Culture and Communication: The Logic by which Symbols are Connected: An Introduction to the Use of Structuralist Analysis in Social Anthropology*, Cambridge / New York, Cambridge University Press.

Leenhardt, J., 1973, *Lecture politique du roman 《La jalousie》 d'Alain Robbe-Grillet*, Paris, Minuit.

Leenhardt, J., 1979, Lecture critique de la théorie goldmanienne du roman, dans C. Duchet, éd., 1979, p. 172~182.

Leenhardt, J., 1980, Introduction à la sociologie de la lecture, *Revue des Sciences humaines*, 177, 39~55.

Leenhardt, J., et Jozsa, P., 1983, *Lire la lecture. Essai de sociologie de la lecture*, Paris, Le Sycomore.

Lefevere, A., 1985, Systems in Evolution: Historical Relativism and the Study of Genre, *Poetics Today*, 6 (4), 665~679.

Lefort, C., 1978, *Les formes de l'histoire. Essais d'anthropologie politique*, Paris, Gallimard.

Lehmann, H. T., 1986, Theatertheorie (et autres articles), dans M. Braunelk et G. Schneilin, éd., *Theaterlexikon*, Hamburg, Rowohlt.

Leitch, V. B., 1983, *Deconstructive Criticism: An Advanced Introduction*, New York, Columbia University Press.

Lejeune, P., 1975, *Le pacte autobiographique*, Paris, Seuil.

Lessing, G. E., 1838~1840, Briefe, die neuste Literatur betreffend (1759~760), *Gesammelte Schriften*, vol. 6, Berlin, Voss.

Lévi-Strauss, C., 1958~1973, *Anthropologie structurale*, Ⅰ~Ⅱ, Paris, Plon.

Lévi-Strauss, C., 1964, *Anthropologie structurale*, Paris, Plon.

Levy, J., 1969, *Die literarische Ubersetzung. Theorie einer Kunstgattung*, Frankfurt / Bonne, Athenäum.

Link, J. et U., 1980, *Literatursoziologisches Propädeutikum*, München, UTB / BRO / Fink.

Link, J. et U., 1985, The Revolution and the System of Collective Symbols. Elements of a Grammar of Interdiscursive Events, *Sociocriticism*, Ⅰ, 31~52.

Lintvelte, J., 1981, *Essai de typologie narrative: le point de vue*, Paris, J. Corti.

Lipovetsky, G., 1983, *L'ère du vide. Essai sur l'individualisme contemporain*, Paris, Gallimard.

Liu, J. J. Y., 1962, *The Art of Chinese Poetry*, Chicago, University of Chicago Press.

Liu, J. J. Y., 1975, *Chinese Theories of Literature*, Chicago,

University of Chicago Press.

Logiques de la représentation, *Littérature*, 57 (1985).

Lord, A. B., 1960, *The Singer of Tales*, Cambridge, Mass., Harvard University Press.

Lotman, I., 1973, *La structure du texte artistique*, Paris, Gallimard (*The Structure of the Artistic Text*, Ann Arbor, University of Michigan, 1977).

Lubbock, P., 1965, *The Graft of Fiction*, London, J. Cape.

Lühe, I. von der, 1982, 《 I without guarantees 》: Ingeborg Bachmann's Frankfurt Lectures on Poetics, *New German Critique*, 27, 31~55.

Lukacs, G., 1955, *Probleme des Realismus*, Berlin, Aufbau Verlag.

Lukacs, G., 1958, *Wider den missverstandenen Realismus*, Hamburg, Claassen (*La signification présente du réalisme critique*, Paris, Gallimard, 1960).

Lukacs, G., 1963, *Die Theorie des Romans ; ein geschichtsphilosophischer Versuch über die Formen der grossen Epik*, Neuwied, Luchterhand (*La théorie du roman*, Paris, Denoël-Gonthier, 1963).

Lukacs, G., 1965, *Le roman historique*, Paris, Payot.

Lukacs, G., 1968, *Sociologia de la literatura*, Madrid, Peninsula.

Lukacs, G., 1969, *Balzac et le réalisme français*, Paris, Maspero.

Lukacs, G., 1972, *Asthetik*, I ~ IV, Berlin / Neuwied, Luchterhand.

Lutz, H., 1982. Voir R. Koselleck.

Lyotard, J.-F., 1979, *La condition postmoderne: rapport sur le savoir*, Paris, Minuit.

Lyotard, J.-F., 1983, *Le différent*, Paris, Minuit.

Macherey, P., 1966, *Pour une théorie de la production littéraire*, Paris, Paspero (*A Theory of Literary Production*, London / Boston, Routledge &. Kegan Paul, 1978).

Marcherey, P., 1981. Voir E. Balibar.

Macksey, R., éd., 1974, *Velocities of Change: Critical Essays from MLN*, Baltimore, Johns Hopking University Press.

Mailloux, S., 1982, *Interpretive Conventions: The Reader in the Study of American Fiction*, Ithaca / London, Cornell University Press.

Maldidier, D., et Robin, R., 1976, Du spectacle au meurtre de l'événement: reportages, commentaires et éditoriaux de presse à propos de Charléty (Mai 1968), *Annales*, 31-(3), 552~588.

Man, P. de, 1971, 1983, *Blindness and Insight: Essays in the Rhetoric of Contemporary Criticism*, Minneapolis, University of Minnesota Press.

Man, P. de, 1979, *Allegories of Reading: Figural Language in Rousseau, Nietzsche, Rilke and Proust*, New Haven, Yale University Press.

Man, P. de, 1986, *The Resistance to Theory*, Minneapolis, University of Minnesota Press.

Mandelkow, K. R., 1974, Probleme der Wirkungsgeschichte, dans P. U. Hohendahl, éd., 1974, p. 82~96.

Marcellesi, J.-B., 1986. Voir L. Guespin.

Marciszewski, W., éd., 1981, *Dictionary of Logic as Applied to the Study of Languages*, The Hague / Boston / London, M. Nijhoff.

Margolin, U., 1975, On the Object of Study in Literary History, *Neohelicon*, III (2), 287~328.

Marias, J., 1969, Les genres littéraires en philosophie, *Revue internationale de philosophie*, 90 (4), 495~508.

Marin, L., 1978, *Le récit est un piège*, Paris, Minuit.

Marino, A., 1977, *La critique des idées littéraires*, Bruxelles, Complexe.

Marino, A., 1988, *Comparatisme et théorie de la littérature*, Paris, PUF.

Markiewicz, H., 1972, The Limits of Literature, *New Literary History*, IV (1), 5~14.

Marquard, O., et Stierle, K., éd., 1979, *Identität*, München, Fink.

Martinez-Bonati, F., 1981, *Fictive Discourse and the Structures of*

Literature: A Phenomenological Approach, Ithaca, Cornell University Press.

Matejka, L., et Titunik, I. R., éd., 1976, *Semiotics of Art: Prague School Contributions*, Cambridge, Mass., MIT Press.

Matejka, L., et Pomorska, K., éd., 1971, *Readings in Russian Poetics: Formalist and Structuralist Views*, Cambridge, Mass. / London, MIT Press.

Mattenklott, G., 1973, Der 《Subjecktive Faktor》 in Musils Törless. Mit einer Vorbemerkung über die Historizität der sinnlichen Wahrnehmung, *New Hefte für Philosophie*, 4, 47~73.

McConnell, G. D., 1974. Voir H. Kloss.

McCullagh, C. B., 1984, Review of Narrative Logic: A Semantic Analysis of the Historian's Language, by F. R. Ankersmit, *History and Theory*, 23, 394~403.

McHale, B., 1987, *Posymodernist Fiction*, New York / London, Methuen.

Mead, M., 1964, Cultural Basis for Understanding Literature, *Anthropology: Selected Papers*, Princeton, D. Van Nostrand, p. 213~228.

Medina, A., 1980, On Narrative and Narratives: II, *New Literary History*, XI (3), 561~575.

Mehlman, J., 1981, Trimethylamin: Notes on Freud's Specimen Dream, dans R. Young, éd., 1981, p. 177~188.

Melançon, R., 1980 ~ 1981, L'histoire littéraire aujourd'hui: perspectives théoriques, *Revue d'Histoire littéraire du Québec et du Canada français*, 2, 11~24.

Memmi, A., 1968, Problèmes de sociologie de la littérature, dans G. Gurvitch, éd., 1967.

Meschonnic, H., 1975, *Le signe et le poème*, Paris, Gallimard.

Meyer, M., éd., 1986, *De la métaphysique à la rhétorique. Essais à la mémoire de Chaïm Perelman*, Bruxelles, Editions de l'Université de Bruxelles.

Meyerson, I., éd., 1973, *Problèmes de la personne. Colloque du Centre de recherche de psychologie comparative*, Paris / La

Haye, Mouton / De Gruyter.

Mignolo, W., 1978, *Elementos para una teoria del texto literario*, Barcelona, Editorial Critica.

Miller, J. H., 1982, *Fiction and Repetition: Seven Ebglish Novels*, Cambridge, Mass., Harvard University Press.

Miller, N., 1981, Emphasis Added: Plots and Plausibilities in Women's Fiction, *PMLA*, 96(1), 36~48.

Miller, O. J., 1985. Voir M. J. Valdés.

Miner, E. R., 1958, *The Japanese Tradition in British and American Literature*, Princeton, Princeton University Press.

Miner, E. R., 1979, On the Genesis and Development of Literary Systems, *Critical Inquiry*, 5, 339~353, 533~568.

Miner, E. R., 1985 b, The Collective and the Individual: Literary Practice and its Social Implications, dans E. Miner, éd., 1985, p. 17~62.

Miner, E., 1987, Some Theoretical and Methodological Topics for Compaeative Literature, *Poetics Today*, 8, 123~140.

Mitchell, W. J. T., éd., 1981, *On Narrative*, Chicago, University of Chicago Press.

Mitchell, W. J. T., 1984, What is an Image?, *New Literary History*, XV(3), 503~537.

Mitterand, H., 1980, *Le discours du roman*, Paris, PUF.

Moisan, C., 1987, *Qu'est-ce que l'histoire littéraire?*, Paris, PUF.

Mooij, J. J. A., 1979, The Nature and Function of Literary Theories, *Poetics Today*, I, 1~2, 111~137.

Mommsen, W. J., 1981. Voir R. Koselleck.

Morel, J., 1968, Rhétorique et tragédie au XVIIe siècle, *XVIIe siècle*, 80~81, 89~105.

Morel, J.-P., 1985, *Le roman insupportable: l'Internationale littéraire et la France, 1920~1932*, Paris, Gallimard.

Moscovici, S., 1968. Voir P. Henry.

Moser, W., 1985, La mise à l'essai des discours dans *L'homme sans qualités* de Robert Musil, *Canadian Review of Comparative Literature*, 12(1), 12~45.

Moser, W., 1986, Musil et la mort de l'homme libéral, dans J.-P. Cometti, éd., 1986, p. 172~198.

Moskos, G., 1982. Voir W. J. Berg.

Mouralis, B., 1984, *Littérature et développement. Essai sur le statut, la fonction et la représentation de la littérature négro-africaine d'expression française*, Paris, Les Editions Bourbonnaises.

Mukarovsky, J., 1966, *Studie z estetiky*, Prague, Odeon.

Mukarovsky, J., 1970 a, *Kapitel aus der Asthetik*, Frankfurt, Suhrkamp.

Mukarovsky, J., 1970 b, Asthetische Funktion, Norm und asthetischer Wert als soziale Fakten, dans J. Mukarovsky, 1970, p. 7~37.

Mukarovsky, J., 1974, *Studien zur structuralistischen Asthetik und Poetik*, München, Hanser.

Mukarovsky, J., 1977, *The Word and Verbal Art: Selected Essays*, New Haven, Yale University Press.

Müller, J. E., 1981, *literaturwissenschaftliche Rezeptionstheorien und empirische Rezeptionsforschung. Mit einem Forschungsmodell erlaütert am Paradigma des französischen Populârromans*, Frankfurt / Bern, Lang.

Müller, J. P., 1980, Psychosis and Mourning in Lacan's *Hamlet*, New Literary History, XII (1), 147~165.

Müller-Seidel, W., 1965, *Probleme der literarischen Wertung. Uber die Wissenschaftlichkeit eines unwissenschaftlichen Themas*, Stuttgart, Böhlan, Köhn.

Murphy, J. J., éd., 1983, *Renaissance Eloquence: Studies in the Theory and Practice of Renaissance Rhetoric*, Berkeley, University of California Press.

Musil, R., 1955, *Tagebücher, Aphorisme, Essays und Reden*, Hamburg, Rowohlt.

Naumann, M., éd., 1973, *Gesellschaft, Literatur, Lesen. Literaturrezeption in theoretischer Sicht*, Berlin / Weimar, Aufbau-Verlag.

Naumann, M., 1974, Literatur und Probleme ihrer Rezeption, dans P. U. Hohendahl, éd., 1974, p. 215~237.

Naumann, M., 1976, Das Dilemma der 《Rezeptionsästhetik》, *Poetica*, 8 (3~4), 451~466.

Nies, F., 1972, *Gattungspoetik und Publikumsstruktur. Zur Geschichte der Sévignébriefe*, München, Fink.

Nietzsche, F., 1960, *Werke in drei Bänden*, K. Schlechta, éd., 2e éd., München, Hanser.

Norris, C., 1982, *Deconstruction: Theory and Practice*, London, Methuen.

Novalis, 1960, 1975, *Schriften*, P. Kluckhohn et R. Samuel, éd., vol. 2, Stuttgart, Kohlhammer.

Nouvelles images, nouveaux réels, *Cahiers internationaux de Sociologie*, LXXXII (1987).

Oehm, H., 1976, *Die Kunsttheorie Carl Einsteins*, München, Fink.

Ogden, C. K., et Richards, I. A., 1923, *The Meaning of Meaning*, London, Routledge & Kegan Paul.

Ohmann, R., 1983, The Shaping of a Canon: US Fiction, 1960~1975, *Critical Inquiry*, 10, 199~223.

Olivi, T., 1986. Voir J. S. Petöfi.

Olson, S. H., 1983, Value Judgements in Criticism, *Journal of Aesthetics and Art Criticism*, 42, 125~136.

Owen, S., 1975, *The Poetry of Meng Chiao and Han Yü*, New Haven, Yale University Press.

Oxenhandler, N., 1982, The Horizons of Psychocriticism, *New Literary History*, XIV (1), 89~103.

Pannenberg, W., 1981. Voir M. Fuhrmann.

Les paralittératures, *Pratiques*, 50 (1986).

Parret, H., 1983, L'énonciation en tant que déicitisation et modalisation, *Langages*, 70, 83~97.

Parret, H., 1986, *Les passions: essai sur la mise en discours de la subjectivité*, Bruxelles, Mardaga.

Parry, M., 1928, *L'épithète traditionnelle dans Homère*, Paris, Les Belles-Lettres.

Pasternack, G., 1985, Intradisziplinäre Theoriebildung und interdisziplinärer Diskurs, *SPIEL*, 4, 155~175.

Pavel, T. G., 1979. Voir J. Woods.

Pavis, P., 1985, *Voix et images de la scène. Pour une sémiologie de la réception*, Lille, PUL.

Pavis, P., 1987, *Dictionnaire du théâtre*, Paris, Editions Messidor.

Pavis, P., 1988, Du texte à la scène: un enfantement difficile, *Théâtre / Public*, n° 79; janv.-févr.

Paz, O., 1969, El Balcon, *Ladera este (1962~1968)*, México, J. Mortiz.

Pêcheux, M., 1975, *Les vérités de la Palice ; linguistique ; sémantique ; philosophie*, Paris, Maspero.

Peirce, C. S., 1955, *Philosophical Writings*, New York, Dover.

Peirce, C. S., 1978, *Ecrits sur le signe*, rassemblés, traduits et commentés par G. Deledalle, Paris, Seuil.

Pelc, J., 1971, On the Concept of Narration, *Semiotica*, Ⅲ(1), 1~19.

Penkert, S., 1970, *Carl Einstein. Existenz und Asthetik. Einführung mit einem Anhang unveröffentlicher Nachlasstexte*, Wiesbaden, Vandenhoeck & Ruprecht.

Perelman, C., 1977, *L'empire rhétorique. Rhétorique et argumentation*, Paris, Vrin.

Permyakov, G. L., 1970, *Ot progovorki do skazki: Zametki po obshey teorii cliche*, Moskva, Glavnaya redakcia vostochnoy literatury izdateltva《Nauka》.

Perrault, C., 1964, *Parallèle des Anciens et des Modernes en ce qui regarde les arts et les sciences* (Présentations de H. R. Jauss et M. Imdahl), München, Eidos.

Petitjean, A., 1986, Le récit de fait divers: étude comparée de France-Soir et Libération, *Pratiques*, 50, 46~78.

Petitot-Cocorda, J., 1985, *Morphogenèse du sens*, Ⅰ: *Pour un schématisme de la structure*, Paris, PUF.

Petöfi, J. S., 1973, Towards an empirically motivated Grammatical Theory of Verbal Texts, dans J. S. Petöfi et H. Rieser, *Studies* in Text Grammar, Dordrecht / Boston, D. Reidel, p. 205~275.

Petöfi, J. S., et Olivi, T., 1986, Texture, composition, signification. Vers une textologie sémiotique, *Degrés*, 46~47, CI~C27.

Petöfi, J. S., et Rieser, H., 1973, Overview, dans J. S. Petöfi et H. Rieser, éd., *Studies in Text Grammar*, Dordrecht / Boston, D. Reidel, p. I ~16.

Petrey, S., 1984, Speech Acts in Society: Fish, Felman, Austin and God, *Texte*, 3, 43~61.

Piaget, J., 1937, *La construction du réel chez l'enfant*, Neuchâtel/Paris, Delachaux & Niestlé.

Piaget, J., éd., 1967, *Logique et connaissance scientifique*, Paris, Gallimard.

Piwowarczyk, M. A., 1976, The Narratee and the Situation of Enunciation, *Genre*, 9, 161~177.

Plaks, A. H., 1976, *Archetype and Allegory in the Dream of the Red Chamber*, Princeton, Princeton University Press.

Plaks, A. H., éd., 1977, *Chinese Narrative: Critical and Theoretical Essays*, Princeton, Princeton University Press.

Platon, 1946~1947, *La République*, Paris, Les Belles-Lettres.

Plett, H. F., éd., 1977, *Rhetorik: kritische Positonen zum Stand der Forschung*, München, Fink.

Plett, H. F., 1981, Rhétorique et stylistique, dans A. Kibédi Varga, éd., 1981, p. 136~176.

Ponton, R., 1973, Programme esthétique et accumulation de capital symbolique. L'exemple du Parnasse, *Revue française de Sociologie*, 14 (2), 202~220.

Ponton, R., 1975, Naissance du roman psychologique. Capital culturel, capital social et stratégie littéraire à la fin du XIXe siècle, *Actes de la recherche en sciences sociales*, 4, 66~81.

Popovic, A., 1968, *Preklad a vyraz*, Bratislava, Slovenska Akad. Vied.

Popper, K. R., 1934, *Logik der Forschung: zur Erkenntnistheorie der modernen Naturwissenschaft*, Wien, Springer.

Popper, K. R., 1959, *The Logic of Scientific Discovery*, London, Hutchinson (trad. de *Logik der Forschung*, 1934).

Popper, K. R., 1972, Die Logik der Sozialwissenschaften, dans T. W. Adorno *et al.*, 1974, p. 125~145.

Popper, K. R., 1973, *Objective Knowledge: an Evolutionary Approach*, 2ᵉ éd. corrigé (1ʳᵉ éd. 1972), Oxford, Clarendon Press.

Pouillon, J., 1946, *Temps et roman*, Paris, Gallimard.

Poulet, G., 1949, 1968, *Etudes sur le temps humain*, t. Ⅰ~Ⅳ, Paris, Plon.

Pradier, J.-M. (à paraître), Toward a Biological Theory of the Body in Performance, *Drama Review*.

Pratt, M. L., 1977, *Toward a Speech Act Theory of Literary Discourse*, Bloomington, Indiana University Press.

Pratt, M. L., 1981, The Short Story: The Long and the Short of It, *Poetics*, 10 (2~3), 175~194.

Prigogine, I., et Stengers, I., 1979, *La nouvelle alliance: métamorphose de la science*, Paris, Gallimard.

Prince, G., 1973, Introduction à l'étude du narrataire, *Poétique*, 14, 178~196.

Propp, V., 1969, *Morfologia skazki*, Leningrad, Nauka, 1ʳᵉ éd. 1928.

Propp, V., 1970, *Morphologie du conte*, Paris, Gallimard (trad. de Propp, 1969).

Pugliatti, P., 1985, *Lo Sguardo nel racconto. Teorie e prassi del punto di vista*, Bologna, Zanichelli.

Purves, A. C., 1973, *Literary Education in Ten Countries: An Empirical Study*, avec des contributions de A. W. Foshay et G. Hansson, Stockholm/New York, Almqvist / Wicksell & Wiley.

Putnam, H., 1975, *Mind, Language and Reality*, Cambridge, Cambridge University Press.

Putnam, H., 1981, Convention: A Theme in Philosophy, *New*

Literary History, XIII(1), 1~14.

Quéau, P., 1986, *Eloge de la simulation: de la vie des langages à la synthèse des images*, Seyssel, Champ Vallon.

Queneau, R., éd., 1963, *Histoire des littératures*, vol. III: *Littératures françaises, connexes et marginales*, Paris, Gallimard, Encyclopédie de la Pléiade.

Quéré, L., 1982, *Des miroirs équivoques. Aux origines de la communication moderne*, Paris, Aubier-Montaigne.

Quine, W. V. O., 1972, *Methods of Logic*, 3ᵉ éd., New York, Holt, Rinehart & Winston.

Rakusan, J., 1985. Voir W. Cowan.

Ramat, P., 1985, *Typologie linguistique*, Paris, PUF.

Ray, W., 1984, *Literary Meaning: From Phenomenology to Deconstruction*, Oxford, B. Blackwell.

Reboul, O., 1984, *La Rhétorique*, Paris, PUF, coll. 《Que sais-je?》.

Recherches rhétoriques, *Communications*, 16 (1970).

Remak, H. H. H., 1976, A Comparative History of Literatures in European Languages, *Synthsis*, 3, 11~23.

Remak, H. H. H., 1981, The Bellagio Report, *Neohelicon*, 8, 219~228.

Remak, H. H. H., 1983, Wie kann man heutzutage komparatistische Literaturgeschichte schreiben?, in I. Fried *et al.* (eds), *Comparative Literature Studies, Essays Presented to G. M. Vajda*, Szeged, Jozsef Attila University.

Remak, H. H. H., 1984, Origins, Progress, and Future of the Comparative History of Literatures in European Languages, in M. Djurcinov et L. Todorov (eds), *Actes du Colloque de l'AILC* (Ohrid, 20/25 août 1981), Skopje.

Renou, L., et Filliozat, J., 1949, 1950, *L'Inde classique. Manuel des Etudes indiennes*, Paris, Payot.

La représentation en fiction, *Synossis*, IV (1982).

Rescher, N., 1969, *Introduction to Value Theory*, Englewood Cliffs, Prentice-Hall.

Rescher, N., 1973, *The Coherence Theory of Truth*, Oxford,

Clarendon Press.

Ricardou, J., 1971, *Pour une théorie du nouveau roman*, Paris, Seuil.

Ricardou, J., 1973, *Le nouveau roman*, Paris, Seuil.

Ricardou, J., 1978, *Nouveaux problèmes du roman*, Paris, Seuil.

Richards, I. A., 1923. Voir C. K. Ogden.

Richards, I. A., 1936, *The Philosophy of Rhetoric*, New York, Oxford University Press.

Ricoeur, P., 1969, *Le conflit des interprétations: essais d'herméneutique*, Paris, Seuil.

Ricoeur, P., 1975, *La métaphore vive*, Paris, Seuil (*The Rule of Metaphor: Multi-disciplinarity Studies of the Creation of Meaning in Language*, Toronto, Toronto University Press, 1977).

Ricoeur, P., 1976, *Interpretation Theory: Discourse and the Surplus of Meaning*, Fort Worth, Texas Christian University Press.

Ricoeur, P., 1982, *Etre, essence et substance chez Platon et Aristote*, Paris, SEDES.

Ricoeur, P., 1983, 1985, *Temps et récit*, t. 1~3, Paris, Seuil.

Ricoeur, P., 1985, Ontologie, *Encyclopaedia Universalis*, vol. 13, p. 508~516.

Ricoeur, P., 1986, *Du texte à l'action. Essais herméneutiques*, Ⅱ, Paris, Seuil.

Riesz, J., 1986. Voir P. Boerner.

Riffatterre, M., 1971, *Essais de stylistique structurale*, Paris, Flammarion.

Riffatterre, M., 1978, *Semiotics of Poetry*, Bloomington / London, Indiana University Press.

Riffatterre, M., 1979, *La production du texte*, Paris, Seuil.

Riffatterre, M., 1983, Production du roman. L'intertexte de *Le Lys dans la vallée*, *Texte*, 2, 23~33.

Rifflet-Lemaire, A., 1977, *Jacques Lacan*, London, Routledge & Kegan Paul.

Rimmon-Kenan, S., 1983, *Narrative Fiction: Contemporary Poetics*, London/New York, Methuen.

Robert, M., 1972, *Roman des origines et origines du roman*, Paris, Grasset.

Robert, S., 1978, *Les révolutions du savoir. Théorie générale des ruptures épistémologique*, Longueuil (Québec), Le Préambule.

Robin, R., 1976. Voir D. Maldidier.

Robin, R., 1986, *Le réalisme socialiste: une esthétique impossible*, Paris, Payot.

Robin, R., et Angenot, M., 1985, L'inscription du discours social dans le texte littéraire, *Sociocriticism*, I, 53~82.

Roche, A., 1977. Voir G. Delfau.

Rogers, W. E., 1983, *The Three Genres and the Interpretation of Lyric*, Princeton, Princeton University Press.

Roheim, G., 1967, *Psychanalyse et anthropologie. Culture, personnalité, inconscient*, Paris, Gallimard.

Rosengren, K. E., 1967. Voir L. E. Goldmann.

Rosengren, K. E., 1968, *Sociological Aspects of the Literary System*, Stockholm, Natur och Kultur.

Rossum-Guyon, F. van, 1970, Point de vue ou perspective narrative. Théories et concepts critiques, *Poétique*, I, 476~497.

Ruprecht, H.-G., 1978, Pour un projet de 《théorie de la littérature》, *Dispositio. Revista Hispanica de Semiotica Literaria*, III (7~8), 219~242.

Rusch, G., 1985, The Theory of History: Literary History and Historiography, *Poetics*, 14 (3/4), 257~278.

Rusch, G., 1987, *Erkenntnis, Wissenschaft, Geschichte von einem konstruktivistischen Standpunkt*, Frankfurt, Suhrkamp.

Rusch, G., et Schmidt, S. J., 1983, *Das Voraussetzungssystem Georg Trakls*, Braunschweig / Wiesbaden, Vieweg.

Rüsen, J., 1982. Voir R. Koselleck.

Ryan, M. L., 1981, Introduction. On the why, What and How of Generic Taxonomy, *Poetics*, 10, 109~126.

Said, E., 1978, *Orientalism*, New York, Pantheon Books.

Salter, P. J., 1946. Voir B. Berelson.

Sapir, E., 1967, Emergence du concept de personnalité, *Anthropologie*, Paris, Editions de Minuit, p. 77~86.

Sarkany, S., 1986, Sociologie de la littérature, dans J. Demougin, éd., 1985~1986, p. 1537~1539.

Sartre, J.-P., 1947, *Qu'est-ce que la littérature?*, Paris, Gallimard.

Sartre, J.-P., 1971, 1972, *L'idiot de la famille*, t. 1~3, Paris, Gallimard.

Saussure, F. de, 1916, *Cours de linguistique générale*, Paris, Payot (*Course in General Linguistics*, New York, McGraw-Hill, 1966).

Schanze, H., 1981. Voir D. Breuer.

Schlegel, F., 1980, *Fragmente. Werke in zwei Bänden*, Berlin/Weimar, Aufbau-Verlag, I, p. 187~259.

Schlegel, F. von, 1875, *Lectures on the History of Literature, Ancient and Modern*, Philadelphia, Moss & Co.

Schlenstedt, D., 1979, *Wirkungsästhetische Analysen. Poetologie und pros in der neueren DDR-Literatur*, Berlin, Akademie-Verlag.

Schmidt, S. J., 1980, *Grundriss der empirischen Literaturwissenschaft*, I: *Der gesellschaftliche Handlungsbereich Literatur*, Braunschweig/Wiesbaden, Vieweg.

Schmidt, S. J., 1982, *Grundriss der empirischen Literaturwissenschaft*, II: *Zur Rekonstruktion literaturwissenschaftlicher Fragestellungen in einer empirischen Theorie der Literatur*, Braunschweig/Wiesbaden, Vieweg.

Schmidt, S. J., 1983. Voir G. Rusch.

Schmidt, S. J., 1985 a, On Writing Historiens of Literature: Some Remarks from a Constructivist Point of View, *Poetics*, 14 (3/4), 279~301.

Schmidt, S. J., 1985 b, Vom Text zum Literatursystem, dans *Einführung in den Konstruktivismus*, München, Oldenbourg, p. 117~133.

Schmidt, S. J., 1985 c. Voir H. Hauptmeier.

Schmidt, S. J., et Zobel, R., 1983, *Empirische Untersuchungen zu Persönlichkeitsvariablen von Literaturproduzenten*, Braunschweg/Wiesbaden, Vieweg.

Schnell, U., 1968, *Die homiletische Theorie Philipp Melanchthons*, Berlin/Hamburg, Lutheirisches Verlagshaus.

Schober, R., 1982, *Abbild, Sinnbild, Wertung. Aufsätze zur Theorie und Praxis literarischer Kommunikation*, Berlin/Weimar, Aufbau-Verlag.

Schober, R., 1985, La critique littéraire sans évaluation est-elle possible, dans A. Balakian, éd., *Proceeding of the 10th Congress of the International Comparative Literature Association*, New York, Garland, vol. I, p. 389~394.

Schoenmakers, H., 1982, The Tacit Majority in the Theatre, dans E. W. B. Hess Lüttich, 1982, p. 108~156.

Scholes, R. E., et Kellogg, R., 1966, *The Nature of Narrative*, New York/London, Oxford University Press.

Scholes, R. E., 1977 a, Les modes de fiction, *Poétique*, 32, 507~514.

Scholes, R. R., 1977 b, An Approach through Genres, dans M. Spilka, éd., 1977, p. 41~51.

Scholz, B., 1986. Voir P. Boerner.

Schor, N., 1985, *Breaking the Chain: Women, Theory and French Realist Fiction*, New York, Columbia University Press.

Schram, D. H., 1985, *Norm en normdoorbreking. Empirisch onderzoek naar de receptie van literaire teksten voorafgegaan door een overzicht van theoretische opvattingen met betrekking tot de funktie van literatuur*, Amsterdam, vu Uitgeverij.

Schüling, H., 1971, *Zur Geschichte der ästhetischen Wertung. Bibliographie der Abhandlungen über den Kitsch*, Giessen, Ohms.

Schulte-Sasse, J., 1976, *Literarische Wertung*, 2ᵉ éd., Stuttgart, Metzler.

Schulte-Sasse, J., 1988, Von der Schriftlichkeit zur Elektronik: Uber einige Wechselbeziehungen zwischen Mediengeschichte und

Kulturgeschichte, dans H. U. Gumbrecht et K. L. Pfeiffer, éd., *Die Materialität der Kommunikation*, Frankfurt.

Schumacher, D., 1975, Subjectivities: A Theory of the Critical Process, dans J. Donovan, éd., 1975, p. 29~37.

Schwab, G., 1987, *Entgrenzung und Entgrenzungsmythen. Zur Anthropologie der Subjektivität im modernen angloamerikanischen Roman*, Heidelberg, Steiner.

Schwartz, M. M., et Kahn, C., 1980, *Representing Shakespeare: New Psychoanalytic Essays*, Baltimore, Johns Hopkins University Press.

Searle, J. R., éd., 1977, *The Philosophy of Language*, Oxford, Oxford University Press.

Searle, J. R., 1979, *Expression and Meaning: Studies in the Theory of Speech Acts*, Cambridge, Cambridge University Press.

Searle, J. R., 1983, *Intentionality: An Essay in the Philosophy of Mind*, Cambridge/New York, Cambridge University Press.

Sebeok, T., éd., 1960, *Style in Language*, Cambridge, Mass., MIT Press.

Sebeok, T., éd., 1986, *Encyclopedic Dictionary of Semiotics*, 3 vol., Berlin, Mouton/De Gruyter.

Segers, M. T. M., 1978, *The Evaluation of Literary Texts: An Experimental Investigation into the Rationalization of Value Judgments with Reference to Semiotics of Reception*, Lisse, Peter de Ridder Press.

Segers, R. T., 1981. Voir H. van Gorp.

Seiler, H., éd., 1978, *Language Universals: Papers from the Conference held at Gummersbach/Cologne*, Tübingen, Narr.

Seiler, H., 1985, Linguistic continua, their Properties and their interpretation, dans H. Seiler et G. Brettschneider, éd., 1985, p. 14~24.

Seiler, H., et Brettschneider, G., éd., 1985, *Language Invariants and Mental Operations*, Tübingen, Narr.

Serres, M., 1968, *Hermès I. La communication*, Paris, Minuit.

Serres, M., 1974, *Hermès Ⅲ. La traduction*, Paris, Minuit.
Seung, T. K., 1982, *Structuralism and Hermeneutics*, New York, Columbia University Press.
Shen, Fu, 1983, *Six Records of a Floating Life*, Harmondsworth, Penguin.
Sidney, Sir Philip, 1963, *An Apology for Poetry*, dans K. Beckson, éd., *Great Theories in Literary Criticism*, New York, The Noonday Press, p. 130~162.
Silberman, A., 1967. Voir L. Goldmann.
Silberman, A., 1967, Kunst, dans R. König, éd., 1969.
Skwarczynska, S., 1965, *Wstep do nauki o literaturze*, t. Ⅲ: *Rodzaj literacki. Ogolna problematyka genologii*, Warszawa, Pax, p. 5~33.
Smith, B. Herrnstein, 1978, *On the Margins of Discourse: the Relation of Literature to Language*, Chicago, University of Chicago Press.
Smith, B. Herrnstein, 1983, Contingencies of Value, *Critical Inquiry*, 10, 1~35.
Sommer, D., éd., 1978, *Funktion und Wirkung. Soziologische Untersuchungen zur Literatur und Kunst*, Berlin/Weimar, Aufbau-Verlag.
Sommer, D., et Walter, A., 1985, Einige Bemerkungen zu Richard Albrecht, *SPIEL*, 4, 197~202.
Sparshott, F. E., 1982, *The Theory of the Arts*, Princeton, Princeton University Press.
Sperber, D., 1982, *Le savoir des anthropologues*, Paris, Hermann.
Spilka, M., éd., 1977, *Towards a Poetics of Fiction: Essays from Novel, a Forum on Fiction*, Bloomington/London, Indiana University Press.
Spillner, B. (à paraître), Termini stilistischer Wertung, *Actes du Colloque sur la terminologie littéraire organisé par la Deutsche Forschungsgemeinschaft*, Würzburg, sept. 1986.
Spitzer, L., 1928, *Stilstudien Ⅱ*, München, Max Hueber.
Stackelberg, J. von, 1984, *Ubersetzung aus zweiter Hand*.

Rezeptionsvorgänge in der Europäischen Literatur vom 14. bis zum 18. Jahrhundert, Berlin/New York, De Gruyter.

Staël-Holstein, A.-L.-G. de, an Ⅷ, *De la littérature considérée dans ses rapports avec les institutions sociales*, Paris, Maradan.

Staiger, E., 1946, *Grundbegriffe der Poetik*, Zürich, Atlantis Verlag.

Staiger, E., 1955, *Die Kunst der Interpretation. Studien zur deutschen Literaturgeschichte*, Zürich, Atlantis Verlag.

Stanner, W. E., 1966, *On Aboriginal Religion*, Sidney, University of Sidney.

Stanzel, F. K., 1955, *Die Typischen Erzählsituationen im Roman, dasgestellt an 《 Tom Jones 》, 《 Moby-Dick 》, 《 The Ambassadors 》, 《Ulysses》, u. a.*, Wien, W. Braumüller.

Starobinski, J., 1970, Le style de l'autobiographie, *Poétique*, 3, 255~265.

Starobinski, J., 1971, *Les mots sous les mots: les anagrammes de Ferdinand de Saussure*, Paris, Gallimard.

States, B., 1985, *Great Reckonings in Little Rooms: On the Phenomenology of Theater*, Berkeley, University of California Press.

Steinbrink, B., 1986. Voir G. Ueding.

Steinweg, R., éd., 1976, *Brechts Modell der Lehrstücke. Zeugnisse, Diskussion, Erfahrungen*, Frankfurt, Suhrkamp.

Stempel, W.-D., 1973. Voir R. Koselleck.

Stempel, W.-D., 1979, Aspects génériques de la réception, *Poétique*, 39, 353~362.

Stierle, K., 1977, Identité du discours et transgression lyrique, *Poétique*, 32, p. 422~441.

Stierle, K., 1979. Voir O. Marquard.

Stierle, K., 1979, Die Identiät des Gedichts-Hölderlin als Paradigma, dans O. Marquard et K. Stierle, éd., 1979, p. 505~552.

Stierle, K., 1980, The Reading o Fictional Texts, dans S. Suleiman et I. Crosman, éd., *The Reader in the Text: Essays on*

Audience and Interpretation, Princeton, Princeton University Press, p. 85~105.

Stolnitz, J., 1960, On Objective Relativism in Aesthetics, *Journal of Philosophy*, LVII, 261~276.

Strelka, J., éd., 1969, *Problems of Literary Evaluation*, University Park et London, Pennsylvania State University Press.

Strelka, J. P., éd., 1978, *Theories of Literary Genres*, *Rearbook of Comparative and General Literature*, 8.

Strelka, J. P., éd., 1984, *Literary Theory and Criticism: Festschrift Presented to René Wellek in Honor of his Eightieth Birthday*, 2 vol., Bern/Frankfurt/New York, Peter Lang.

Striedter, J., éd., 1969, *Texte der Russischen Formalisten*, I: *Texte zur allgemeinen Literaturtheorie und zur Theorie der Prosa*, München, Fink.

Suleiman, S. R., 1983, *Le roman à thèse ou l'autorité fictive*, Paris, PUF.

Suleiman, S. R., éd., 1986, *The Female Body in Western Culture: Contemporary Perspectives*, Cambridge, Mass., Harvard University Press.

Suleiman, S. R., et Crosman, I., éd., 1980, *The Reader in the Text: Essays on Audience and Interpretation*, Princeton, Princeton University Press.

Sussman, H., 1982, *The Hegelian Aftermanth: Readings in Hegel, Kierkegaard, Freud, Proust and James*, Baltimore, Johns Hopkins University Press.

Sypher, W., 1962, *Loss of the Self in Modern Literature and Art*, Westport, Greenwood Press.

Tacca, O., 1973, *Las Voces de la novela*, Madrid, Editorial Gredos.

Teesing, H. P. H., 1949, *Das Problem der Perioden in der Literaturgeschichte*, Groningen, J. B. Wolters.

Thom, R., 1983, *Paraboles et catastrophe*, Paris, Flammarion.

Thompson, J. B., 1981, *Critical Hermeneutics: A Study in the Thought of Paul Ricoeur and Jüegen Habermas*, Cambridge/

New York, Cambridge University Press.

Thoreau, H. D., 1955, *Walden; or Life in the Woods*, New York/Toronto, Rinehart & Co.

Tibbets, A. M., 1969, *The Strategies of Rhetoric*, Glenview, Scott, Foresman & Co.

Todorov, T., éd., 1965, *Théorie de la littérature (Textes des formalistes)*, Paris, Seuil.

Todorov, T., 1969, *Grammaire du Décaméron* (Approaches to Semiotics, 3), The Hague, Mouton.

Todorov, T., 1970, *Introduction à la littérature fantastique*, Paris, Seuil.

Todorov, T., 1971, *Poétique de la prose*, Paris, Seuil.

Todorov, T., 1978, *Les genres du discours*, Paris, Seuil.

Todorov, T., éd., 1981, *Mikhaïl Bakhtine, le principe dialogique, suivi de Ecrits du Cercle de Bakhtine*, Paris, Seuil.

Todorov, T., 1982, Presentation, dans R. Barthes et al., 1982, p. 7~10.

Todorov, T., 1987, *La notion de littérature et autres essais*, Paris, Seuil.

To Honor Roman Jakobson: Essays on the Occasion of his Seventieth Birthday, 11 October 1966, 3 vol., La Haye, 1967.

Toury, G., 1978, The Nature and Role of Norms in Literary Translation, dans J. S. Holmes, J. Lambert et R. Van den Broeck, éd., 1978, p. 83~100.

Toury, G., 1980, *In Search of a Theory of Translation*, Tel Aviv, Porter Institute for Poetics and Semiotics, Tel Aviv University.

Toury, G., 1986, Translation, dans T. Sebeok, éd., 1986.

Toury, G., 1988, Translating English Literature via German and vice versa, dans H. Kittel, éd., 1988.

Trunz, E., 1952, Uber das Interpretieren deutscher Dichtung, *Studium generale*, 5, p. 65~68.

Tullio-Atlan, C., 1971, *Manuale di antropologia culturale. Teoria e metodo*, Milano, V. Bompiani.

Tynianov, I., 1927, De l'évolution littéraire, dans T. Todorov, éd., 1965, p. 120～137 (On Literary Evolution, dans L. Matejka et K. Pomorska, éd., 1971, p. 67～88).

Tynianov, J., 1924, *Das literarische Faktum*, dans J. Striedter, éd., 1969, p. 393～432.

Ubersfeld, A., 1977 a, *L'Ecole du spectateur*, Paris, Editions Sociales.

Ubersfeld, A., 1977 b, *Lire le théâtre*, Paris, Editions Sociales.

Ueding, G., et Steinbrink, B., 1986, *Grundriss der Rhetorik. Geschichte-Technik-Methode*, 2e éd., Stuttgart, Metzler.

Uhlig, C., 1982, *Theorie der Literahistorie: Prinzipien und Paradigmen*, Heidelberg, Winter.

Uhlig, C., 1985, Literature as Textual Palingenesis: On Some Princeples of Literary History, *New Literary History*, 16, 481～513.

Uspensky, B. A., 1970, *Poetika Kompozitsii*, Moskva, Iskusstvo (*A Poetics of Composition ; The Structure of the Artisitic Text and Typology of a Compositional Form*, Berkeley, University of California Press, 1973).

Vachek, J., 1970, *Dictionnaire de linguistique de l'Ecole de Prague*, Utrecht, Spectrum.

Vajda, G. M., et Riesz, J. (eds), 1986, *The Future of Literary Scholarship*, Frankfurt a/M.-Bern-New York, Peter Lang.

Valdés, M. J., 1987, *Phenomenological Hermeneutics and the Study of Literature*, Toronto University Press.

Valdés, M. J., et Miller, O. J., 1985, *Identity of the Literary Text*, Toronto, University of Toronto Press.

Vallier, I., éd., 1971, *Comparative Methods in Sociology. Essays on Trends and Applications*, Berkeley/Los Angeles/London, University of California Press.

Vance, E., 1973, Le moi comme langage: saint Augustin et l'autobiographie, *Poétique*, 14, 163～177.

Van den Bergh, H., 1972, *Konstanten in de komedie: een onderzoek naar Komische werking en ervaring*, Amsterdam, Moussault.

Van der Zwaal, P., 1987, A Rhetorical Approach to Psychoanalysis, dans *Rhetorik. Ein internationales Jahrbuch*, 5, Tübingen, Max Niemeyer, p. 129~144.

Vattimo, G., 1974, *Il soggetto e la maschera: Nietzsche e il problema della liberazione*, Milano, Bompiani.

Vattimo, G., et Rovatti, P. A., éd., 1983, *Il pensiero debole*, Milano, Feltrinelli.

Viëtor, K., 1977, L'histoire des genres littéraires, *Poétique*, 32, 490~506.

Vignaux, G., 1976, *L'argumentation. Essai d'une logique discursive*, Genève, Droz.

Vinogradov, V., 1930, *O khudozhestvennoi proze*, Moskva.

Vodicka, F., 1942, Die Literaturgeschichte, ihre Probleme und Aufgaben, voir Vodicka, 1976, p. 30~86.

Vodicka, F., 1975, Die Rezeptionsgeschichte literarischer Werke, dans R. Warning, éd., 1975, p. 71~84.

Vodicka, F., 1976, *Die Struktur der literarischen Entwicklung*, München, Fink.

Volochinov, V. N., 1977, *Le marxisme et la philosophie du langage*, Paris, Minuit.

Von Glasersfeld, E., 1985, Konstruktion der Wirklichkeit und des Begriffs der Objektivität, dans *Einführung in den Konstruktivismus*, München, Oldenbourg.

Vygotsky, L. S., 1956, *Izbrannye psikhologitcheskije issledovanija*, Moskva, Izdatelstvo Akademii Pedagogitcheskikh Nauk RSFSR.

Walliser, B., 1977, *Systèmes et modèles*, Paris, Seuil.

Walter, A., 1985. Voir D. Sommer.

Warneken, B. J., 1974, Zu Hans Robert Jauss' Programm einer Rezeptionästhtik, dans P. U. Hohendhal, éd., 1974, p. 290~296.

Warning, R., éd., 1975, *Rezeptionsästhetik. Theorie und Praxis*, München, Fink.

Warning, R., 1979, Pour une pragmatique du discours fictionnel, *Poétique*, 39, 321~337.

Watt, I. P., 1957, *The Rise of the Novel: Studies in Defoe, Richardson and Fielding*, London, Chatto & Windus.

Weber, S., 1979, *Unwrapping Balzac: A Reading of 《La Peau de Chagrin》*, Toronto/ Buffalo, University of Toronto Press.

Weimann, R., 1974, Gegenwart und Vergangenheit in der Literaturgeschichte, dans P. U. Hohendahl, éd., 1974, p. 238~268.

Weimann, R., 1975, *Structure and Society in Literary History: Studies in the History and Theory of Historical Criticism*, Charlottesville, University Press of Virginia.

Weimann, R. 1983, 《Appropriation》 and Modern History in Renaissance Prose Narrative, *New Literary History*, XIV (3), 459~495.

Weisgerber, J., 1985, Rénover l'histoire: le problème des avant-gardes littéraires, *Komparatistische Hefte*, 11, 21~33.

Weisgerber, J., 1986, Esquisse d'un programme comparatiste ou de quelques châteaux en Espagne, in J. Riesz, P. Boerner et B. Scholz (eds), *Sensus communis. Festschrift für Henry Remak*, Tübingen, Gunter Narr.

Weissenborn, J., et Klein, W., éd., 1982, *Here and There. Cross-Linguistic Studies on Deixis and Demonstration*, Amsterdam / Philadelphia, J. Benjamins.

Weisstein, U., 1968, *Einführung in die vergleichende Literaturwissenschaft*, Stuttgar, Kohlhammer.

Wellek, R., 1941, *The Rise of English Literary History*, Chapel Hill, The University of North Carolina Press.

Wellek, R., 1960, Literary Theory, Criticism, and History, dans Wellek, 1963, p. 1~21.

Wellek, R., 1963, *Concepts of Criticism*, éd. par S. G. Nichols Jr., New Haven/London, Yale University Press.

Wellek, R., 1973, Zur methodischen Aporie einer Rezeptionsgeschichte, dans R. Koselleck et W. D. Stempel, 1973, p. 515~517.

Wellek, R., 1975, The Fall of Literary History, *Acts du VIe Congrès de* l'*Association internationale de Littérature comparée* / *Proceedings of the Vith Congress of the International Comparative Literature Association*, Stuttgar, Bieber, p. 29～35.

Weyergans, F., 1986, *La vie d'un bébé*, Paris, Gallimard.

White, E. E., éd., 1980, *Rhetoric in Transition: Studies in the Nature and Uses of Rhetoric*, University Park, Pennsylvania State University Press.

White, H. V., 1973, *Metahistory: The Historical Imagination in Nineteenth-Century Europe*, Baltimore, Johns Hopkins University Press.

White, H. V., 1978, *Tropics of Discourse: Essays in Cultural Criticism*, Baltimore, Johns Hopkins University Press.

White, H. V., 1984, The Question of Narrative in Contemporary Historical Theory, *History and Theory*, 23, 1～33.

Whorf, B. J., 1956, *Language, Thought and Reality*, Cambridge, Mass., MTT Press.

Williams, R., 1977, *Marxism and Literature*, Oxford, Oxford University Press.

Wimsatt Jr., W. K., et Beardsley, M. C., 1954, *The Verbal Icon: Studies in the Meaning of Poetry*, Lexington, University of Kentucky Press.

Winner, T. G., 1978, Structural and Semiotic Genre Theory, dans J. P. Strelka, éd., 1978, p. 254～268.

Winters, Y., 1957, *The Function of Criticism: Problems and Exercises*, Denver, Alan Swallow.

Wittgenstein, L., 1967, *Philosophische Untersuchungen*, Ⅰ, Oxford, B. Blackwell.

Wittgenstein, L., 1968, *Philosophical Investigations*, New York, Mac Millan Co.

Wittman, H., 1975, Théorie des narrèmes et algorithmes narratifs, *Poetics*, 13, 19～28.

Woods, J., et Pavel, T., éd., 1979, Formal Semantics and Literary Theory, *Poetics Today*, 8 (numéro thématique).

Wright, E., éd., 1973, *The Critical Evaluation of African*

Literature, London/Ibadan/Nairobi, Heinemann.

Wright, G. H. von, 1971, *Explanation and Understanding*, London, Routledge & Kegan Paul.

Wuthnow, R., Hunter, J. D., Bergesen, A., et Kurzweil, E., éd., 1984, *Cultural Analysis: The Work of Peter L. Berger, Mary Douglas, Michel Foucault and Jürgen Habermas*, London / New York, Routledge & Kegan Paul.

Yeats, W. B., 1916, *Certain Noble Plays of Japan: From the Manuscrits of Ernest Fenollosa*, Churchtown (Ireland), Cuala Press.

Young, R., éd., 1981, *Untying the Text: A Post-Structuralist Reader*, Boston, Routledge & Kefan Paul.

Zalamansky, H., 1970, L'étude des contenus, étape fondamentale d'une sociologie de la littérature contemporaine, dans R. Escarpit, éd., 1970, p. 119~128.

Zelditch Jr., M., 1971, Intelligible Comparisons, dans I. Vallier, éd., 1971, p. 267~307.

Ziff, P;, 1960, *Semantic Analysis*, Ithaca, Cornell University Press.

Zilberberg, C., 1988, *Raison et poétique du sens*, Paris, PUF.

Zima, P. V., 1985, *Manuel de sociocritique*, Paris, Picard.

Zobel, R., 1980. Voir D. Hintzenberg.

Zobel, R., 1983. Voir S. J. Schmidt.

Zumthor, P., 1980, *Parler du Moyen Age*, Paris, Minuit.

Zumthor, P., 1983, *Introduction à la poésie orale*, Paris, Seuil.

Zumthor, P., 1987, *La lettre et la voix. De la《littérature》médiévale*, Paris, Seuil.

外国人名译名对照表

Achiriga	阿希里迦
Adam J.-M.	J.-M. 亚当
Adorno T. W.	T. W. 阿多诺
Albert Pierre	皮埃尔·阿尔贝
Albrecht Miltos	米·阿尔布雷希特
Alcée	阿尔凯奥斯
Algirdas	阿勒吉尔达斯
Aleman M.	M. 阿莱曼
Althusser	阿尔都塞
Angenot Marc	马克·昂热诺
Aquin Thomas d'	托马·德·阿奎那
Artaud	阿尔托
Asor Rosa Alberto	阿·阿佐尔·罗莎
Bal	巴尔
Barba	巴尔巴
Basho Matsuo	松尾芭蕉
Beaugrande R. de	R. 德·博格朗德
Beaujour	博儒尔
Behrens	贝伦斯
Ben-Amos	本-阿莫斯
Benjamin W.	瓦·本雅明
Benveniste	本弗尼斯特
Berelson B.	B. 贝雷尔森

Bernanos Georges	乔治·贝尔纳诺斯
Bernard Michel	米歇尔·贝尔纳
Beroul	贝鲁尔
Bessière Jean	让·贝西埃
Bloom	布卢姆
Bloomfield	布鲁姆菲尔德
Boulgakov	布尔加科夫
Bourdieu Pierre	皮·布尔迪厄
Bowra M. C.	M. C. 鲍勒
Brahma	梵天
Brecht	布莱希特
Bremond	布雷蒙
Brentano Clémens	克莱门斯·布伦塔诺
Britten	布里顿
Broch H.	H. 布洛赫
Brook	布鲁克
Brooks	布鲁克斯
Brunetière	布伦蒂埃
Bücher K.	K. 布赫
Burns	彭斯
Camus	加缪
Castorp Hans	汉斯·卡斯托尔普
Celan Paul	保尔·塞朗
Certeau Michel de	米·德·塞尔托
Chanfrault	尚福罗
Chaucer	乔叟
Chenique François	弗朗索瓦·谢尼克
Chomsky	乔姆斯基
Choul Jean-Claude	让-克洛德·舒尔
Colie	科利
Collingwood R. G.	R. G. 科林伍德
Comrie	科姆里
Coquet	科凯

Cortazar J.	J. 科尔塔扎尔
Corti	科尔蒂
Courtès Joseph	约瑟夫·库尔泰斯
Cowan W.	W. 科恩
Croce	克罗齐
Cros Edmond	埃德蒙·克罗
Culler Jonathan	乔纳森·卡勒
Delcourt Marie	玛丽·德尔古
Deleuze Gilles	吉尔·德洛兹
Delfau Gérard	热拉尔·德尔福
Demetz Peter	彼得·德默兹
Demouguin	德穆干
Desanti J. T.	J. T. 德桑蒂
Descombes	德孔布
Didier	迪迪耶
Dilthey	狄尔泰
Dressler W.	W. 德雷斯勒
Dryden	德莱登
Dubois Jacques	雅克·杜布瓦
Duchet	杜歇
Durant G.	G. 杜朗
Durisin	杜利辛
Durkheim	杜克海姆
Duvignaud Jean	让·杜维袅
Eco U.	乌贝尔多·埃柯
Emerson	爱默生
Escarpit R.	罗·埃斯卡尔皮
Even-Zohar Itamar	伊撒玛尔·埃文-佐阿尔
Faral	法拉尔
Finnegan	芬尼根
Fokkema Douwe	杜沃·佛克马

Fowler Alastair	阿拉斯泰尔·福勒
France Marie de	玛丽·德·法朗士
Frazer J. G.	J. G. 弗雷泽
Frenz Horst	霍斯特·弗伦茨
Freudenberg	弗罗登贝尔
Fromm E.	H. 弗洛姆
Frye Northrop	诺思罗普·弗莱
Fügen H. A.	H. A. 福根
Gadamer H.-G.	汉斯-乔治·伽达默尔
Genlis Mme	让丽斯夫人
Girard René	勒内·基拉尔
Glowiński	格洛文斯基
Goldmann	戈德曼
Gomez-Moriana A.	安·戈梅斯-莫里亚纳
Gouhier	古耶
Gramsci	葛兰西
Green Thomas	托马斯·格林
Greenberg	格林伯格
Greimas	格雷马斯
Grivel Charles	夏尔·格里韦尔
Grossman	格罗斯曼
Grotowski	格罗多沃斯基
Guattari Félix	费利克斯·加塔里
Guentcheva-Desclés Zlatka	兹拉特卡·冈池瓦-德克莱
Guillén Claudio	克劳迪奥·吉耶纳
Gurvitch G.	G. 居尔维奇
Hagège	哈盖格
Halliday M. A. K.	M. A. K. 哈利戴
Hamburger Käte	卡特·汉伯格
Hamon P.	P. 阿蒙
Harlequin	哈莱奎因
Harriott	哈里奥特

Hartman	哈特曼
Harweg	哈韦格
Hatzfeld Helmut	埃尔穆特·哈兹菲尔德
Hazlitt	黑兹利特
Helbo	赫尔博
Hempfer K. W.	K. W. 亨普菲
Henry P.	P. 亨利
Hermans	赫尔曼斯
Hernadi P.	P. 埃尔纳迪
Hirsch	赫什
Hjelmslef	赫仁姆斯列夫
Horace	贺拉斯
Horkheimer Max	马克斯·霍克海默
Hussel	胡塞尔
Ingarden	英加顿
Indra	因陀罗
Irele	艾尔勒
Iser W.	沃尔夫冈·伊泽尔
James Henry	亨利·詹姆斯
Jameson	杰姆逊
Jauss H. R.	H. R. 尧斯
Jolles A.	A. 若勒
Jones	琼斯
Jozsa Pierre	皮埃尔·约兹萨
Jurt Joseph	约瑟夫·朱尔特
Kardiner	卡尔迪奈
Katz-Fodor	卡茨-佛多尔
Köhler Erich	埃里希·柯勒
Konishi	科尼什
Kuhn T.	T. 库恩
Kuchner	库什纳

Lacan Jacques	雅克·拉康
Lambert José	约瑟·朗贝尔
Laporte Dominique	多米尼克·拉波特
Lausberg	洛希贝尔
Leenhardt Jacques	雅克·利纳特
Leish Archibald Mac	阿奇博尔德·麦克·利什
Lefevere	勒菲弗尔
Lehmann	莱赫曼
Leitch	利奇
Lévi-Bruhl	利维-布鲁勒
Lévy	莱维
Link Jürgen	朱尔根·林克
Lipovetsky	利博韦茨基
Lizardi Fernandez de	费·德·利萨尔迪
Lord A.	A. 洛德
Lotman I.	尤·洛特曼
Lovejoy A. O.	A. O. 洛夫乔伊
Lynd	林德
Lynton	林顿
Maldidier	马尔迪迪耶
Man de	德·曼
Marciszewski	马尔西兹维斯基
Marcuse H.	H. 马尔库塞
Marias	玛丽亚斯
Marino Adrian	阿德里昂·马里诺
Martinet	马蒂内
Martinez-Bonati	马丁内斯-博纳梯
Meletinsky Eleazar	埃利埃泽·梅勒坦斯基
Memmi Albert	阿尔贝·梅米
Mendel Gérard	热拉尔·门德尔
Merleau-Ponty	梅洛-彭迪
Meschonnic H.	H. 梅绍尼克

Mignolo W.	W. 米尼奥洛
Mill John Stuart	约翰·斯图尔特·米尔
Miner Earl	厄尔·迈因纳
Minturno	明屠尔诺
Moisan Clémant	克莱芒·穆瓦桑
Morel	莫雷尔
Moscovici S.	S. 莫斯科维奇
Mouralis	穆拉利斯
Mukařovský	穆卡罗夫斯基
Müller Günther	巩特尔·缪勒
Musil R.	R. 穆齐尔
Nelson Jr Lowry	劳力·内尔森
Neupomoiéva Irina	伊·纽伯柯伊娃
Nisard	尼扎尔
Nizâmi	尼扎米
Ockham Guillaume d'	纪尧姆·德·奥克罕
Olivi T.	T. 奥利维
Ossian	奥西昂
Owen	欧文
Paris G.	G. 帕里斯
Parry M.	M. 帕里
Pavel T.	T. 帕维尔
Pavis	帕维斯
Paz Octavio	奥克塔维约·帕兹
Pêcheux M.	M. 佩舍
Petitjean	珀蒂让
Petitot-Cocorda J.	J. 珀蒂托-科科尔达
Petöfi J. S.	J. S. 裴多芬
Plaks	普莱克斯
Ponge Francis	弗朗西·蓬日
Popovic Anton	安东·波波维奇

Porphyre	波菲利
Potebnja	波特博尼亚
Pound Ezra	埃兹拉·庞德
Pradier	普拉迪耶
Pratt Mary Louise	玛丽·路易斯·普拉特
Propp W.	W. 普洛普
Queneau Raymond	雷蒙·格诺
Rakusan J.	J. 拉库桑
Ramat	拉马
Raspoutine	拉斯普金
Renou	勒努
Ricoeur Paul	保尔·里科尔
Robert Serge	塞尔日·罗贝尔
Robin Régine	雷吉纳·罗班
Roche Anne	安娜·罗什
Rogers	罗杰斯
Roscelin	洛斯林
Rosengren K. E.	K. E. 罗森格伦
Roustaveli	鲁斯塔维里
Ruprecht	鲁普雷希特
Ryan	瑞安
Said	赛义德
Salter J. P.	J. P. 索尔特
Saumjan S. K.	S. K. 索姆让
Scholes	斯科尔斯
Scot Jean Duns	让·邓斯·斯科特
Sénèque	塞内加
Serres Michel	米歇尔·塞尔
Sherwin Richard E.	理查德·E. 舍温
Shikibu Murosaki	紫式部
Silbermann A.	A. 西尔伯曼

Skwarczynska S.	S. 斯克瓦尔善斯卡
Smith	史密斯
Sophocle	索福克勒斯
Soseki Natsyme	夏目漱石
Souriau	苏里奥
Spenser	斯宾塞
Stackelberg von	冯·斯塔凯尔贝格
Staiger	斯泰格尔
Stanner W. E.	W. E. 斯坦纳
States	斯泰特斯
Steblin-Kamensky M. I.	M. I. 斯特布兰-卡门斯基
Stempel	斯坦普尔
Stender-Petersen A.	A. 斯坦德-彼得森
Suleiman S.	苏珊·苏莱曼
Sydney Philip	菲力普·锡德尼
Thiesse A. M.	A. M. 蒂埃斯
Thom R.	R. 汤姆
Thoreau H. D.	亨利·戴维·梭罗
Toury	图利
Troyes Chrétien de	克雷蒂安·德·特鲁瓦
Turold	蒂罗尔德
Ubersfeld A.	安·乌拜尔斯费尔德
Ursula	厄休拉
Van Dijk A. T.	A. T. 范迪克
Vendôme Mathieu de	马·德·旺多姆
Vesselovski	韦斯罗夫斯基
Veyne Paul	保尔·韦纳
Vietor Karl	卡尔·维托尔
Vinsauf Geoffroy de	若·德·万索福
Vishnu	毗湿奴
Vitez	维泰

Vodicka Félix	费利克斯·沃迪卡
Volochinov	沃罗什诺夫
Walliser B.	B. 沃利泽
Warning	沃宁
Watson	沃森
Weber Max	马克斯·韦伯
Weyergans François	弗·韦耶冈
White Hayden	海登·怀特
Winner	温纳
Winter Carl	卡尔·温特
Wissler	威斯莱尔
Wittgenstein	维特根斯坦
Yeats William Butler	威廉·巴特勒·叶芝
Zadch L. A.	L. A. 扎德
Zalamansky Henri	亨利·扎拉芒斯基
Zelditch Morris	莫里斯·泽尔蒂奇
Zima	齐马
Zumthor Paul	保尔·朱姆托尔

跋

我一向相信,翻译主要是实践。关键是译者对原文要有深刻的理解,又有较坚实和灵活的本民族语言的表述能力。这不仅是外文和中文的语言问题,也是广义的文本的理解问题。我的意思有两层:一、对翻译内容即相关学科或学术内容的熟悉和深刻理解很重要,它能够提升外文和中文的理解能力和表述能力;二、翻译自如程度的体现实际上是译者综合能力的体现,包括感知社会问题和学术问题的敏感性,认识上述问题的灵活性以及把握这些问题的中肯性,包括社会实践能力和总结意识等。这方面尤其不能思想僵化,总要有开放精神、不断学习和接受新知识的精神。译文的水平是在社会实践和学习中磨炼出来的。

虽然自己更看重实践,但我对近年来颇呈上升趋势的翻译学持开放和支持的积极态度,盼望有志于翻译学研究的学者们深入挖掘这个领域,特别是在理论上有新的收获和创新。于是我和北京大学辜正坤先生一起主编了那本《国际翻译学新探》(天津,百花文艺出版社,2006)。但是,我却不赞成把翻译学视为引领一切学科的领导学科,一如20世纪60年代的语言学和很久以来的哲学那样。那样就超过了学科的现实。其实,我们上文谈到的几点感想是许多学科甚至所有学科的共性。在各个学科工作和研究多年的朋友们大概都会有类似的见解。

在翻译实践中,我一直信奉傅雷先生的传神说,在文学作品和诗学著作的翻译中都向着这个方向努力。传神说更强调用顺畅地道的中文表达外文之精髓,传外文之神。我在翻译《20世纪的文学批评》时就更注意把中文说顺,凡比较饶口比较疙瘩的外文表述形式都尽可能翻成通顺的中文。百花文艺出版社当时的副总编辑、《20世纪的文学批评》

一书的审读编辑谢大光先生对此给予了肯定。他认为《20世纪的文学批评》更像散文，不像译文，虽然是学术著作，但读起来比较轻松。

  细心的法语读者们可能会发现，不知从什么时候起，也不知从哪部译作起——这大约是八九年前的事了，我已经记不准了——我的翻译有了一些变化。我尝试着尽可能在与原作保持形式一致的情况下把中文说顺畅。首先它不是过去所说的硬译。硬译是把外文语词和形式生硬地照搬到中文中来，迫使中文读者们去逐渐接受它们。其次是它要求有更灵活的中文应对能力，否则难以做到与原文保持语词和形式的大概一致。开始时比较难，需要搜索枯肠，实践中会越来越好，越来越自如一些。再次是不要绝对化，实在找不出恰当的表述形式或怎么表达都很拗口时，要乐意变通。经过几本书的实践下来，我的体会是，如果做得好，它是传神的深化或者进一步的传神。因为原文的语词选择和形式顺序是其神髓的构成部分。形式顺序的选择强调的重点不同，而换词也容易给人以比较随意的印象。另外，只要我们努力，一般情况下都能找到合适的中文表述形式。如果做得好，它与原文贴得更近，表述更精练，不随意增译或减译，中文表述倒也流畅，并无生硬之嫌。

  趁着重校笔者全部诗学译著的机会，我也重校了《问题与观点》第12~17节和第19节的全部文字。这几节的内容非常重要，但也很难。重校时即尽量与原文保持语词和形式的一致并把中文说顺畅。这是刚刚完成的工作，我还记得很清楚。当然我也作了许多让步。

  虽然我的全部诗学译作都重新校对了一遍，但由于笔者学养不深，实践锻炼亦不够，问题肯定还不少，诚盼方家学者和广大读者不吝赐教，笔者不胜感激之至。

史忠义
北京，2008年3月2日